本书为国家社科基金青年项目
"现代汉语动补式复合词研究"（项目编号：12CYY056）结项成果

李丽云 著

现代汉语
动补式复合词研究

XIANDAI HANYU
DONGBUSHI FUHECI YANJIU

社会科学文献出版社
SOCIAL SCIENCES ACADEMIC PRESS (CHINA)

序　言

　　李丽云同志的《现代汉语动补式复合词研究》一书即将由社会科学文献出版社出版。该书是在其博士学位论文基础上修订扩充而成的，也是国家社科基金项目的结项成果。作为她的指导教师，对其研究成果的问世，我深感欣慰。

　　动补式复合词是汉语中非常特殊而且重要的一种复合词的结构方式，这种结构也最能体现汉语"以简单的结构形式负载丰富的语义内容"的特点。虽然动补式复合词在形式上只表现为一个简单的"动+补"格式的双音节词，但是它所能传达的意义内容却不仅仅是一个简单的动作或者行为，还是由至少两个彼此之间具有时间上的先后顺序和逻辑上的因果关系的子事件整合在一起而构成的复杂的致使性事件。正因为如此，动补式复合词中用以表示这两个子事件的构词语素"动"和"补"之间也就有着十分复杂的语义关系。而这种复杂的内在语义结构又同时使得动补式复合词在不同句法结构中出现时也往往有着不同的句法表现。动补式复合词不仅在句法功能上有着区别于其他结构类型复合词的复杂表现，而且在动补式复合词内部，不同小类之间在句法功能方面的表现往往也是错综复杂的。

　　本书运用语义分析与语法分析相结合的方法，借助原型范畴、动词配价、构式语法、语法化与词汇化等现代语言学理论，对现代汉语动补式复合词的范围、结构、意义、功能进行了比较全面而又系统的考察与分析。在深入挖掘动补式复合词内部结构的基础上揭示了动补式复合词的致使性语义特征，从句法角色、组合能力、与某些特殊句式和句法格式的关系等方面对动补式复合词的语法功能和分布特征进行了系统的描写与阐述，也尝试对复合词特别是句法复合词结构与功能之间的关系进行了初步的探讨。

　　动补式复合词的表层形式体现为"动+补"，构词语素主要有"动+动""动+形""形+动"三种组合，然而，复合词的整体意义却并不由组合内的两个构词语素本身的意义相加而成，而是形成了带有"致使性"的构式义。因此，观察其表层结构与深层语义之间的关系显得尤为关键。作者注意到，补语性成分在动补式复合词中并不是无足轻重的，该部分反而对整个动补式复合词的词汇意义与深层语义结构起决定作用。根据深层语义内容的不同，动补式复合词内部可分为动结式、动趋式、动评式、动虚式四种类型，其深层语义结构各有不同。此外，"致使性"的构式义使动补式复合词在句法角色、组合能力等方面都体现了区别于其他类型复合词的独有特征。

词和短语的划分是学界长期以来难以解决的问题，这种情况在动补式复合词与动补短语之间显得更加艰难。从历时角度来看，有相当一部分动补式复合词是由动补短语词汇化而来的，因此，对于那些处于词汇化进程中的动补式复合词或短语，要在词和短语的判定中二选其一，就变得尤为困难。而引入原型范畴理论，以典型、次典型以及边缘成分的视角来对待动补式复合词与短语之间存在的连续统现象，是一种可行的解决办法。从形式、意义和扩展能力三个方面确定动补式复合词的判定标准，既方便作者对研究对象进行把控，又有利于我们认识动补式复合词的核心特征。

重视理论研究的实用性也是该书的一个特点。书中以动补式复合词的系统研究作为理论支撑，对其在汉语辞书编纂、汉语国际教育等领域的具体应用做出了有益探索。书中针对动补式复合词在语文辞书中的收录和释义问题所提出的相关建议，在偏误分析基础上得出的动补式复合词对外汉语教学原则和方法，都具有一定的参考价值，关心词汇应用研究以及词汇教学的读者，应该可以从中得到一定的启发。

汉语复合词，特别是动补式复合词处于语义和语法的交汇点，其研究难度是比较大的。本书作者虽然做了很大的努力，但其中不足、不妥之处在所难免，有待今后进一步探索和完善。

丽云同志在硕士、博士研究生阶段都随我从事汉语词汇学研究，她踏实勤勉，认真好学，专业基础扎实，具备了较强的从事科学研究的能力。我祝贺她首部学术著作出版，并希望她能够继续保持自己的学术热情，在词汇学研究这片土地上努力耕耘，不断取得新的成果。

苏宝荣

2020 年 10 月

目　录

绪　论

一　动补式复合词的研究价值

（一）现代汉语复合词研究的意义

就目前已知世界上正在使用的所有语言来说，其最一般的共同特点就是语言结构的二层性，语言装置之所以能够运转主要依赖分处两层（音系层和语法层）的各级单位之间的组合关系和聚合关系。单就语法层面而言，词在任何一种语言中都是最重要的一个层级单位，也是最特殊的语言单位，它既是词汇单位，又是语法单位。一方面，词汇是构筑一座语言大厦必不可少的建筑材料，词是构成一个语言词汇系统的主体成分，是词汇学的主要研究对象；另一方面，词作为最重要的一级语法单位，也是造句功能的主要承担者，是语法学研究中不可或缺的一部分。

从词的构成角度来看，在世界上各语言中占有相对优势的是由两个或两个以上构词语素组合在一起构成的合成词。合成词的大量产生，是语言自身发展演变的必然结果，也是语言经济原则驱动下的自然选择。想要对某种语言中的词进行全面系统的研究，合成词是不可或缺的研究内容，甚至可以作为重点考察的对象。关于合成词的研究，可以有"自上而下"（将合成词放在一定的句法结构中，从功能上看其所处的句法位置、充当的句法成分以及句法表现等）和"自下而上"（深入合成词内部，从结构上看它是由什么性质的语素、以怎样的结构关系组合在一起的，构词语素之间有怎样的语义关联等）两种不同思路，而两种思路的结合可以使我们更全面地认识合成词的结构、功能以及结构和功能之间的关系。因此，我们既可以从合成词的内部入手，进行微观的词法考察，分析其构成形式，探讨其内部构成要素——构词语素之间的关系；也可以将研究视角扩展到词的外部，对其进行宏观的句法功能分析，考察词在更大语法单位中的语法功能和分布特征。在此基础上，还可以全面考察和揭示合成词结构与功能之间的内在联系。可以说，合成词是沟通词汇和语法的桥梁，是联结词法和句法的纽带。合成词研究也因此成为词汇研究甚至整个语言研究中一个十分重要而且必要的组成部分。

在现代汉语词汇系统中，复合词特别是双音节复合词所占比重很大。根据周荐（2004）的统计，《现代汉语词典》1996年修订本共收词条58481个，其中双字格的有39548个，约占该词典收录词条总数的67.63%。其中由单词根与单词根构成的双字复合词有32346个，约占该词典所收条目总数的55.31%。双音节复合词占优势是现代汉语词汇的重要特征之一，也是汉语词汇双音节化的必然结果。从句法结构对复合词结构的影响角度来看，汉语双音节复合词中有很大一部分可以借用句法结构模式来加以解释。同样根据周荐（2004）的统计，汉语中的双音节复合词总数是32346个，其中可以用句法结构模式加以解释的有31237个，约占96.57%。在这些词中，有些是直接由内部结构相对松散的词组凝固而成的。在这些词组内部，词与词之间的句法结构关系在词汇化过程中被凝结在复合词中，从而决定着构成复合词的语素与语素之间的结构关系；有些则是人们在句法结构模式潜移默化的影响下自觉或者不自觉地将句法结构的构造规律运用到构词上创造出来的（利用"句法构词法"构造出来的新词）、构词语素之间的关系可以进行类似句法解释的新词。无论是经历了由词组凝结成词的词汇化过程，还是以句法结构为原型、将其结构模式和句法关系投射于词的内部的构造新词的过程，这些词都更多地体现了复合词的结构与句法结构的一致性关系。那些在句法上能够讲得通的关系大都可以在词内语素之间的关系上复现出来。正如陆志韦（1957/1964：2）曾经所说："汉语里，造句的形式和构词的形式基本上是相同的。……一个语言片段的内部结构有种种类型，一个类型，单就它的各部分的意义上的关系来说，可以是构词法和造句法所共有的。"认知语法学家 Givón（1971）也曾经提出"今天的词法曾是昨天的句法"的著名论断（转引自董秀芳，2011：49），明确指出词法和句法之间的衍生关系。朱德熙（1982/2005：32）也提出过类似的观点："汉语复合词的组成成分之间的结构关系基本上是和句法结构关系一致的。句法结构关系有主谓、述宾、述补、偏正、联合等等，绝大部分复合词也是按照这几类结构关系组成的。"汤廷池（1991：1~2）则借助生成语法的相关理论对汉语词法和句法的一致性进行了论述。他指出，"我们承认在汉语中词语结构与词汇部门的存在，但我们并不主张词汇部门的完全自律，而主张词汇结构与其他句法表显层次（如深层结构、表层结构、逻辑形式）同受原则系统的支配"。贺阳、崔艳蕾（2012：1~6）指出，"汉语的复合词结构和句法结构既有一致性，也有差异性……我们理解的所谓'一致性'是指复合词构词成分之间存在着类似于句法的结构关系，二者是相通的。这种结构关系是客观存在的，它影响着我们对词义的理解和认识"。

从现代汉语复合词的构成实际来看，我们承认某些复合词的结构与句法结构之间存在一定关联，在对复合词进行构词法分类时，也确实有相当一部分可以借用句法结构关系来进行命名和分析。但是，我们也应该看到，朱德熙先生前面所列举的这些以句法结构关系命名的复合词并不都是通过句法构词手段构造出来的，比如其中的偏正式和联合式就很难说是句法关系的凝结或者仿造，而仅仅这两种结构类型的复合词在双音节复合词总量中所占比重就已经超过了 3/4。① 无论是在汉语还是其他语言中，偏正式和联合式的复合词在大多数语境中很难单独成句。这两类复合词的构成应该与句法的关系不大，因此也就不好说偏正式和联合式复合词是通过句法结构关系构造出来的，更不能说汉语"绝大部分复合词"是按照句法结

---

① 各类复合词的数量及其所占比重会受到分类标准、考察对象及收词范围等多种因素的影响，统计的结果也就可能会因人、因对象而异。我们这里所说各类复合词数量的多少主要是依据周荐（2004）的统计结果。他按照字与字之间的意义结构关系将现代汉语双字复合词分为定中格、状中格、支配格、递续格、补充格、陈述格、重叠格、联合格和其他九个大类，其中的"补充格"基本上相当于我们所说的"动补式"。根据他的统计，现代汉语双音节复合词总数为 32346 个，其中定中格 13915 个，占总数的 43%，状中格 2496 个，占 7.7%（这两类相合相当于一般所说的"偏正式"，所占比重为 50.7%）；联合格（联合式）8310 个，占总数的 25.7%；支配格（动宾式）5030 个，占总数的 15.6%；递续格 547 个，占总数的 1.7%；陈述格（主谓式）380 个，占总数的 1.2%；补充格（动补式）300 个，占总数的 0.9%；重叠格 259 个，占总数的 0.8%；其他（不能归入上述各类的双字复合词）1109 个，占总数的 3.4%。另据苏宝荣（2016）对《现代汉语词典》（第 6 版）中由名素、动素和形素构成的双音节复合词的统计结果，在 37663 个双音节复合词中，有 1397 个不能归入主谓、述宾、述补、偏正、联合这五种构词方式。剩下的 36266 个复合词中，联合式有 9330 个，占 26%；偏正式有 19412 个，占 54%；述宾式有 6527 个，占 18%；述补式有 599 个，占 2%；主谓式有 398 个，占 1%。其中联合式和偏正式两类占复合词总数的比例近 80%。

构关系组成的了。

典型的体现句法关系的复合词主要有动宾式、动补式和主谓式等几类。对于这些通过句法手段创造出来的复合词而言，它们的构词成分中一般至少包含一个谓词性的中心成分，这也就使得整个复合词在句法属性上往往体现为谓词性，它们在与其他成分组合成更大句法结构时一般居于核心地位。也就是说，以句法构词手段创造出来的复合词在词类属性上绝大多数是动词或形容词，它们一般都可以在句子结构中充当谓语的中心成分，是整个句法结构中必不可少的核心成分。[①]

基于汉语复合词的结构和句法结构具有一致性关系的认识，以及动宾式、动补式、主谓式复合词中句法结构关系重要性的体现，我们认为，从词汇和句法相结合的角度对汉语复合词的结构和功能以及二者之间的关系表现进行研究和探讨是有意义的，并且具有实际的可操作性。

（二）现代汉语动补式复合词的研究价值

1. 理论价值

如前所述，现代汉语中存在一些既能在词的内部体现某种句法关系，又在更大句法结构中居于核心地位的复合词，我们这里将其称为"句法复合动词"。"句法"说明其来源与句法结构有关；"复合"说明其构词语素都是词根语素；"动词"说明其在词类划分上的归属。这类词主要涉及动宾式、动补式、主谓式等结构类型，它们都是通过句法构词手段产生的复合词。我们之所以选择动补式复合词作为本书的研究对象，从理论思考的角度主要是出于以下几个方面的考虑。

（1）动补式复合词自身结构的独特性

我们说动补式复合词具有独特性，主要是强调动补式复合词是汉语中非常有特色的一种复合词结构类型。复合词在各种语言中都有，但是

---

① 即一般所谓"动词中心/核心论"。吕叔湘早在1942年出版的《中国文法要略》一书中就已经提出了"动词中心观"，但只是勾画了一个理论框架，而没有深入和展开。法国的泰尼埃尔则在1959年出版的《结构句法基础》中提出了较为系统的"动词中心论"和配价理论。动词中心论的核心观点是"动词是一个句子的核心和重心，它支配别的成分，而它本身则不受任何成分的支配"。我们认为这种动词中心论不局限于对一个句子中动词地位的认识，也适用于具有成句能力的任何句法结构。

并非所有语言中的复合词都有完全相同的构造方式。换句话说，对于各种不同类型的复合词而言，大多数结构类型可能是各种语言所共有的，但是也有极少数类型是某一种或几种语言所特有的。动补式复合词就是这极少数例外中的一类，它是汉语中非常重要的一种复合词结构类型，而在其他语言中却是比较罕见的（在其他语言中，也可能存在"动＋补"的结构格式，但是这样的组合形式在语法属性上通常是短语而非复合词，属于句法结构而非词汇单位）。动补式复合词是汉语复合词的一种特殊结构类型，也因此最能凸显汉语复合词区别于其他语言复合词的结构特点。对它们进行研究，有助于全面地揭示汉语复合词的构词方法和结构规律。

另外，从动补式复合词的产生来源看，动补短语的词化应该在其产生和发展过程中发挥着非常重要的作用。而丰富的补语系统的存在也恰恰是现代汉语语法非常重要的特点之一，那么以之为重要源头的动补式复合词更是集中体现了现代汉语在词汇、语法两个方面的双重独特性。对其进行研究，有助于深入了解现代汉语词法和句法之间的内在联系并进一步探究汉语双音结构由短语到词的词汇化路径及演变过程，从而实现汉语复合词共时研究和历时研究的有机结合。董秀芳（2011：9）曾经指出"从共时角度看，汉语复合词与句法结构具有明显的同构性，复合词的五种主要结构方式正对应于短语的五种主要类型：并列、偏正、动宾、主谓、述补。从历时角度考察，复合词在来源上与句法结构有着密切关系。因而，复合词可以说是词法与句法的一个界面，搞清复合词的产生方式也有利于增进我们对汉语整体面貌的认识"。

（2）动补式复合词体现语言的经济性

与其他结构类型的复合词相比，动补式复合词更能体现汉语"言俭意丰"的表达效果和语用特点以及语言的经济原则。"语言的经济原则"作为论述语言演变的术语，最早是由法国语言学家 Martinet（1955）提出的，很多汉语学者如王力、吕叔湘等也都曾经提到过语言的经济性特点，并从不同角度对其进行过定义。我们认为，对语言的经济原则最通俗的理解就是：在表意明晰的前提下，为提高言语交际的效率，"以尽量少的语言形式表达尽量多的意义内容"。动补式复合词的产生和发展可以看作语言经济原则在汉语词汇系统发展演变过程中的突出体现。动补式复合词所呈现的"以一个最简单的双音节词的形式来表达由两个彼此之间具有因果关系的子事件所构成的复杂事件的意义内容"的经济性特点，是汉语其他类型的复合词所无法比拟的。对于其他语言来说也是难以想象的，因为在很多语言中，同样的意义内容往往需要用短语甚至是句子才能将其完整地表达出来。例如，汉语的动补式复合词"提早"，在英语中一般要用 ahead of time/schedule；in advance；move up（a date）等短语表示。"提早一个月完成计划"英语一般用"fulfil the plan a month ahead of time"来表达；"开会时间如有变，请提早告诉我们"英语里要说成"If there is any change about the time of the meeting, please notify us in advance"；"罢工的时间提早了"英语一般翻译成"The time for the strike has been moved up"。

正是由于动补式复合词在语义内容和表达效果上具有这样的特殊性和优越性，我们认为很有必要对动补式复合词进行研究，全面考察它们在语言材料中的语义语用情况，并深入挖掘和揭示动补式复合词内部两个构词语素自身的性质意义、构词语素之间的语义关系及其对整个动补式复合词句法语义功能的制约和影响。

（3）动补式复合词研究内容的创新性

前人对动补式复合词的关注不多，这里还是一片尚待开发的新领域。就汉语的五种基本复合词结构类型①而言，学者们对除动补式之外的其他四种类型的复合词已经进行了比较全面、深入的研究，我们也经常能够看到某些探讨和阐释相关问题的著述；然而对动补式复合词的研究还相对比较薄弱，在现有的研究成果中，有关动补式复合词研究的著作与论文数量不多，而对其进行深入、系统、全面研究的则更不多见。究其原因，可以概括为两个方面：其一是动补式复合词的数量比较少，在整个汉语词汇系统中的地位不甚显著②；其二是动补式复合词较其他各类更为"复杂"，而这种复杂性也就使得对它进行研究的难度较其他各类而言都要大很多。

相对于其他类型的复合词来说，动补式复合词的数量比较少，因此不

---

① 即根据复合词内部的构词语素之间结构方式和结构关系的不同，将汉语的双音节复合词分成的偏正、联合、动宾、动补、主谓五种基本类型。

② 参见第 3 页注释①。

大容易引起人们的关注，研究者以及相关成果不多是很自然的事情。而谈到动补式复合词的复杂性，我们则可以从以下几个方面加以说明。

首先，动补式复合词的范围界定起来比较困难。在确定某些成分是否属于动补式复合词时，我们经常会面临两种困境。其一，动补式复合词从形式上来看大都是"动+动/形"格式①的，但是对于某个"动+动/形"格式的双音节复合词，其构词语素之间在彼此组合时既可能形成动补关系，也有可能具有联合、动宾、连动、状中甚至兼语等其他各种关系，这样我们有时就很难判定一个"动+动/形"格式的双音节复合词究竟是动补式的，还是联合式、动宾式，抑或是连动式、状中式或者兼语式的。也就是说，动补式复合词经常和联合式、动宾式、连动式、兼语式等其他类型的复合词在边界上纠缠不清。其二，动补式复合词跟粘合式述补结构②（不带"得"的动补短语）之间也很难划出绝对清晰的界限。由动词和结果补语或者趋向补语等组成的粘合式述补结构在句法格式上通常也表现为"动+动/形"，而且它们在语法功能上也大多相当于一个动词，甚至有的粘合式述补结构在语义上也相当于一个动词。那么，当在这种述补结构中充当述语成分的动词本身是单音节的，其结果补语或趋向补语也由单音节的动词或形容词充当时，整个述补结构在语音形式上也就只有两个音节，这样就很容易与双音节的动补式复合词发生混淆。与此同时，要对有同样的音节形式、句法格式、语法功能甚至语义特点的粘合性述补结构和动补式复合词进行分辨就会变得十分困难。也就是说，对于一个构成成分之间具有述补关系的"动+动/形"格式的双音节形式来说，要想判断其究竟是短语还是词，并非易事。

应该说，以上这两种困境都很容易使人对动补式复合词的研究产生某种畏难情绪。所以，到目前为止，专门以动补式复合词作为研究对象的研究成果还不是很多。即使某些著述是以动补式复合词的某一方面的研究为

---

① 这里的"动"和"形"指的是双音节复合词构词语素的语法属性，即"动词性语素"和"形容词性语素"，可分别简称为"动素"和"形素"。因为作为复合词构词成分的语素本身都是可以独立成词的词根，可以有动词、名词、形容词等语法上的分类，所以我们在说明复合词格式时，就直接用语素的属性类别的组合形式来表示。

② 朱德熙（1982/2005）将述补结构分为粘合式和组合式两类。粘合式述补结构指补语直接粘附在述语后头的格式；组合式述补结构指带"得"的述补结构。

名，究其内容我们就会发现，绝大多数文章中所谓的"动补式复合词"并不限于复合词的范围，而往往同时涉及了大量的粘合式述补结构（动补短语）。甚至可以说，"动补式复合词"范围的界定本身就是我们在进行研究时首先必须面对和解决的一大难题。

其次，动补式复合词自身的结构特点决定了它们在内部的深层语义结构与外部的语法功能表现等方面的情况都比较复杂。在前面我们已经说过，动补式复合词虽然在音节形式和语法属性上只表现为一个简单的双音节复合动词，但是它所能传达的意义内容却不仅仅是一个简单的动作或者行为，还是由至少两个彼此之间有时间上的先后顺序和逻辑上的因果关系的子事件整合在一起而构成的复杂事件。基于此，动补式复合词中用以表示这两个子事件的两个构词语素"动"和"动/形"之间往往有纷繁错综的语义关系，整个动补式复合词在深层结构上也就显得十分复杂。而这种复杂的内在语义结构又同时使得动补式复合词在不同句法结构中出现时可能有不同的句法表现。动补式复合词在句法功能上不仅有区别于其他复合词的复杂表现，即使在动补式复合词内部，不同小类之间在句法功能方面的表现往往也是错综复杂的。因此，无论是对其结构进行解析还是就其功能加以描述，对动补式复合词进行研究绝不是一件简单的事情，其间会有很多难题需要我们去面对并加以解决。

综上所述，动补式复合词虽然为数不多，但是颇具特色；虽然在范围界定、语义结构甚至句法功能上都有其他复合词无法比拟的复杂性，但是作为汉语中的一种非常特殊而且重要的复合词结构方式，这种结构也最能体现汉语"以简单的结构形式负载丰富的语义内容"的语用特点。而且，动补式复合词及其所涉相关问题虽然比较庞杂，但并非毫无头绪，只要我们做好面对困难的充分准备，理清思路，条分缕析，就一定可以将头绪整理出来，为我们的汉语词汇和语法语义研究开辟新的领域。

2. 应用价值

从理论上看，动补式复合词的研究有助于揭示语言的经济性及汉语区别于其他语言的独特性，同时可以为汉语词汇研究开辟一片新的领域，具有一定的研究价值。而从语言应用角度来看，对汉语动补式复合词的研究还可以在语文辞书编纂（特别表现在汉语语文辞书释义方面）、对外汉语教学（尤其是对外汉语词汇、语法等相关要素的教学方面）等领域发挥一定的影响力，为其提供具有针对性和建设性的意见和建议，从而起到相应的指导作用。

（1）语文辞书编纂

本书的研究目标是对现代汉语词汇系统中的动补式复合词进行全面系统的研究，在严格界定动补式复合词的概念、范围的基础上，对动补式复合词的构成形式、语义结构和句法功能及其相互之间的关系等进行全方位的考察与挖掘，既有对动补式复合词表层形式结构的描写分析，也有对动补式复合词深层语义结构的解释探究，而对深层语义的探讨更是本书研究的重中之重。而且，我们还在意义分析的基础上对现行辞书（以《现代汉语词典》第7版为代表）中动补式复合词的释义方式和特点进行了考察，并尝试将动补式复合词的词义研究和辞书释义结合起来，力图实现着眼本体的词语意义研究和重在应用的辞书释义研究之间的相互校验和启发。在词义研究中我们可以将辞书中的释义作为参考，同时词义研究的成果又可以反过来指导辞书编纂中相关词条的释义语言及释义模式。

（2）对外汉语教学

从对外汉语教学的角度来看，词汇教学是汉语课堂教学的重要组成部分，是语言教学的基础，也是培养学生第二语言能力的基础。动补式复合词是现代汉语词汇系统中必不可少的组成部分，也是对外汉语词汇教学的重要教学内容之一。根据我们的粗略统计，在《汉语水平词汇与汉字等级大纲》所收录的8822个汉语词条中，有233个双音节复合词从结构方式上可以分析为动补式，占大纲收词总量的2.64%。这近240个动补式复合词在甲、乙、丙、丁四个词语级别中都有分布，而且分布数量呈现逐级上升的趋势。其中甲级词最少，有27个；丁级词最多，有91个；乙级词和丙级词数量基本相当，都不到60个。从以上数据可以看出，动补式复合词的教学是对外汉语词汇教学中非常重要的一个组成部分，而且贯穿于对外汉语教学的各个阶段。学生在初级阶段就会接触到"看见""离开""提高""说明""进来""回去"等比较简单但是又很典型的动补式复合词，而到了中高级阶段更是会学到大量的动补式复合词，其构词成分更加复杂多样，语义类型也更为丰富难辨，如"充满""改善""减轻""失去""战胜""冷却""征服""澄清""阐明""输出"等，都是学生在中、高级阶段可能会遇到的动补式复合词。而在《汉语国际教育用分级词汇表》①中所收录的动补式复合词的数量更是超过了 400 个，占比也达到了词汇表收词总数的近 4%。

由于动补式复合词是汉语中比较独特的一种复合词构造类型，这样的构造方式在其他语言中比较罕见，再加上动补式复合词在自身构成上具有词法和句法的双重特性，无论其结构形式还是语义内容，对外国学生而言理解和掌握起来都有很大的难度，这就使得动补式复合词的教学成为对外汉语词汇教学和语法教学中的重点，也是难点。而语言学本体研究是语言教学研究的基础和支撑，对外汉语教学在一定程度上依赖汉语本体研究，也会对汉语本体研究提出要求。具体来说，对外汉语动补式复合词的教学依赖动补式复合词的本体研究，也会要求动补式复合词的本体研究进一步深化和细化。因此，要想在对外汉语教学中实现动补式复合词的高效教学，提高学生对动补式复合词的识解和运用能力，就得要求对外汉语教师有对动补式复合词结构、意义、用法等的全面理解和掌握，而这就同时对研究者提出了要求，需要对动补式复合词进行更全面、更系统、更深入的挖掘。

基于对外汉语动补式复合词教学的实际需要及其对动补式复合词本体研究的互动要求，本书拟在全面系统挖掘动补式复合词结构、意义、功能各方面特征及其相互关系的基础上，从语言理论与教学实践之间的关系入手，尝试探讨动补式复合词在对外汉语词汇教学和语法教学中的重要性，对动补式复合词教学过程中可能存在的问题、学生学习使用动补式复合词出现的偏误等进行考察分析，并在此基础上提出有一定针对性和实效性的教学建议，以期为对外汉语动补式复合词教学实践服务。

二 动补式复合词及其相关问题研究综述

纵观汉语词汇学、语法学研究的历史，我们不难发现，学界对于汉语

---

① 《汉语国际教育用分级词汇表》是中华人民共和国教育部和国家语言文字工作委员会联合发布的《语言文字规范·汉语国际教育用音节汉字词汇等级划分》的表 3 部分（表 1、表 2 分别为汉语国际教育用分级音节表和汉字表，与本书无直接关系，故不赘述）。《汉语国际教育用分级词汇表》中收录的汉语国际教育用词汇共计 11092 个，其中一级词 2245 个，二级词 3211 个，三级词 4175 个，三级附录词 1461 个。

复合词的结构形式和构词法、动词的性质特点和句法配置等问题的探讨开始得比较早，也取得了相当丰硕的成果，但是对于"动补式"这一特殊结构类型的复合词进行构成方式、语义结构和句法功能等方面专门研究的著述还不是很多。即使有些研究是以动词和其后补语成分之间的动补关系作为研究基点，绝大多数学者也都是将动补结构的"短语"特别是动结式①作为主要研究对象，而动补式复合词一般只是被视为动补结构中的一小部分而捎带提及。有些学者甚至对二者不加区分，混同在一起进行研究。

关于动补结构的研究历史可以追溯到 20 世纪四五十年代，只是早期研究大多集中于对动补结构产生的历史时期的探究；而直到近些年才逐渐出现了一些着眼于动结式的语义结构、句法属性、论元结构、配位方式等方面研究的论著；特别是随着认知语言学的发展，一些学者开始尝试用构式语法、概念整合等理论框架分析阐释动补结构的形成机制、发展演变，推动了动补结构研究进一步向纵深化和多元化发展。动补结构、动结式虽然和本书的研究对象——动补式复合词之间有千丝万缕的联系，但是它们在结构方式、语义关系、语法属性、句法功能等方面的差异也是客观存在的。就现有研究来看，单纯以动补式复合词作为研究对象，针对动补式复合词的属性特征、构成方式、语义关联、句法表现等方面的研究仍然少之又少。所以，针对本项研究及相关课题的研究状况，我们主要从以下几个方面进行说明。

（一）汉语复合词的结构及其相关研究

1. 关于复合词结构的研究

对汉语复合词进行结构上的分析，最早始于《马氏文通》。马建忠（1898/1983）用一种并不清晰的词的观念分析了古汉语词的构成问题，是现代构词研究的雏形。他提出的"对待""加字""殿字"等概念可以看作后来的"并列""附加"等构词方式的前身。但他的分析中还没有涉及动补式复合词。

---

① "动结式"的概念是吕叔湘（1980/2003）在《现代汉语八百词》中论述汉语词类特点时提出的。他指出，有两种短语式动词值得注意，其一是动结式，其二是动趋式。实际上吕先生所说的这两种短语式动词就是动补短语中最常见的两种语义结构类型。

　　第一个真正系统地研究汉语复合词内部结构的学者是黎锦熙。他在《黎锦熙的国语讲坛》①书后附录的"词类连书条例"中，阐述了自己对复音词的结构形式的认识：他把"复字名词"（也就是我们现在所说的"双音节名词"）分为合成、并行、联属、对待、叠用和带语尾的六类。他的分析不单单概括了当时国语的大部分复音词结构，也注意到了词内语素的语法性质和语素之间的结构关联。在此之后，黎锦熙（1922）又列出了一个"复音词类构成表"，进一步把汉语的双音节词分为 3 个大类、16 个次类和 43 个小类。黎锦熙对复音词的分类可以说是相当细致的，虽然尚未用到"动补式"之类的术语概念，但他在"相属的复音词"大类、"副属动"次类、"动+副（副或可作介）"小类之下所列举的例词中却包括了"投入、起来、省却、看清"等我们现在通常归入"动补式"的复合词。黎氏之后的张世禄（1939/1984：205～206）也提出了与之类似的分类，他认为"在文言当中用单词的，在白话当中常改用复词。有并行的复合语词；相属的复合语词；有复合词和其他单词所构成的相属复合语词；复合词互相结合的相属复合语词（如由'看察'和'中意'结合成为'看中'等）各类"。在他看来，"看中"之类的动补式复合词就属于"复合词互相结合的相属复合语词"。

　　吕叔湘、朱德熙（1952：30）合著的《语法修辞讲话》中曾经提出"双音词的构成跟短语相似，大致有三种方式：第一类是联合式，就是把两个意义相近的字连起来构成一个新词……第二类是主从式，两个字里，有一个是主体，另一个是用来修饰或是限制那主体的……第三类是动宾式，一个动词跟一个宾语放在一起构成一个词……除了这三种之外，当然还有别的方式，譬如'打倒'、'看见'、'听说'、'一切'、'胡涂'、'咖啡'之类"。囿于当时的人们还没有形成对构词法和词的结构的系统性认识，他们的这种分类还比较简单。他们仍然将"打倒""看见"等动补式复合词和"一切""胡涂""咖啡"等词罗列在一起，而没有为其划分出一个独立的类别。

　　周祖谟（1955/1959：7）在《汉语词汇讲话》中也对词的结构进行了

---

　　① 《黎锦熙的国语讲坛》一书是由陆衣言辑录的黎锦熙在 1920 年 9 月至 11 月在江浙一带讲演的笔记共计 13 篇编著而成的，此书由中华书局于 1921 年出版。

较为详细的分析。他认为：词可以从所包含的音节多少的角度分为单音词和多音词，也可以从构词法的角度分为单纯词和合成词。根据词素之间关系的不同，合成词又可以分为两类九种，其中第一类是"由同样重要的基本成分构成的"，包括联合式、偏正式、支配式、补充式、表述式、重叠式六种。对于补充式的合成词，他进一步解释为"前面一个词素表示一种动作，后面一个词素表示那个动作的结果"，如"说明、指定、发动"。应该说，周祖谟将补充式（动补式）从其他合成词类型中独立出来，并根据构词成分之间的语义关联为之命名，是比较早的，具有一定的代表性，对此后的复合词结构及构词法研究产生了重要影响。

陆志韦（1956）早在《构词学的对象和手续》一文中就曾经提到"汉语的构词法，与其说是'形态学'的一部分，还不如说是结构学的一部分。构词法也必须把意义和形式结合起来。……一个类型，单就它的各部分的意义上的关系来说，可以是构词法和造句法所同有的"。在他列出的对照表中，"击败"之类的词被看作"后修饰前"。而到了《汉语的构词法》这部专门研究汉语词的结构及汉语语素构造词语的方法的著作中，陆志韦（1957/1964）又进一步对具有类似结构关系的词语进行了细致的分析和描写，他将这类结构称为"后补格"，并根据后面"补语"意义的不同分出"结果性的后补结构"和"趋向性的后补结构"两种类型。应该说，"结果性的"和"趋向性的"这两种类型的划分真实地反映了"动补结构"中的补语性成分在语义上的差别，也代表了当时学界对于动补式复合词内部结构和语义关系的较为先进的认识。后来吕叔湘先生（1980/2003）关于"动结式"和"动趋式"两种短语式动词的划分就分别对应了陆志韦提出的这两种类型的"后补格"。

崔复爰（1957）从方便教学的角度出发，杂取众家之说，将他对词的结构形式的研究心得写成了《现代汉语构词法例解》一书，并在其中对汉语构词法做了详细的分类和讲解。他把汉语中所有的词汇单位分为单纯词、合成词、固定词组和兼词四个大类，合成词内又分为缀合式、联合式、偏正式、动宾式、动补式、主谓式、重叠式和简略式。崔复爰首次使用"动补式"的名称来表示"推动""提高"等词的结构方式，他的分类全面而又细致，这种分类方法和划分结果也为后来的大多数学者所接受，并被某些汉语语法教材吸收，成为当时乃至现在都深有影响的汉语构词法体系。

孙常叙（1956）在指出造词方法和造词结构之间关系的同时，对汉语的造词法①做了详细划分，并构建了汉语的造词法系统。在他的造词方法系统表中，列有"因果关系"这样一个小类，属于这一类的词有"推进""提高"等。应该说，"因果关系""修饰关系"等概念的提出，表明学者在当时已经开始关注构词材料之间的意义联系，并以此作为词的结构分类的依据。之后的王勤、武占坤（1959）将汉语的构词方法分为形态构词、语音构词、语义构词、句法构词四类，其中句法构词又包括"修饰格""支配格""并列格""因果格""注释格""说明格"六种，而"推翻""拉长"等动补式复合词被归入句法构词中的"因果格"。

赵元任（1980）的《中国话的文法》在"复合词"一章中以构词成分之间的"造句关系"为主要依据将汉语的复合词分为主-谓式复合词、并列复合词、主从复合词、动-宾式复合词、动-补式复合词和复杂复合词六类，并用专节对汉语"动-补式复合词"的形式特征、构词成分特别是词内补语性成分的性质特点以及动补式复合词及其宾语或时体助词等表示体貌特征的成分之间的关系等问题进行了论述。在赵元任先生的分析中，我们可以看出他对动补式复合词的界定还是比较宽泛的，既包括"克服""革新""改良""规定""说破""串通""打倒"等拆不开的纯语汇性质的动补式复合词，也包括"看破""完成""上来""进去"等可以加插词的纯语汇性质的动补式复合词，还包括"吃饱""喝醉""睡醒""弄好"等可以扩大的、整个复合词的意义是字面合成的非语汇性动-补式复合词。上述被赵元任先生称为"动-补式复合词"的词语中有很大一部分可能只是动补结构的短语，而非真正的动补式复合词。任学良（1981）的《汉语造词法》也明确地将"说明、凑巧、除了"等"补充式"的复合词看作与主谓式、动宾式、偏正式、联合式等并列的句法学造词法中的一类。

综合上述观点，我们可以发现：大部分学者都看到了汉语词的结构和

---

① "造词法"和"构词法"是语言学中非常相近而又容易混淆的两个概念。二者都对词的构造进行分析，研究内容有所交叉，但是在分析对象和分析目的上有所不同。造词法就是创造新词的方法，解决的是一个词从无到有的问题；构词法就是语词的构成方式，是对既有词的结构做语法分析，探究词语的内部结构规律。学者在研究中使用不同术语，说明其研究是存在差异的。大部分学者采用"构词法"，而孙常叙和后面提到的任学良则使用的是"造词法"。

句法结构（或者说是构词法和造句法）之间的相似性关系，并试图以句法结构来说明词的内部构成，后来更有一些学者如朱德熙（1982/2005）等进一步论述和发挥了复合词结构与句法结构具有一致性的观点。在这个问题上，我们的观点是：既应该承认词的内部结构在一定程度上和句法结构之间存在某种一致性关系，也应该明确词和句子毕竟不是具有同一性的语言单位，不能将句法结构分析的过程生搬硬套地用到复合词结构的分析上面。正如王宁先生（2008a：31~34+44）指出的"汉语合成词并不是不能用句法结构的术语来分析，但是……将构词法与句法合流，实际上混淆了两种不同性质的语言现象"，"就句法形式而论，现代汉语双音构词的很多形式，是现代汉语造句法无法涵盖的"（王宁，2008b：408）。虽然汉语中的大部分词似乎都可以用句法的格局加以解释，但这些词的构词成分之间并不具有真正的句法结构关系，而且有些词的结构方式甚至根本无法在句法中找到对应的同类格式，像"谢幕、陪酒"之类的复合词就都不能用现行的句法关系来对它们的结构方式进行说明。

黎锦熙先生（1959：83~104）虽然也承认所谓"句法构词法"的存在，但他也曾经明确指出"语言里纯粹的'结构学构词法（笔者按：即句法）'是不存在的……汉语的合成词虽然并不避免跟句法打通来进行分析，但纯粹的句法构词法也是不存在的"，王宁先生（2004：26~29）也同样认为"词汇的存在和演变不完全依赖语法"。因此，学者在看到一致性的同时，也逐渐开始认识到词的内部结构关系的独立性，并开始尝试从词汇学的角度去观察和分析复合词的内部结构。

较早按词中所包含的意义成分和结构关系来给词进行分类的是张寿康（1981）。他提出应该注意区分构词法与构形法，并首先将汉语的词分为单纯词和合成词两个大类，之后又根据构词语素的性质将合成词分为"实语素与实语素合成的"和"实语素与虚语素合成的"两类，前者又分为联合式、偏正式、支配式、述说式四个小类，"看见"之类的动补式复合词被他归入了"前正后偏"的"偏正式"。张寿康的分类为后来学者们从词汇学角度进行构词法研究奠定了基础。特别是到了 20 世纪 90 年代以后，越来越多的学者开始关注词内构成成分之间的意义关系。刘叔新（2005：80）从纯词汇学的角度对复合词结构研究提出了与前人不同的看法。他认为，就复合词的结构而言，无论是其词素的顺序还是它们之间的意义关系，既不存在句法性质，也并非什么词法现象，而只是词汇性的。"在一个词的内部存在词与词的句法关系，这是荒谬的，逻辑上绝对讲不通。复合词的结构成分是词素，而不是词，词素之间的结构关联当然不能是句法现象。""句法结构充其量只在复合词的大部分结构格式中有个模糊的投影，绝不应把这比喻性的模糊影子看作实质。"（刘叔新，2006：42）同时，他还强调对复合词结构应"从词汇意义及其关系范畴的角度"进行分析，应该侧重于词素之间的语义关系。据此，他主张对复合词进行纯语义的分类研究，把复合式的合成词划分为质限、态饰、支配、补足、陈说、并联、重述、统量、表单位、杂合等不同的"格"，而"说服、制止、冻结"等动补式复合词均被归入了补足格。

此后的构词法研究便又逐渐转入了对于深层语义关系和语义结构的挖掘。黎良军（1995：145）提出合成词的词素序"是没有句法性质的一种约定性顺序"，词的结构本质上是提示性语义结构，对词的语义结构进行分析，目的在于揭示合成词的理据，而不是把合成词归纳出一些语法结构类型。他所提出的合成词语义结构类型有虚词融入式、同义互限式、反义概括式、类义互足式、分别提示式、因果式（如"说明""澄清"）、物动式、时间顺序式、短语词化式、截取古语式等。应该说，他将词的结构研究推进到语义结构层面，是汉语构词研究的一个进步。

颜红菊（2008：172~173）的《现代汉语复合词语义结构研究》一书也是从语义的角度对汉语复合词的结构展开研究。她提出用"一个特征语素义+一个义类语素义→一个词义"的模式分析复合词语义结构，并说明语素义是如何分别表示特征和义类的。她充分重视词义结构对复合词形式结构的制约，并以此作为研究复合词语义结构的理论基础。作者在书中对补充式（动补式）复合词的语义结构做了如下分析："补充式复合词的词义表示行为动作。中心语素在前，一般为动语素，附加语素在后，一般为形容语素，或者表示趋向的语素，其语义结构是：一个行为动作义类+一个行为动作特征→一个行为动作义。语义类为行为动作，主要由动语素表示。"

朱彦（2004）则从语义的深层出发，在认知的背景下挖掘复合词词素间的语义关系的根源，力图描写和解释复合词构成的一系列语义组合过程，发现其语义规律，并最终将复合词的语义结构归结为一定的认知框架。他在研究中并不过多地考虑复合词的语法结构形式，而是对其进行纯语义的分析，这样就很容易将复合词内部语素之间的语义联系归结为人的某种认知经验，用认知框架去限定复合词的构成。应该说，他的这种尝试和探索在某种意义上是具有开拓价值的，只是这种纯语义的分析思路本身带有一定的主观性和随意性，是否能够为人们普遍接受还需要时间和实践的检验。

在"复合词结构分析应采取的原则和方法"这一问题上，苏宝荣先生（2008：1~4）指出"任何一个语言单位（包括语素与复合词）的语义关系与语法属性、语义层与语法层是同时存在，融为一体的。它们之间既有联系，又有区别。一方面，语义关系与语法属性有大体的对应关系；另一方面，有时相同的语义关系可以用不同的表层语法形式来表达，相同的语法属性可以蕴含不同的深层语义关系。我们研究复合词的内部结构，不能仅仅满足于对其进行语法结构分析，需要进一步说明其深层的语义关系"，"汉语复合词结构的认知与研究应当坚持语义分析与语法分析相结合的原则"。事实证明，苏宝荣先生所提出的这种"语义分析与语法分析相结合"的研究方法对于现代汉语复合词结构研究具有普遍而广泛的适用性。其实，刘叔新先生（2005：79）即便是强调应该从纯词汇的角度研究复合词结构，但也承认"复合式的两个结构项之间的结合关系，往往像是句法成分之间的结构关系"，只是他不赞成用习惯上描述句法结构的"主谓、动宾、动补、联合、偏正"等术语来说明复合词的内部结构关系，因而采用了"陈述格、支配格、补足格、质限格"等新的更加凸显语义的术语来指称复合词的结构关系。对复合词的构成进行纯语义分析的朱彦（2004：268）指出："尽管汉语复合词的语义结构类型与句法结构类型之间的关系是参差的，交叉的，但是每一个语义结构类型的大部分词例还是对应于某一句法结构类型。"由此可见，研究汉语复合词的结构，语义分析与语法分析并不是可以截然分开的。

2004 年，周荐专门讨论词汇结构问题的专著《汉语词汇结构论》出版。他在复合词类型的名称上采用了"支配格、递续格、补充格、陈述格"等表现构词语素之间意义关系的术语，但他同时在书中指出"复合词的字和字能/不能搭配，是深受句法结构规律的模式影响的"（周荐，2004：96）。汉语中为数众多的双字格复合词"有些本就是由短语凝固成的，短语在词化的过程中其句法格式随之被凝结在复合词的词根和词根之间……更多的词，则是人们在造词时受到句法模式潜移默化的影响自觉不自觉地把句法结构规律用到构词上从而对词根与词根的关系做出句法式的解释"（周荐，2004：96~97）。此外，他还根据词根和词根之间所体现的"句法上讲得通的关系"对汉语复合词做了非常细致的分类计量统计。

石毓智（2004：33~39）曾经专文论述过汉语的构词法和句法的关系，他指出"从历史上看，汉语的复合词多来自句法结构的词汇化，结果就造成了汉语的构词法和句法的一致性。……汉语的构词法和句法之间则存在着十分密切的相互作用关系"。董秀芳（2011：25）在探讨汉语双音词的衍生方式时也曾经指出："从历时角度看，汉语最早的复合词是来源于句法的，在那时还没有复合构词法；当复合词不断地从句法中衍生出来之后，复合构词法就产生了，这以后复合词就可以不通过句法而被语言使用者独立地创造出来了。""如果考虑双音词最初产生时的情况的话，就可以说大量双音词来源于句法。"

贺阳、崔艳蕾（2012：1~6）针对学界在如何看待汉语复合词结构与句法结构的关系问题上长期存在分歧的现状，从汉语词汇化的方式和途径出发，对汉语复合词结构和句法结构的一致性和差异性进行了解释。他们在明确"汉语的复合词结构和句法结构既有一致性，也有差异性，因此无论强调二者之同，还是强调二者之异，恐怕都只是关注的侧重点不同……无论是相似还是差异，都在很大程度上与汉语词汇化的方式和特点有关"的同时，还基于现有汉语史研究成果提出了"在汉语复合词的发展过程中，存在一个从短语的凝固化到复合词构词法逐渐形成的过程。正是由于汉语的复合构词法脱胎于句法，才使得后来由语素直接拼合而产生的复合词也具有了类似于句法的结构，因而可以参照句法结构来分析和解释"的假设。

综上所述，汉语双音节复合词结构与句法结构之间有千丝万缕的联系，在对汉语复合词的结构进行分析时，不可能完全脱离句法关系方面的解释。语义分析与语法分析这两种方法并不是相互排斥的，而是具有互补性，二者不可偏废。为了做到既可以全面揭示语法与语义之间的关系，又能够以简驭繁地把握复合词的内部结构，我们主张采取语法结构分析与语义关系分析相结合的方法对复合词进行结构分析，这样的研究方法也将应用于本书对动补式复合词词法语义结构及句法语义功能等方面的研究之中。

2. 关于复合词结构与功能关系的研究

在复合词的结构与功能关系的研究上，陆稼祥等人（1981）在《汉语词类划分标准试探》一文中曾经指出"词的本身结构方式（包括形态标志）可以决定词的性能"。后来戴昭铭（1988：21~28）针对陆文中的观点，提出"复合词的结构和性类之间没有明显的对应规律，反而有着深刻的矛盾"，并进一步指出句法构词和句法结构之间的本质性差异，词法结构不可能模拟所有句法结构的模式，句法结构也未能涵盖全部词法结构的模式。他认为造成词法结构和句法结构不完全对应的根源在于词有区别于词组和句子的本质特征，即符号性、概念性和意义的词汇性。杨锡彭（2002：155~160）在这个问题上的观点与陆稼祥等人有相似之处，他认为"词的内部形式和外部功能之间存在着一定的联系。……汉语复合词构造与词的功能的确不存在一一对应的关系，但这种不完全对应的关系不能说明复合词的构造没有语法性质"，并通过对戴昭铭文中列为"与性类不对应的结构"的"裨益"一词的分析，得出"从戴文的统计看，汉语复合词结构与词的功能不一致的比例并没有那么高"的结论。张登岐（1992，1997）全面考察了合成动词的内部结构和重叠形式的特点，并对不同结构类型的合成动词在句法功能上的差异性进行了说明。特别是《汉语合成动词的结构特点》一文比较全面地分析了汉语合成动词带宾语、作定语、作状语和补语、受程度副词"很"修饰等语法功能，只是限于篇幅，作者仅仅对各结构类型合成动词的句法功能表现做了简单的描写和说明，而未能深入地分析合成动词的结构类型和句法功能之间的内在联系。

郭锐（2007）在研究现代汉语词类问题时也曾经指出构词因素会影响词的分布，他认为现代汉语的复合词有不少都是由词组凝固而成的，制约词组的句法规则在一定程度上仍作用于词内部的语素，影响着词的功能。他同时指出构词因素影响语法功能的显著例子——当动词、形容词的第一个词根是"不、无、有"时，这个动词或形容词不能受"不"的修饰；第二个例子是 VO 格的动词一般不能带真宾语。

还有一些学者指出，在对复合词进行结构分析及对同一语法结构复合词下再分类时，仅凭意义分析往往很难决断，还应该考虑句法分布、搭配关系等功能因素。贺阳、崔艳蕾（2012：1~6）在探讨复合词结构分析是否应引入和利用形式因素时，以"法网"一词的结构分析为例，指出"形式因素的引入可以帮助我们对结构分析进行验证，从而使结构分析尽可能符合语言实际"。他们认为，从词义理解看，"法网"可以解释为"法律构成的严密之'网'"，也可以解释为"如网般严密的法律"，前者为定中复合词，后者为修饰成分在后的定中逆序复合词。但是如果考察一下"法网"的分布语境就会发现正常语序的说法也许更有道理一些。作者对北京大学 CCL 语料库中"法网"的实际搭配进行了检索，结果显示"落入法网""布下法网""展开巨大的法网""法网恢恢，疏而不漏"等都是高频搭配，其与量词搭配时只能说"（编织了）一张法网"，而不能说"一部法网"。以上搭配事实说明人们实际上是把"法网"看作"网"的一种，"法网"的核心成分是"网"而不是法。苏宝荣（2016：162~165）在论述汉语复合词结构的隐含性和多元性时指出"复合词素性组配的灵活性和广泛性远超句法组合的词性搭配。……汉语复合词的语法结构和语义关系复杂、多元，而且有隐含特点，对构词语素语法属性的判断，对两个语素组合结构的分析，都没有显性形式标志，只能从其语义特征和搭配关系来认识"。

除了上述这些从宏观上考察和把握复合词结构和功能之间关系的著述之外，还出现了一些专门研究某一结构类型复合词功能的文章。如石彦霞（2004）的硕士学位论文首先区分了支配式（动宾式）动词的语义小类，并对构词法和句法进行了比较，论证了汉语词法和句法之间存在相似性的观点；其次考察了支配式动词的语法功能，运用配价语法理论对支配式动词加以研究，并在筛选大量语料的基础上，总结了支配式动词的基本句模。此外，作者还对一种和支配式动词密切相关的格式——"动宾式动词+宾语"，从认知语言学角度和汉语语法自身特点的角度进行了重新探讨。

董秀芳（2002b）的研究中虽然并未涉及主谓式复合词的结构与其语法功能表现之间的关系问题，但是她对于主谓式复合词内部构成成分所受句法和语义限制的分析，却有助于我们对主谓式动词区别于其他动词的语法功能特征做进一步的解释。她认为主谓式复合词成词要受到句法语义方面的一些制约：从句法上看，动词成分不能是及物的；从语义上看，主语成分主要是无指的无生名词，在语义角色上是当事而不是施事；谓语成分在语义上具有不可控和非完成的特征。

王贵英（2006）以连动型、兼语型复合词为研究对象，将词法和句法联系起来，运用比较的方法，结合配价理论，对两类复合词进行了多角度的考察。文中既指出了连动型、兼语型与其他类型复合词在构词语素的性质、语义特点和语素之间逻辑关系上的差异，也说明了两种类型的复合词各自的语义关联和结构特征，同时还对两类复合词与同构的连动式、兼语式（词组或句子）之间的联系与区别进行了阐述。最后作者还在最简单的抽象句中对连动型、兼语型复合词的配价情况进行了详细的分析和计算。陈雪萍（2012）从来源、特点、分类、配价等方面对连动型和兼语型复合词进行了分析。文章不仅从共时层面上将这两类复合词与其他结构类型的复合词进行了区分，而且从历时角度出发对连动型、兼语型的复合词和连动式、兼语式两种特殊的汉语句式进行了对比和系联，指出它们之间的异同。在此基础上作者总结出了两类复合词的特点，并借鉴袁毓林的控制——还原分析法对两类复合词的配价情况进行了计算。以上两篇学位论文在研究内容、研究思路以及研究方法上都有一定的相似之处，其结论也可以相互参照和验证。

（二）动补结构或动结式相关研究

动补结构，有些学者又称为"使成式"或使成复合动词，它与动补式复合词之间存在难以分割的密切联系。从形式和语法功能两个方面来看，由单音节的动词和结果补语组成的双音节粘合式述补结构都"跟述补式复合词没有什么不同"，甚至"有的述补结构在语义上也相当于一个动词"（朱德熙，1982/2005：126~127）。从20世纪50年代开始，人们就已经对动补结构这一特殊的词语组合模式产生了兴趣，对动补结构的性质特点、历史来源，以及产生、发展和演变的历史过程等问题多有探索，特别是对动补结构的具体产生年代等的探讨始终没有停止。

1. 关于动补结构（或使成式）产生时代的研究

关于动补结构的产生时代，学界有多种不同的看法，我们选择其中最有代表性的观点简述如下。

（1）先秦说

周迟明（1957/1958：195）曾经指出使动性复式动词"合用式是由词法上的关系发展而成的，大概起源于殷代……分用式是由句法上的关系发展而成的，大概起源于先秦"。余健萍（1957：115~118）也认为使成式"在周代已经萌芽，历秦至汉，应用日广，不是萌芽而是繁荣滋长起来了"。杨建国（1959）、潘允中（1980）、何乐士（1984）等学者也都持此观点。梁银峰（2006：331）从语义指向上将动补结构分为语义指受型、语义指施型和语义指动型，他认为其中的"语义指动型动补结构产生得最早，先秦时期就已出现萌芽"。

（2）汉代说

王力（1944/1954：164）认为使成式"大约最晚在唐代口语里已经有了"。不过，他后来又重新修正了自己的看法，王力（1958/1980：404）提出"使成式产生于汉代，逐渐扩展于南北朝，普遍应用于唐代"。祝敏彻（1963，2003）、宋绍年（1994）等人也都有类似的观点。吴福祥（1999：340）认为"汉语的动补结构包括三个小类，每一小类出现的时间不同，指动补语产生于汉代，指受补语产生于南北朝，指施补语始见于宋代"。

（3）六朝说

志村良治（1984/1995：239）提出"六朝初期可能已经出现了能够看作使成复合动词的复合化。在中古初期复音节词激增的时期内，某些词越过并列连用的阶段而使成复合动词化了，这是有可能的"。但是，他同时指出"这种使成复合动词化不是在中古初期一下子完成的……应该说大多数还是在唐代才完成复合化的"。梅祖麟（1991）、蒋绍愚（2000）、刘承慧（1999）基本上倾向于认为动补结构是在魏晋六朝时期产生的。

（4）唐代说

太田辰夫（1958/2003：194）认为确定使成复合动词的产生时期虽有困难，但"这种形式多数是在唐代产生的，在那时，可以认为两用①动词已经逐步固定为自动用法，因此，可以认为使成复合动词至迟是在唐代产生的"。

要确定动补结构究竟产生于何时，这并不是一个简单的问题，我们这

---

①　即自动、他动两用，也就是一般所说的不及物、及物。

里只是将学界的几种主要观点列举于此，简要加以介绍，以便读者对动补结构的产生有一定的了解。以上几种关于动补结构产生时代的说法在时间上有很大的差距，而造成如此大差距的原因恐怕是各家对动补结构界定标准的认识不一致。对于此种情况，蒋绍愚（1994：184）曾有过论述，他认为各家对动补结构产生时代的巨大分歧，"不在于个人掌握的材料不同，而在于对同样的材料有不同的分析"。

2. 汉语史文献专书中的动补结构研究

吴福祥（2000）从形式和语义两个方面详细描写了《朱子语类辑略》中各类带"得"的组合式述补结构，并在此基础上归纳出了《朱子语类辑略》中带"得"的组合式述补结构系统，同时文章还对该系统产生、消亡的过程和背景进行了简略的分析和论述。吴福祥（2004）又对《敦煌变文》中各种类型的粘合式述补结构和组合式述补结构进行了全面的分析和探究。朱明来（2006）运用现代语言学的分布理论、语义指向、语法化等理论分析宋人话本中的动补结构，考察其在句法、语义、语用等方面的表现，并揭示动补结构及相关句式的历时发展演变情况及其原因。朴元基（2007）以《水浒传》中"V 得 C"实现式述补结构为主要对象，对"V 得 C"实现式补语内部呈现出来的特点进行了分析和描写，并进一步指出了它们在由近代汉语向现代汉语的发展过程中所呈现的此消彼长的变化。

此类研究中最具代表性的著作是刘子瑜（2008）的《〈朱子语类〉述补结构研究》。此书选择《朱子语类》作为研究述补结构的语料，通过对大量材料的收集和分析，对其中所涉及的述补结构的类型进行了描写，分析了各种类型述补结构的语义特征，并对述补结构和汉语其他语法形式之间的互动关系进行了探讨。

除此之外，还有大量的硕博学位论文和期刊论文对不同历史时期的多种文献专书中的动补结构进行了研究，如许评（2001）、黄增寿（2002）、何忠东（2004）、苏周媛（2012）、朱玲（2013）、朱聪（2014）、宋亚云（2016）等分别以《西游记》《三国志》《元刊杂剧三十种》《大宋宣和遗事》《琵琶记》《型世言》《淮南子注》等专书中的动补结构为对象，结合专书中的相关语料对动补结构展开研究，他们的研究能充分反映学界对动补结构的关注以及动补结构在汉语史研究中的重要地位，也在很大程度上揭示了动补结构的历时演变线索及规律。

3. 动补结构的性质研究

动补结构的性质长期以来是一个未有定论的问题。说到动补结构，很多学者是将它们作为短语来认识并加以研究的。石毓智（2003：31）曾经明确指出"把动补结构定义为复合动词容易造成人们的误解，因为这暗示它仅仅是一种词汇性质的东西，而不是一种能产的句法结构。……动补结构实际上是一种高度能产的句法结构，原则上允许任何具有意义的'动'和'补'搭配"。而且他所提到的动补结构几乎都是短语性质的，有时甚至将"动补结构"和"动补短语"两个概念混用。施春宏（2008：6）明确指出他更倾向于将动结式"当做一个结构式，只不过是有些'个性'的结构，而不是仅仅看作复合词"。

王力（1944/1954：409）最初也将动补结构都看成短语，但是后来在《汉语史稿》中却认为"在现代汉语里，有些使成式逐渐单词化了，例如'推翻'、'扩大'、'改善'、'革新'等"。赵元任（1979）也认为动补关系的组合有动补结构（短语）和动补复合词之分，但是他进一步说明动补结构中的补语指的是自由的、谓语性的补语和某些粘着的短语补语，而动补复合词的范围则远比朱德熙认为的大得多，根据可扩展性可以分为凝固的、可带中缀的和可扩展的三类。朱德熙（1982/2005：126）也持相同的观点，在说到述补式复合词时朱先生列举了"革新、改良、证明、扩大、降低、推翻、削弱、扭转、记得"等例词；他认为述补结构又有组合式和粘合式之分，在粘合式述补结构中有一种由结果补语组成的述补结构，如"长大、走远、煮熟、看见、学会、杀死"等，它们"在语法功能上相当于一个动词，后头可以带动词后缀'了'或'过'……跟述补式复合词没有什么不同"。当然朱先生也指出了带结果补语的粘合式述补结构和述补式复合词之间的区别就在于"述补结构可以用'得'或'不'扩展……述补式复合词不能扩展"。

顾阳（1996）、李亚非（2000）将具有致使意义的双音节动补结构看成词汇结构，董秀芳（1998，2007a）从韵律和词汇化的角度论证了带宾语的双音动补结构和粘合式动补结构具有词汇性质。梁银峰（2006）将广义的动补结构分成三种类型：不可以扩展的双音节结构、可以扩展的双音节结构（也包括极少数习语性的三音节或四音节结构）和能自由扩展的三音节或四音节结构，其中可以扩展的又分三种情况：有限制地扩展、自由地扩展、可自由扩展却不能带受事和结果宾语。在他看来，狭义的动补结构仅指动补复式复合词，即前面分类中不可扩展的双音节结构和可以扩展的动补结构中的前两个小类。很显然，他也是把动补结构当作词来进行研究的。

从既有研究中我们可以发现，学者大多将动补结构、动补短语甚至动补式复合词混为一谈。对于不同的"动+补"的组合形式究竟是短语还是复合词的性质界定问题，学界并没有明确一致的意见，甚至存在一定的分歧。即使在研究中涉及相关问题，也往往并不详加分析，而是将属性可能并不具有同一性的各种语言结构成分放在一起，或笼统地一概而论或根据扩展能力分类论述，并由此导致了目前学界在相关术语名称使用上的混乱以及"动补"组合在词汇属性和语法属性上的模糊。因此，笔者认为，在研究此类"动+补"组合形式之前，首先需要厘清"动补结构""动补短语""动补式复合词"等概念之间的关系和不同属性"动补"组合的特点及区分标准，明确不同组合的语法属性，即哪些是短语，哪些是词。这是研究得以进行和展开的前提和基础。

4. 近些年对动结式及其相关现象的研究

动结式与本书的研究内容有非常密切的关联，有些学者对动结式的研究中甚至包括了一定数量的动补式复合词。动结式研究的诸多观察视角、研究方法和既有成果对我们的研究有重要的借鉴价值和指导作用。近年来，句式构造和句式意义的关系成为句法理论的热点问题，作为致使结构类型之一的动结式也逐渐成了学界关注的焦点，对动结式及其相关句法现象进行研究的著述层出不穷，特别是在动结式的生成、配价、配位方式、语义指向以及语言类型学等方面进行分析的文章屡见不鲜。

王红旗（1995）把配价的概念推广到了动结式述补结构之上，考察这种动词性结构支配体词性成分的能力。作者通过语义上的推导和句法上的验证，得出了动结式述补结构的三种情况，即一价、二价、三价，并就各类动结式的具体配价情况进行了讨论，同时还对制约动结式配价的原因做出了解释，将动结式配价的控制因素归结为补语的语义指向。郭锐（1995）对述结式的配价结构及其与述语谓词和补语谓词配价结构之间的关系进行了考察，得到了计算述结式配价结构的公式，同时归纳出了述结式中述语谓词和补语谓词的论元提升规则以及整合（表现为合价和消价）

在述结式配价过程中的作用。施春宏（2008）从动结式的论元结构和配位方式两个角度比较系统地考察了动结式在句法和语义两方面的特点，探讨句法结构的形式和意义之间的互动关系。

此外，还有一些学者如马希文（1987），任鹰（2001），施春宏（2004，2005，2006），宋文辉（2004，2006），胡敕瑞（2005），熊仲儒、刘丽萍（2005），崔辰而（2010），雷雨（2012），王沙沙（2015），程工、杨大然（2016）等都从不同的角度对动结式的核心、语义、配价等各方面问题进行了探讨，这里我们不再一一论述。

（三）动补式复合词及其相关问题研究

1. 动补式复合词的本体研究

Yafei Li（1990）在普遍语法的理论框架下，对汉语动补词（补充式复合动词）的形成过程进行了探讨。文章通过汉语动补词内部语义结构和论元等级的分析和日汉动补词的比较，对汉语动补词"在一些特定的语言环境里出现歧义"的现象进行了解释。逯艳若（2003）从历时角度出发研究现代汉语中的动补式复合词（"打碎""喝醉"等由表动作的动词和表该动作结果的动词或形容词组合而成的结构），认为这种结构是词而不是短语。并进一步指出动补式复合词的形成和演化过程是韵律规则促动下的词汇化现象。林燕、徐兴胜（2007）运用回环理论探讨汉语动结式复合词的生成问题，证明了运用模式联体记忆规则生成动结式复合词比句法说和词汇说更为经济，儿童也更易掌握。成镇权（2011：83~88）针对李亚非等人对汉语动补复合词句法——语义错位的解释，指出"题元识别和题元抑制未必能如愿维持题元准则，把题元关系作为使役角色指派的必要条件得不到语言事实的支持"，并在此基础上提出"汉语动补复合词的致使可能不是词汇属性"，而"应视为句法过程的产物"。

薛玲玲（2004：88~90）在英汉结果式结构的相似性和差异性对比中发现汉语的 VR 复合词（VRC）在英语中无法找到对应。通过对 VRC 中 R 语义指向性的讨论，指出"VRC 在 V 与 R 组合的瞬间已经成为一个新的词汇，R 的语义指向受到题元结构、语义限制的同时还受题元阶层理论的约束"。许菊（2007）借鉴 Ross 根据结果补语的语义和功能差异将汉语动结合成词分为表述型、方位型和成就型的分类方法，指出在这三种不同类型的动结合成词中，结果补语的词化程度不尽相同，因而三种类型的动结合成词的论元结构也就不完全相同。马婷（2008）在黄正德的句法说框架下，通过"主题化、关系化和宾语的意义限制"三个测试，对"动补式复合词后面的名词是整个复合词的宾语，并不是补语动词的主语"观点进行了验证；同时以"强弱"将及物和不及物动补式复合词的形成过程统一在一起，利用"互动式"证明了汉语动补式复合词同样遵守补语指向宾语定律。林燕（2009）针对学界现有关于动结式复合词的核心问题的看法，提出在 MP 框架下探讨动结式复合词的核心应根据特征区分同指和异指，并进一步解释了"左核/右核"不过是功能范畴核心的位置不同，从而证明轻动词的功能范畴有跨语言的普遍性。

王晓庆（2014）在不同学者对"词"这一基本概念的语义、句法、形态、音系特征等方面的阐述基础上，分析了汉语中的"词"以及动结式复合词，着重从形态和句法视角总结了汉语动结式复合词的语素成分和论元结构，指出动结式复合词有其特有的构词过程。王中祥、杨成虎（2016）以动补式、偏正式、并列式三类汉语复合动词为例，说明了象似性原则在构词过程中的运作机制及其语义特征、句法表现。

上述文章在对动补式复合词的范围进行界定时，大都采取广义的概念，也就是说，文中所谓"动补式复合词"实际上指的是那些由动词和结果补语组合而成的动补结构，至于这些动补关系的组合在语法属性上究竟是词还是短语，则不予区分，均视为动补式复合词，因而对动补式复合词的范围定得过宽，其中包含了大量动补关系的短语。

2. 动补式复合词的对外汉语教学研究

学界从语言本体角度对动补式复合词进行的理论研究本就不多，将其与对外汉语教学进行结合，从汉语教学角度对动补式复合词进行研究的文献就更不多见了。我们以"动补式（动结式）"、"复合词（合成词）"和"汉语教学"为关键词，对中国知网中的期刊论文和学位论文数据库进行搜索，结果只找到了四篇与之相关的文献。

周晓宇（2013）的硕士学位论文《动补式复合词的对外汉语教学研究》在借鉴李丽云（2010）的博士学位论文《现代汉语动补式复合词的结构与功能研究》中核心理论观点的基础上，以封闭类教材中的动补式复合词为研究对象，通过数据统计的方法，对教材中出现的各类动补式复合词进行分析，并在此基础上提出了相关的教学策略和方法，编制动补式复合词辅助性学习词表，以期更好地指导对外汉语动补式复合词教学。应该说，作者的初衷是好的，其将动补式复合词的本体研究与对外汉语教学进行结合的尝试也是有意义的，但是由于其理论基础过于薄弱，语言本体方面的基本研究内容和核心观点均借自他人，试图在前人的理论研究框架中生硬地添加对外汉语教学大纲及教材中的相关材料，而未能将二者有机地融合在一起，找到二者之间的最佳契合点，同时作者也没有对留学生使用动补式复合词的情况进行调查分析，其教学策略的提出也缺少实践的基础。因此其从对外汉语教学角度研究动补式复合词的尝试是不成功的。

刘彩华（2013）的汉语国际教育硕士学位论文《英语国家留学生的动补式离合词教学研究》选择了 32 个常用的动补式离合词作为研究对象，从结构类型、扩展类型和语用含义三个方面对动补式离合词进行了分析，总结其属性和特征。同时结合对英语国家留学生学习使用动补式离合词的调查情况，对学生的偏误类型、原因进行思考，并在此基础上提出了动补式离合词的教学策略和建议。作者选取动补式复合词中的一个特殊小类——"离合词"进行研究，在调查学生的实际使用情况基础上提出教学建议的思路相对比较合理，但是其在偏误调查中并没有体现出国别化教学的特殊性，提出的教学建议也缺少对动补式离合词的针对性，其中的一些教学策略和方法具有"放之四海而皆准"的普遍性特点。

朱红、梁英（2014）的题为《基于对外汉语教学的汉语动补式合成词分析》的文章在研究方法和过程上都与前面提到的周晓宇的硕士学位论文有相似之处，理论上也主要是借鉴李丽云（2010）博士学位论文中关于动补式复合词性质特点的论述，然后以其文中的分类方法和标准对《汉语水平词汇与汉字等级大纲》甲、乙、丙、丁各级词汇中的动补式复合词进行了分类统计，在此基础上总结了对外汉语动补式合成词教学的难点，并针对这些难点提出了相应的教学对策。当然，他们提出的某些教学建议对我们的研究也有一定的启发。

从对外汉语教学角度对动补式复合词进行的研究中，最有分量的就是赵金铭（2016）的《汉语动结式二字词组及其教学处理》这一篇文章。论文从动结式的来源出发探讨了动结式的词和词组之间的界限问题，结合汉语教学的实际指出动结式二字词组在教学中的重要性及学生使用中的常见问题，揭示汉语动结式词组搭配的难度和特点。同时通过对不同历史时期教材中对动结式词组的处理办法以及国外汉语教师的教学建言等的梳理和归纳，提出应将动补式二字词组作为复合动词看待，作为一类生词列出，并予以释义，以方便留学生学习、理解和使用。赵金铭先生对动结式的词和词组的分析是非常客观的，无论是探究其历史来源，还是考察其实际使用情况，都有理有据，他提出的处理办法也完全符合对外汉语教学的实际，而且具有较强的针对性和合理性。其文中的一些观点对我们形成动补式复合词的对外汉语教学原则和方法有重要的指导和启示作用。

（四）以往研究中的未尽问题

应该说，目前对于复合词特别是动补式复合词的结构、功能以及动补结构、动结式的相关问题进行研究的论著不在少数，研究视角和研究内容涉及的范围也非常广泛，在某些方面的研究也体现了一定的深度和广度。但是，综合以往的研究成果，我们发现既有研究中还存在一定的局限和不足，归结起来主要表现在以下几个方面。

1. 混淆了动补结构、动结式等与动补式复合词之间的界限

在以往的研究中，很多学者在自己的论著中或多或少地涉及了与动补式复合词相关的某些问题，但是他们在研究中往往混淆了动补式复合词与动补结构和动结式之间的界限，模糊这几个概念之间的界限甚至偷换了概念。有人将某些动补式复合词当作动补结构来分析，忽视了它们作为词的性质和功能；也有人说是以动补式复合词作为研究对象，但所分析的具体实例则大都是具有动补关系的双音节句法结构，而非复合词。这样就不可避免地造成了概念上的混乱和研究中的缺失。

2. 缺乏对动补式复合词结构、意义、功能的系统性研究

综观以往的复合词研究，学者们关注的焦点大多集中于动宾、主谓、连动、兼语等结构类型的复合词，也出现了大量以这些类型的复合词作为研究对象的专业论文和硕士博士学位论文，但是动补式复合词还一直属于汉语复合词结构研究的薄弱环节，对动补式复合词的观照不多，研究也还不够深入。即使偶尔在某些论著中看到关于动补式复合词结构、功能方面的论述，也大都是一些零散的分析和描写，或者是在动补式复合词研究名义之下所进行的对某些动补结构的考察和论述，真正对动补式复合词进行

全面、系统研究和阐述的论著则并不多见。

3. 动补式复合词教学研究缺少必要的理论支撑

截至目前，从对外汉语教学角度对动补式复合词进行的研究和探讨还很薄弱，只有几篇论文与动补式复合词的对外汉语教学研究直接或间接相关。其中直接探讨动补式复合词与对外汉语关系的两篇论文均未从本体方面对动补式复合词展开充分探析，而是直接借鉴他人博士学位论文中的基本理论和观点，将其套用在对汉语教材和大纲中的动补式复合词的分析中，结果导致本体与教学"杂糅"在一起，并最终陷入了本体研究缺乏必要的理论基础，教学研究又很难与汉语教学实践结合的尴尬境地。我们认为，对外汉语教学属语言学的应用领域，对某一语言现象的本体分析和教学研究应该循序渐进，先分后合，先有了本体研究的理论成果，再根据一定的教学目的，采用适当的教学手段，将本体理论和知识转化为教学内容，运用到具体的教学实践当中去。上述这种眉毛胡子一把抓的做法并不能真正有效地指导对外汉语教学，甚至可能成为教学中的桎梏。

总之，在以往的研究中，对动补结构的关注较多，而对动补式复合词的研究相对较少；对动补式复合词结构、意义、功能等的局部、零星的研究较多，而全面、系统地研究动补式复合词的结构、功能以及二者关系的成果则仍不多见；还存在将动补式复合词与动补结构混淆的情况。本书将明确动补式复合词与动补结构、动结式等相关概念之间的联系与区别，并在此基础上对动补式复合词的表层格式、深层结构、句法表现等进行比较全面、系统的研究，深入揭示其内部结构与外部功能以及二者之间的关系，并在此基础上探索与动补式复合词的对外汉语教学相关的策略、方法、技巧等问题。

三　研究思路、研究方法及理论基础

（一）研究思路

我们将以动补式复合词这一特殊类型的双音节复合词作为研究的切入点，以原型范畴、动词配价、构式语法、语法化与词汇化等现代语言学理论作为理论基础，尝试在句法功能的框架下采用语义分析与语法分析相结合的方法进行汉语复合词结构的研究。通过对动补式复合词的内部结构与外部功能以及二者关系的分析与阐述，揭示动补式复合词区别于其他类型复合词和动补短语的特殊性，也要对复合词结构与功能之间的关系特别是结构对功能的影响进行初步的解释与探讨。此外，我们还尝试将动补式复合词的理论研究与教学实践结合起来，试图从对外汉语教学的视角对留学生学习使用动补式复合词的相关偏误情况以及汉语教师在教学中需要注意的问题进行分析和说明。

首先，我们要对动补式复合词的概念、范围进行界定，明确动补式复合词与其他类型复合词以及动补短语之间的关系。同时，对动补式复合词的来源及其产生过程中的相关现象做简要说明。

其次，我们将概要分析动补式复合词的构成形式。通过对动补式复合词内部构成成分性质功能的考察与分析，概括出动补式复合词的表层句法格式，并根据构词成分性质特点的不同对动补式复合词进行分类。

再次，我们将重点分析动补式复合词的语义内容。根据动补式复合词词内补语性成分意义类型和语义指向等的不同对动补式复合词的语义类型进行概括并进一步挖掘其深层语义结构；在深入分析动补式复合词内构成语素之间语义关系、补语性成分的意义类型和语义指向的基础上，说明动补式复合词"致使性"意义的构式来源并揭示动补式复合词在深层语义上作为"致使结构"的特殊性。

最后，我们还要在宏观的句法结构中对动补式复合词的语法功能和分布特征进行全面的考察与分析。我们将从动补式复合词所能承担的句法角色，与其他句法成分的组合能力，与否定式、可能式、重叠式等特殊语法形式以及"把"字句、"被"字句、意念被动句等特殊句式之间的关系等几个方面对动补式复合词的句法功能表现进行系统的描写和论述；通过对不同小类动补式复合词句法功能表现的分析，进一步概括和揭示动补式复合词自身结构方式对其语法功能的影响和制约，并进而论证复合词结构与功能之间关系的普遍性，探究汉语词汇自身构成、发展、使用过程中所体现出来的规律性的东西。

在本体研究的基础上，我们还将尝试从对外汉语教学的角度对动补式复合词在对外汉语教学大纲及教材中的出现情况及留学生使用动补式复合词的偏误情况进行调查，并就调查结果分析留学生使用动补式复合词的偏误类型及其原因，同时针对教学现状提出合理化教学建议。

其中对动补式复合词的结构特别是深层语义结构的分析与阐释、对动补式复合词语法功能特征的考察与描写，以及对留学生使用动补式复合词情况的调查分析与教学建议是本书研究的重点。

（二）研究方法

1. 定性与定量的结合

在定量方面，我们首先根据词的语音结构形式从《现代汉语词典》第7版（以下简称《现汉》）收录的全部词条中挑选出所有的双音节复合词；然后根据这些复合词内部结构方式的不同进行分类，从中遴选出本书重点研究的动补式复合词，明确统计出《现汉》中动补式复合词的具体数量及其在全部汉语双音节复合词中所占比例等相关数据。在定性方面，我们首先对动补式复合词的概念范围进行严格界定，厘清动补式复合词与动补短语、动宾式、连动式、并列式等容易混淆的词语结构之间的界限；继而对动补式复合词的构词成分的性质、地位、语义特点以及构词成分之间的语义关联等进行全面的分析和考察；然后结合大量语料对动补式复合词在不同语境中使用的各种句法表现进行系统分析和阐述。此外，在分析动补式复合词的深层语义结构时，我们不但根据补语性成分的意义类型和语义指向对动补式复合词进行了分类，概括出各类动补式复合词的特点，还对每一类型动补式复合词的数量及其在全部动补式复合词中的所占比重进行了统计，真正做到了定性与定量的深度结合。在对外汉语动补式复合词教学部分，我们既有对大纲和教材中收录动补式复合词数量和比例的对比统计分析，也有对留学生的动补式复合词使用偏误的数量统计和类型归纳，同样实现了定性和定量的结合。

2. 归纳与演绎的结合

在分析动补式复合词的语法功能时，我们通过对大量语料的搜集、整理、归纳，对动补式复合词在具体言语材料中的使用情况进行了集中考察与描写，全面掌握了动补式复合词在不同句子中出现时的句法角色、组合功能等语法功能特征，从而归纳出不同类型的动补式复合词的不同表现。同时，我们还把在动补式复合词的结构与功能关系研究中得出的结论进一步运用到动宾式和主谓式复合词的分析中，从而使"结构方式对语法功能的影响在句法复合动词中具有普遍性"的理论假设得到了初步验证。此外，我们还注重将语言理论的阐释与言语材料的验证结合起来。理论源于实践，反过来又可以指导实践。书中各理论观点的提出都是以丰富翔实的语言事实材料作为基础的；同时，语言规律的存在又对言语交际有着制约和指导作用，并在日常运用中得到验证，充足的语料是说明语言规律的最好例证。

3. 描写与解释的结合

"历来语言学研究的目的，大体上可以分为两类，一是对语言的历史和现状作细致的描写，从纷纭繁杂的语言现象中寻找出带有规律性的东西，二是对挖掘出来的语言规律进行合理的解释，探索这些语言规律的前因后果。综观一百多年来西方现代语言学界相继称雄的各个学派，其主要研究目的基本上都是在描写与解释之间来回摆动。"（陈平，1987：58～59）描写与解释是语言学研究的基本目的，也是语言学研究的重要方法。对于描写和解释在语言学研究中的位置及其与语言事实和理论之间的关系问题，施春宏在《语言学描写和解释的内涵、原则与路径》一文中指出："描写和解释就是语言学研究的主要内容和基本目标，属于认识论乃至方法论层面的问题。……对语言现象的描写和解释就是试图在对语言现象的分析中化未知为已知，进而由已知而启新知。"作者同时给出了语言学描写和解释的基本内涵：所谓描写（description），就是对语言学研究对象的存在状态、结构方式及其变化过程做出理论分析和概括，系统化（如结构化、层次化）和规则化是描写的根本要求；所谓解释（interpretation），就是对所描写对象的存在理据、生成机制和变化动因做出理论说明。而在描写与解释的关系问题上，作者则认为二者之间存在递相为用的互动关系，即两者之间可以互相转化，互相促动。没有绝对分立的描写和绝对分立的解释，只有处于什么层次、基于什么目标的描写和解释。对于这一问题，袁毓林持类似的观点，他在《定语顺序的认知解释及其理论蕴涵》一文中就曾经指出："只有充分的描写才能导向深刻的解释，描写和解释是互相推动、交替上升的；只有循着描写和解释的旋梯攀登，才能达到科学发现的顶峰。"

既然语言学的描写和解释之间是一种良性的互动关系，我们在进行语言研究的过程中就应该坚持将对语言事实的描写和对相关生成机制、变化动因的解释结合起来。具体体现在我们对动补式复合词的研究中，也就应该尽量做到既有对动补式复合词构成形式、语义结构、句法功能的充分描写，也有对动补式复合词的产生机制、演进过程的合理预测和深刻解释。这是对本项研究的要求，也是我们努力的目标。

4. 共时与历时的结合

在考察和辨识动词的结构类型时，我们注意从共时和历时两个方面进行比较分析，既注意考察词语在产生时的结构意义，又侧重词语在现时使用平面上所体现的结构意义。由于本书主要研究双音节复合动词在现代汉语中的语法功能表现，所以当词的结构意义在历时发展过程中出现变化时，我们遵循的是以现时的使用状况为主，同时参考其历时的产生、演化过程。也就是说，对于一个双音节复合动词来说，也许它在由古代汉语到现代汉语的历时演化过程中结构方式上发生了某些变化，我们在确定其结构类型时主要以它在现代汉语这个共时平面上所体现出来的结构关系为判定标准，同时参考它在产生之初以及发展演化过程中的构成情况。在共时与历时相结合的原则下对动补式复合词进行认定，是本书研究的前提和基础。只有明确了哪些词是动补式复合词，才能确定本书研究对象的范围。这既是本书研究的起点，也是本研究得以顺利进行和进一步展开的基点。

5. 共性与个性的结合

注意将"从共性出发，共性与个性并重"的原则贯彻到动补式复合词外部功能研究之中。与其他类型的复合词相比，动补式复合词在语法功能和句法表现上有自己的独特性，而这种独特性正是动补式复合词的共性之所在，是我们在宏观上把握动补式复合词功能特征的出发点。同时，动补式复合词又可以从不同角度分出一些小类，而不同小类的动补式复合词在句法功能上也可能有不尽相同的表现，这种功能特征上的不同表现正是不同小类的动补式复合词个性的显现。因此，我们在对动补式复合词的外部功能进行研究时，既要着眼于动补式复合词区别于其他结构类型复合词的独特性（共性），也要考虑到不同小类动补式复合词句法功能的差异性（个性），两者并重。而在对外汉语动补式复合词教学中，也应该考虑到汉语作为第二语言与留学生第一语言之间的共性特征与个性差异，并以之作为教学的切入点和侧重点，合理地利用语言迁移对教学的影响，提升教学效率和效果。

6. 传统分析与现代理论的结合

我们在研究过程中还注意将新的理论元素融入传统的分析之中。本书主要是在结构认定的基础上对动补式复合词进行"形式（结构方式）—意义（语义结构）—功能（句法表现）"兼顾的、全方位、总括式的分析和研究，其基础理论是传统的结构主义，但在分析过程中又不局限于结构，适当地融合了原型范畴、动词配价、语法化与词汇化、构式语法等当代语言学研究中的一些新的理论因素。原型范畴理论为我们研究汉语复合词的构造提供了新的视角；动词配价理论将我们对动补式复合词语法功能的研究与深层的语义分析结合起来；语法化与词汇化是我们研究动补式复合词来源的理论依据；构式语法理论则使我们对动补式复合词功能意义的研究不再局限于动词本身而将其视为一个结构体。此外，我们也不仅仅停留在就语言研究语言的阶段，而同时借鉴了认知语言学的研究方法，将对语言现象的研究与对人类认知经验的描写结合起来，力图在认知的背景下对语言结构进行合理化解释。

（三）　基础理论

我们在前面介绍本书的写作思路时，就已经明确指出，本书是在句法功能框架下运用语义分析与语法分析相结合的方法进行的汉语复合词结构研究，研究中主要以原型范畴、配价语法、构式语法、句法象似性、结构的重新分析以及语法化与词汇化等现代语言学理论和偏误分析等语言教学理论作为理论基础。

1. 原型范畴理论

每一个词，从意义上讲都可以归属某一个原型范畴，并具有某种程度上的典型性，成为该范畴中的典型成员或者非典型成员。结构上也是如此，每一种结构类型也同样可以看作一个原型范畴，每一个词都归属一定的结构范畴，并具有某种程度上的典型性，当其典型性不足以使之归入某一结构范畴时，我们就有必要为之另立新的范畴。因此，汉语中的每一个双音节复合词都可以根据其结构上的特征归属不同的范畴。而每一个范畴内成员之间在典型性上也会存在某种差异，典型性程度越高的成员，越是处于该范畴的中心位置；典型性程度越低的成员，越是处于远离范畴中心的边缘地带，甚至进一步靠近其他范畴。原型范畴理论为我们认定本书的研究对象、明确动补式复合词范围的界定标准提供理论上的支撑。

2. 配价语法理论

作为本书研究对象的动补式复合词，从词性的角度看绝大部分属于动词，它们在句中出现时往往是整个句子的核心成分，无论是在句法还是语义上，其他成分大都要受到它们的支配。而动词对其他成分的支配能力就是配价研究的核心问题。而且，在动补式复合词内部，其构词语素中也至少包含一个动词性成分，这个动词性成分本身也可以有自己的支配成分。因此我们在对动补式复合词进行分析时，必然会涉及整个动补式复合词以及词中动词性成分可能存在的论元结构及其配价问题。配价语法理论是研究动词句法语义功能的基础性理论。我们要考察动补式复合词的句法功能表现，配价语法理论的运用也是必不可少的。

3. 构式语法

动补式复合词在语法属性上归属词汇单位范畴，形成"动+补"结构关系的构词语素之间呈现为一种致使性语义关系。然而，作为动补式复合词构词成分的"动"和"补"本身往往都不具有致使性，只有在二者彼此结合形成一个"动+补"的结构式之后才能够产生这种致使性意义。因此动补式复合词的意义不等于其构词成分意义的简单加合，而是在构词成分的意义之上附加了一层"致使性"语义关系意义。也就是说，动补式复合词的致使意义不是来自词内的任何一个构词语素，而是附加于"动+补"组合成的整个结构式的一种构式意义。"构式"是构式语法理论的核心概念，也是整个构式语法理论的基础。"构式"被认为是语言中的基本单位，只要是"形式和意义的配对，且其形式和意义不能从其他构式中推导出来"就可以被看作一种构式。我们这里借用"构式"的概念说明动补式复合词作为一种致使结构的"构式性特征"。致使性意义是整个动补式复合词所具有的意义，动补式复合词本身可以看作一种致使构式，而且是所有致使构式中形式最为简约、最能体现语言经济性的一种。

4. 句法象似性

句法象似性是功能认知语言学的一个重要研究课题，指的是语言符号的能指和所指之间的关系不是绝对任意的，有一定的非任意性、有理据性和可论证性。语言结构的象似性目前探讨较多的是距离象似、关系象似、时间顺序象似等。戴浩一（1988：10~20）通过对汉语和英语语序的比较，得出汉语在更大程度上遵循时间顺序原则的结论，"现代汉语句子内部成分之间的分布顺序直观地体现了概念领域在时间上的先后顺序"。这种时间顺序的象似性不仅存在于汉语的句法结构中，词法中也同样有所体现。我们认为动补式复合词就是时间顺序象似性在汉语复合词结构中的一种集中体现。动补式复合词中的"动"和"补"之间是一种补充说明关系，补语性成分用以说明动词所表示动作行为的结果、趋向、状态以及对动作行为的评价。只有在动作行为发生之后，才能产生相应的结果、趋向变化、对其所处的状态进行描述和评价。从这个意义上讲，动补式复合词中"动+补"的构成格式体现了概念领域在时间上的先后顺序。作为认知概念的时间顺序象似具有人类语言的普遍共性，用它来分析动补式复合词的构成，具有更强的解释力，也更适用于对外汉语教学。

5. 结构的重新分析与语法化、词汇化

重新分析是语法结构历时演变的重要机制，语言演变现象中的语法化和词汇化过程都往往伴随着重新分析的发生。综合前人的研究成果，我们可以大致梳理出动补式复合词的产生和发展演变过程。从来源上看，绝大多数动补式复合词都是从上古或中古时期的连动结构发展演化而来的，其间既经历了连动结构重新分析为动补结构的结构关系变化，也经历了从动补关系的短语融合固化为动补式复合词的语法属性变化。从连动结构到动补结构，并不是单纯的表层结构关系变化，其结构重新分析的深层动因在于连动结构中第二个动词意义的虚化和功能的弱化，这一过程通常被视为一种语法化现象。从动补短语到动补式复合词，成分之间的结构关系似乎没有任何变化，但是"动补"组合的语法属性却发生了质变，由句法单位降级为词汇单位，这是一种典型的词汇化现象，也是两个词融合为一个词的重新分析的过程。因此，结构的重新分析与语法化、词汇化的相关理论也是我们研究动补式复合词必不可少的理论基础。

6. 偏误分析理论

偏误分析是通过对第二语言学习者在习得过程中所出现的偏误情况进行考察分析、分类解释，以了解学习者自身存在的语言习得障碍和困难，从而揭示第二语言习得过程和规律的一种研究方法和手段。作为语言教学理论，偏误分析已经广泛应用于对外汉语教学的各个领域和语言各要素的教学之中，并形成了一套对学习者偏误进行全面分析的较为科学的分析模式和研究方法，在第二语言习得研究和对外汉语教学研究中起着非常重要的作用。在动补式复合词本体研究基础上，笔者尝试从对外汉语教学的角度探索其教学原则和方法，因此对学习者动补式复合词学习和使用偏误的考察与分析成为动补式复合词教学研究中的重要组成部分。

四　语料的选择与整理

（一）选词

"选词"说起来简单，真正操作起来却是一个异常繁杂而且需要不断反复的过程。本书的主要研究对象是动补式复合词，因此选词的过程实际上就是从众多的复合词中将动补式复合词拣选出来、确定研究对象范围的过程。我们主要以现代汉语中的动补式复合词作为本书的研究对象，因此在取词时就选择了以《现汉》所收录的双音节复合词为取词范围。也就是说，将《现汉》中收录的双音节复合词逐一进行结构上的解析并加注类型标识是本研究的出发点。

需要说明的一点是，从音节数量上看，《现汉》里收录的动补式复合词其实并不只有双音节形式的，有极个别三音节词也可以分析为动补式复合词。但是，由于三音节动补式复合词的数量极少，只有"扳不倒儿""豁出去""尿不湿"3个，在近1000个动补式复合词的总量中所占比例太小，可以忽略不计。因此，我们只是在这里将3个三音节动补式复合词列出，而正文的论述中只是针对双音节动补式复合词。

【扳不倒儿】bānbùdǎor〈口〉 名 不倒翁①。

【豁出去】huō//·chu·qu 动 表示不惜付出任何代价：事已至此，我也只好~了。

【尿不湿】niàobùshī 名 用高吸水性材料制成的一次性尿布，可黏合成内裤的形状，也有片状的，多用于婴幼儿和卧床病人。

《现汉》所收录的双音节复合词词目众多，其结构类型也复杂多样，在选词的过程中我们需要对每个双音节复合词的结构方式加以判别，这也就使得整个取词过程异常琐碎而且艰难。因为之前已经有一些学者对现代汉语各结构类型的词进行过统计，在选词过程中我们原本是可以走捷径的，但是为了确保研究的准确性，避免因不同学者对动补式复合词概念界定的不统一或者在某一个复合词结构类型归属问题上存在争议而影响相关的统计数据，我们还是重新对《现汉》中的全部双音节复合词进行了封闭式考察，逐一确定其结构类型并从中拣选出我们的研究对象——动补式复合词。

为使选词工作快速、有效地进行，我们首先要根据构词语素之间关系的不同，将这些双音节复合词逐一进行结构上的分类①，确定其所属结构类型，然后将分类的结果以此前所确定的数字标识代码②在词典中进行标注。如，通过对构词语素之间关系的分析，我们认为"提拔"从结构方式上来看应该属于联合式，则在词典中的该词条前标注数字"1"；"提纯"的结构方式为动补式，则在该词条前标注数字"4"；"提词"可以分析为动宾式，则在词条前标注数字"3"。通过这样的数字标注，我们就将动补式复合词从数目众多的现代汉语双音节复合词中分离出来了。最后再将全部标注有数字"4"的双音节复合词进行统计并进一步分析整理，我们就得到了《现汉》中的全部动补式复合词。

当然，对于选词过程中某些细节的具体运作，我们还要做以下几点说明。

第一，我们必须承认，对于双音节复合词的结构类型进行判断，并不是一件简单的事情。虽然有些词构词语素之间的关系让人一目了然，判断其结构类型相对比较容易，但是也有相当数量的复合词的构词语素之间关

---

① 分类标准主要依据周荐《汉语词汇结构论》中提出的"九类说"（将现代汉语复合词的结构方式分为定中格、状中格、支配格、递续格、补充格、陈述格、重叠格、联合格和其他9种），同时我们又结合汉语动词的实际情况，做了细微调整。最终得到了双音节复合动词的7种主要结构方式，在名称选取上我们也采用更为普遍的叫法，它们分别是：联合式、偏正式、动宾式、动补式、主谓式、连动式、兼语式，对于那些不能简单地归入上述结构的双音节复合词则统一列为"其他"一类。

② 在对每一个双音节复合动词的结构方式进行分析时，为了便于操作，我们采用1~8的数字分别代表上面划分出来的8种结构类型（1—联合；2—偏正；3—动宾；4—动补；5—主谓；6—连动；7—兼语；8—其他），并将相应数字标注在词典中。

系并不十分明朗，结构类型模糊难辨，有时甚至出现一个词在不同的人看来可能归属两类甚至多类的情况。如，在"病故""病逝""病退""病休"和"保洁""保暖""保湿""保温""保鲜"这两组词的结构类型归属问题上，人们的意见并不一致。对于"病"组词，我们曾经对语言学专业的一些学生和老师做过简单的调查，结果是：有人认为它们是动补式的，理由是两个动素所表示的动作行为之间不仅存在时间上的先后关系，而且还有逻辑上的因果关系，"病"是导致"故/逝/退/休"的原因，"故/逝/退/休"是"病"的结果①；也有人认为是连动式的，因为两个动素所表示的动作行为是相继发生的，二者存在时间上的先后顺序，而且可以理解成"病之后故/逝/退/休"；还有人认为可以将它们分析成偏正式，因为在这些词中"故/逝/退/休"是整个词的语义重心，可以看作中心语，而"病"虽然用以说明"故/逝/退/休"等动作行为发生的原因，但它只是作为修饰语成分存在的。对于"保"组词，也有不同的处理意见：有人主张将其分析为动补式，因为它们在结构格式上都是"动+形"，而且从构词语素之间的语义关联上看，也可以理解成"保使洁/暖/湿/温/鲜"；也有些人认为将它们归入动宾式似乎更为合理，原因在于"洁/暖/湿/温/鲜"等构词语素虽然在其自身的词类属性上是形容词性的，但在与前面的动素"保"构成复合词时，它们已经失去了自身的性质义，反而更像一个名词，整个复合词的意义也似乎理解成"保持清洁（度）""保持温度""保持水分（湿度）""保持新鲜（度）"更为合适，这样"洁/暖/湿/温/鲜"也就成了"保"的对象，因而整个复合词也就是动宾式的了。②

　　对于上述这种难有定论的复合词结构类型归属问题，我们并不过多纠缠，而是将这些词每一种可能的结构类型都进行数码标注，也就是说，同一个词条前面可以出现两个甚至多个数字。这样的处理只是为了在确定动补式复合词的范围时不会漏掉任何一个可能的成员，这是我们对本书研究对象进行的初步筛选。之后还要根据我们所确定的动补式复合词的判断标准做进一步的分析和验证，并最终决定它们的去留。

---

① 对于"病退""病休"以及与之相类的"挫损""感奋""梗死""激荡""嫉恨""惊悸""畏缩"等，我们也倾向于将其看作动补式复合词，具体的分析详见正文。
② 我们也倾向于将"保"组词看作动宾式复合词。

　　第二，我们所选出的动补式复合词既包括全民通用的普通话书面语词，也包括方言词（《现汉》中标〈方〉）、书面上的文言词（《现汉》中标〈书〉）、过于土俗的口语词（《现汉》中标〈口〉）以及从外语中借入的外来词①。只要被《现汉》收录，从结构类型上属于动补式的复合词都是我们研究的对象。这样的词有瞅见、搞定、起开（〈方〉）；规正、惠及、崛起、匡复、厘定、厘正、料及、失却、绥靖、望断、削平、凿空、张大（〈书〉）；拉倒、干掉、来得¹、来得²、瞧见、玩儿完、养活（〈口〉）；发明、集中、介入、输出、输入、演出、组合（外来词）等。例如：

　　　　【起开】qǐ·kai〈方〉 动 走开；让开：请你~点儿，让我过去。

　　　　【望断】wàngduàn〈书〉 动 向远处望直到望不见了：~天涯路。

　　　　【瞧见】qiáo//·jiàn〈口〉 动 看见：瞧得见｜瞧不见｜他~光荣榜上有自己的名字。

　　　　【介入】jièrù 动 插进其中进行干预：不~他们两人之间的争端。

　　以上这几类词往往都有其自身独特的使用范围和领域，而且经历了不同的发展过程，因而在深层结构和语法功能等方面都可能与其他典型的动补式复合词存在某些不确定的差异。而且，这几类词的数量都非常少，加在一起也不过几十个。对于这些词，可以考虑将其排除在研究范围之外，但是为了确保本研究的全面性和系统性，我们最终决定将这些词语也纳入本书的研究。由于其数量极少，即使上述词语可能与其他典型动补式复合词存在一些个性差异，对本书的主要结论也应该不会产生实质性的影响。

　　第三，对于《现汉》作为异形词处理为推荐词形和非推荐词形的动补

---

① 对于外来词，《现汉》并没有逐一标注，而只是将其中音译的外来词语附注外文，对其他借词形式则不做任何说明。因此，我们要判断一个词是否为外来词就不能单凭《现汉》的注释情况。这里我们主要参考了刘正埮、史有为等编著的《汉语外来词词典》以及杨锡彭的《汉语外来词研究》等，将一些源自日语的动补式复合词从中选了出来，排除在本书的研究对象之外。

式复合词，我们也根据《现汉》的处理只将词典中立目并进行了注解的推荐词形作为我们的研究对象，对于非推荐词目因其只是推荐词目的不同写法不再另行分析。如，"赠予"和"赠与"是一组异形词，且同为动补式复合词，《现汉》中做了如下处理。

　　【赠予】zèngyǔ 动 赠送；送给。也作赠与。

　　【赠与】zèngyǔ 同"赠予"。

根据《现汉》的处理，我们可以知道"赠予"是推荐词形，而"赠与"是非推荐词形，因此我们在选词时就只选择了推荐词形"赠予"，对于非推荐词形"赠与"则不再收入。

　　第四，对于形同而音义不同的词，《现汉》采用"分立条目"的处理办法，我们对于结构关系同是动补关系的同形词也采取同样的处理办法，因为它们虽然在书写形式上完全相同，但由于音义都不相同，它们就应该是不同的词，所以就应该一并收入、分别处理，并在词后分别注音以示区别。如：

　　【澄清】chéngqīng❷ 动 使混浊变为清明，比喻肃清混乱局面：～天下。❸ 动 弄清楚（认识、问题等）：～事实。

　　【澄清】dèng//qīng 动 使杂质沉淀，液体变清：这水太浑，～之后才能用。

　　【拆散】chāi//sǎn 动 使成套的物件分散：这套瓷器千万不要～了。

　　【拆散】chāi//sàn 动 使家庭、集体等分散：～婚姻｜～联盟。

　　第五，对于同形同音只是意义或者词性不同的词，《现汉》也是分立条目，我们同样根据《现汉》的做法，将其作为不同的词分别处理，如果几个同形同音词都是动补式的就都纳入本书的研究范围，并依照《现汉》的处理方法，分别在【】外右上方标注阿拉伯数字 1、2 等；如果在几个同形同音词中只有一个是动补式复合词，而其他的不是动补式，我们就只选择这一个动补式复合词作为收词对象。如：

【突出】¹ tū//chū　动 冲出：~重围。

【突出】² tūchū　❶ 动 鼓出来：悬崖~丨~的颧骨。❸ 动 使超过一

般：~重点丨~个人。

【制服】¹ zhì//fú　动 用强力压制使驯服：这匹烈马很难~丨我就不信

制不服他。

【制服】² zhìfú　名 军人、机关工作者、学生等穿戴的有规定式

样的正式服装。

《现汉》将"突出¹"和"突出²"处理为同形同音词，它们都是动补式复合词，所以我们将这两个词一并作为本书的研究对象，只是通过标注数字的方式来区别不同的词。"制服¹"和"制服²"虽然在词形和读音上完全相同，但是它们的词义之间没有任何关联，而且词性也各不相同，"制服¹"是动词，"制服²"是名词。从构成方式来看，"制服¹"是我们要研究的动补式复合词，而"制服²"则应该属于偏正式复合词，因为整个复合词在词义上指的是一种衣服，其中的构词语素"服"就是"衣服"的意思，是整个词在结构和意义上的核心。因此，对"制服²"这一类的词本书不予考察。

第六，对于那些本身有若干义项的动补式复合词，在不同义项下该词的结构方式可能并不相同，对此我们在区别不同义项的基础上，只选取其中属于动补式结构的义项，而对于那些明显不能划归动补式结构的义项则不予考察。如：

【变乱】biànluàn　❶ 名 战争或暴力行动所造成的混乱。❷〈书〉

动 变更并使紊乱：~祖制丨~成法。

【扶正】fú//zhèng　动 ❶扶持正气：~压邪。❷旧时指把妾提到正

妻的地位。

"变乱"的名词义项指的是"混乱"，整个词可以理解为"变造成的乱"，所以"乱"应该是词的核心，"变"是"乱"的修饰成分，"变乱"应该是偏正式，不在本书的研究范围之内；而动词义项则表示"因变而乱"的意思，"变"是导致"乱"的原因，"变"和"乱"从语义关系上具有逻辑上的因果关系，可以归入本书的研究对象——动补式复合词的范围之内。"扶正"的第一个义项"扶持正气"，其中"扶"是"扶持"的意思，"正"是"正气"的意思，"正气"是"扶持"的对象，二者之间应该是宾语和述语动词的关系，所以"扶正"可以分析为动宾式；而"扶正"的第二个义项表示的是"把妾提到正妻的地位"，可以理解为"扶"的结果是地位由侧变"正"，"正"可以看作"扶"的结果，因而可以归入动补式复合词，属于本书的研究对象。

第七，对于标注不同词类属性的义项，我们则不考虑其词性是否为动词，只要在结构上可以分析为动补式，我们就将其作为本书的研究对象。也就是说，本书的研究对象为全部动补式复合词，它们可以是动词，也可以是形容词，还可以是名词、副词等其他词类。如：

【隔断】géduàn 动 阻隔；使断绝：高山大河隔不断我们两国人民之间的联系和往来。

【隔断】gé·duàn 名 用来把屋子空间分隔开的起遮挡作用的东西，如板壁、隔扇等。

对于"隔断"的处理，《现汉》只是根据读音上的轻重差别分列两个词条，却没有在【】外右上方标注阿拉伯数字，其中重读的动词属于动补式复合词，是本书的研究对象，名词性、可以轻读的"隔断"虽然在意义和读音上与动词都有所区别，但是考察两个词的词义可以发现二者之间存在内在的关联，名词的"隔断"指的就是具有动词"隔断"作用的东西。因此我们可以认为名词"隔断"应该是由动词"隔断"指称化而来的，那么它从结构上也可以看作动补式。

第八，对于那些经常成对出现、意义相反的词，我们必须一一甄别，不可一概而论。有时即使两个词之间具有某种反义关系，这种反义关系也可能只表现在某一方面的意义上，而在其他意义上也许并不形成反义关系。也就是说，如果一个多义词从某一个义项上可以分析为动补式复合词，它的反义词并不一定就是动补式复合词，因为它们之间的反义关系可能与能够分析为动补式的那个义项并无关系。这样，我们在选词时就只能选取作为动补式复合词存在的那一个意义，而在其他意义上与之形成反义关系的那个词则不予收入。如"促进"和"促退"是一对反义词，它们在"促使前进"和"促使退步"这个意义上形成反义关系，但作此理解的两个词从结构关系上来看更适合分析成动宾式，"进"和"退"分别作为"促"的目的宾语出现在动词后。而"促进"还可以理解为"推动使发展"，此时可以分析成动补式复合词，"促退"却并不具有这方面的意义，造成这种意义差别的原因在于"推动"的意义（使事物前进）本身要求它所导致的结果应该是具有积极意义的，从逻辑上讲"推动"可以"使前进"，却一般不能"使退步"，也就是说，"退步"一般情况下不能作为"推动"的结果。综上，"促进"除了能分析为动宾式复合词之外，还可以是动补式复合词，而"促退"只能是动宾式复合词。

【促进】cùjìn 动 促使前进；推动使发展：~派｜~工作｜~两国的友好合作。

【促退】cùtuì 动 促使退步：~派。

第九，我们在选词时还特别对那些同形同音不同义的构词语素进行了比较分析，因为有时书写形式完全相同的两个语素在构成不同的双音节词时可能并不是作为同一语素存在的，它们可能在意义上存在很大的差别。在确定那些成系列出现、第二个构词语素为同形同音语素的所谓"同素词"中的某一个词是否为动补式复合词时，我们必须对这个同形同音语素在该词中出现时的意义以及它跟前一语素之间的语义关系加以分析，并反复考量，从而确定其是否作为补语性成分出现。如以"白"为第二个构词语素构成的双音节复合词可以有"辩白""表白""道白""对白""告白""念白""漂白""洗白"等，但是"白"在这几个词中的意义并不完全相同，与它前面的动词性语素之间的关系也不尽相同，因而我们不能将这些词一概而论。"漂白""洗白"中的"白"都可以理解成"像霜或雪的颜色"或者"没有加上什么东西的；空白的"的意思，是形容词性语素，这时它是作为表示动作结果义的补语性成分出现的，所以这两个词可以看作动补式复合词；而"辩白"、"表白"和"告白"中的"白"是"说明；告诉；陈述"的意思，是动词性语素，和前面的动词性语素具有同义或近义关系，应该分析为联合式复合词；"道白""对白""念白"中的"白"则表示的是"戏曲或歌剧中在唱词之外用说话腔调说的语句"，具有一定的名词性，将其理解为前面动词性语素的支配对象或限定成分似乎都可以接受，因而可以将整个复合词分析成动宾式或者偏正式，但不可能是动补式。因此，上述这些词及类似的词（"漂白""洗白"除外）都被我们排除在了本书的研究范围之外。

（二）语料的搜集、分析与整理

1. 包含动补式复合词的现代汉语语料

对选词阶段所确定的每一个动补式复合词，我们都先在语料库中进行搜索，找到并下载包含该词目的全部语料；然后对搜索到的语料逐条进行审查，剔除其中不符合条件的无效语料用例。也就是说，对于在语料库检索系统中得到的每一条语料，我们都要逐一分析，看搜索到的那个双音节的语言片段是否以动补式复合动词的身份在该语料中出现，那些在语料中出现时不成词或者非动补式的，便被排除在我们的研究对象范围之外。

所谓不符合条件的无效语料用例，主要包括以下几种情况。①语料中出现的疑似语言成分形式上虽然与要搜索的动补式复合词书写形式相同甚至结构形式也完全一致，但实际上并不成词。②语料中出现的语言形式与要搜索的动补式复合词虽然具有同形同音关系，但并不是作为动补式复合词出现的，结构上并非动补关系，其功能表现也可能显示出它们与要搜索的动补式复合词有不同的词类属性。③在不同条目下重复出现的同一语料用例。当然，我们这里所说的重复出现的同一语料并不仅仅指的是那些语料库中重复收录的冗余性材料，还包括那些在不同语料中出现，却有完全相同的前后搭配成分并因此体现出完全一致的语法功能的语料。

下面我们将就搜索语料过程中的几个实例来说明具体的语料取舍过程。

首先，要看搜得的语料中是否包含本身并不成词的"目标语段"①，并将其剔除。例如，我们在北京大学 CCL 语料库中搜索"拔高"，得到的语料共计 807 条，但是对这些材料逐一进行分析后，我们发现有些语料中的"拔高"并不是我们要找的动补式复合词，甚至本身都不成词，只是语料中两个临近词的后一语素和前一语素的偶然性组合。当然其他语料库中的语料搜索结果也有同样的情况。具体语料分析如下：

1）一般来说，气温随海［拔高］度的增加而下降，大约海拔每升高 100 米，气温下降 1℃。（《中国儿童百科全书》）

2）那里海［拔高］、风沙大、条件差，牧民们对这位金珠玛米心存芥蒂。（王犁田、刘滨奎《〈洗衣歌〉和它作者的悲欢曲》）

3）那一带所有的兵力部署、防御工事以及火力配备的详细情况，就连海［拔高］度也在图纸上准确地标了出来。（季宇《县长朱四与高田事件》）

4）再以后，碰上选［拔高］学历人才担任领导，常宝宝理所当然地成了副院长。（纪华文《角力》）②

5）我们都习惯于被人打分，都经历过比选［拔高］级外科实习医生更为严峻的考验，所以当晚我们在一起，一直玩到深夜方散。（科林·鲍威尔《我的美国之路》）

6）"父亲树"有六层楼高，根基很大，从根部破土向上生发出五六十枝根须，很雄壮；伏在地下的树根，似粗长的蛇身，扎进泥土，游动在根部周围，坚如铁铸，支撑起挺［拔高］大的树干，树皮纹路苍老而正直，椭圆形边缘如锯齿的叶子层层相叠：顶端蘑菇伞形，伞

---

① 这里我们用"目标语段"来代指我们要搜索的动补式复合词以及与之同形的或不成词、或词性不同的双音节形式。

② 本书的语料主要来自北京大学中国语言学研究中心 CCL 语料库的现代汉语语料，另外也有部分语料来自语料库在线中的现代汉语语料库检索和北京语言大学 BCC 汉语语料库的多领域语料搜索［此处第 4）、5）、6）条语料就来自这两个语料库］，非特殊情况我们不再一一说明其语料库来源。我们在引用时对其中某些语料进行了一些处理。对于语料中注明作者、篇名或书名的材料，我们直接在语料后以括注的形式标明；对于个别语料中本无作者、篇名等信息的（如来自《人民日报》的部分语料），我们则只列出语料库中提供的信息路径。

边缘叶如密密麻麻的刺刀。（彭瑾《父亲树》）

　　以上几条语料是我们从所搜得的包含"拔高"的全部语料中选出的。其中前三条语料中的"拔高"都不成词，它们的生成只是由于"海拔"和"高""高度"等词前后相继出现在同一个句子中，便意外地形成了"拔高"这样的双音节组合；第4）和第5）条语料中的"拔高"也不成词，是由"选拔"和"高级"、"高学历"等词语前后相继出现时临时生成的；第6）条则是由于"挺拔"和"高大"前后相继出现而临时生成的。类似这样的偶然性组合在我们从 CCL 语料库搜得的语料中有 130 条之多，它们很显然不是本书的研究对象，因而被我们从既得语料中剔除了。

　　其次，要判断搜得材料中的"目标语段"是不是真正的动补式复合词，将包含形式相同而结构非动补的"目标语段"的相关语料剔除。下面我们来看另一个双音节语言形式"制服"的搜索结果：

　　7）郭鹏是在沪江纱厂一手培养出来的，公然提出异议，徐总经理非常激动，他两腮下垂的肌肉有点颤抖。他知道不施点压力是不能［制服］郭鹏的，更不要说韩工程师了。（周而复《上海的早晨》）

　　8）鹿子霖脱下长袍马褂，穿上新［制服］，到大镜前一照，自己先吓了一跳，几乎认不出自己了。（陈忠实《白鹿原》）

　　9）他四下一看，发现声音是从路边草坪上的一个大广告牌上发出的，广告牌上的大幅动态图像中，一个身穿［制服］的漂亮姑娘正在看着他。（刘慈欣《三体》）

　　10）前厅是化妆品专柜，布置得金碧辉煌，不同名牌的厂商分别为他们的推销小姐定做了醒目的［制服］，配上她们严谨的化妆，几乎人人具备明星风范。（张欣《爱又如何》）

　　这几条语料是我们从 CCL 语料库中对"制服"进行搜索时所得到的3240 条语料中随机挑选出来的，其中第8）、9）、10）条语料中的"制服"在词类属性上应该归属名词的范畴，像这些作为名词在句子中出现的"制服"很显然应该是之前我们分析过的"制服²"；而第7）条语料中的"制服"后带了宾语（"郭鹏"），很明显是动词，也就是本书的研究对象动补式复合词"制服[1]",这样的语料才是我们需要选用的。

最后,去除搜得语料中重复出现的用例。我们仍以"拔高"的语料为例:前文已经说过,我们从 CCL 语料库中搜得包含"拔高"的语料共计807 条,去掉其中不成词的临时组合 130 条之后,剩余含有我们要搜索的动补式复合词"拔高"的语料 677 条。然而,在这 677 条语料中存在大量整条语料完全重复的情况,如第 16~49 条中几乎每一条都重复出现了,因此我们可以将其中重复的部分第 19、27、35~49 条删略掉。比如,下面这两条语料在语料库中都出现了不止一次,对于之后重复出现的内容完全相同的语料我们不再重复计数,将其视为无效语料剔除,而只保留第一次出现的那一条语料作为本书的参考语料。

11) 对整个大势必须要有清醒的认识,如果是盘中反弹或者是次级行情,[拔高] 吸货很可能拉高,没有群众基础,拉到多高也出不了货。(张晓君《股市宝典》)

12) 在跌势中 [拔高] 吸货,往往较为隐蔽,但眼光更需老到。(张晓君《股市宝典》)

2. 留学生使用动补式复合词的偏误语料

本书在对动补式复合词进行本体方面的理论研究基础之上,还尝试将其与对外汉语教学实践结合起来,这样我们就还需要进一步了解留学生对于动补式复合词的习得情况。因此,在语料选取方面,我们除依照上述操作流程对包含全部动补式复合词的现代汉语语料进行了筛选,还针对对外汉语教学与 HSK 考试等相关大纲及特定对外汉语教材中涉及的部分动补式复合词,在北京语言大学"HSK 动态作文语料库"、暨南大学华文学院中介语语料库"留学生书面语语料库(https://huayu.jnu.edu.cn/corpus3/Search.aspx)"以及华中师范大学"中介语语料库"中进行了相关语料的检索,目的是明确留学生在日常学习中使用动补式复合词的偏误情况。

为了确保偏误语料的准确性和有效性,我们首先对所搜集到的语料库中的相关语料进行了逐一筛选,剔除了其中不符合条件的无效语料用例。

不符合条件的无效偏误语料用例,也主要包括上面提到的三种情况。

①语料中出现的疑似语言成分与要搜索的动补式复合词的书写形式相同甚至结构形式也完全一致，但实际上并不成词，只是前后相继出现的两个构词语素，分属两个不同的词。②语料中出现的双音节词语与要搜索的动补式复合词具有同形同音关系，但是并非同一个词，在结构形式上也不是动补式，即搜到的词语本身并非动补式复合词。③重复出现的同一语料用例。既包括那些语料库中重复收录的冗余性材料，也涉及那些在不同语料库中有完全相同的前后搭配成分、语法功能完全一致的语料。

例如，我们在暨南大学华文学院留学生书面语语料库中搜索"拔高"时，得到了下面3条语料。

13）占地 2000 平方公里，海 ｜［拔高］｜ 度 1351 米。【华教本一 B】【蒙古】｜

14）虽说西藏高原的气候恶劣，气压低，复杂的地形和海 ｜［拔高］｜ 会给旅游者的行程造成极大的影响，但西藏还是个雄奇而壮美的地方。｜【本科】【越南】｜

15）若想体验冒险之旅不妨前往拥有两座湖泊、海 ｜［拔高］｜ 达 3.726 公尺之林贾尼（Rinjani）山露营。【华教本二 A】【印度尼西亚】｜

在对这三条语料逐一进行分析后，我们发现其中的"拔高"并不是我们要找的动补式复合词，它们本身都不成词，只是语料中两个临近词的后一语素和前一语素的偶然性组合。三条语料中的"拔高"的生成只是由于"海拔"和"高"、"高度"、"高达"等词前后相继出现在同一个句子中，意外地形成了"拔高"这样的双音节组合。这种偶然的语素组合很显然不是本书的研究对象，因而被我们从既得语料中剔除了。

与之相似，下面这条语料中的"变成"也不是我们要搜索的动补式复合词，也需要从相关语料中剔除。这里"变成"的"变"是作为"演变"这个词的构词语素存在的，而"成"则作为"演变"的补语出现在它的后面。如：

16) 所以就会演变成 {CD 了} 三个和尚没水喝的局面出现。{CJZR}

其次，要判断搜得材料中的"目标语段"在结构上是否确为动补式，而且词类属性上是否为动词，将包含与"目标语段"形式相同但结构非动补式的语料剔除。例 13)～例 15) 中的"拔高"不存在与之形式相同的非动补式复合词，这一步可以跳过，所以我们再来看另一个双音节语言形式"制服"的搜索结果：

17) 告诉你们一个好消息：有一个人把你们顽固的女儿 [L] 给征服 {CC 制服} 了。

18) 如果世界上的人每天都穿西服，那不像 {CC 好像} 穿制服一样了 {CC 的} 吗？

19) 在学校，我参加了学校最活跃的制服团体：管乐团。

20) 男女同班不但在学习上有好处，就是在课外活动上也有好处。例如：{CD 制服} 团体的活动，操练和露营等等，[BC。] 男生总能够 [F 夠] 起保护和带领的作用。

21) 本人在 [BD「] 银 [F 銀] 河 [BD」] 制服 [B 版] 公司，一向以来，与老板、同事的关系都保持得 {CC 的} 很好，只因觉得在 [BD「] 银 [F 銀] 河 [BD」] 制服公司无所发展，故想另谋高就。

这几条语料是我们从"HSK 动态作文语料库"中对"制服"进行搜索时所得到的 7 条语料中挑选出来的 5 条，其中只有第 17) 条语料中的"制服"是我们要研究的动补式复合词"制服[1]"；而第 18)～第 21) 条语料中的"制服"则应该是与之同形同音但意义毫无关联的名词"制服[2]"。其中第 18) 条语料中的"制服"充当的是前面动词"穿"的宾语；第 19)、第 20) 条中的"制服团体"表达的意思应该是"一种在进行集体活动时需要穿制服的团体"；第 21) 条中出现的"制服"体现的应该是学生的书写偏误，要表达的意思是"制服公司"，却误写成了"制版公司"，因为"服"与"版"在字形上存在一定相似之处。应该说，这些包含"制服²"的偏误语料跟我们的研究没有直接关系，也需要将其排除在课题语料用例之外。

最后，去除搜得语料中重复出现的用例。我们以在"HSK 动态作文语料库"中搜索得到的偏误语料条目数量比较多的"变成"相关语料为例说明如何判断及去除重复语料。我们从"HSK 动态作文语料库"中搜得包含"变成"的语料共计 58 条，然而，在这 58 条语料中却存在一些在前面条目中曾经出现过的重复语料。例如第 22）条语料就重复出现了 3 次。

22）把挫折变成 {CC2 成} 动力，从而成为生活的强者。

本书重点研究的是留学生习得动补式复合词的偏误，并在此基础上提出有效避免偏误产生的相应教学策略。因此，除了上面三种需要被去除的语料之外，我们在对偏误语料进行选取时还要考虑语料是否能反映留学生在习得使用该动补式复合词时的真实情况，即语料中动补式复合词的使用是正确的还是错误的。如果语料中所体现出来的被搜查动补式复合词在句子中的用法并没有语法错误，所标注错误可能只是其所处句式或者相关句法成分的用法错误，偏误本身与动补式复合词没有直接关系，那么我们对这样的语料也同样要予以剔除。例如：

23）{CQ 如果} 能在贵公司工作的话，我相信能把我的日语 {CQ 水平} 提高 {CJba}。

24）然而，当我年纪稍大的时候，母亲对我的要求也提高 {CQ 了}。

25）虽然用化肥和农药把农作物的产量 {CJ＋zy 会} 大大提高 {CJjy}，但是这种办法可能不是最好的办法。

26）禁止吸烟的规定是为了城市的卫生条件提高 {CQ 而采取的} 挺好的措施。

单从动补式复合词"提高"的用法来看，上面这四条语料中的"提高"在句中的使用都没有错误，但是由于其所在的整个句子中存在"把"字句［第 23）条］、兼语句［第 25）条］等句式使用不当以及句子成分残缺造成的语义不完整［第 24）条缺少兼表时体的句末语气词"了"、第 26）条缺少由动词充当的定语］等问题，这些语料也混杂在了"提高"的偏误语料条目中。对于类似的动补式复合词本身并不存在使用偏误的语料，我们在使用之前有必要对其进行剔除。

第一章　动补式复合词的界定

本书着力研究动补式复合词的结构、意义和功能以及彼此之间的关系，但是在此之前我们有必要先就动补式复合词的相关概念、范围、来源等做一个大致的说明和阐述，以便形成对动补式复合词的初步认识。本章简要介绍动补式复合词的性质及其与动补结构、动结式等相关概念之间的关系；探究动补式复合词与其他类型复合词之间的纠结与分辨问题；明确动补式复合词与动补关系的短语之间的联系与区别等。此外，我们还将尝试对动补式复合词与词汇化、语法化之间的关系进行探讨，对动补式复合词的来源及其发展演变过程做一个简单的梳理。

第一节　动补式复合词的概念界定

一　什么是动补式复合词

（一）狭义的动补式复合词

动补式复合词，也叫述补式、补充式、后补式复合词，VC（Verb-Complement）复合词，VR（Verb-Result）复合词等，它是现代汉语词汇系统中非常独特的一种复合词结构类型。顾名思义，动补式复合词就是由一个"动词性语素"① 和一个由动词或形容词性语素充当的补语性成

---

① 从严格意义上讲，动补式复合词的第一个构词语素并不都是动词，也可能是形容词或者是形容词临时作动词，这里说成谓词或许更为恰当。但是，考虑到此类复合词中的第一个构词语素，词性为动词的语素占绝大多数，形容词性语素只有极少的几个，同时为了表述的方便，我们仍以动词概言之。

分①前后相继组合而成的双音节复合词。从结构形式上来说，动补式复合词往往体现为"动素+动素/形素"的组合；而从语义关联上看，动词和补语性成分之间形成一种补充说明关系，后面的补语性成分用以说明前面的动词所表示的动作行为的结果、趋向、状态等，也可以是对动作行为的一种评价。

我们认为，在理解动补式复合词的概念时，需要把握两个要点：一是整个双音节组合的复合词性质，二是语素间的动补关系。也就是说，一个双音节形式的语言片段如果要被看作动补式复合词，它必须同时满足上述两个方面的要求。当一个双音节组合是由两个词根语素复合而成的，且在语法属性上属于词汇单位的时候，并不能确定它就是动补式复合词，我们还需要考察两个语素之间的结构关系，如果两个语素之间并不具有动补关系，那它就不是动补式复合词。当一个双音节语言片段的前后两个成分之间具有动补关系，后面的成分是对前面动词表示的动作发生之后所导致的结果、趋向、状态等的补充说明时，这样的片段就构成了动补结构，但是如果这种动补结构只是一种临时性组合，没有经常性地作为一个整体来使用，从而不具备结构上的凝固性和意义上的整体性等词汇单位的特征，我们也不能将其视为动补式复合词，而只是把它们看作一种动补关系的短语。

（二）广义的动补式复合词

对于动补式复合词概念的界定，可以有广义与狭义之分。我们前面对动补式复合词概念的介绍就是从狭义的角度来说的，它要求作为补语性成分出现的第二个词根语素在词类属性上必须是动词性或者形容词性的。但是，如果从句法的层面看，我们一般所理解的补语通常情况下往往并不局限于动词和形容词，有些介词结构、数量结构②等也经常作为补语出现在

① 从这个动词或形容词语素在整个复合词中的地位及其与前面的动词性语素之间的关系来看，它有与句法上的补语比较一致的功能表现；此处之所以称其为补语性成分而不是直接说成补语，主要是考虑到它并非句法成分，而是作为复合词内的构词成分存在的。

② 对于数量结构出现在动词后面时究竟是作补语（朱德熙，1982/2005）还是作宾语（吕叔湘，1979），学界还没有定论，但是大部分学者还是倾向于将其看作补语，所以我们此处也以补语论之。

动词的后面，补充说明动词所表示动作的结果、位移、动量等，如"放〔在桌子上〕""给他〔以致命的打击〕""置身〔于大自然的怀抱〕""跑〔两趟〕""翻〔两番〕"等。

类似这种由动词和介词结构、数量结构等构成的动补短语数量很多，其中有些短语在长期反复使用的过程中也逐渐凝固下来，演化成了词。然而，由于受到复合词音节数量的制约，它们在双音化过程中凝固为双音节词时，只能在原有的多音节动补短语中选择两个音节保留下来并作为凸显成分以语素的形式固定在双音节词中。动词性成分在整个结构中居于核心地位，它自然而然地会被留存在双音节词中，这样作为补语的整个介词结构或数量结构中就只能有一个音节被保留在词语中，其他的成分则将被隐去，其中介词结构选择了介词、数量结构选择了量词保留在凝固之后的双音节词中，而介词的宾语、数量结构中的数词则相应地被隐去了。如"处于、归于、见于、寓于、至于、终于、给以、加以、予以、出自、来自"等就是由动词性语素和介词性语素组合而成的"动介式"复合词；"翻番"则是由动词性语素和量词性语素组合而成的"动量式"复合词。从广义的范围来说，像这种由动词性语素与介词或量词性语素组合成的双音节词似乎也可以看作一种"动补式"复合词。

除此之外，"领先""抢先""率先""落后""延后""滞后""提前"这几个词也可以看作由"（在）前面引领""抢（在）前面""（在）前面带领""落在（到）后面""拖延（到）后面""滞留（在）后面""提到前边"之类的动补短语或状中短语凝缩固化而成的，只不过这里保留下来的不是"在、到"这样的有介词化倾向的动词，而是其后的宾语，即方位词"前、后"，"在、到"则被隐去了，没有出现在凝固后的双音节词中。这样的词跟前面分析的"动介式"复合词有一定的相似之处，在一定程度上也可以看作来源于动补结构的短语，似乎也可以归入广义的动补式复合词的范围之内。

然而，我们在认识到这些"动介式"、"动量式"以及"动+方/名"格式的复合词和它们源出的动补短语之间关系的同时，也应该看到它们和狭义的动补式复合词之间的本质差异。对于这一类结构形式的词，董秀芳（2011：265）将其看作跨层结构词汇化的产物，认为它们是"不在同一个句法层次上而只是在表层形式的线性语序上相邻近的两个成分的组合"，在历史发展过程中变成的词，其内部形式非常模糊，词汇意义也比较空灵，多为虚词。两个成分之间并没有直接的句法语义关联，不能构成句法成分，只是由于其在线性序列上紧密相连，在语句的理解过程中被聚合为一个组块加以感知，从而使得二者之间原有的分界被取消，造成了结构的重新分析。我们赞同董秀芳对于这类词的分析，认为动词性语素和其后的介词性语素或量词性语素之间并不具有真正的补充说明关系，将其归入动补式复合词似乎有些牵强，因此我们将其排除在本书的研究范围之外，对这类词不予分析。

综上所述，广义的动补式复合词似乎可以包括由一个单音节动词性语素和任何可能作为补语性成分的单音节语素组合在一起构成的双音节复合词，这个补语性成分可以是动词性的、形容词性的，也可以是介词性的、量词性的，甚至可以是名词或方位词性的。然而根据我们前面对"动介式"、"动量式"以及"动+方/名"格式复合词的分析，发现它们与我们所界定的狭义的动补式复合词之间在结构方式和生成过程上有很大的差异，它们并不是真正严格意义上的动补式复合词。因此，上述几类特殊格式的复合词都不在本书研究范围之内，我们的研究对象仅限于狭义的动补式复合词。

二　动补式复合词与相关概念之间的联系与区别

综观汉语研究的历史与现状，我们可以发现：动补式复合词的界定与研究似乎一直与"动补结构""动结式""使成式"等纠结在一起，难以分辨。那么，人们为什么总是将这样一些概念混杂在一起呢？它们之间究竟有怎样的关联，我们又该如何认识它们之间的联系与区别呢？为了明确和纯化本书的研究对象，这也正是我们首先需要解决的问题。

（一）几个相关概念

1. 动补结构

"动补结构"是使用范围和所指范围都最为广泛的一个概念。说到"结构"，一般情况下指的是"句法结构"，也就是通常所说的"短语"，所以说到"动补结构"通常指的就是"动补短语"。① 不管构成该短语的动词和补语的音节数量如何（是单音节的、双音节的还是多音节的），也无论补语属于哪种类型（是结果补语、程度补语、可能补语、状态补语、时地补语还是数量补语），更不管补语是由什么成分充当的（是动词、形容词还是介词短语、数量短语），只要动词与补语之间能够形成一种补充说明关系，它就属于"动补结构"。如"吃［完］、写［好］、说［清楚］、收拾［干净］、打得［他满地找牙］、哭得［眼睛都肿了］""看了［三遍］""放［到柜子里］"等都是"动补结构"。

当然，也有很多研究者在对动补结构进行研究时并不局限于"短语"，他们将"动补结构"的范围扩大到了所有组成部分之间在结构关系上形成"动—补"这样一种语义关联的语言片段，而不考虑这个语言片段在性质上是词汇单位还是句法单位，也就是说，他们界定的动补结构范围比较宽泛，动补式复合词也一并被包含在了"动补结构"的范围之中。② Li 和 Thompson（1981：30）所定义的动补结构指的就是那些"由两个成分构成的动词复合体，两个成分之间具有动作和结果的关系"，至于这两个成分是词还是语素，整个动词复合体在语法属性上是词汇单位还是句法单位则不予过多考虑。以上两种认识的差异性实际上也正体现了人们从狭义与广义两个不同角度定义动补结构时得到的不同结果：狭义的动补结构仅指动补关系的短语，包括粘合式动补结构和组合式动补结构；广义的动补结构除了指动补关系的短语之外，还包括动补关系的复合词，即动补式复合词。当然，也有学者（梁银峰，2006）认为狭义的动补结构特指动词带结果补语的动补结构，甚至仅指动补式复合词。③

---

① 赵元任（1979）、朱德熙（1982/2005）都认为汉语中既有动补结构（短语），也有动补式复合词，即主张将动补式复合词从动补结构中分离出来。

② 梁银峰（2006）所研究的动补结构中就包含"打倒""激怒"之类的动补式复合词，董秀芳（1998，2007a）在判断某些粘合式动补结构的性质时也将"战败""击毁"等作为动补结构一同研究，甚至认为带宾语的双音节动补结构和粘合式动补结构本身就具有词的性质。

③ 梁银峰（2006）在论述中，特别指出他的研究对象是狭义的动补结构即动补式复合词。但是他所谓的动补式复合词又与我们对动补式复合词的界定不同，其书中所涉及的所谓"动补式复合词"的范围实际上远远超出了复合词的范畴，基本上相当于一般所说的"动结式"。

2. 使成式

"使成式"的名称，最早见于王力（1944/1954：153）的《中国语法理论》，他指出"凡叙述词和它的末品补语成为因果关系者，叫做使成式"。从王力先生所举的例子来看，定义中的"叙述词"既包括及物动词也包括不及物动词，不仅"教坏""饿死"是使成式，"爬上去""挂起来""带进来"之类的短语也都是使成式。后来，他又对使成式的定义进行了修正。王力（1958/1980：403）指出"使成式（causative form）是一种仿语的结构方式。从形式上说，是外动词带着形容词（'修好'，'弄坏'），或者是外动词带着内动词（'打死'，'救活'）；从意义上说，是把行为及其结果在一个动词性仿语中表示出来。这种行为能使受事者得到某种结果，所以叫做使成式"。很显然，王力先生修正之后的"使成式"的范围较之前的定义小了很多，仅指那些"叙述词"是及物动词，补语是不及物动词或形容词，且补语在语义上指向受事宾语的动补结构。正如王力先生自己在注释中所说的"我在《中国语法理论》上册第十一节里认为，内动词带内动词（'饿死'）和内动词带形容词（'站累'）这两种结构也是使成式。现在我以为使成式的第一成分应该限于外动词。这样才和一般所谓 causative 相当，所以这里不把这两种结构归在使成式内"。在王力先生之后，又有祝敏彻（1963，2003）等也使用"使成式"的名称，但他们所理解的使成式已经基本上等同于"动结式"了。至于海外学者太田辰夫（1958/2003）、志村良治（1984/1995）等所称的"使成复合动词"，也大都指的是"动结式"或者其中的某一个小类。

3. 动结式

"动结式"这一术语最早是在吕叔湘（1980/2003：10）等编著的《现代汉语八百词》中提出来的，他在说明动词和它的连带成分构成动词短语时强调了区分动结式和动趋式这两种动词短语的必要性，并明确指出二者之间的共性和差异："有两种短语式动词需要特别提一下：一类是主要动词加表示趋向的动词，可以叫做动趋式；一类是主要动词加表示结果的形容词或动词，可以叫做动结式。它们的共同特点是可以在前后两个成分中间插入表示可能态的'得、不'。动趋式还可以把表示完成态的'了'插入两部分之间，动结式的'了'只能放在最后。"之后又有学者（如龚千炎，1984；等）用"动结式"来表示动词和它的结果补语组合在一起所构成的动补结构。也就是说，"动结式"一般情况下被认为是与"动趋式"相对的概念，仅指"动词+结果补语"这样的结构。然而，也有些学者指出"趋向"本身也可以看作一种结果，这样趋向补语也就成了结果补语中的一个小类，那么"动结式"与"动趋式"之间的区分也就变得没有什么意义了。所以，后来的很多关于"动结式"的研究，其研究对象的范围往往并不局限于"动词+结果补语"这种真正严格意义上的动结式，而是将"动词+趋向补语"的动趋式一并作为自己的研究对象，如施春宏（2006）、宋文辉（2007）等。

（二）动补式复合词与上述概念之间的关系

通过前文对动补结构、动结式、使成式等几个相关概念的介绍，可以发现：动补式复合词、动补结构、动结式、使成式等概念之间彼此牵连、相互交错，它们之间的关系可谓错综复杂。具体来说，我们认为要想准确地把握和理解它们之间的关系，可以从以下几个方面着手。

第一，这几个概念之所以彼此关联，甚至经常被混用，主要原因就在于它们有一个非常明显的共同点：就它们所指称的语言片段而言，其构成成分之间都表现为一种"动词+补语"的关系格式。只不过，动补式复合词在性质上是词，属于词汇单位；而其他三个概念所表示的语言成分在性质上都是短语，属于句法单位。而词与短语之间原本就没有一个绝对清晰的界限可以将彼此严格地区分开来。所以，很多时候人们并不过多纠缠于一个"动词+补语"格式的语法属性，有时甚至将两种性质的语法成分夹杂在一起，共同作为自己的研究对象。

第二，动补结构、动结式、使成式这三个概念，通常都被用来指动补关系的短语结构，但它们所涵盖的范围实际上却存在一定的差别。就像前面介绍动补结构时我们已经说过的，广义的"动补结构"所指范围是最大的，所有的动补短语，无论它包含的音节数量是多少，也不管补语属于哪一种类型、是由什么样的成分充当的，都属于动补结构，甚至连动补式复合词也可以包括在动补结构的范围之内。而"动结式"，可以说只是动补结构中的一小部分，朱德熙（1982/2005）将述补结构分为组合式和粘合式两种，动结式只是就其中的粘合式述补结构而言的，是粘合式述补结构中的一个小类，仅指那些动词带上它的由动词或形容词所充当的结果补语而构成

的粘合式动补结构。"使成式"的所指范围则比动结式还要小，它仅仅指的
是动结式中的一部分。因为从王力（1958/1980）对"使成式"的界定来看，
只有那些第一成分为及物动词、补语为不及物动词或形容词，且补语的语义
指向为动词的受事宾语的动结式才是"使成式"。梁银峰（2006）也认为在
动补结构的几种语义类型中，只有语义指受型的才是使成式。

　　第三，动结式和动趋式是在对动补短语进行研究时分出的两个小类，
这两个小类的区分同样也可以用于动补式复合词内部，因为动补式复合词
也可以根据补语性成分的意义类型分为结果义、趋向义、评价义、虚化义
等多种类型。也就是说，"动结式"的名称可以被借用来指称动补式复合
词中属于"动+结果义补语性成分"的那一部分，"动+趋向义补语性成
分"①的动补式复合词也可以叫作"动趋式"。只是为了避免与那些短语性
质的动结式、动趋式相混淆，我们才不主张用"动结式""动趋式"这样
的名称来指代"动+结果义补语性成分"和"动+趋向义补语性成分"的
动补式复合词。

　　综合前面对动补式复合词及其相关概念的分析和阐述，我们发现，动
补式复合词、动补结构、动结式以及使成式之间实际上形成了一种层层包
含的关系，具体的包含关系，见图1-1。

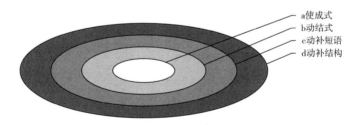

a使成式
b动结式
c动补短语
d动补结构

图1-1　动补式复合词与动补结构、使成式、动结式关系

　　图1-1中明确标示了广义的动补结构、动补短语、动结式、使成式之
间层层包含的关系，即a⊂b，b⊂c，c⊂d（这里的a、b、c、d指的是

---

①　此处以"动+结果义补语性成分""动+趋向义补语性成分"来区别于动补短语中的"动
词+结果补语"和"动词+趋向补语"，其中"动"表示动词性语素，"结果义补语性成
分"表示作为"动"的结果出现的补语性语素；"趋向义补语性成分"表示具有趋向意
义的"动"的补语性成分。

圆内的全部空间范围），而动补式复合词与其他概念之间的关系却并没有在图中得到明确显现。我们认为，广义的动补结构就是动补短语和动补式复合词的总和，所以，如果我们把动补式复合词用 e（图中 d-c 部分）来表示的话，那么 $e=d-c$，且 $e \subset d$。

第二节　动补式复合词的范围界定

我们在绪论中曾经说过，要确定动补式复合词的范围，往往会面临两种困境：一是动补式复合词与其他类型的复合词之间经常纠缠不清，一是动补式复合词与动补短语之间也很难划定严格的界限。实际上，这两种困难是我们在确定任何一种结构类型的复合词（特别是通过句法造词手段而产生的复合词）时都必然要面对和必须加以解决的。所以，在对动补式复合词的范围进行界定之前，我们需要尝试解决确定复合词结构类型时所要面临的这两个方面的问题。这里我们将引入认知语言学中的原型范畴理论，以帮助我们处理汉语双音节复合词的结构类型划分和归属以及结构类之间的辨异与相互纠结问题。

一　原型范畴理论与汉语双音节复合词的结构

（一）关于原型范畴理论

原型范畴理论是范畴化理论的两个代表性理论（分别是经典范畴理论和原型范畴理论）之一。经典范畴理论认为，范畴可以由特征束或者一组必要条件和充分条件来定义；特征是二分的；范畴间的边界是明确的；范畴内所有成员的地位是相等的，没有核心和边缘之分。作为对经典范畴理论的反动，维特根斯坦提出了"家族相似性"原理，认为范畴中的成员像家族成员一样，彼此之间只是相似，而不是相同或一致；每个成员都和其他一个或几个成员共享某一项或几项特征，但几乎没有一个特征是所有成员共享的；范畴既不是离散的，也不是绝对的，而是边界模糊、可以扩展的。而原型范畴理论的产生既是"对经典的范畴化理论的一种反动"（董秀芳，2011：117），也是"对维氏家族相似性原理的一个应用和发展"（王寅，2007：112）。这种理论认为：范畴并不一定可以用一组必要充分条件/特征来定义，在实体的范畴化过程中，好的、清楚的样本是范畴化的基础，对于其他实体则是根据它们与这些样本在某些属性上的相似性程度高低来决定是否归入该范畴。这些好的、清楚的样本就是范畴的"原型"，它们是非典型实体范畴化的参照点。原型范畴理论有几个基本假设：原型范畴内成员的原型属性具有不平衡性，范畴内成员的地位是不平等的，有中心成员和边缘成员之分，具有更多原型属性的成员是中心成员；原型范畴表现出家族相似性结构，结构中的不同成员以辐射的形式束集在一个或几个显性成员周围；原型范畴的边界是模糊的；原型范畴不能通过一组必要条件和充分条件来界定。

原型范畴"不仅存在于非语言的概念结构之中，同时也存在于语言结构之中"（王寅，2007：150）。泰勒曾经在《语言的范畴化：语言学理论中的类典型》一书中指出：人们既可以运用语言来对周围世界进行范畴化，也可以运用原型范畴理论来研究语言。同时他还运用原型范畴理论重点阐述了多义词、词法、句法、音位、语调等语言问题。此后，原型范畴理论在语言分析中逐渐得到了广泛应用，涉及音位、升降调、多义词、词性、所有格、时态、句型、语言演变等诸多领域。

（二）汉语双音节复合词的结构类型是原型范畴

综合前面关于原型范畴理论在语言分析中的应用情况的介绍，可以看到：原型范畴理论以往主要应用于各语言的词汇语义研究和词类划分、词形变化、语法范畴、句法语义等语法形式功能问题的研究之中。而我们认为，原型范畴理论也同样可以应用在双音节复合词结构类型的划分上。

我们将汉语双音节复合词的结构类型看作原型范畴，主要是出于两个方面的考虑：其一，不同结构类型的双音节复合词之间并没有绝对严格的界限；其二，相同结构类型的双音节复合词和短语之间的边界也是模糊难辨的。

1. 不同结构类型的复合词之间没有严格的界限

汉语双音节复合词的各结构类型都可以看作原型范畴，不同结构类型的复合词之间的边界是模糊的；同一结构类型的所有复合词在结构特征上并不完全一致，只是具有某种程度的相似性；同一结构类型内复合词的地位也是不平等的，有中心成员和边缘成员之分，具有更多原型结构特征的成员是该结构类的中心成员。也就是说，不同结构类型的复合词之间并没有绝对清晰的分界线，最容易分辨其结构类型的词是该结构类型中的中心成员，即该原型范畴中的好的、清楚的样本，可以之作为参照点，根据其他词与这些词在结构特征上的相似性程度归入同一结构类型或者另外构建新的结构类型。

如，"查检""查看""查缴""查收""查封""查明""查实"等词都是由动词性语素"查"和另外一个动词性/形容词性语素组合而成的。在对这些词进行构词法分析、判断其结构类型时，我们往往会遇到一定的困难，因为这些词虽然在结构形式上都是"动+动/形"组合，但后一个动/形素跟前面的动素"查"之间在语义上的关联却是不尽相同的。其中"查检""查看"中的"检""看"跟前面的动素"查"的意义相同，而且两个动素所表示的动作没有先后之分，所以"查"和"检"、"看"之间具有并列关系，"查检""查看"在结构类型上应该属于联合式。而且，这两个词都是联合式复合词的中心成员，是联合式复合词这一原型范畴中好的、清楚的样本。以之作为参照点，我们可以考察"查缴""查收""查封"这三个词与它们的相似性程度。这三个词也是由"查"和另外一个动素组合而成的，但这个另外的动素与"查"的意义既不相同也不相近，而只是具有一定的相关性，而且"查"与这个动素所表示的动作之间还存在一种时间上的先后关系，只有在"查"了之后才能"缴""收""封"。因此，我们认为这三个词与"查检""查看"在结构上具有一定的相似度，但同时存在某种差异，只能看作联合式复合词的非典型成分或者边缘成分，甚至可以为其建构新的结构类型，即连动式复合词。"查明""查实"这两个词则又与"查检、查看"和"查缴、查收"等词都有所不同，其中第二个构词成分"明""实"不是动素而是形素。它们虽然也与"查"在语义上具有某种关联，且"查"与"明"、"实"所表示的状态之间似乎也存在时间上的先后关系，但"明""实"所表示的状态同时也是"查"这一动作的结果，动作与状态之间还存在一种逻辑上的因果关系。应该说，"查明""查实"在结构特征上与"查检""查看"等联合式复合词的"原型"样本以及"查缴""查收"等连动式复合词的相似性都非常小，与它们之间的差异性却十分明显。所以，一般情况下它们不会被划入联合式复合词或连动式复合词的范围，最通常的处理办法就是为它们建构新的原型范畴——动补式复合词。

　　通过前面我们对这几个词的分析，可以看出：从严格意义上讲，汉语中的某些复合词并不明确地归属某一种结构类型，复合词的各结构类型彼此之间并没有一个能够截然分开的界限，它们可以共同构成一个相互系联与过渡的连续统。而且这种结构类型之间的连续性不仅仅体现为前面我们提到的这几种类型之间的关系，实际上汉语复合词的所有结构类型基本上都可以通过某个方面的"家族相似性"系联在一起，共同形成一个更为复杂和庞大的汉语复合词范畴系统，各结构类型的复合词也都是作为该范畴下的一个个次范畴而存在的。

　　我们再来看下面几组词语①。

　　（1）花朵　书本　车辆　马匹　诗篇　银两　田亩　船只

　　（2）人群　云层　雨滴　案件　板块　房间　线段　米粒（儿）

　　（3）书包　球场　草丛　信封　课堂　血管　画卷　刀把儿

　　（4）水瓶　面碗　油壶　菜盘　鼓面　土堆　花盆　纸片

　　从表面形式上看，这四组词语都是由一个名词性成分和一个"量词性"成分②组合而成的，将其逆序之后，其逆序形式都可以与数词"一"组合，从而构成合理的数量名结构，如"一朵花""一间房""一场球""一瓶水"等。也正因此，很多人把这些词都一并归入"名量式"的范畴之内。但是，如果我们细致地考察比对，就可以发现上述这几组词语尽管都有"名＋量"组合的外在格式，但是不同组别的词语在内部构成和深层语义上还是或多或少地存在某种差异的，而这种差异正是汉语复合词结构类型范畴原型性的体现。

　　第（1）组中的几个词都是名量式复合词的原型样本，可以作为其他词的参照点，其基本结构特征可以概括为四个方面：其一，两个构词成分逆序之后，前加数词可以构成数量名结构；其二，第二个构词成分是量词性的，语义上还没有衍生出名物义；其三，整个名量式复合词表示的是名词性语素所指事物的总称，具有集合义；其四，从句法功能上看，名量式

---

　　①　这四组双音节成分并不都是词，特别是其中第四组大都属于短语成分，为简明起见，以"词语"来统称。

　　②　只有第一组的第二个构词成分才是真正的量词性语素，四组词语中的第二个成分在这些词语中出现时并不都是量词的身份，因此本书在"量词性"上添加引号以表示其特殊性。

复合词不能受数量短语的修饰。第（2）、第（3）、第（4）组中的各个词语虽然也都具有这些原型样本的第一个特征，即构词成分逆序之后可以前加数词构成合理的数量名结构，但是这三组词语只是部分地具有或者完全不具有其余三项特征。

第（2）组中这些词的第二个构词成分都具有某种程度的名物性，它们在这些词中更多体现的也是名词性用法，而且该用法已经在辞书中成为独立的义项，这样整个词也就应该看作"名+名"的组合。也就是说，它们已经具备了"名+名"的偏正式复合词的某些特征，两个名词性语素之间具有一种修饰关系。从语义的角度来说，"线段"不是"线"的总称，"板块"不是"板"的总称，"房间"也不完全等于"房"的总称。从句法功能上看，"板块""房间""线段""米粒(儿)"这些词也都可以受其他数量短语的修饰，如"几个板块""两个房间""一条线段""两颗米粒(儿)"等都是可以接受的。所以，严格意义上讲，它们并不符合名量式复合词的后三项特征，将它们分析为偏正式复合词似乎更为合理。即使根据构成形式上的"名+量"将其视为名量式复合词，充其量也只能是名量式复合词的边缘性成分，与原型的名量式复合词还是有很大区别的。

如果将第（2）组中各词的第二个构词成分看作名词性语素还有些牵强的话，第（3）组中各词的第二个构词成分都是名词性语素则是确定无疑的，因为这些构词成分的量词性用法大都只是一种临时的借用，其根本的词类属性还是名词，而且在整个复合词中没有表现出任何的量化意义。据此我们就可以认定这组词并不属于名量式复合词的范围，而应该将其归入偏正式（"名名"组合，具有修饰性关系）这一复合词结构类型范畴之下，而且它们作为偏正式复合词的原型性程度较第（2）组更高。

第（4）组的情况与第（3）组有些类似，其第二个构词成分是典型的名词性语素，整个复合词不具有集合义而且能受数量短语的修饰。其实，从严格意义上来讲，它们也并不符合"两个构词成分逆序之后，可以前加数词构成数量名结构"的特征，因为通常情况下它们都被视为短语，还不属于词的范畴，也没有被收录到《现代汉语词典》等权威性语文辞书中。既然是短语，那么它们的构成成分也自然不会是构词成分了。

综合对上述四组词语的分析，可以发现，很难在名量式复合词和偏正式复合词之间划定严格的界限，它们共同形成一个相互关联、不可分割的连续统：有些词属于原型的名量式复合词（如"花朵""书本"等）；有些词属于原型的偏正式复合词（如"书包""刀把儿"等）；有些词带有部分名量式复合词的特征，属于名量式复合词的非典型成员（如"房间"）；有些词则更多地体现出偏正式复合词的结构特点，属于偏正式复合词的非典型成员（如"草丛"）；还有些词则介于二者之间，可以看作两个结构类型范畴的边缘成员［如"人群""米粒（儿）"等］。也正因此，有些学者在进行汉语复合词结构类型划分时往往将"人群""案件""房间""米粒（儿）"等词，甚至"水瓶""纸片"等非词成分都与"书本""车辆""马匹"等一并划入名量式复合词的范围。这样的处理很显然是不太恰当的。

就任何一种结构类型的汉语复合词而言，传统的划分方式似乎都只适用于那些具有最多原型特征的典型样本，我们要确定那些具有原型特征的复合词在结构类型上的归属似乎并不困难。但是在这些原型样本之外，更多的复合词可能只是在结构特征上与某类原型样本具有不同程度的相似性，甚至有可能同时具有几种不同结构类型的某些特征而只是更接近某一类原型成分而已，这样很多时候我们就很难对某一个词属于哪种结构类型做出"非此即彼"的判断。而借用原型范畴理论分析汉语复合词的结构，恰恰可以避免这种绝对化的处理方式，从而为不同类型的复合词彼此之间的纠结与变异提供更为合理而又有效的解决途径。

2. 结构相同的双音节复合词和短语之间边界不清

汉语双音节复合词的原型性不仅仅体现为不同结构类型的复合词之间的系统性与连续性，还表现为相同结构类型的复合词与短语之间的边界不清。

对于一个双音节组合，要判断它究竟是词还是短语，有时很容易（可以根据复合词具有的所谓"词汇性"特点即结构上的凝固性和意义上的整体性，用扩展法对其加以检验），有时却会遇到很多问题，我们很难在双音节的词和短语之间划定严格的界限，特别是"离合词""短语词""粘连短语"等的存在会使我们的判断变得异常艰难。正如董秀芳（2009：399~409+479）指出的，"词库与句法之间没有一个截然的分界，在意义上具有特异性的词汇性结构与同形的规则性的句法结构实际上形成一个连续统，中间有很多具有不同程度的特异性或规则性的过渡形式"。"离合词""短语词""粘连短语"等就是这样的"具有不同程度的特异性或规则性的过渡形式"。

"激怒""提高""打破""看见""喝醉""长大""喝多""长高"这些词语都是由"动词性成分+动词性成分/形容词性成分"构成的动补结构①。但是如果对它们的结构情况进行深入分析，我们就可以发现它们之间存在一定的差异，而这种差异正是它们作为词和短语以及二者之间过渡形式存在的集中体现。其中，"激怒"和"提高"不能扩展，其内部的两个构词成分之间具有不可分割性，它们是原型的动补式复合词。"打破"和"看见"可以扩展，属于词和短语之间的过渡形式，通常称为"离合词"，能够插入它们之间的成分仅限于表示可能态的"得/不"，它们属于能够有限扩展的离合词，是动补式复合词的次典型成分，它们在特异性程度上低于原型的动补式复合词，与原型的动补式复合词相比它们有点像短语，但更多时候是作为一个整体使用的。"喝醉"和"长大"也可以进行扩展，能够插入它们的构成成分之间的除了"得/不"等表示可能态的成分之外，还可以是补语的修饰性成分（如"喝得烂醉"）或者动词的宾语性成分（此时的"动"需重复，即构成所谓重动形式，如"喝酒喝醉了"）等，从这个角度看它们似乎可以被视为动补式短语，而"了""过"等时体标记只能附在其后出现，不能插入其中，这又说明它们是作为单个动词使用的。可以说，这些词语的特异性程度比"打破"和"看见"还要高，它们更接近短语的形式，只是在使用时多少具有某些单词的性质，因此我们认为应该将其看作动补式复合词的边缘成分，甚至将其归入动补式短语的范畴中也未尝不可。然而，如果再将它们与"喝多""长高"相比，我们又可以发现"喝多""长高"似乎具有更多的临时性特征，它们只是"喝够""喝晕""喝饱""吃多""说多""见多""长胖""长长""长粗""爬高""举高"等临时性自由组合中的两个，所以它们都是短语；"喝醉""长大"则更经常地作为一个整体性成分出现在句子中，它们的凝固性和整体性较"喝多"和"长高"要更强一些，更容易被

---

① "动补结构"包括动补式复合词和有动补关系的短语，是对"动词性成分+补语性成分"一类组合的统称。因为这几个词虽然都是动补关系的，其中有复合词也有短语，所以此处我们以"动补结构"称之。

当作一个词来使用，属于离合词。如果说"喝多""长高"是典型的动补式短语的话，那么"喝醉"和"长大"也就只能被视为非典型的动补式短语。

根据前面的分析，我们可以得出这样的结论：复合词和短语之间也并不存在绝对清晰的界限，它们只是在词汇性等级上存在一定的差异。根据词汇性程度的高低，上述词语实际上也构成了一个彼此之间难以截然分割的连续统：激怒、提高（典型的动补式复合词）→打破、看见（离合词，非典型的动补式复合词）→喝醉、长大（离合词，非典型的动补式短语）→喝多、长高（典型的动补式短语）。

从整个汉语词汇发展的历史角度来看，很多双音结构都经历了由短语范畴向词范畴的演化过程。只不过有些双音结构已经完成了整个词汇化过程，语法属性由短语变成了词；有些双音结构则仍然处在由短语范畴向词范畴过渡的词汇化进程之中，其语法属性一时还难以界定，也就是所谓的"离合词"。正是"离合词"这样的特殊双音结构的存在使得我们认识到词和短语之间有不可分割的内在联系，而这种联系也正是词和短语作为原型范畴的集中体现。

在汉语研究中，词和短语的划分是一个长期存在且一直没有得到有效解决的问题。特别是在"离合词""短语词"等特殊语言成分究竟是词还是短语的问题上，至今尚未形成令人信服的处理意见。究其原因，我们认为是目前还没有找到一种适当的理论并运用它来分析汉语双音节复合词和短语之间的区别与联系，对二者在形式结构上的相似性程度以及深层结构的差异性特征等方面的表现还缺乏全面、系统的理论化阐释。而原型范畴理论恰恰为我们提供了一个系联双音节复合词和短语的新视角，它关注到了词和短语在形式结构上具有某种程度的相似性，因此不主张割裂二者的联系，将词和短语看作两个彼此孤立的语言范畴；也注意到了具有"原型"意义的词和短语在深层结构、整体语义及句法使用等方面存在的差异，因而认为在词和短语之间并没有绝对清晰的界限，而是共同构成一个以"原型"的词和短语为两端、更多与"原型"的词和短语具有不同程度相似性的成员居于二者之间的、成员之间既相互区别又彼此关联的连续统。"对于现代汉语的双音节动补组合来说，只能说哪些是典型的复合词，哪些不是典型的复合词，或者说它在多大程度上是复合词，多大程度上是短语。……由句法到词法是一个不断过渡的'连续体',两者很难截然分开。"(梁银峰,2005:202~224+398)这样的结论同样适用于其他结构类型的双音节组合。

汉语复合词的结构问题是一个相当复杂而又难以得到有效解决的问题。它既是词汇的,又是语法(主要是词法)的,同时还是语义的;既要注重形式,需要分析外在的构成格式和成分间的语法结构关系,又不能割裂内容,需要考察构词成分之间的深层语义关系以及整个复合词在句中使用时与前后成分之间可能形成的语义结构关系。当形式与内容之间不再具有简单的对应关系甚至二者发生分歧的时候,对于复合词结构类型的处理就会变得十分困难。以往对于汉语双音节复合词结构的研究,大多着眼于对双音节复合词内部结构的个体化分析,主要集中在对某一个或某几个双音节词内部构词语素之间的关系进行简单的归类。而这样的分析往往是片面的,而且有时并不准确,很难对复合词结构类型分析提出合理而又有效的解决办法。因为不同类型的复合词结构之间并没有绝对严格的界限,它们之间往往既存在或大或小的差异性又有不同程度的相似性或相关性,而且有些复合词构词语素之间的关系很难用主谓、并列、偏正、动宾、动补等来加以界定。

原型范畴理论突破了二分法的局限,不再僵硬地为语言中的各种范畴划定分界线,而是在"家族相似性"的基础上确立范畴的概念并试图寻找不同范畴之间的联系与差异。将原型范畴理论引入汉语复合词结构的研究之中,可以起到以简驭繁的作用,既有助于我们理解和把握不同类型汉语复合词的概念范围、结构特点,又可以进一步揭示不同类型复合词之间以及复合词与短语之间的联系与区别,认识到汉语双音节复合词结构的连续性与系统性。可以说,这一理论为我们分析汉语复合词的结构提供了必要的理论基础和全新的研究视角,也为汉语复合词结构类型的判断以及不同结构类型的复合词之间、相同结构类型的复合词和短语之间的纠结与辨异问题提供了一条较为合理的解决途径。原型范畴理论的应用使得汉语复合词结构的研究不再局限于对某一个或几个词进行孤立的结构形式的分析,而是力求在家族相似性背景下、以某些"原型"的结构特征将不同类型的复合词甚至短语系联在一起进行系统性的研究。

综上所述,要判定汉语复合词的结构类型归属并不是一个简单的问题，其间可能会涉及很多非常复杂的问题，无论是与其他类型复合词进行横向的对比，还是与同构短语进行纵向的系联，都是我们在进行复合词结构分析时可能需要面对的。也正因此，我们在界定某一结构类型的复合词时，都不可避免地要对该类复合词与其他类型的复合词以及同构的短语之间的纠结、它们的区别与联系进行分析和说明，以获得对该类复合词相对全面的认识。而原型范畴理论可以为汉语复合词结构类型的判断以及不同结构类型的复合词之间、相同结构类型的复合词和短语之间的联系与辨异问题提供一条较为合理的解决途径。借用原型范畴理论分析汉语复合词的结构不仅可以避免"非此即彼"的绝对化处理方式，也为汉语双音节复合词与短语之间的划分问题提供了新的视角和处理方法。

二　动补式复合词范围的界定

（一）动补式复合词与其他结构类型复合词之间的联系与区别

从横向对比的角度来说，动补式复合词与连动式、联合式、偏正式、主谓式、动宾式等多种结构类型的复合词之间似乎都存在某种关联，有某些相似之处，这种关联主要体现为它们在结构形式上都可能表现为"动+动/形"这样一种组合形式。对于同一个"动+动/形"的组合，"动"和"动/形"之间既可能形成动补关系，也可能具有连动、并列、状中、主谓、动宾等其他关系，这正是给我们的判断造成困扰的原因。下面我们就逐一分析动补式复合词与其他相关类型复合词之间的联系与区别，以期形成对动补式复合词更加全面的认识，从而对我们判定一个"动+动/形"格式的复合词是否为动补式有所助益。

1. 动补式与连动式

动补式与连动式之间有非常复杂的关系：从共时层面上来看，连动式复合词和动补式复合词在结构形式上有某种一致性：连动式复合词都是"动+动"格式，动补式复合词中的大部分成员也是"动+动"格式的；从历时角度来看，大部分的动补式复合词都来源于古代的连动结构。[1]　因此，

---

[1]　大部分动补式复合词都经历了一个由连动结构到动补结构再到动补式复合词的演化过程，甚至可以说连动结构是动补式复合词的主要来源之一，这一点下文还将详细论述，参见本章第三节。

我们在判断一个"动+动"格式的双音节动词究竟是连动式还是动补式时就必须仔细考量，通过与两种类型复合词的原型样本之间进行比照，衡量它们与原型样本之间的相似程度，从而判定其在结构类型上的归属。例如，我们在判断"病休""病退""查封""查收"等"动+动"格式的结构类型时，往往会遇到一定的困难，很难一下子说清它们究竟是动补式的还是连动式的。

饶勤（1993：15~16）明确地将连动式作为一种复合词的结构类型提了出来，他认为"现代汉语复合法构词中……两个语素之间表现出一种连动关系，比如'验收'、'离休'，它们之间不是联合、修饰、支配的关系，也不是补充、陈述的关系，而是一种逻辑上的先后顺序，'验收'是经过检验才接收，'离休'是先离开岗位然后休息"。根据饶勤的这种分析，连动式复合词最主要的特点就是两个动词性语素所表示的动作行为之间具有一种逻辑上的先后顺序。如果这两个动作分别用 V_1、V_2 来表示的话，那么两个动作之间的这种时间上的先后顺序和意义关联就可以用"V_1 之后 V_2"的语义结构来表达[①]，"离休"就是"离之后休"，"验收"就是"验之后收"。此外，陈萍（2008：29~33）还概括出了连动式复合词的一个基本特征，指出"主语一致[②]是'连动式'的基本条件之一，所以'连动式'构词法也必然要求 V_1 与 V_2 的主语必须相同。例如'离休'是老人先离开工作岗位，然后在家休息"。总而言之，连动式复合词的两个构词语素一

① 高增霞（2006）指出连动式在释义方面可以体现为三种方式：一是"……后……"；二是"……并……"；三是直接以一个连动句或者承接复句的形式释义。我们这里无意探究其释义方式，而只是为了说明连动式复合词在意义上的特点即两个动作之间具有时间上的先后顺序，所以只提到了"V_1 之后 V_2"这一种释义方式，其他释义方式与这种意义特点的关联不是很大，因此并未涉及。

② 从严格意义上说，"主语一致"的说法似乎并不恰当，因为对于连动式而言，实际上是 V_1 和 V_2 这两个动作的发出者一致，而这个发出者通常出现在主语的位置上而已。相对于动补式复合词来说，很显然就不能用主语是否一致来说明了，比如"提高"，我们既可以说"小张在努力提高他的英语水平"，也可以说"小张的英语水平提高了很多"。这两个句子中都用到了动补式复合词"提高"，但是句子的主语并不一致，一个是"小张"；一个是"小张的英语水平"。在这两个句子中，句子的主语并不相同，但是复合词内 V_1、V_2 的发出者是完全相同的，V_1"提"的发出者是"小张"（在前一个句子中出现在主语位置，而在后一句中则没有出现），V_2"高"的发出者也是"小张的英语水平"（前一句中出现在宾语位置，而在后一句中则出现在了主语位置上）。或许，这里所谓的"主语一致"表述为"逻辑主语具有一致性"更为合适。

定都是动词性的，而且所表示的动作有时间上的先后顺序，可以用"V_1之后V_2"表示其语义结构，V_1与V_2的主语一致。

而我们认为，动补式复合词则并不要求V_1与V_2两个动作的发出者必须相同，而且二者不一致的情况更为普遍。也就是说，动补式复合词中V_2这一动作的发出者更多地表现为V_1这个动作的对象或者承受者，与V_1这一动作的发出者一致的反而并不多见。

在明确了连动式复合词的特点之后，我们就可以用"离休"这样的原型样本与其他"动+动"结构进行比照，根据该"动+动"结构与"离休"之类的原型连动式复合词之间相似程度的高低来判断能否将其看作连动式复合词。如"病休""病退"，从V_1和V_2之间的关系上看，"病"和"休"、"退"之间确实存在一种时间上的先后顺序，从语义上也可以理解为"病之后休""病之后退"。而且，"病"和"休"、"退"的逻辑主语是一致的，一般都出现在动词前主语的位置上。从这个意义上讲，我们似乎可以将这两个词归入连动式复合词的范畴。但是，如果进一步考察"病"与"休"、"退"之间的语义关系，我们可以发现：它们所表示的两个动作之间除了有发生时间上的先后关系之外，还具有一种比较宽泛意义上的因果关系，即"因病而休""因病而退"。而V_1和V_2之间因果关系的存在与否往往是我们判断一个"动+动"组合是否形成动补关系的标志。因此，从这个角度来看，我们似乎又可以将"病休""病退"这两个词看作动补式复合词。当然，它们和"驳倒""打破""激怒"等原型的动补式复合词之间还是有一些差别的，因为从严格意义上来讲，动补式复合词的两个构成成分之间大都具有一种致使关系，即V_1和V_2之间具有一种类似于"V_1使V_2"的语义关联，如"驳（之）使倒""打（之）使破""激（之）使怒"。这里的"病"与"休"、"退"之间虽然也具有某种因果关系，但是它们之间的致使性不甚明显。所以，即使将它们看作动补式复合词，它们也只能是动补式复合词中的次典型成员，是介于连动式复合词与动补式复合词之间的过渡形式，只不过在相似程度上更接近动补式复合词，我们也更倾向于将它们分析为动补式复合词而已。

总之，与连动式复合词相比，动补式复合词最典型的特点就是它的两个动词性语素所表示的动作之间除了存在时间上的先后关系之外，还具有一种逻辑上的致使关系或因果关系，即 V_1 是致使 V_2 发生的原因，V_2 是 V_1 导致的结果。而且 V_1 和 V_2 的主语可以相同也可以不同，主语不一致的情况可能更为普遍。

2. 动补式与联合式

应该说，动补式和联合式之间的关系并不像它与连动式之间的关系那样复杂，因为联合式中的两个动作之间往往并不存在谁先谁后的问题，构成联合式的两个动词很多时候甚至可以互换顺序，且逆序之后意义没有太大的变化。动补式则要求两个动作之间不仅要有时间上的先后顺序而且还要具有逻辑上的因果关系，也就是说，动补式复合词的 V_1 总是发生在 V_2 之前（至少 V_1 要在 V_2 的动作发生之前已经开始），且 V_2 是 V_1 所导致的结果，因此，V_1 和 V_2 的位置不能互换。从这一角度上看，似乎动补式与联合式之间并没有什么关联，它们之间又怎么会出现难以辨识的情况呢？

我们认为，动补式与联合式之间的纠结往往发生在"第二个构词成分除动词性质之外还具有作为形容词的用法，甚至所谓的动词性质也可以看作形容词的使动用法"的情况下。也就是说，当第二个构词成分作形容词理解时，这个形容词可以理解成第一个构词成分的补充说明成分，说明前面动作的结果，整个"动+形"格式可以看作动补式复合词；而当第二个构词成分用作使动意义时，这个具有使动意义的形容词可以理解成与前面动词具有并列关系的"动词"，整个复合词也就可以分析成一个"动+动"格式的联合式复合词了。比如我们在分析"破碎""卷曲"等词的结构类型时就会产生这样的顾虑。"碎"既有形容词的意思"零星；不完整"，也有使动意义"使碎"，当它与"破"连用构成"破碎"这样一个组合形式时，整个复合词也就可以有两种不同的理解：第一，"破碎"是一个"动+形"组合，意思是"破成碎块"，从这个意义上看，似乎将其分析为动补式复合词比较恰当；第二，"破碎"的组合似乎还可以看作"动+动"的格式，整个复合词的意思就是"使破碎"，应该说，此时的"碎"可以理解成与"破"同义的动词或者说是使动用法"使碎"，那么从"破"与"碎"的关系上看将整个复合词理解成联合式似乎更加合适。当然，如果将使动意义看作整个复合词的用法也未尝不可，也就是说，动补式复合词"破碎"本身既可以自动，也可以他动，他动的"破碎"可以理解成"使破成碎块"。那么，从这个角度来说，"破碎"同样又可以分析成"动补式"。综合前面的分析，我们更倾向于将"破碎"看作"动补式复合词"。"卷曲"的情况与"破碎"差不多，"曲"有形容词的意义"弯曲"，也有动词的用法"使弯曲"，因而可以将其分析成"动+形"的动补式，也可以理解成"动+动"的联合式。

我们认为，类似"破碎""卷曲"这样的双音节复合词尽管也存在分析为联合式的可能，但是从所表达的语义内容和构词成分之间的关系来看，它们又与动补式复合词有很大的相似性，非常接近于动补式复合词的原型样本，因而这类词即使不能算作严格意义上的动补式复合词，也可以将其作为次典型成分归入动补式复合词当中。

3. 动补式与兼语式

任学良（1981：196）曾经指出"句子格式有兼语式，构词形式也有，如'讨人嫌'就是例子（'人'是兼语）。不过，兼语式的词就一般情况来看，'兼语'并不出现，而是隐含着的，只有仔细分析才能看出来"，并列举了"讨厌""召集""诱降""逼供"等兼语式的双音节词作为例证。之后戴昭铭（1988）否定了兼语式复合词的存在，杨锡彭（2003：226）也认为"既然这类词中没有表示所谓兼语的成分（既无语音形式，也无文字形式）出现，就不存在所谓的'兼语'，因此不能把这类词看作兼语式，它们只是一般的动宾结构"。但是，"兼语式复合词"的说法以及对该类复合词的研究却并没有因此而停止，反而不断出现在其他著述之中（如张斌，2002；岳守雯，2004；王贵英，2006；等）。

兼语式之所以会与动补式发生纠缠，原因就在于这两类复合词在形式上都可以体现为"动+动"（V_1+V_2）的结构格式，且两个动词性成分之间具有时间上的先后顺序和逻辑上的因果关系，也就是说，从这个意义上讲，兼语式和动补式所表达的语义关系基本上是一致的，只是它们强调的语义重点稍有不同：动补式中的第二个动词性成分 V_2 是对第一个动词性成分 V_1 所导致结果的补充性说明，如"打倒"一词中，"打"的结果是被打的人"倒"了；"看见"中"看"的结果是"见"到了被看的事物。兼语式则更加强调 V_1 的宾语和 V_2 的主语之间具有同一性关系，即兼语式中 V_1 所表示动作的客体或对象宾语同时就是 V_2 所表示动作行为的主体或者发出者。

兼语式的 V_1 和 V_2 之间常常可以补出那个被省略掉的"兼语成分",如"讨厌"就是"讨人厌","劝降"就是"劝人投降","人"就是被省略掉的兼语成分。而对于动补式复合词而言,V_1 的客体并不一定是 V_2 的主体,如"看见"中"看"的客体是"被看的事物","见"的主体并不是"被看的事物",而是与"看"的主体一致,根本不存在所谓的"兼语成分"。即使在 V_1 的客体同时是 V_2 的主体的情况下,也很难将其还原成兼语短语或兼语句,如"打倒李四"的意思是"打李四,李四倒",其中"李四"既是"打"的客体也是"倒"的主体,但是,"打李四倒"的结构在现代汉语中却是不能成立的。从这个角度来看,兼语式与动补式的最大区别就在于兼语式是省略兼语短语中的兼语成分之后得到的"动+(兼语)+动",因而可以补出兼语成分从而还原成兼语短语或兼语句,而动补式与兼语短语或兼语句没有直接关联。任学良(1981:197)指出"兼语式的词和表结果的补充式的词容易混淆……兼语式和补充式的界限是:两个词素之间能插入名词(代词)去理解的,为兼语式……不能插进名词(代词)去理解的,为补充式"。从这一点来看,任学良对于兼语式和补充式界限的表述与我们的观点是一致的。

除此之外,我们认为二者之间的区别还在于:兼语式中的 V_1 必须是具有使令意义的动词,而动补式中的 V_1 可以是任意动词,并不限于使令动词。就这一点而言,我们或许可以这样理解:动补式和兼语式所表达的语义关系都是一种致使关系,但是这种致使性,在兼语式复合词中是通过 V_1 本身所具有的使令意义表达出来的,而动补式复合词内部的致使性则是蕴含在整个"动+动/形"的结构式之中的,是一种特殊的构式意义(详见本书第三章中关于动补式复合词的深层结构探析部分)。换句话说,兼语式的致使关系是一种显性的表达,而动补式的致使关系则是一种隐性的蕴含。当然,显性与隐性的区分并不是绝对的,所以对于一个具有致使关系的"动+动"复合词究竟是动补式还是兼语式,我们通常采用的方法是看这两个构词成分之间能否加入"兼语成分"使其还原成兼语短语。

4. 动补式与偏正式

一般认为,偏正式复合词的两个构词成分在词中的地位不同,前偏后正,即第一个构词成分是修饰性的,第二个构词成分才是中心成分,受第一个构词成分的修饰和限制;动补式复合词则与之相反,其中"动"是中心成分，而"补"是用来补充说明"动"的结果、趋向、状态等的补充成分。从这个角度来看，这两类词之间似乎不存在可能造成纠缠的地方，但是具体到某一个词中，究竟是哪个修饰哪个，还是哪个补充说明哪个的问题，就不那么容易判断了。比如要分析"蹿红""淡出""遍及"等词究竟是状中结构的偏正式复合词还是动补式复合词，还是需要费一番思量的，因为它们跟"扮靓"、"步入"、"谈及"以及"拆毁"、"撕毁"、"拆穿"、"看穿"等动补式复合词的差别并不十分明显。

首先，我们倾向于把"拆毁""撕毁""拆穿""看穿"这几个词归入动补式复合词的范围之中。之所以把它们看作动补式复合词，主要是考虑到"拆毁"等词的构词成分之间的关系虽然可以作"前一个成分修饰后一个成分"的"偏正式"分析（"拆、撕"可以看成"毁"的方式，"拆、看"可以理解成"穿"的途径），但是它们也可以理解成"后一成分补充说明前一成分"的补充关系，即"毁"是"拆""撕"的结果，"穿"是"拆""看"的结果。再加上这几个词的构词成分所表示的动作之间具有一种比较明显的因果关系，语义重心处在第二个构词成分"毁""穿"上，这一点刚好与动补式复合词强调动作结果的语义特征相契合。因此，将这几个词归入动补式复合词更具合理性。

其次，"扮靓""步入""谈及"之类的词也更适宜于分析为动补式复合词。从语义上看，"扮靓"的意思是"装扮使靓丽"，靓丽是装扮的结果，而且"扮"和"靓"之间具有致使关系，一般不会将"装扮"理解成"靓丽"的方式或手段；"步入"的意思是"走进，进入"，可以理解为"入"是"步"的趋向性结果，即因"步"而进"入"（某处），与之类似的非词成分"跑进""飞入""滚出"等通常也都被分析为动趋式，属于动补结构，即认为"进""入""出"是"跑""飞""滚"的补语，它们之间形成的是动补关系，而一般不会将"跑""飞""滚"看作"进""入""出"的方式；"谈及"的意思是"谈论到；说到"，和"触及""顾及""念及""提及""推及"等属于同素词，都包含相同的构词语素"及"，表示的是"到"的意思，用来补充说明"谈""触""顾""念""提""推"及的情况或内容。

然而，"蹿红""淡出""遍及"这几个词一般可以有两种理解：有的人根据词典释义将其分析为偏正式，因为"蹿红"就是"迅速走红"的意思，"红"可以理解为"走红"，那么"蹿"就是"迅速"的意思，用来形容"走红"的状态，二者之间是修饰关系；"淡出"有"逐渐退出"的意思，其中"出"是"退出"，那么"淡"就是"逐渐"的意思，用来修饰限定怎么样退出；"遍及"在《现汉》中的释义是"普遍地达到"，据此一般会被分析为状中关系的偏正式，即"普遍"是"达到"的修饰成分。总之，这几个词似乎都可以分析成"前一个成分修饰后一个成分"的偏正式，第二个构词成分虽然在地位上属于复合词的中心成分，但是在语义上第一个构词成分才是整个词的表达重心，因为状中的偏正式复合词重在强调动作进行的方式、状态、凭借、工具等。但是，结合对词典释义后面的举例"影响遍及海外"的分析可知，这里表达的真正意思应该是"影响很普遍，甚至到了海外"，那么"遍及海外"就成了"影响很普遍"的结果，补充说明影响大的程度，因而也有人认为"遍及"应该归入动补式复合词中。"蹿红"是"迅速地走红"，"红"在词义上虽然可以表达"顺利、成功或受人欢迎"的意思，但是"蹿"本身并没有表示"迅速"的形容词用法，而只能表示一个具体的动作，用动作来修饰"状态"，这不太符合一般的认知理解，因此我们更倾向于将其理解为"红"是"蹿"的结果，即通过某种做法导致了短时间内走红的结果。通过释义后举例"她一夜之间蹿红歌坛"，我们也可以得知词义中凸显的是"红"的结果，而不是"蹿"的方式或状态。再来看"淡出"，"淡出"就是"逐渐退出"，但是"淡"本身并不能表达"逐渐"的意思，词义中的"逐渐"应该是我们在理解相关语句时加上去的，如"淡出演艺圈"应该理解成"在演艺圈的地位、影响等变淡而退出"，"淡"表示的是变化的过程，而"变淡"的结果就是"退出"，由开始变淡到退出是一个"逐渐"变化的过程，"淡出"的词义便由此而来。从这个角度看，将"淡出"分析为动补式复合词似乎更为合理。

根据上述分析，我们还可以确定一大批与这些词包含相同构词语素的动补式复合词，如"摧毁""捣毁""撕毁""焚毁""烧毁""击毁""揭穿""戳穿""说穿""点穿""插入""潜入""渗入""录入""论及""料及""累及"等，具体词例详见书末附录，此处不再一一赘述。

5. 动补式与主谓式

从共时的角度来看，动补式复合词与主谓式复合词发生纠缠的可能性并不大，因为动补式复合词的第一构词成分都是谓词性的，而主谓式复合词的第一构词成分通常是体词性的。但是，从动补式复合词的历时演化过程来看，某些动补式复合词的出现又与主谓结构有很大的关联。如"付讫""收讫"等以完成义动词性语素作补语成分的动补式复合词大都是由上古汉语中的某些主谓结构演化而来的，其间经历了由主谓结构重新分析①为动补结构的语法化过程。

梁银峰（2006：222）在研究隋至宋金时期动补结构的发展和使用情况时，曾经对"Vt＋Vw＋O"②格式的产生过程进行了分析，他认为在"Vt＋Vw＋O"格式出现之前已经有了"Vt＋Vw"（A 式）和"Vt＋O＋Vw"（B 式）这两种格式，A 式中的 Vw 说明的是"Vt"这个动作行为本身的完成、完结，构成的是动补结构；B 式中的动宾组合"Vt＋O"叙述一个事件，"Vw"是对这个事件的陈述，说明这个事件变化的实现、完成，它们之间构成的是主谓结构。这两种格式与"Vt＋Vw＋O"格式之间经历了此消彼长的渐进演化的过程。"当'Vw'虚化为补语和前面的'Vt'构成动补结构以后，并不能马上带上宾语，而是要经过长时间的使用期，逐渐形态化为动补结构之后，才能带上宾语。……而且，在新的格式'Vt＋Vw＋O'产生以后，旧的格式'Vt＋O＋Vw'并不能马上消亡，这中间往往还要经过一个新老格式的并存期，直到新格式完全取代旧格式。"

根据梁银峰对这种特殊的动补带宾格式产生过程的分析，我们可以知道，"造就""铸就""造成""付讫""收讫"等应该经历了类似的动补与主谓格式共存，最终主谓结构被动补结构代替，并进而凝固词化成为动补式复合词的过程。

另外，动补式与主谓式的纠结还可能体现在"构成""框定""廓清""架空"等词的分析上，因为这几个词的第一个构词成分都兼有动词义和名词义，如果将其理解为名词义，则整个词表达的就是类似"结构形成""框架确定""轮廓清除""架子悬空"等意思，两个构词成分之间的关系只能分析为主谓关系；而如果将第一个构词成分理解为动词义，那么整个词的结构也就成了动补式，第二个构词成分只能是对第一个构词成分所表

---

① "重新分析"是语言演变研究中的一个术语，用来指一个语言形式结构或功能的演化。

② 这里的 V_w 指的是完结义动词。

示动作完成或者完成之后所造成结果的补充说明，"构成"就是"构造完成"，其中"构"是"构造，组合"的意思，"成"表示构造过程的完成；"框定"就是在一定范围内限定住，"框"是"约束，限制"的意思，"定"表示约束限制有了结果，被限定在一定范围之内；"廓清"是"澄清，肃清"的意思，"廓"在这里表示"去除，除掉"，"廓清"就是去除干净、清除；"架空"的意思是"房屋、器物下面用柱子等撑住而离开地面"，其中"架"是"支撑，支起"的意思，"空"就是因为被支起而与地面有了距离，如在空中。对比两种不同的分析，我们认为前者的主谓式所能够表达的意思并不是我们日常使用这些词、对语句进行理解时的应有之义，而"动补式"的理解更符合我们的语感和表达习惯。因此，对于这些词，我们也更倾向于将它们分析为动补式复合词，因而也作为本书研究对象的一部分。

6. 动补式与动宾式

绝大多数动宾式复合词的结构格式都是"动+名"，但是也有极少数的"动+形""动+动"格式的复合词，其构词成分之间的关系可以分析为动宾式，如"认同""认输"的结构格式分别是"动+形""动+动"，但是它们都属于动宾式，其中"认同"的"同"虽然也可以理解成"认"的结果，但这个结果充其量只能理解成"认"的结果宾语，而不宜看作补语成分，因为"认"的动作行为本身并不必然导致"同"的结果，或者说，并不是因为"认"才造成"同"的结果，而是"同"的情况客观存在，并使得人们主观上也"认为"它是"相同"的；"认输"也并不是因为"认"而导致"输"的结果，而是"承认""已经失败（输）"这样一个既成事实而已，这样"输"就可以看作"认"的对象，只不过其自身所表达的是某种结果性意义罢了。也就是说，"承认"的是"失败（输）"这样一种结果（可以是工作、考试、比赛等过程的结果），而并非"失败（输）"是"承认"这一动作行为本身直接导致的结果。

基于以上分析，我们认为必须仔细分辨"动+动/形"格式的复合词究竟是"动+结果补语"的动补式复合词还是"动+结果宾语"的动宾式复合词。然而对于一个出现在动词性成分后面的"动/形"究竟充当的是"结果宾语"还是"结果补语"不是很容易判断，因为二者之间并不存在绝对清晰而且严格的分界线。我们倾向于将"认同""认输"类看作动宾式，"同""输"是前面动词性成分"认"的结果宾语而非结果补语。

此外，类似"趋同""认可""扮酷""保暖"之类的词究竟是该归入动补式还是动宾式也是值得我们探讨的。对于这样的词，我们也倾向于将其划入动宾式的范畴，因为，其中的"同""可""酷""暖"与前面动词之间的"动作—结果"关系并不明显，它们的组合反而与动宾式中的"动+结果宾语"和"动+目的宾语"更为接近，"扮酷"可以理解成"装扮的目的（或结果）是使自己的样子更酷"；"保暖"的意思是"保持温度"，这里的"暖"似乎已经具有了某种名词性质①，理解成宾语自然更为合适。

由此可见，之所以会发生某些词难以认定它们究竟是动宾式的还是动补式的，原因就在于宾语和补语之间特别是结果宾语（或目的宾语）与结果补语之间本就没有严格的界限，所以一般情况下我们只能说某一个词在原型特征上更接近于某一类型（如动补式）可以作为该类型的典型成员或者次典型成员，因而我们更倾向于将其分析成某一类型；或者某个词距离某一类型（如动宾式）的原型特征比较远、只能作为这一类型的边缘性成员存在，因而我们一般不将其看作该类型的词。依照此标准，我们还可以将类似"保健""保洁""保湿""保温""保鲜""保安""学好""学坏""逃生"等一系列词语排除在我们的动补式复合词范围之外。

综上所述，动补式复合词与连动式、联合式、兼语式、偏正式、主谓式、动宾式等结构类型的复合词之间都可能或多或少地存在某种关联。对于某些难以判断其结构关系究竟是动补式还是连动式、联合式、兼语式、主谓式、动宾式的词，我们必须全面考察和综合分析其构词成分的性质、意义及其与相关成分之间的语义关系。既要看到不同类型的复合词之间可能具有的关联性，又要区别不同类型复合词之间客观存在的差异性。在把握各类型复合词原型样本典型特征的基础上，考察其他词与原型样本之间的相似程度，判断它们是否可以作为该类复合词的典型、次典型甚至边缘成分，从而决定其类型归属。

---

① 即使将"保暖"理解成"保持温暖"，也同样可以认为"保持"的是一种"温暖"的状态，而这种状态恰恰可以理解成"保"的对象宾语。

（二）动补式复合词与动补短语之间的联系与区别

从纵向系联的角度来说，动补式复合词与动补短语之间的关系非常密切。在共时层面上，动补式复合词和双音节的动补短语有完全相同的结构格式，它们都是由一个动词和它的补语共同构成的"动+补"格式；从历时层面上说，动补短语是动补式复合词产生的主要来源，也就是说，大部分动补式复合词是以与之同形的动补短语为前身的，由同形的动补短语词化而来，甚至有些"动+补"结构仍然处于由动补短语向动补式复合词演进的词汇化过程之中。梁银峰（2005：202～224+398）曾经指出"从动补结构（短语）到动补复合词有很强的连续性，两个范畴之间没有截然的界限，不同的动补组合词汇化的程度不同，它们'距离'典型复合词的远近也不同"。正因此，要判断一个双音节的"动+补"格式的语言片段究竟是动补式复合词还是动补短语，并不是一件简单的事情，必须综合考虑其结构、意义甚至使用等方面的情况。

具体来说，根据构成成分之间的意义关系以及结合程度的不同，"动+补"的组合形式可以分析为以下三种不同的类型。

1. 完全不能扩展的"动+补"

此类"动+补"格式的"动"和"补"之间结合非常紧密，已经完全凝固成为一个不可分割的整体，二者中间不能插入任何成分。这是复合词区别于短语的根本特点，可以看作复合词的原型特征。只要是不能扩展的双音节"动+补"组合，肯定是动补式复合词。例如：

说明：说明情况—＊说情况明　说明了—＊说了明　＊说得
（很）明　＊说不明①

激怒：激怒对手—＊激对手怒　激怒了—＊激了怒　＊激得
（很）怒　＊激不怒

减少：减少污染—＊减污染少　减少了—＊减了少　＊减得
（很）少　＊减不少

---

① 此处我们以对比的形式列举了各种类型"动+补"组合的扩展表现，其中带＊号的为不能成立的情况。

2. 可以有限制扩展的"动+补"

这种类型的"动+补"组合中的"动""补"中间可以插入一定的成分，但是能够插入其中的成分能且只能是表示可能态的"得/不"，从而构成"动+得/不+补"形式的可能补语。例如：

看见：看见图片—＊看图片见　看见了—＊看了见　看得/不见—＊看图片得/不见

完成：完成任务—＊完任务成　完成了—＊完了成　完得/不成—＊完任务得/不成

打倒：打倒敌人—＊打敌人倒　打倒了—＊打了倒　打得/不倒—＊打敌人得/不倒

3. 能够自由扩展的"动+补"

相较于前面两类，这种"动+补"形式组合中的"动"和"补"之间的关系更为松散，二者的结合程度不太紧密，中间可以插入"得/不"以及"得/不"之外的其他成分，如补语的修饰成分、补语的重叠形式等，但是"了、着、过"等时体助词不能插入其中。例如：

长高：长高一寸—＊长一寸高　长高了—＊长了高
长得/不高—长得很高—长得高高的
剪短：剪短头发—＊剪头发短　剪短了—＊剪了短
剪得/不短—剪得太短—剪得短短的
喝醉：喝醉酒—＊喝酒醉　　喝醉了—＊喝了醉
喝得/不醉—喝得烂醉—喝得醉醺醺

在上述三种类型的"动+补"组合中，完全不能扩展的"动+补"组合的词汇化程度最高，是典型的动补式复合词，属于动补式复合词的原型样本；能够自由扩展的"动+补"组合，中间可以插入很多其他成分，"动"和"补"之间结合得比较松散，更多地体现了动补短语的原型特征，属于双音节动补短语的典型样本；可以有限制扩展的动补组合在词汇化程度上低于原型的动补式复合词，"动"和"补"之间结合得不像原型的动补式复合词那样紧密，中间插入"得/不"之类成分时可以将其看作短语，但它们在合用时仍然是词，这类既可以分用也可以合用的动补组合一般被称为动补式"离合词"，可以将其看作动补式复合词的次典型成员。也就是说，从不能扩展的动补组合到可以有限制扩展的动补组合再到能够自由扩展的动补组合，它们之间构成的是一个连续统，体现了动补式复合词和动补短语之间没有严格界限的原型性特征。正如梁银峰（2005：202～224+398）所说，"对于现代汉语的双音节动补组合来说，只能说哪些是典型的复合词，哪些不是典型的复合词，或者说它在多大程度上是复合词，多大程度上是短语。动补复合词是由动补结构词汇化而来的，由句法到词法是一个不断过渡的'连续体'，两者很难截然分开"。

（三）动补式复合词的判定标准

正因为动补式复合词本身也是一个原型范畴，它与其他类型的复合词和动补短语之间都存在某些过渡形式，所以本书的研究对象就主要限定在那些典型的和次典型的动补式复合词，而对于那些处于边缘地带、和其他结构类型的复合词或者动补结构的短语之间有过多纠结的"似是而非"的成分，我们则不予考虑。也可以这样说，本书的结论只是在对靠近中心地带的、比较典型的动补式复合词进行考察分析的基础上得出的，对于那些边缘性成员可能并不适用。

综合上述对动补式复合词与其他类型的复合词以及动补短语之间关系的分析，我们可以从以下几个方面对本书所研究的动补式复合词的范围进行界定。

第一，从形式上看，动补式复合词都是可以分析为"动+补"结构格式的双音节组合。也就是说，动补式复合词的两个构词语素之间必须具有补充说明的语法关系意义，"补"是对"动"[1] 及相关情况的补充说明。如"提高"，从语法关系的角度来说，形容词性语素"高"是动词性语素"提"的补语成分，对"提"所表示动作行为的结果或者状态进行补充说明，即提的动作发生之后引起了相关事物量的升高；"投入"，动词性语素

---

[1] 前文我们已经说过，这里所说的"动"也包括极少数的形容词性语素在内。因其数量太少，所占比例极小，可以忽略不计，所以我们仍以"动"统称之。

"入"是前面动词性语素"投"的补语成分，用以提示"投"所表示动作行为相应的移动趋向，即进入某一场所或领域；"记得"，意义有所虚化的动词性语素"得"作为前面动词性语素"懂"的补语成分，用来提示"记"表示的动作行为完成且有了结果，从而处于某种状态，即"没有忘掉，还留存在记忆中"；"抓紧"，形容词性语素"紧"是动词性语素"抓"的补语，用来对"抓"的相关动作行为做出评价。

第二，从意义上看，动补式复合词表达的是"动作+结果/趋向/状态/评价"的语义关系，而且"动作"是导致"结果/趋向/状态/评价"产生的原因。也就是说，动补式复合词的两个构词语素之间具有一种逻辑上的因果关系，这种逻辑关系在词内往往体现为一种具体的致使关系。"动"是因，"补"是果，"动"的发生是"补"出现的原因。例如，"激怒"，就是"刺激使发怒"的意思，想要使人"发怒"就要不断地"刺激"他，"激"是致使"怒"的原因；"病故"，就是"因病去世"的意思，虽然"病"的结果不一定是"故"，但是"故"却是在"病"的促动之下才发生的，二者之间的因果关系依然成立；"进来/去"，表示的意思是"从外面到里面来/去"，"进"的动作必然会导致人在位置方向上的移动变化，根据参照点即说话人所处位置的不同可以有"来"和"去"两种不同的结果，从而形成两个不同的动补式复合词。

第三，从扩展能力上看，动补式复合词的两个构词语素之间一般不能插入与整个复合词及其两个构词成分有直接语义关系的名词性成分（包括第二个构词成分的动作主体①、第一个构词成分的动作客体甚至整个复合词的动作客体等成分），也不能插入"了、着、过"之类表示时体意义的助词。有些动补式的离合词，虽然它们的两个构词成分中间可以插入表示可能态的"得/不"，从而构成包含可能补语的动补结构的短语，但是它们在合用时仍然是词，属于静态的词汇单位，所以我们将其作为次典型成分归入动补式复合词的范围之中。例如："打倒"在合用时是词，表示"击倒在地"和"攻击使垮台；推翻"的意思，如"一拳把他打倒""打倒侵略者"等；它的两个构词成分"打"和"倒"也可以分开来用，即在它们中间可以插入表示可能态的"得/不"，构成"打得倒""打不倒"的可能式。

①　以此可以将动补式复合词与"兼语式"复合词区别开来。

以上我们从形式、意义和扩展能力三个方面确定了动补式复合词的判定标准，这三个标准既可以帮助我们对动补式复合词与其他结构类型的复合词以及动补短语进行甄别和区分，也有助于我们确定本书研究对象的范围。正是基于这三个判定标准，我们在对《现汉》中的全部双音节复合词进行结构类型分析的基础上，从中选出了 948 个符合标准的动补式复合词的典型样本和次典型样本，将它们作为本书的具体研究对象。具体词目详见书末附录，此处不再一一罗列。

第三节　动补式复合词的来源

在现代汉语词汇中，动补式复合词的数量虽然不是很多，但究其来源，却有比较复杂的产生和形成过程。根据来源的不同，我们可以将动补式复合词分为两种不同的类型。一种是由动补短语词汇化而成的，它们大都经历了从上古或者中古汉语的短语到近代或者现代汉语的词的演化过程，这些词从构造格式上大都属于"动+动"类，如"打破""摧毁""扑灭"等，即使有少量的"动+形"类动补式复合词也经历了与"动+动"类相似的词汇化过程，其中的"形"在古代汉语中也大都可以用作动词，或者具有"使动"的动词性功能，如"判明""改正""补足"等词中的"明""正""足"都是具有"使动"义的形容词。另一种是依照"动+补"的格式直接以词法手段创造出来的复合词，其中以"动+形"类的动补式复合词为主，如"革新""改善""盘活""套牢""夯实""扮靓""拉黑""洗白"等，此外还有一部分在"动+形"影响之下创造出来的"动+动"类动补式复合词，如"演出""压缩""梗死""键入""植入""搞定"等。

一　由短语词化而成的动补式复合词

前文我们已经说过，动补式复合词和动补短语之间有解不开的联系，它们既相互纠缠又彼此区分。动补短语的存在，既是研究动补式复合词的一大阻碍（在确定动补式复合词的范围时，动补短语给我们带来了很大的困扰），也是探究动补式复合词来源的一个不可或缺的关键因素。

王力（1958/1980）就曾经提出"仿语（也就是我们现在所说的短语）

的凝固化是复音词产生的主要方式”的观点。董秀芳（2011：24）在探讨汉语双音词的主要衍生方式时更进一步明确了双音词的来源。她指出："双音词有三个主要历史来源：一是从短语变来，这是双音词的最主要的来源；二是从由语法性成分参与组成的句法结构固化而来；三是由本不在同一句法层次上而只是在线性顺序上相邻接的成分变来"，并在之后的论述中进一步强调"短语是双音词的最主要的历史来源。历史文献中的材料证明，汉语中五种基本的短语类型，即并列、偏正、动宾、主谓和述补短语，都有可能降格为词"（董秀芳，2011：34）。在对不同类型短语词汇化问题进行理论阐述的同时，她还列举了各种类型的双音节复合词，并结合它们在汉语不同时期文献中的语料用例对其从短语降格为词的历时演化过程进行了梳理和分析。"述补短语的词化"是其中非常重要的一部分内容，为我们认识动补式复合词的来源指明了方向，也为我们的研究提供了语料依据。

我们赞同董秀芳（2011）"短语是双音词的最主要的历史来源"的说法，同时根据董秀芳（2002a）、梁银峰（2005）等的研究结果，得出下面的结论：由动补短语词汇化而来的动补式复合词的数量应该在全部动补式复合词中占绝大多数，它们构成了现代汉语动补式复合词的主体。甚至可以说，没有动补短语就没有动补式复合词，大量动补短语的存在是动补式复合词产生的重要根源。我们要探究动补式复合词的来源，就必须对动补短语进行研究，梳理其产生、发展和演化的历史脉络。对短语词汇化而来的动补式复合词的产生过程进行分析，基本上也可以说明动补式复合词出现和存在的来龙去脉。

根据既往研究的成果，我们可以知道：动补短语并不是凭空产生的，它是由并列式[1]动词结构（其结构模式为 V_1+V_2+O）逐渐发展演化而来的（潘允中，1980；冯胜利，2002；等）。在由并列式动词结构向动补结构发

---

[1]　也有人提出动补短语是由连动结构发展而来的（梁银峰，2006；高增霞，2006；等），我们认为两个说法其实并不矛盾，因为连动结构的发现是近几十年才发生的事情，在此之前人们将两个动词的组合一律称为并列结构，而不管或者很少注意两个动词所表示的动作之间是否存在时间上的先后顺序。或者可以说，连动结构本身就是从并列结构中分化出来的。当然也有一些学者并不认同动补结构起源于连动结构的说法，提出动补结构的起源和连动式没有必然联系（陈梅双、肖贤彬，2010）。我们认为动补结构起源于连动结构（或并列结构）的观点有大量的文献语料作为佐证材料，具有较强的说服力，故而在本书中予以采用。

展演变的过程中，连动结构的出现又起着不可或缺的作用，有些学者甚至直接指出并列式动词结构的演化导致的是连动结构的产生，而连动结构才是动补结构的直接来源（梁银峰，2006；高增霞，2006；等）。在连动结构经历了 V_2 语义上的虚化和功能上的不及物化之后，动补结构才真正出现（太田辰夫，1957/1987；王力，1958/1980；梅祖麟，1991；蒋绍愚，2000；等）。在此之后，伴随着汉语词汇双音化发展的趋势，动补结构才又经历了从句法结构（动补短语）到复合词的词汇化过程，从句法单位降级为词汇单位。

在这里，我们无意探讨动补结构的最初来源究竟是并列结构还是连动结构，也不想追究连动结构究竟是从属于并列结构的一个小类还是区别于并列结构的独立大类。我们只是想通过对动补式复合词由短语到复合词的词汇化过程进行大致梳理，以便了解动补式复合词的来源。所以，对于动补式复合词的短语词汇化来源，我们或许可以这样表述：现代汉语词汇系统中的动补式复合词大都经历了由动词性并列结构到连动结构再到动补结构（或者是由动词性并列结构/连动结构到动补结构）的关系变化过程和由动补结构到动补式复合词的词汇化过程。可以表示如下：

动词性并列结构（→连动结构）① →动补结构---→动补式复合词②

我们认为，在上述演化过程中，最关键的环节就是由动词性并列结构/连动结构重新分析为动补结构期间 V_2 的虚化过程和由动补结构（动补短语）凝结固化为动补式复合词的词汇化过程。可以说，动补式复合词的出现，很大程度上就源于动词的虚化和短语的词化。

从历时层面上看，绝大部分动补式复合词来源于动补短语的词化，与

---

① 此处添加括号的目的是兼顾学界关于动补结构起源的两种不同说法。根据对动补式复合词演化过程的不同理解，括号内的内容可以理解为短语词汇化的一个可能阶段，而非必经阶段。

② 我们认为，从并列结构到连动结构再到动补结构的结构关系变化只是我们在对同一句法结构内部关系认识上的变化，这种变化可以看作一种突变；而从动补结构（短语）到动补式复合词的词汇化过程体现的是语言成分词汇化程度由低到高的逐渐演化的过程，这种变化应该算是一种渐变。基于这样一种认识，我们用短实线箭头"→"表示结构关系变化，而用长虚线箭头"---→"表示词汇化过程。

之同形的动补短语为其前身。但是，并非所有的动补短语都能发生词汇化，并进一步凝结固化为复合词，从而实现由句法单位到词汇单位的质变。根据冯胜利（2009：46）的观点，"复合词是词汇化了的固化短语"，"复合词必须首先是一个韵律词。……并非所有的短语都可以演变为复合词，因为只有那些符合韵律要求的短语才有可能成为复合词。……也并非所有的韵律词都是复合词，只有那些词化了的韵律词才是复合词"。再加上"汉语标准的韵律词只能是两个音节"的音步制约，他认为复合词的来源可作如下描述："上古汉语语音演变导致了双音节音步的产生，双音节音步又促发了双音节韵律词，而双音节韵律词是由单音节语言中的两个音节的短语构成的，两个音节的短语经（长期）使用而逐渐固化，形成固化韵律词；当固化韵律词发生词汇化时，它们就演变为诸如词库中的复合词这样的词项。"具体到动补式复合词的来源，则是"只有黏合式述补短语才能词汇化，组合式述补短语不能词汇化。原因是只有黏合式述补短语才能构成一个韵律词，而组合式述补短语肯定超过一个标准韵律词的长度，因而不可能成词。根据象似性原则，黏合式述补短语中两个成分的语义距离比组合式述补短语中两个成分的语义距离近，这为黏合式述补短语的词化奠定了语义基础"（董秀芳，2011：202）。也就是说，只有那些双音节粘合式动补短语才有可能发生词汇化，进而演变为动补式复合词。

另外，还需要注意的一点是：即便是双音节粘合式动补短语，也只是有可能发生词汇化，并不一定会固化为动补式复合词。前面我们说过，我们所限定的动补式复合词范围中包括了一部分动补式离合词，如"驳倒""完成""看见""达到"等，它们的动词性成分和补语性成分之间可以插入表示可能态的"得/不"等成分，可以说"驳得倒""完不成""看得见""达不到"。这种可离可合，离时是短语、合时是词的特殊语言成分可能会在现代汉语词汇系统中长期存在。至于它们未来是否会固化为完全不能扩展的原型动补式复合词，现在还难以预测，这可能会受到其所处的句法位置、补语性成分的语义特点、语义指向等多方面因素的影响。

总之，对于短语词汇化而来的动补式复合词，我们要以一种发展的眼光和客观的态度来看待它们。由于动补结构的词汇化开始得比较晚，动补式双音词的词汇化程度并不很高（董秀芳，2011：202），或者说不同"动+补"双音形式的词汇化程度可能并不一致，各自处在由动补短语向动补式复合词演化过程中的不同阶段。有些"动+补"结构的词汇化过程已经完成，从而成了动补式复合词的原型成分，如"打破""改善""扩大"等；有些"动+补"结构处于由动补短语向动补式复合词演进的词汇化过程之中，已经具有了部分词汇属性，十分接近原型的动补式复合词，但还没有完全成词，如"打倒""看中""摆平"等；还有一些"动+补"结构的词汇化进程仍然处于起步阶段，甚至还没有开始，它们的短语特征还比较显著，扩展能力很强，只是因为两个成分经常同时出现而往往被视为一个整体在句中使用，还不能算作动补式复合词，如"喝醉""吃饱""淋湿"等。对于以上几种不同质的"动+补"结构，我们要注意甄别。

二 以"动+补"为构词方式新造出来的动补式复合词

大部分的动补式复合词都是由动补短语在长期反复使用中凝缩固化而来的，而当这种凝固现象频繁发生，动补式复合词逐渐演变成一种人们经常使用的复合词结构形式之后，它甚至也可能诱发一种新的构词法的出现，即直接用两个构词语素按照动补关系复合成词。梁银峰（2005：202～224+398）曾经指出，"隋唐以后，动补结构正式确立，动补结构词汇化的条件已经成熟，在这种情况下，很多动词可通过构词法直接构成复合词，如'说破'、'看破'、'识破'、'提破'等等，可以肯定这些复合词都是在近代汉语时期才出现的，在上古汉语或中古汉语时期根本不存在动补短语阶段"。

其实，朱德熙（1982/2005：127）在介绍结果补语时就曾经这样谈到述补式复合词和粘合式述补结构之间的关系："带结果补语的述补结构在语法功能上相当于一个动词，后头可以带动词后缀'了'或'过'。……从这一点看，这一类述补结构跟述补式复合词没有什么不同。""其实有的述补结构在语义上也相当于一个动词。……从这个角度看，我们可以说述补结构是一种临时创造新动词的语法手段。"应该说，朱德熙先生早就看到了"动补关系"作为一种复合词构造方法存在的可能性和必然性。

作为一种新的复合构词方式的"动补式"一经形成，便有大量直接以动补关系复合而成的双音节词应运而生了。特别是在"清代中叶以后，社会的剧烈变动和翻译事业的日益兴盛，大大影响了汉语词汇的发展，一大批动补式借词和新词不断出现，如'支出、加热、发动、发明、合成、声明、革新、测定、撤回、凝固、改进、改良、改善、演出、输出、输入'等都是在这一时期出现的"（梁银峰，2005：202～224＋398）。这些动补式复合词的产生，不是汉语自身演化（动补短语的词化）的结果，而是为了表达汉语中原先没有的新概念而借用外语原词或者汉化翻译的结果，可以说它们是通过动补式构词法直接产生的。尽管在这一时期出现的动补式复合词中有很大一部分属于外语借词，但是它们却有不同的借入途径。其中"发明""演出""输出""输入"等是直接由日语中借形过来的，这些词大都经历了从汉语中被借出去再借回来的过程，只是在被借出和借回的过程中词义发生了一定的变化，而它们在汉语中原有的词形和结构方式却得到了保留。① 对于那些不属于日语借形词的外语借词和翻译词，在汉语中使用时一般也都经历了汉化改造的过程，用汉语中固有的构词语素和结构方式对它们进行了意译或者仿译。也就是说，上述动补式复合词虽然词义来自外语，是为了表达汉语中原先没有的新事物和新概念而对外语词直接借用或者进行翻译的结果，但是它们的构词语素和结构方式都是汉语中所固有的，它们的产生同样离不开汉语动补式复合构词法的作用。

北京师范学院中文系汉语教研组编著的《五四以来汉语书面语言的变迁和发展》也提到了"动副结构"这样一种句法构词方式，实际上就是我们所说的"动补式"。书中指出："动副结构的词在戊戌——辛亥时期也产生了一些，如'解散'、'扩散'、'压缩'、'扩张'② 等，都是我们或日本人在翻译中创造的。它们一开始被创造出来，就是相当固定的词，两个词素中间很少能插进'得'或'不'。这些词的产生，对于原有的动副结构的凝定起了一定的促进作用。因此，在五四以后它也成为一个能产的类型，构成了很多的词。……这种结构的构词能力，还在迅速加强。现在有些动副词组，当中插进'不'或'得'已经不太自然，它们都将会很快地

---

① 当然，我们也并不排除这些词在从汉语中借出去时可能还只是短语成分，借出之后被当作词汇成分来使用，再借回来时就变成了复合词。也就是说，它们可能也是由上古或中古时期的某个动补短语词汇化而来的，只不过这个词汇化的过程不是发生在汉语中而已。正是出于这样的考虑，我们在确定本书的研究对象时已经明确地将那些确属于日语借形词的动补式复合词排除在我们的研究范围之外。

② 根据我们的分析，"扩张"似乎应该归入联合式复合词，"扩"和"张"是同义动词，属于并列连用。

凝定为词。"（北京师范学院中文系汉语教研组，1959：106~107）

针对书中所列举的这几个动补式复合词，我们利用北京语言大学 BCC 语料库的历时检索界面对它们在语料中出现的历时频次进行了搜索，得到各自的频次，见图 1-2。

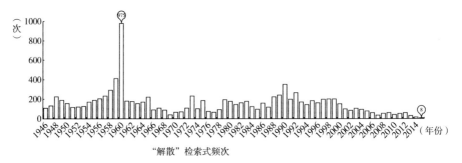

"解散"检索式频次

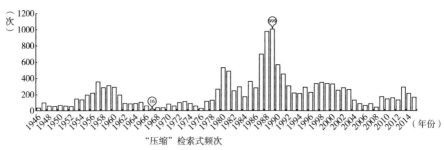

"压缩"检索式频次

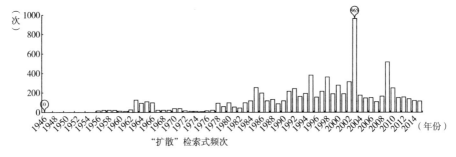

"扩散"检索式频次

图 1-2　BCC 语料库"解散""压缩""扩散"检索式频次（1946~2015）

由于 BCC 语料库历时检索系统所涉及语料涵盖的时间界限为 1946~2015 年，所以我们只能看到这 70 年间包含检索词语的语料情况，对于其中早于 1946 年产生的动补式复合词来说，我们只能看到其使用频率的历时变化，而无法准确得知该词产生的最早时间。由图 1-2 可以得知："解散"

"压缩"早在 1946 年之前就已经产生，但是总体使用频率不高，两个词的使用高峰期分别出现在 1960 年和 1989 年；"扩散"一词则大约是在 1952 年才产生并出现了相关的语料用例，但是其使用频率还非常低，只有 3 例，且都出现在《人民日报》的新闻报道中。

随着时代的演进和社会生活的发展变化，动补式复合词的数量仍然在不断增长。"建国以后，随着中外科技文化交流的日益频繁，外来词更多，同时，社会生活内容的日趋丰富也促使人们创造了很多新词，这些都使动补式复合词的数量急剧膨胀"（梁银峰，2005：202~224+398）。根据我们的粗略统计[①]，有 60 多个动补式复合词是在新中国成立以后才开始出现并被广泛使用的，特别是像"梗死""键入""盘活""套牢"等用于某些专业领域的词语出现的时间更晚，它们都是为社会生活中出现的某些新事物或者新现象命名而利用动补式构词法创造出来的新词。比如："梗死"是医学术语，指的是因任何原因出现的血流中断，导致局部动脉堵塞从而造成人体"组织因缺血而坏死，多发生于心、肾、肺、脑等器官"，作为一种疾病它早就存在，中医称之为"瘀症"，但是其西医中文译名却是伴随我国西医学的逐步发展和人们对疾病认识的不断提高才产生的；"键入"是计算机用语，指的是"按动计算机、手机等键盘上的键输入（文字等）"，计算机键盘的出现最早也不过是 20 世纪 80 年代的事，所以"键入"这个词的产生时间肯定会比键盘出现的时间要晚；"踏空""套牢"都是证券投资方面的术语，而证券市场是 20 世纪 80 年代后才在中国出现的，这些词的产生时间应该不会早于这个时间。

我们同样也利用 BCC 语料库检索系统对新中国成立后新出现的这些动补式复合词进行了历时检索，得到了各词的检索频次，见图 1-3。

由图 1-3 我们可以发现：除"梗死"一词的历史使用频次表现比较特殊之外，"键入""盘活""套牢"这几个词的使用情况都和我们之前预想的完全一致。"盘活"一词从 1980 年开始出现在《人民日报》的新闻报道

---

① 我们除对《现汉》所收录的动补式复合词在北京大学 CCL 语料库中的现代汉语语料进行了搜索和考察之外，也考察了语料库中的古代汉语语料，结果发现：有些词根本没有古代汉语的语料用例，如"搞活""搞定"；有些尽管能够搜到一些语料用例，也多是无效语料，因为材料中搜索到的"目标语段"或者不成词，如"键入"，或者还只是连动或动补结构的短语而并未凝结成词，如"梗死"。

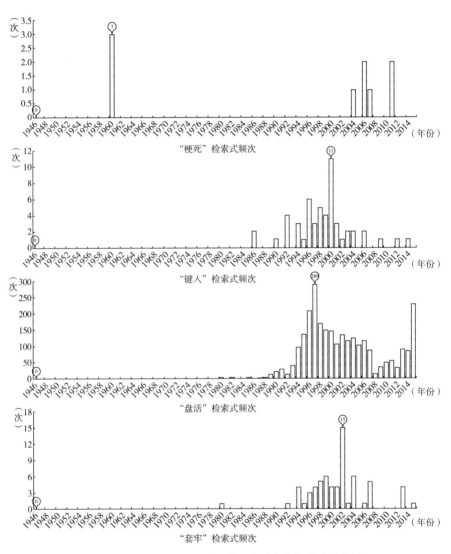

图 1-3 "梗死""键入""盘活""套牢"检索式频次

中，但是在最初几年它的使用频率还非常低，直到 1990 年前后才逐渐有所提升。"键入"则是直到 1986 年才开始出现相关的用例，而且使用频率一直不高。"套牢"的频次图看上去也有些奇怪，除 1980 年的一个语料用例之外，其他的都是在 1992 年之后才出现的。而实际上 1980 年的那个用例原文是"我们还有许多老框框，形成了一套牢不可破的观念"，里边出现的"套牢"并不是我们研究的动补式复合词,而是两个临近词的后一语素和前一语素的偶然性组合,属于无效语料。所以"套牢"一词的真正用例是从 1992 年开始出现的。最后再来看"梗死",1960 年出现的三个用例都是《人民日报》对"梗死"疾病的介绍或对人物死亡原因的说明,应该说这就是"梗死"一词的最早用例。但奇怪的是,在此之后的 40 多年内都没有再出现使用"梗死"的语料用例,直到 2004 年之后才又有少量相关用例出现。我们认为,这种现象的发生应该与"梗死"作为医学名词的非通用性、BCC 语料库语料来源的范围限制以及"梗死"与其旧称"梗塞"之间的竞争有关。

综上,当大量的动补短语发生词汇化,凝结固化为动补式复合词,从而使得"动补式"逐渐演变成一种人们常见而且多用的复合词结构形式之后,它又同时导致了一种新的构词法(直接用两个构词语素按照动补关系复合成词)的出现。作为一种新的复合词构造方式的"动补式"一经形成,大量直接以动补关系复合而成的双音节词便应运而生了。现代汉语中的很多动补式复合词都是以这种方式直接复合而成的,如"识破""说破""发明""声明""改进""改良""输出""输入""解散""扩散""键入""植入"等。

三 动补式复合词的产生与重新分析、语法化和词汇化

(一) 语法化和词汇化

语法化(grammaticalization)和词汇化(lexicalization)是语言形式演变的两个重要方面,也是近些年国内外学者关注的焦点问题。二者之间既有重要的联系又有显著的区别。

对于"语法化",沈家煊(1994:17~24+80)将其定义为"语言中意义实在的词转化为无实在意义、表语法功能的成分这样一种过程或现象",同时还进一步指出:这样的过程或现象在中国的传统语言学中被称为"实词虚化";而在西方人看来"语法化"则偏重于语法范畴和语法成分的产生和形成,范围似乎比"虚化"要广。所以,语法化也被定义为"是指有实在意义的词逐渐演变为意义虚灵的语法成分或由一个虚化程度较低的语法成分变为一个虚化程度更高的语法成分(如由虚词变为屈折词缀)的过

程"（董秀芳，2011：36）。

而对于"词汇化"，沈家煊（1999：321）给它下的定义是"短语或词组逐渐凝固或变得紧凑而形成单词的过程"，而西方学者（Paul J. Hopper & Elizabeth Closs Traugott，1993/2001：49）则认为它指的是"一个非词汇形式变成一个词汇单位的过程"，应该说他们所定义的"词汇化"所指的范围更广，因为词汇单位并不限于单词，还包括一些固定短语或者缩略语等语言成分；非词汇形式也不仅仅是我们一般所理解的临时性自由短语，还可能是一些带有构式特征的固定格式。

"语法化"和"词汇化"之间的关系比较复杂，当前学界对于二者关系的认识也呈现多元化的发展趋势。对于一些语言演变现象究竟是语法化还是词汇化，还是既有语法化又有词汇化；语法化与词汇化是交叉的还是平行的、是对立的还是统一的；语法化和词汇化之间是否可以划定严格清晰的界限等问题，都是目前国内外语言学者比较关心的热点问题。

词汇化和语法化虽然是两种不同的语言演变形式，但是某些演变机制（如"重新分析"等）却是二者共有的。有的词汇化过程常常伴随着语法化现象，在宏观动因上也有很大的一致性。本书所说的由连动结构到动补式复合词的演变过程中就既有语法化也有词汇化，二者是相辅相成的。我们这里讨论"语法化"和"词汇化"的问题，并不想过多纠缠于它们的概念以及二者之间的关系，而只是想通过对与动补式复合词产生过程密切相关的那些"语法化"和"词汇化"现象进行说明，对从动补短语到动补式复合词的演化过程有一个更全面、更系统的呈现，从而更清楚地把握动补式复合词的来龙去脉。

（二）动补式复合词的产生与语法化、词汇化

我们在前面已经说过，在动补式复合词产生的过程中，最关键的两个环节就是由连动结构重新分析为动补结构的语法化过程和由动补结构（此处是指动补短语）凝结固化为动补式复合词的词汇化过程。而连动结构之所以能够重新分析为动补结构，原因就在于连动结构中的 V_2 出现了语义上的虚化和功能上的弱化。从这个意义上讲，动补式复合词的出现在很大程度上就源自动词的虚化和短语的词化。其中动词的虚化属于汉语中典型的语法化现象，短语的词化则明显属于词汇化内容。下面我们就从这两个方

面来看动补式复合词的产生与语法化和词汇化的关系。

1. 动词的虚化

前文我们说过，大部分动补式复合词来源于动补短语，而结合汉语发展的历史过程来看，这些动补结构又来自上古汉语中的连动结构。那么，为什么连动结构能够重新分析为动补结构，它们经历了怎样的演化过程，这种演化又是在哪些因素的促动下发生的呢？我们认为，连动结构重新分析为动补结构的最根本的动因就是连动结构中的 V_2 在意义和功能上发生了虚化和弱化。

根据梁银峰（2005：202～224+398）的分析，上古汉语中的连动结构"Vt_1+Vi-t_2+O"是由两个具有同义或近义关系的可以独立表示事件的动词按照事件发生的先后顺序排列在一起构成的。其中"$Vi-t_2$"用作使动，语义中包含［+致使性］特征，功能上相当于一个及物动词。"由于 V_1 和 V_2 在时间上存在先后关系，潜藏着理解为因果关系的可能性，因此它孕育了从连动结构发展为动补结构的语义因素。"随着连动结构的大量出现和频繁使用，V_1 和 V_2 之间结合的紧密度逐渐增强，"两个动词的语义关系也开始由时间上的先后关系向逻辑上的因果关系转化"。特别是到了"六朝以后，使动用法开始衰落，V_2 的致使性义素脱落，在语义上只表示某种状态，上古汉语中及物和不及物两用的 V_2 这时只有不及物的用法了。V_2 语义的虚化和功能的变化引起连动（并列）格式'V_1+V_2+O'结构层次的变化，使'V_1'与'V_2'的分界变得模糊起来。……到六朝'V_1'与'V_2'的结合已经定型，'V_2'只能作为结果成分依附于'V_1'之后，宾语由两个动词共有变为只单纯是 V_1 的，这是一种分离性的变化，预示了汉语史上一种新型结构——动补结构的产生，我们把这个过程叫做重新分析"（梁银峰，2005：202～224+398）。也就是说，连动结构重新分析为动补结构的现象在六朝时就已经开始萌芽了，这一时期出现的"V_2"致使性义素的脱落和及物用法的消失可以看作导致连动结构向动补结构演化的根本动因，也是我们判断动补结构形成的显著标志。语义上的虚化（"致使性"语义特征缺失，由表示事件或动作转而表示状态）和功能上的弱化（及物用法消失，由及物不及物两用变成只有不及物用法，可以理解成及物性由强到弱）正是动词虚化的两种最显著的表现。

2. 短语的词化

上古的连动结构在经过重新分析之后到中古演化成了动补结构，而在长期的使用过程中，构成这些动补结构的成分由于经常共现于紧邻的句法环境中又有可能进一步凝结固化成为一个词汇单位。绝大多数的动补式复合词都是由动补短语词汇化而来的，但并不是所有的动补式短语都能够经历这样的词汇化过程，由动补短语演变成动补式复合词，动补短语的词化会受到其自身扩展能力的大小、动词性成分的及物性以及补语性成分的语义类型、语义指向等因素的制约。董秀芳（2002a：203～205）曾经明确指出，在动补短语中只有粘合式动补短语才能词汇化，组合式动补短语不能发生词汇化，而且"述语为及物动词的述补短语比述语为不及物动词或形容词的更容易成词。从补语的语义类型上看……补语表示结果的一类最易成词，成词数量最多；而补语表示程度的一类最不容易成词。① ……由指向动词补语与动词形成的述补式复合词就比较少。指向宾语的一类比指向主语的一类更容易与述语粘合而发生词汇化。……这是因为补语指向主语的一类大都不能带宾语，而带宾语是使述补结构在句法格式中被挤压成词的关键因素"。也就是说，那些能够带宾语的双音节动补结构更容易凝结成为动补式复合词，而且其中的补语性成分的语义类型和语义指向在一定程度上决定着动补短语能否演化成为动补式复合词。

还有一点需要说明的是：由动补式短语到动补式复合词的词汇化过程不是在短期内能够一下子完成的，而是一个渐进的演化过程。因此，在动补式短语和动补式复合词之间还存在一种特殊的过渡形式，即"动补式离合词"。也就是说，动补短语在向动补式复合词发展的过程中可能会经过一个"可分可合"的过渡阶段，有些动补短语要先发展为"分用时是短语，合用时是复合词"的离合词形式，离合词的进一步词汇化才导致了动补式复合词的产生。当然，如果从另一个角度来理解这种现象的话，我们也可以把动补式离合词看作动补式复合词的一部分，只是它们和原型的动补式复合词处于词汇化过程的不同阶段，在词汇化程度上存在显著的差异：动补式复合词的词汇化程度要高于动补式离合词。正是基于这一点，

---

① 这一结论刚好与我们给动补式复合词进行语义分类得到的结果相吻合。具体的分类情况及其相关数据，可参见第三章第二节。

我们在确定本书研究对象时也将动补式离合词划入了动补式复合词的范围之中。

综上所述，动词的虚化和短语的词化是动补式复合词产生过程中至关重要的两个环节：动词的虚化在前，使连动结构演化为动补结构；短语的词化在后，使动补结构进一步融合为动补式复合词。语法化和词汇化这两种既彼此关联又有显著差异的语言演变现象由此便合理、有序地统合在了从连动结构到动补式复合词的漫长的演化过程之中。

（三）动补式复合词的产生与重新分析

前面我们在提到从连动结构到动补结构的历时演化过程时用到了一个关于语言演变途径的专门术语，就是"重新分析"。这里我们将对相关概念及其与动补式复合词的关系、对于认识动补式复合词来源的意义做进一步说明。

关于重新分析（reanalysis）这个概念，学界对它的界定还存在一定分歧。Langacker（1977：1~2）认为"重新分析是一个表达结构的变化，不会立刻改变表层形式，常常导致成分之间边界的创立、迁移或消失"，他主要强调的是语言表达的结构形式在边界上发生改变，至于这个边界究竟指的是什么当时并没有做出说明。Hopper 和 Traugott（1993/2001）则明确指出最常见、最典型的重新分析就是融合，使得两个或多个成分之间原来的边界消失从而产生归并；而典型的融合是复合词化，即两个或多个词凝缩固化成为一个词。也就是说，他们所理解的重新分析不是局限于句法结构边界的演变，而是更多、更典型地体现为短语或句法结构的词汇化。Harris 和 Campbell（1995）的观点又与前述有所不同，他们认为重新分析是一个改变句法结构内在关系的机制，一般不会立刻引起表层形式的改变，同时还进一步指出句法结构的内在关系涉及结构成分、结构层次、成分的词性、语法关系、结构的整体特性几个方面。叶蜚声、徐通锵（1994/2010：259）更是直接将其命名为"结构的重新分析"，并且强调它是语法演变中的一种常见方式。他们认为结构的重新分析指的是"不同历史时期的两个结构，从表层看，所出现的语词和词序完全一致，但语词之间的结构层次或/和关系却变化了"，这种变化往往会造成语法范畴的消长或新的词类、新的虚词、新的结构的出现，同时明确指出介词"把"

"被"，动态助词"了""着""过"，结构助词"得"等由上古汉语的动词演变为中古汉语的虚词，上古时期的连动结构到中古时期变成了动补结构，都经历了重新分析的过程。

综合前人对"重新分析"的界定及学界的相关研究成果，我们可以发现：人们对于"重新分析"概念的认识并没有一个绝对清晰严格的限定，无论是句法结构的成分、关系的改变还是短语的复合词化，都经历了语言现象的重新分析。结合汉语发展演变的历史来看，实词的虚化、新结构的出现以及短语的词化等语言演化过程中，往往都伴随着重新分析的发生。

而对于本书的动补式复合词而言，重新分析则贯穿其产生发展过程的始终：从连动结构到动补结构，体现为结构成分关系的改变，也引发了新的结构的出现，这是重新分析的重要内容；从动补短语到动补式复合词，属于典型的复合词化，也是重新分析的典型表现。可以说，从历时演变的角度来看，动补式复合词的产生过程就是一个重新分析的过程。这一点，在储泽祥、智红霞（2012：14~22）分析动补式复合词"战胜"的词汇化过程中得到了验证。他们明确指出"用于连动结构的两个动词'战'和'胜'之间的词语边界取消，由两个词语融合成一个动补式复合词的过程就是一个重新分析的过程"，并进一步说明"战胜"从连动结构到动补式复合词的重新分析是"多种因素共同作用的结果"，"连词'而'的消失使'战胜'用于紧邻的句法环境是前提，语义上的内在联系以及由此而引发的高频共现是重新分析的关键……汉语双音化的发展趋势以及动补结构的发展是'战胜'重新分析的外在推动力"。

总而言之，动补短语是动补式复合词的主要来源，由动补短语向动补式复合词发展演化的过程中既有动词虚化导致结构变化的语法化现象，也包含短语融合为词的词汇化问题。重新分析是动补式复合词产生过程中的必要途径和重要机制。

第二章 动补式复合词的表层结构

"动补式复合词"这一名称本身就是对该类词在表层形式上所具有的结构特征的反映，所以从表层形式上看，动补式复合词的结构格式都可以概括为"动+补"。然而，在"动+补"的整体形式之下，具体在词中充当"动"和"补"的构词语素在性质功能上却有一定的差异，也就是说，具体到每一个动补式复合词，作为其构词成分出现在"动"和"补"位置上的语素可能有不同的性质和功能。本章我们将从词的构成角度，着力探讨动补式复合词内动词性成分和补语性成分各自的类别属性及其功能特征，从而进一步明确"动+补"的具体组合格式。

第一节 动补式复合词的构词成分

一 动补式复合词构词成分的词类属性

动补式复合词是由一个单音节的"动词性成分"[①] 和一个单音节的补语性成分组合在一起构成的双音节复合词，词内的两个构词成分之间具有"动+补"的结构关系。根据词中"动词性成分"和补语性成分自身性质的不同，我们可以得到动补式复合词在结构形式上的不同类别。

（一）动词性成分的词类属性

就动补式复合词中"动词性成分"的性质而言，尽管我们将这一类复合词命名为"动补式"，但是出现在所谓"动"的位置上的构词成分在词

[①] 严格来讲，动补式复合词中的第一构词成分并不都是动词，所以此处我们用加了引号的"动词性成分"来表示，下文同。具体哪些性质的成分可以作为第一构词成分出现，下文我们将做详细说明。

类属性上并不一定是动词性语素，有极少数的形容词语素也能够以"动"的身份在动补式复合词中出现，只是因为它们在全部动补式复合词中所占的比重极小①，我们才在命名时将其忽略不计而以"动"统称。② 除此之外，还有一个比较特殊的词——"键入"，我们将其划入了动补式复合词的范围。之所以说它特殊，原因就在于"键"在词性上并不是个动词，它在单独使用时只有名词的用法，但是它与"入"组合在一起构成"键入"一词时在意义和功能上都相当于一个动词，因为从整个复合词的意义"按动计算机、手机等键盘上的键输入（文字等）"来看，"键"在词中实际上所承担的意义却是"按动计算机、手机等键盘上的键输"这样一个动词性短语所表达的意义，"入"是整个动词性短语所表示动作的结果。从构词的角度来说，"键"成为"按动计算机、手机等键盘上的键输"这一动词性短语中的凸显成分从而以构词语素的身份进入动补式复合词"键入"中，它的整体性质和功能都等同于一个动词，所以我们就将"键入"看作一个动补式复合词。

（二）补语性成分的词类属性

补语的作用是说明动作的结果或状态，而能够出现在补语的位置上用以补充说明动作的结果或者状态的词通常情况下以动词或者形容词（也包括动词性短语和形容词性短语）为主，正如朱德熙先生（1982/2005：125）所说的："补语只能是谓词性成分，不能是体词性成分。"既然能够作补语的只能是谓词性成分，那么在动补式复合词中作为补语性成分出现的构词语素本身在功能属性上也就应该是谓词性的。而且动补式复合词自身的双音节形式要求进入补语性成分位置的构词语素必须是单音节的，也就是说，补语性成分必须是单音节的谓词性成分，而这样的谓词性成分主要集中在单音节的动词和形容词。介词"在"是单音节的，但它很难直接出现在动词后与其凝结成为一个动补式复合词，因为类似"放在桌子上"这样的动补短语从层次分析的角度来看，介词"在"只有先跟后面的处所

---

① 根据我们的统计，只有 5 个动补式复合词的"动"是由形容词充当的，不到总数的 1%。

② 也有一些学者（朱德熙，1982/2005）因为动词和形容词都可以出现在"动"的位置上而将这类词命名为"述补式"，我们之所以不选择这个名称主要是考虑到"述"（述语）一类的术语通常是用于句法成分分析的，用它来指称复合词中的构词语素似乎有些不妥。

或方位名词结合成介词短语之后才能再与前面的动词"放"组合在一起构成动补短语，也就是说，动词"放"和介词"在"本身是不在一个平面上的，它们之间很难跨越这种组合层次上的界限而凝结在一起构成复合词。①

二　动补式复合词构词成分的功能特征

由前文可知，根据构词成分自身语法属性的不同，动补式复合词在组合形式上主要分为"动+动"、"动+形"和"形+动"三种不同的结构类型（只有特殊的"键入"一词除外），也就是说，可以作为构词成分进入动补式复合词的语素基本上只有单音节的动词和形容词。然而，并不是所有的单音节动词和形容词都能作为构词成分进入动补式复合词中，也不是所有的单音节动词和形容词都能彼此组合构成动补式复合词。

有些动词只能以第一构词成分的身份进入动补式复合词充当"动词性成分"，如"拔""拆""打""拉""加""看""修""削"等；有些动词则只能以第二构词成分的身份进入动补式复合词中充当补语性成分，如"倒""入""见""却"等；还有些动词比较特殊，既能够作为动补式复合词中的第一构词成分出现在"动"的位置上，也能够作为第二构词成分出现在"补"的位置上，如"除""开""出"等。②

形容词也是如此，只有少数的几个可以作为动补式复合词的第一构词成分，而能够作为第二构词成分出现在动补式复合词中的形容词却很多，而且其中的某些词甚至可以与很多不同的"动词性成分"组合成为动补式复合词，例如"辨明""辩明""标明""表明""阐明""说明""证明"等都是以形容词"明"作为补充性成分，与不同的动词组合构成的动补式复合词。

当然，也有一些动词可以作为"动词性成分"与不同的补语性成分组合构成动补式复合词，可能是动词也可能是形容词，例如"看穿""看淡"

---

①　当然，我们并不否认现代汉语中存在类似"苦于""给以"之类的"动+介"式双音节词，但是我们认为不宜将这些词归入狭义的动补式复合词的范畴，因为"于""以"之类的介词并不能独立起到补充说明作用。具体分析详见第一章第一节。

②　需要注意的是，这些词作为构词语素在不同位置出现时意义并不相同，出现在"动"的位置上时意义都比较实在，多为动作动词；而出现在"补"的位置上时意义大多有所虚化，动作性也有所减弱。

"看好""看见""看开""看破""看轻""看上""看中""看重"等都是以"看"作为"动词性成分"的，它可以与不同的补语性成分组合成动补式复合词，其中"穿""见""开""破""上""中"是动词，"淡""好""轻""重"是形容词。

那么，究竟什么样的动词和形容词可以作为"动词性成分"和补语性成分进入动补式复合词呢？能够成为动补式复合词构词语素的动词和形容词在语法功能上又有哪些特点呢？下面我们就从构词成分的功能特征角度进一步对动补式复合词的结构形式加以分析。

（一）动补式复合词中动词性语素的功能类别

范晓、杜高印、陈光磊（1987：23）将动词分为动作动词、使令动词、心理动词、趋向动词等八类，并指出"动作动词的数量最多……根据动作动词带宾语的情形，动作动词可分为及物动词和不及物动词两类"。之后，胡裕树、范晓（1995）在介绍动词的功能分类时，也从动词是否带宾语和能否单独作谓语两个方面对动词进行了再分类。依照他们的分类方法和标准，动词可以分为有宾动词和无宾动词（根据动词是否带宾语），也可以分为自由动词和不自由动词（根据动词能否单独作谓语）。我们综合上述学者的分类方法和角度，对动补式复合词中动词性语素的功能类别进行了考察。具体的分析结果如下。

从带宾语的情况来看，动补式复合词中的动词性语素既可以是及物动词也可以是不及物动词；在动补式复合词"动词性成分"位置上出现的动词绝大多数都是及物动词，只有少数不及物动词可以作为动补式复合词的第一构词成分；在补语性成分位置上出现的动词则以不及物动词居多，只有少数及物动词可以作为动补式复合词的第二构词成分；以及物动词作为补语性成分的动补式复合词，其"动词性成分"只能是及物动词，不及物动词和形容词都不能出现在及物动词前面与之组合成动补式复合词。①

---

① 这一点也恰恰说明了动补式复合词中的构词成分在意义上轻重有别，第一构词成分的动作性要强于第二构词成分。因为从动作性的强弱角度来看，及物动词、不及物动词和形容词之间呈现为由强到弱的级差序列：及物动词 > 不及物动词 > 形容词。

（二）动补式复合词中形容词性语素的功能类别

关于形容词的内部分类问题，传统的观点就是根据语法意义的不同，将形容词分为性质形容词和状态形容词两类。张国宪（2006：122～124）则从情状出发，依据［+静态］、［+时间］这样两组区别性特征参项，提出了汉语形容词的情状范畴系统，将形容词分为性质形容词、状态形容词和变化形容词三类。其中，性质形容词表示事物的属性；状态形容词表示事物或动作的状态；变化形容词表示事物的性状变化。变化形容词在某些功能特征上更像一个动词，如可以受表示动作变化完成的副词"已经"的修饰、后面可以带有表示情况开始并延续的趋向补语"起来"等。

根据张国宪（2006）对形容词的分类，我们对能够进入动补式复合词中的形容词性语素进行了考察，结果发现：能够进入动补式复合词"动词性成分"位置的形容词只有"干""冷""乱""偏"这四个，它们都属于变化形容词；能够进入动补式复合词补语性成分位置的形容词有"长""高""多""低""热""重""乱""短""新""大""松"等60多个，其中大部分也都是变化形容词，只有一小部分属于性质形容词。这一点恰好与张国宪（2006：122～124）"变化形容词常常以结果补语的身份出现在句子里"，"变化形容词在作补语时只能充当结果补语，而状态形容词则作情状补语"的观点相一致，因为动补式复合词中的补语性成分大部分是表示结果意义的，变化形容词自身的语义功能特征刚好符合动补式复合词对补语性成分的语义要求。"状态形容词只是描述主体所处的状态而不能受其他因素影响发生变化"（施春宏，2008：67），因而不能进入动结式中充当任何成分，也同样不能出现在动补式复合词的任何位置。

三　动补式复合词构词成分的语义特征

前面我们主要从结构上分析了能够进入动补式复合词中的构词成分，这里我们着重从语义方面对动补式复合词的构词语素进行描述。

赵元任（1979：207）指出"动补复合词里的动词几乎可以是任何动词"。其实不然，能够进入动补式复合词充当"动词性成分"和补语性成分的词根语素必然会受到动补式复合词内部语义关系的制约，因而两种构成成分在语义上对能够进入该位置的语素有特定的选择限制。动补式复合词的"动"和"补"两个位置不是任意动词和形容词都能够进入的。

（一） 动补式复合词构词语素的语义特征

从语义的角度上来讲，由于动补式复合词本身所表示的是一种致使性复合事件，事件本身都有一个时间过程，事件的起点往往包含在使因事件中，而终点则在致果事件内出现。这就要求充当动补式复合词"动词性成分"的动词语素所表示的动作本身具有时间性，可以表示动作的起点或者变化的开始状态；充当补语性成分的语素则要具有终结性或者评价性，可以表示动作的完成、终结、产生了某种结果，或者变化的开始、发生以至终结状态，甚至可以是对动作过程进行评述。

1. 充当"动词性成分"语素的语义特征

（1） 活动义

施春宏（2008：67）曾经指出："活动动词通过自身的动作能够影响到某个客体并使其改变状态，含有事件结构的时间起点，因此无论是指人的活动动词还是指其他现象的活动动词，一般都能够进入动结式的述语位置，而不能进入补语位置。"我们认为，能够进入动结式述语位置的单音节活动动词，一般也都能充当动补式复合词的"动词性成分"。如"拔、摆、标、插、打、说、点、看、提、投、推、拉、放、搞、割、攻、击、搅"等活动动词，都具有很强的动作性，因而也都可以作为词根语素，出现在动补式复合词中"动词性成分"的位置。

（2） 变化义

单音节的变化动词本身就表示某种变化的过程，既包含变化的起点，也必然存在隐性的终点，因此可以出现在动补式复合词"动词性成分"的位置，后面带上表示变化结果的形容词或者动词作为其补语性成分。如"改正、增多、扩大、革新、变异、缩短、拓宽"等都是动补式复合词，前面的"动词性成分"都是由变化义动词充当的，而后面的补语性成分用来说明变化之后导致的结果。甚至"出""下"等本身带有一定趋向意义的动词本身也可以表示一种附带方向变化的动作行为。

"变化形容词拥有一种异质的时间结构，可以有内在的自然起始点和终结点，多数变化形容词还可以容纳续段，所以特别适宜于表述变化事件。"（张国宪，2006：106～107）变化形容词在语义上所具有的

"自变性"和"时间性"特征使它具有了相当于变化动词的意义和功能，因而它们可以像变化义动词一样出现在动补式复合词的"动词性成分"位置上，形成类似"干裂""乱离""偏离""冷却"这样的动补式复合词。

2. 充当补语性成分语素的语义特征

（1）结果义

施春宏（2008：68）指出："结果动词能够表示受动作的影响而产生的状态或结果，也含有时间的终点，可以进入动结式的补语位置。"据此，我们认为如果这个结果动词是单音节的，那么它一般也能够在动补式复合词中充当补语性成分。如"败、残、倒、定、垮、破、碎、散、中"等大都可以在动补式复合词的补语性成分位置出现，表示前面动作导致事物处于某种状态之中。

此外，有些动补式复合词的补语性成分是由意义有所虚化的动词充当的，如"错开、打开、打住、站住、得到、感到、丢掉、忘掉、省却、失却、记得、晓得、见得、捞着、看见、听见"等动补式复合词中的"开、住、到、掉、却、得、着、见"都有不同程度的虚化，刘丹青（1994：23~27）称这一类词为"唯补词"，它们的主要用法就是作为动词的补语，表示动作有了结果。如"看见"中的"见"是"看"的结果补语，用以说明"看"的动作完成并有了结果，即见到了看的事物；"捞着"中的"着"也是结果补语，表明"捞"的行为有了相应的结果，收获了实物、利益等。

（2）变化义

除了一些单音节动词可以出现在动补式复合词的补语性成分位置上之外，还有很多形容词也可以作为动补式复合词的补语性成分，如"大、小、多、少、高、低、强、弱、长、短、远、近、松、紧、清、浑"等表示事物性状变化的变化形容词，大都可以出现在动补式复合词的补语性成分位置上，用来补充说明前面"动词性成分"所表示动作或变化的结果或状态。原因在于变化形容词具有一种达成性的语义特征，即它们所表示的是一种性状变化的完成或者实现。这样的语义特点恰好符合动补式复合词对于补语性成分补充说明前面的"动词性成分"所表示的动作性状已经完成、实现、终结或有了结果等这样的语义要求。

另外，还有一些单音节的趋向动词可以充当动补式复合词的补语性成分，表示动作的趋向，如"出、入、来、去、回、还"等可以出现在其他单音节活动动词或者趋向动词后面，构成动补式复合词或者动补式复合趋向动词。趋向本身也可以看作一种方向的变化，因此趋向动词充当的补语性成分也都具有［+变化］的语义特征，同时还都具有［+趋向］的语义特征。

（二）不能进入动补式复合词的语素

绝大部分动补式复合词都是由动补结构的短语特别是双音节动结式经过词汇化"降格"而来的，不能进入动结式的谓词通常也不能进入动补式复合词作为其构词语素。施春宏（2008：67）在考察动结式的述语和补语位置对谓词的语义和功能限制时曾经指出：关系动词、能愿动词、单纯表示主体所处状态的感觉动词以及状态形容词，不能进入动结式。所以，这些词也就不能作为动补式复合词的构词语素进入动补式复合词。另外，根据前面对能够进入动补式复合词的语素的语义特征的分析，我们也可以进一步获得不能进入动补式复合词的语素的语义特征。从构词语素的语义特征来看，能够进入动补式复合词的语素具有［+活动］［+变化］［+结果］的语义特征，那么不能进入动补式复合词的语素就相应地具有［-活动］［-变化］［-结果］等语义特征。

第二节　动补式复合词的结构格式

一　从构词成分的词类属性看动补式复合词的结构格式

综合上一节对动补式复合词构词语素词类属性的分析，我们发现：出现在动补式复合词"动"的位置上的构词语素从其自身的词类属性上看主要是动词，也有个别的形容词或者名词在特定语境中可以带有一定的动词性，从而能够充当动补式复合词中的"动词性成分"；而出现在"补"的位置上的构词语素则既可以是动词，也可以是形容词。根据出现在"动""补"位置上的构词语素自身词类属性的不同，我们可以得到动补式复合词的四种具体结构格式①，见表 2-1。

表 2-1　动补式复合词构词成分的词性组合格式

结构格式	数量	占比	例词
动+动	732	77.2%	拆毁、促成、打倒、付讫、割断、激怒、看见、步入、下去
动+形	210	22.2%	贬低、表明、凑近、放松、改善、更新、划清、减弱、缩小
形+动	5	0.5%	干裂、冷凝、冷却、乱离、偏离
名+动	1	0.1%	键入

从表 2-1 可以看出，在《现汉》收录的 948 个动补式复合词中，"动+动"格式的数量最多，所占比例超过了总数的 3/4；"动+形"格式的数量仅次于"动+动"格式，所占比例也超过了总数的 1/5；"形+动"和"名+动"两种格式一共才只有 6 个，所占比例还不到总数的 1%，基本上可以忽略不计。由此可见，从构词成分的词类属性来看，动补式复合词主要就是由动词性语素+动词性语素/形容词性语素构成的。

二　从构词成分的功能特征看动补式复合词的结构格式

根据上一节中对动补式复合词内构成成分功能特征的分析，充当动补式复合词中"动词性成分"和补语性成分的语素各有自己的功能属性和特征，具体表现如下：

能够在动补式复合词"动词性成分"位置上出现的动词绝大多数是及物动词，只有少数的不及物动词可以作为动补式复合词的第一构词成分；而能够进入动补式复合词"动词性成分"位置的形容词只有变化形容词。能够在动补式复合词补语性成分位置上出现的动词则以不及物动词居多，只有少数及物动词可以作为动补式复合词的第二构词成分；能够进入动补式复合词补语性成分位置的形容词大部分是变化形容词，一小部分属于性质形容词。以及物动词作为补语性成分的动补式复合词，其"动词性成

---

① 从理论上来讲，动补式复合词的结构格式似乎可以有"动+动"、"动+形"、"形+动"、"形+形"和"名+动"五种，但是根据我们对《现汉》所收录补式复合词的结构格式进行分析的结果来看，"形+形"的动补式复合词并不存在，所以这种格式的动补式复合词只是一种理论上的可能。另外，我们此处所列统计数据包括各类动补式复合词的具体数量及其在动补式复合词总数中所占的比例。

分"只能是及物动词，不及物动词和形容词都不能出现在及物动词的前面与之组合成动补式复合词。由此也可以说明动补式复合词构词成分在意义上轻重有别，第一构词成分的动作性强于第二构词成分。从动作性强弱的角度来看，及物动词、不及物动词和形容词之间呈现由强到弱的级差序列：及物动词 > 不及物动词 > 形容词。

综合动补式复合词两个构词成分的功能特征，我们就可以得到动补式复合词的几种不同类型的组合格式，具体组合形式见表 2-2。

表 2-2　动补式复合词构词成分的功能组合格式*

第一语素	第二语素			
	及物动词	不及物动词	变化形容词	性质形容词
及物动词	扳倒、步入、忌恨	打败、丢掉、下去	扰乱、提高、说明	改善、找平、延迟
不及物动词	—	梗死、锈蚀、凝缩	澄清、缩小、玷污	变异、混同、缩微
变化形容词	—	干裂、冷凝、偏离	—	—

*　本表中的词语组合格式为第一语素+第二语素的动补式复合词，如"扳倒"是"及物动词+及物动词"，"澄清"为"不及物动词+变化形容词"；"—"表示该组合格式不存在，没有对应的动补式复合词。

通过表 2-2 可以发现：从功能特征角度来看，动补式复合词的构词成分之间的组合格式主要表现为"及物动词+及物动词"、"及物动词+不及物动词"、"及物动词+变化形容词"、"及物动词+性质形容词"、"不及物动词+不及物动词"、"不及物动词+变化形容词"、"不及物动词+性质形容词"以及"变化形容词+不及物动词"8 种类型。动补式复合词中的第一构词成分可以由及物动词充当，也可以由不及物动词充当，还可以由变化形容词充当；第二构词成分既可以是及物动词，也可以是不及物动词，还可以是变化形容词或性质形容词。当第一构词成分为及物动词时，第二构词成分可以是及物动词，也可以是不及物动词，还可以是变化形容词或性质形容词；当第一构词成分是不及物动词时，第二构词成分可以是不及物动词，也可以是变化形容词或性质形容词，但不能是及物动词；当第一构词成分是变化形容词时，第二构词成分只能是不及物动词。

三　从构词成分的语义特征看动补式复合词的结构格式

从语义角度来看，动补式复合词的内部语义关系在很大程度上对于能够进入"动词性成分"和补语性成分位置的语素有特定的选择限制，并非任何动词和形容词都能够进入动补式复合词的"动"和"补"两个位置。"动词性成分"位置上的语素所表示的动作本身要具有一定的时间性，可以表示动作的起点或者变化的开始，而补语性成分位置上的语素则需要具有终结性或者评价性，可以表示动作的完成或造成的某种结果，也可以表示变化的开始、发生以至终结，甚至还可以表示对动作过程的某种评述。

根据上一节对动补式复合词构成语素的语义特征的分析，我们又可以从构词成分的语义特征角度确定动补式复合词的组合格式，具体组合情况如表 2-3 所示。

表 2-3 动补式复合词构词成分的语义特征组合格式*

动补式复合词	"动词性成分"	补语性成分
结果义	［+活动 +过程 ±变化］	［+变化 +结果］
趋向义	［+活动 +过程 +变化］	［+变化 +结果 +趋向］
虚化义	［+活动 +过程］	［+变化 +结果］
评价义	［+活动 +过程］	［+结果 +评述］

*本表中［±变化］表示的是结果义动补式复合词中的"动词性成分"可以是具有变化义的词，也可以不具有变化义。

通过表 2-3 可以看出，动补式复合词的整体语义特点和它的构词成分个体语义特征之间存在一定的联系，但是不同语义类型的动补式复合词两个构词成分在语义特征上的区别并不是很大。出现在"动词性成分"位置上的语素都必须具有表示动作行为的"活动义"或者表示性状改变的"变化义"，而活动和变化本身又都占据一定的时间结构，因此体现出一定的"过程义"；出现在补语性成分位置上的语素则都必须具有"结果义"，表示动作行为发生之后导致的结果，结果本身往往呈现为一种性质、状态、方向等的变化，或者是人们对动作行为做出了评价。

第三章　动补式复合词的深层结构

"动+补"是汉语中颇具特色的一种复合词结构格式，动补式复合词是汉语特有的复合词结构类型，也是最能体现语言经济性原则的汉语词汇结构类型。从词语的构成形式上看，它们只是由两个语素构成的双音节复合词，词形短小，构词成分也很简单，一般是由一个"动词性成分"（"动"）和作为其补充性成分存在的谓词性成分①（"补"）组合而成的。然而，在这些简单短小的双音节词语形式之下，却蕴含着非常复杂的语义内容，有时甚至用一个短语或者句子都难以进行准确的表达。以尽可能简单的语言形式表达尽可能复杂的语义内容，正是汉语动补式复合词的独特表达效果之所在，也是其自身语用价值的集中体现。

复合词结构研究是词汇研究领域的重要课题，同时与语法研究有不可分割的联系。本章我们尝试将复合词的结构研究和句法结构研究中的"深层结构"理论结合起来，通过对动补式复合词词内成分特别是补语性成分的语义指向、语义类型及其与"动词性成分"之间关系的分析，同时结合《现代汉语词典》等规范性语文辞书②中动补式复合词释义方式和规律的分析与归纳，深入挖掘动补式复合词"动+补"的表层形式之下所蕴含的丰富语义内容，通过对动补式复合词内部"动"和"补"之间关系的定性和定量分析，揭示蕴含在动补式复合词内部的深层语义结构。

---

① 出现在动补式复合词补语位置上的成分，从性质上讲，可以是动词性的，也可以是形容词性的，而无论动词还是形容词都是谓词性的，所以我们将其统称为"谓词性成分"。

② 本书所列举动补式复合词的释义主要来自《现代汉语词典》第7版，同时参考了《应用汉语词典》《现代汉语动词用法词典》《现代汉语规范词典》《现代汉语实词搭配词典》《新华词典》等其他规范性语文辞书。

第一节 关于复合词的深层结构

一 乔姆斯基的"深层结构"学说

作为句法分析重要概念的"深层结构"（乔姆斯基，1972/1980：177~230），最早是由美国理论语言学家乔姆斯基在其所创立的转换生成语法中提出来的。所谓"转换"指的是深层结构如何通过转化、变换等手段实现为表层结构。在转换生成语法理论创立之初，乔姆斯基就已经意识到短语结构语法的一些基本缺陷。他重点指出了下面三种情况：①歧义现象：有些句子从表面上看是有歧义的，如"我要炒饭"这句话既可以表示"我要吃炒饭"，也可以理解成"我要做炒饭这件事情"。②"同形异构"现象：有些句子从表面上看作为其构成成分的各语法成分之间表现为相同或相似的线性顺序，且构成成分在语法性质和功能上大体一致，但是句子的语法意义却不一样，例如"老王答应再做一遍"和"老王允许再做一遍"，这两个句子的构成成分所属的语法范畴和成分之间的排列顺序完全一样，都是"名词+动词+副词+动词+副词"，但是，在第一句中，"再做一遍"的施事就是老王，而在第二句中，"再做一遍"的施事则不再是老王而换成了别人。③"同义句式"现象：有些句子表面上看起来有较大的差异，但实际表达的语义内容却基本相同，例如"老王昨天批评了我一通"和"我昨天被老王批评了一通"。诸如此类的语法—语义关系都是短语结构语法所无法解释和概括的。

正是为了更好地解释表层形式和深层语义之间的种种错综复杂的关系，乔姆斯基在他的转换生成语法模式中构建了"深层结构"这样一个抽象部分，并以之区别于我们日常言语交际中的话语形式——实际所说出或听到的语句（表层结构）。句子的深层结构只有在经过各种转换规则的作用之后才能够转化、实现为表层结构。深层结构首先要通过语义映射规则得到句子在语义方面的各种表现，进而通过转换规则得到句子的表层结构。拿前面举的几个例子来说，"我要炒饭"之所以会存在歧义，就在于句中的"炒饭"在深层结构中可以有两种理解：一是偏正结构，即"炒的饭"，二是动宾结构，用以回答"炒什么"的问题。而这两种语义表现却在表层结构中实现为一个句子，其构成成分和排列顺序完全相同，都是"代词+动词+动词+名词"。同样，表层结构完全相同的"老王答应再做一遍"和"老王允许再做一遍"在深层结构中则被识解为不同的句子，它们标明"再做一遍"的施事分别为"老王"和其他某个人或物。而第三种情况与前面两种都有所不同，这两个句子在深层结构中的形式基本相同，只是其中一个句子是主动句，而另一句则运用了被动句转换规则才造成表层形式相异的句子。"老王昨天批评了我一通"和"我昨天被老王批评了一通"的深层结构都是"老王批评我"，具有完全一致的"施事—动作—受事"的语义关系。

我们可以看出：乔姆斯基所说的"深层结构"主要是针对句法结构而言的，是在对句子或短语的表层形式和深层语义及其关系的深刻观照下提出的。他充分认识到在根本上影响和决定句法结构及其构成成分之间语义语法关系的是句子的深层结构，它与作为其实现形式的表层结构之间存在各种错综复杂的关系。要想准确地认识和把握句子的结构，既要全面分析其表层结构中的各种成分和关系，也要深入揭示隐含其中的深层结构以及从深层结构到表层结构的转换和实现过程及其规则限制。应该说，"深层结构"这一概念的提出，将句法结构的分析研究推到了一个新的领域和阶段。

朱德熙先生（1982/2005：32）在其经典著作《语法讲义》中就复合词的构造问题进行探讨时，曾经提出"汉语复合词的组成成分之间的结构关系基本上是和句法结构关系一致的。句法结构关系有主谓、述宾、述补、偏正、联合等等，绝大部分复合词也是按照这几类结构关系组成的"。复合词的结构与句法结构之间存在一致性关系，也逐渐成为学界在复合词结构问题上的普遍共识。学者们在构词法方面对复合词特别是那些运用句法造词手段构造而成的复合词的结构进行分析时也往往借助概括句法关系的主谓、偏正、述宾等术语来对复合词内部构词语素之间的关系进行描写和说明。所以，"深层结构"这一概念在句法层面的提出，"句法层面有表层结构和深层结构之分"这样一种理论观念或许也可以为词法层面的研究提供一种全新的视角，使复合词结构研究进入一个新的领域和深度。那么，在复合词的内部是否也存在"深层结构"这样一个抽象的部分，复合词的结构形式是否也经历了由深层结构向表层结构的语义映射和规则转换的转化过程才实现的呢？如果复合词也有表层结构和深层结构的区分，我们又该如何认识复合词的深层结构以及深层结构和表层形式之间的关系呢？这正是我们接下来要阐述的问题。

二　复合词的深层结构和表层结构

说到复合词的结构，我们一般都会很自然地想到句法结构，特别是在对某些复合词进行构词法或造词法分析时，学者们大都直接借用表述句法结构关系的术语来描写复合词内构词语素之间的关系。复合词，特别是那些运用句法造词手段构造出来的复合词，其内部结构与句法结构之间具有某种一致性关系，已经基本上成为学界在复合词结构问题上的普遍共识。

应该说，学者们对于复合词结构和句法结构一致性关系的认识，使得我们可以在句法结构框架下对复合词的结构形式进行分析、归纳，将句法结构分析的运作手段应用到词法模式的建构上，这样仅用一套规则就可以解决词法和句法两个层面的问题，不但在一定程度上简化了复合词结构的认知和识解过程，也进一步体现了语言的经济性原则。但是长期以来，人们对于二者一致性关系的认识还仅仅停留在对复合词表层结构的认知上，而对于复合词是否也有所谓的"深层结构"、复合词的深层结构与表层结构之间有怎样的关系以及复合词结构与句法结构的一致性关系是否涉及"深层结构"这一抽象层面等问题，则无从解释。

王希杰（2002：41~45）最早看到并指出了"不但句子有深层结构和表层结构之分，复合词也有深层结构和表层结构之分"，只不过大部分复合词的深层结构和表层结构是一致的，只有少量复合词在由深层结构到表层结构的转化过程中发生了变异。他还举例分析了一些复合词的深层结构和表层结构，例如"父母官"的深层结构和表层结构是一致的，都是偏正式；而"钟鼓楼"的深层结构是"钟楼+鼓楼"，所以是并列式，而其表层结构则是"（钟+鼓）+楼"，变成了偏正式。也就是说，从表层结构上来看，"父母官"和"钟鼓楼"都是偏正式的，"父母"和"钟鼓"分别是"官"和"楼"的修饰性成分，两个词的表层结构相同；但是从深层结构上分析，我们可以发现两个词在构造过程上存在很大的差异：作为修饰性成分的"钟鼓"分别修饰"楼"，即"钟楼""鼓楼"，这两个成分并列构词时在经济性原则的制约下省略了一个相同的中心词"楼"，从而构成了偏正式的"钟鼓楼";而"父母"则不能拆分,必须构成一个整体才可以作为"官"的修饰性成分出现,"父官""母官"的说法是不存在的。也就是说,"父母官"的深层结构是"父母+官",而"钟鼓楼"的深层结构则是"钟(楼)+鼓楼"。再比如说"师母"这个词,从表层结构上看,它是由"师"和"母"这两个名词性成分组合而成的,就两个成分之间的关系而言,我们通常更倾向于将它分析成偏正式。但是,如果我们从深层结构上进行分析,就会发现"师母"的意思并不是指"老师的母亲",而是"老师的妻子"。众所周知,尊师重教是中华民族传统文化中非常重要的伦理道德观念,"一日为师,终身为父"的说法也恰恰说明了"老师"在人们心目中有着和"父亲"一样崇高的地位。老师的地位相当于父亲,那么"老师的妻子"自然也就相当于"母亲"了,"师母"之名便由此而来。由此可见,"师母"一词的深层结构远比它的表层结构所能传达的意义要丰富和复杂得多。

通过上述分析,我们不难看出:在复合词内部似乎也存在与乔姆斯基所分析的短语的"深层结构"相类似的一个抽象的层面。和句子的深层结构与表层结构之间的关系相一致,复合词的深层结构与表层结构之间也存在错综复杂的关系。在由深层结构映射、转换并实现为表层结构的转化过程中,可能会出现表层结构不能真实地反映深层结构即表层结构与深层结构不一致的现象。正如王希杰(2002:41~45)所论述的"由于存在着复合词的深层结构和表层结构的不一致现象,仅仅就表层结构往往很难真正把握住复合词的结构方式。因为表层形式中的语素同深层结构中的语素不完全一样,深层结构中的结构关系常常不能在表层形式中得到真实的表现"。因此,我们在分析研究复合词的结构时,不能仅仅就其表层结构而言,而必须深入深层结构之中,将对深层结构的分析和解读纳入复合词结构研究之中。而且,"将深层结构和表层结构引进复合词的分析之后,不仅要求给复合词确立合理的深层结构,而且要研究从深层结构向表层结构运动中的规律规则"。

继王希杰提出"复合词的深层结构和表层结构"这一说法之后,刘瑞明(2006:1~5)也表达了类似的观点。他充分认同王希杰(2002:41~45)关于某些"复合词的理据存在于其深层结构之中,只有揭示出其深层结构,才能解释其理据性。忽视了它的深层结构,仅仅从其表层结构出

发，就会陷入困境”的论述，并通过对汉语中某些“谐音趣难词”的深层
结构和表层结构以及两种结构之间存在的某些不一致情况的深入分析和解
释，为“复合词的深层结构”这一理论观点的确立和进一步深入研究提供
了有益的支持和补充。

我们认为，复合词也有深层结构和表层结构之分，只有把握住复合词
的深层结构以及由深层结构向表层结构的转换规则和实现过程，才可能真
实、全面地认识和理解复合词构词语素之间的结构方式、语义关联以及整
个复合词所蕴含的语义内容。在对动补式复合词这一独特的汉语复合词类
型的内部结构进行分析考察时，更是不能忽略隐含在其“动+补”的简单
表层结构之下的更为复杂的深层结构。

第二节　动补式复合词的深层结构探析

动补式复合词是由“动词性成分”及其相关补充性成分前后相继、彼
此组合在一起而构成的复合词。从表层形式上来看，动补式复合词的基本
结构格式是“动+补”，其中“动”往往是指动词性语素，表示某一动作
行为，“补”可以是动词性语素也可以是形容词性语素，作为补充说明成
分出现在主要的动词性语素之后。例如，“提高”“插入”“瞄准”的表层
结构分别可以分析为“提+高”“插+入”“瞄+准”，其中“提”“插”
“瞄”分别是复合词的核心动作成分，而“高”“入”“准”则分别作为其
补充说明成分紧跟其后，彼此前后相继，就构成了动补式复合词。如果单
纯从表层形式上说，“动+补”的外在结构形式就是决定一个复合词是否可
以划归动补式复合词的最重要的标准。但是，如果深入动补式复合词的底
层，去挖掘其生成的深层结构的话，我们就会发现动补式复合词在深层结
构上也有种种错综复杂的表现。

一　补语性成分与动补式复合词的深层结构

（一）补语性成分在动补式复合词中的地位

动补式复合词虽然名为“动补”，从表层形式上看，“动”似乎是在整
个复合词中处于核心地位的成分，而“补”只是作为“动”的补充说明性

成分出现的，没有"动"就无法"补"，但是从动补式复合词在具体句子中的使用情况、"动"和"补"两种成分在具体语境中各自所处的地位和语法功能以及"动"与"补"之间的语义关联等角度来看，"补"似乎较"动"更为重要。①

如果进一步对前面提到的这三个动补式复合词进行分析的话，我们就可以发现：虽然它们在表层结构上是一致的，都属于"动+补"的结构格式，但是不同的"补"在整个复合词中的地位、补充说明的对象以及"补"与"动"之间的关系却存在很大的差异，而这种差异正是由于它们在深层结构上的不同表现导致的。从表面上看，"高""入""准"都是作为补充说明性成分出现的，它们与前面的"动词性成分""提""插""瞄"组合构成了"动+补"格式的动补式复合词，但是"提高"指的是通过"提"的动作行为使被提的对象处于"高"的位置，也就是说"高"是用来补充说明"提"这个动作行为的对象怎么样的，"高"实际上只跟复合词中并不出现的"提"的对象成分发生关联，而并不与"提"这个动作行为本身直接相关；"插入"则是指通过"插"的动作行为使某一特定的人或物进"入"某一位置，而这个特定的人或物可能是"插"的施事，即"插"这一动作行为的发出者（主体），也可以是"插"的受事，即被"插"的东西（对象），所以补充说明成分"入"也并不与"动词性成分""插"直接发生关系，而是与复合词中并不出现的"插"的支配成分密切相关，用来说明"插"的主体或者对象怎么样了；"瞄准"又与这两个词都有所不同，词中的补充性成分"准"既不是用来说明"瞄"这个动作行为的发出者（主体）怎么样的，也不与被"瞄"的东西（对象）直接相

---

① 关于动补式复合词中究竟哪个成分是核心的问题，学者们并未达成一致的意见。有人坚持动词核心说（吕叔湘，1942/1982；泰尼埃尔，1959/1988）；有人认为汉语遵循"后端重量原则"，后面的补语成分更为重要，因而在句中使用时往往不能省略的是补语性成分，动词修饰补语（赵元任，1979；李临定，1984；马希文，1987）；也有人提出"双核"的说法，即动补结构的句法核心在动词上，而语义核心则在补语上，句法和语义不平衡（袁毓林，2000；任鹰，2001）；甚至还有人指出动补式复合词的核心既不是"动词性成分"，也不是补语性成分，而是一个抽象的"功能范畴"（熊仲儒、刘丽萍，2005）。对于究竟是哪个补哪个，哪个成分才是核心的问题，我们并不过多纠缠，在此也不做详细讨论，之所以认为"补"较"动"更为重要，是因为"补"对于动补式复合词深层语义结构的分析似乎起着更为突出的作用，"补"的意义类型和语义指向在很大程度上决定了动补式复合词的深层结构和语义内容。

关，不能说明被"瞄"的对象怎么样了，它实际上是对"（主体）瞄（对象）"这个动作行为或者事件本身的一种评价和论断，用来说明"'瞄'得怎么样"的问题。简而言之，这三个词的深层结构分别可以概括为：

提高：主体"提"对象，对象"高"。如"你需要提高音量"，"提高"的深层结构应该理解为"你提音量，音量高"。

插入：主体"插"（对象）"入"处所，主体（或对象）"入"。如在"你在这儿插入一个'※'号"一句中，"插入"的深层结构可以理解为"你插'※'号，'※'号入这儿"。而在"你怎么插入我们的队伍中了"一句中的"插入"的深层结构则应该理解成"你插，你入我们的队伍"。

瞄准：主体"瞄"对象，"瞄"得"准"。如"你要先瞄准靶子"中的"准"既不是指"你准"，也不是"靶子准"，"瞄准"的深层结构只能分析成"你瞄靶子，瞄得准"。

我们或许可以这样认为：在动补式复合词中，补语性成分的语义类型和语义指向在很大程度上决定着整个复合词的深层结构和语义内容。从表层形式上来看，"动词性成分"似乎在整个复合词中处于核心地位，但是从深层语义上来说，补语性成分则是决定整个动补式复合词深层结构及其蕴含语义的关键性因素。因此，我们在对动补式复合词的深层结构进行分析时，就不可避免地要以补语性成分作为切入点，通过对补语性成分的意义类型、补语性成分与"动词性成分"的关系以及补语性成分的语义指向①等各方面情况的考察，来揭示隐含在动补式复合词"动+补"的表层形式之下的深层结构和语义内容。

（二）补语性成分的语义指向与动补式复合词的深层结构

在前文对几个动补式复合词深层结构中"补"与"动"及其相关论元成分之间的关系进行分析时，我们已经提到动补式复合词虽然在表层结构

---

① 所谓的"语义指向"就是指句中的某个句法成分与哪个成分在语义上直接相关，一般说到语义指向主要是针对句子中的定语、状语、补语等成分而言的。我们这里所说的"补"只是动补式复合词中一个构词成分，但是动补式复合词自身结构的特殊性决定了词中的补语性成分也可以和它前面动词性语素之外的其他成分发生关联，也就是说，"补"可以脱离它所构成的动补式复合词，而与词外的其他成分直接相关，所以我们可以像分析补语的语义指向一样对动补式复合词中"补"的语义指向加以考察，"补"的语义指向问题也就成了我们认识和把握动补式复合词的关键性因素。

上都表现为"动+补"的结构形式,但在深层结构上却有很大的不同,这种不同与"补"的语义指向有不可分割的联系,"补"的语义指向不同,整个动补式复合词的深层结构就会有所不同。所以,我们要研究动补式复合词的深层结构就必然要弄清该复合词中"补"的语义指向。

关于补语的语义指向问题,陆俭明(1997:34)曾经列举过以下几种不同的情况:

a)砍光了:补语"光"在语义上指向"砍"的受事,如"树砍光了"。

b)砍累了:补语"累"在语义上指向"砍"的施事,如"我砍累了"。

c)砍钝了:补语"钝"在语义上指向"砍"的工具,如"这把刀砍钝了"。

d)砍快了:补语"快"在语义上指向"砍"的动作本身,如"你砍快了,得慢点儿砍"。

e)砍疼了:补语"疼"在语义上既可以指向"砍"的受事,如"把他的脚砍疼了";也可以指向"砍"的施事的隶属部分,如"砍了一下午,我的胳膊都砍疼了"。所以"砍疼了"是一个有歧义的结构。

f)砍坏了:补语"坏"在语义上既可以指向"砍"的受事,如"别把桌子砍坏了";也可以指向"砍"的工具,如"他那把刀砍坏了"。所以"砍坏了"也是一个有歧义的结构。

由此可见,补语的语义指向是比较复杂的,因为补语在句子中虽然往往是作为动词的补充成分紧跟在动词后面出现的,在句法结构上形成动补结构,但是它与动词之间的关系并不十分紧密,有时甚至可以说是松散的,特别是在语义关系上,补语并不必然地与前面的动词直接相关,而可能跟动词所表示的动作行为相关的其他任何语义成分发生联系,如动作的施事、受事、工具等。

动补式复合词中所谓"补语性成分或补语性语素"的名称本身就包含两方面的意思:一是强调它在性质和功能上等同于句法结构中的补语;二是指出它与补语的不同就在于补语是句法成分,可以是词或短语,而"补"是构词成分,只能是语素。动补式复合词中的"补"和动补结构中的补语在语法性质、功能表现以及语义指向等方面都具有很强的相似性,所以我们认为动补式复合词中的"补"究竟和哪个成分直接相关，它的语义指向情况也是比较复杂的，对动补式复合词中的"补"的语义指向进行分析也是十分必要的。但与此同时，动补式复合词中的"补"毕竟是作为构词语素存在的，它与前面动词性语素之间的结合程度较动补结构更为紧密，而且日趋凝固，这也就使得除"补"和"动"之外的其他成分发生关联的难度增大，所以它的语义指向情况与动补结构中补语的语义指向情况相比又要简单得多。

　　汉语双音节复合词本身的音节数量和韵律限制都使得在语义上与词义直接相关的成分不可能全部实现为复合词中的构词语素，这样也就导致了复合词深层结构中的复杂语义关系无法在表层结构中完全显现。所以，在动补式复合词中，"补"的语义指向情况无论是复杂还是简单，都可以在很大程度上反映出整个词在深层结构上的语义关联。通过对动补式复合词在规范性语文辞书中的释义内容及其在具体言语环境中使用情况的分析和考察，我们根据补语性成分（"补"）语义指向的不同将其归纳为以下几种类型。

　　1. 指受型①

　　补语性成分的语义指向前面"动词性成分"所表动作的受事（或对象），如"提高""激怒""革新""打败"等，其中的"动词性成分"一般都是本身可以带宾语的二元动词。这一类型的动补式复合词所蕴含的深层结构和语义内容大都可以概括为"动之使补"的语义格式，"动之"是"使之补"的原因、条件或方式。此类动补式复合词大都可以带宾语，而且这个宾语往往是其构词成分中的"动词性成分"的宾语。同时这个充当宾语的受事成分也可以出现在整个动补式复合词的前面，作为句子的主语，从而形成以"被、叫、让、给、令"等作为形态标记的被动句或者意念被动句（没有"被、叫、让"等作为形态标记的被动句）。也就是说，此类动补式复合词所表示动作的受事成分往往既可以出现在施事主语和动作动词之后的宾语位置上，构成"主动宾（施动受）"结构的主动句；也

---

① 为了表述的方便，我们这里借用某些学者（梁银峰，2006；施春宏，2006；等）在研究动补结构或者动结式时对其进行语义分类所使用的术语来指称补语性成分的语义指向分类。

可以出现在动词前面的主语位置上，构成"主动（受动）"结构的被动句，动作的施事成分在句中则不必出现。例如：

（1）主动句：

1）但她冷若冰霜的面孔和寒风般的口气，却一下子［激怒］了这位生性敏感而又自尊心很强的年轻诗人。（张贤亮《浪漫的黑炮》）

2）这样就十分圆满地解决了下匮水位保持恒定的问题，既［提高］了计时精度，又大大简化了漏壶的结构。［阴法鲁、许树安《中国古代文化史》（三）］

3）我想我绝没有精力去［打败］所有的女人，我只要在这悲苦无奈的人生路上，有个根据地歇歇脚。［姜丰《爱情错觉》（连载之三）］

（2）被动句：

4）与其说她为我的回答所［激怒］，不如说我的反应令她畏惧。（王朔《过把瘾就死》）

5）钱先生的声音忽然［提高］，象发了怒似的。（老舍《四世同堂》）

6）离石城的阎锡山部队被［打败］了。［高建群《大顺店》（连载之四）］

指受型动补式复合词的数量最多，有 395① 个，在全部动补式复合词中占多数，占动补式复合词总数的 41.67%。由此也可以说明，补语的语义指向"动词性成分"所表动作的受事成分是动补式复合词在语义方面的典型特征，动补式复合词的深层语义特征就是"通过施事的动作致使受事发生某种变化"。

2. 指施型

补语性成分的语义指向前面"动词性成分"所表动作的施事（或主

---

① 本书所涉数量均是在对《现汉》中收录的动补式复合词进行分析和归纳之后得出的，如无特殊情况，下文不再说明。

体），如"进来""出去""上来""过去"等以"来、去"作为趋向补语成分构成的复合趋向动词和"干裂""偏离"等由形容词①充当"动词性成分"（"形+动"格式）的动补式复合词以及"劳累""匮竭""病故""病退""梗死""瘐死"等"动词性成分"本身不能带宾语即动补式复合词内的动词性语素本身为一元动词的且词义完全凝固②的词。如：

7）敌人快［上来］了，谁来推一把梯子？（冯向光《三晋春秋》）

8）作为女人，秀莲挺可爱；可是她不肯［出去］挣钱，真叫人恼火。（老舍《鼓书艺人》）

"上来"指的是"上"这一动作的主体在"上"的同时伴随有一种方向上的位移，补语性成分"来"说明了这种位移的方向性结果，而产生"来"这种方向性位移的恰恰就是"上"这一动作的主体，也就是说，"上来"一词的深层语义内容表达的是"某人上（某处），因而某人来到（某处）"。例7）中表达的正是"敌人上，因而敌人来了"的意思。

9）但是田里的泥土已经［干裂］，有几处简直把手指头压上去不觉得软。（茅盾《秋收》）

10）他说4月20日当天发射的是一枚9M-79不带作战部的地对地导弹，根据监视数据，导弹［偏离］目标25米。（《文汇报》2000-4-23）

"干裂"的意思是"因干燥而裂开"，例9）中"干燥"和"裂开"两个"动作"的主体都是"泥土"，所以"干裂"可以看作补语性成分的语义

---

① 严格来讲，将由形容词充当"动词性成分"的动补式复合词称为"指施型"似乎并不准确，但是能够出现在这一位置上的形容词只有少数的几个，所以我们也用"施事"这一表示动作主体的术语统称出现在动补式复合词前作施事主语的成分。

② 相对于其他类型的动补式复合词而言，指施型动补式复合词在结构和意义上的整体性都是最强的，两个构词语素之间的联系最紧密，而且通常情况下都具有某种引申意义或者特殊意义，如"上来"作复合趋向补语时大多用其引申义，"立定"已经成为军事或体操口令。

指向动作主体的动补式复合词。例 10）中的"偏离"也是如此，是"导弹"因为"偏"而"离开了确定的目标和方向"，补语性成分"离"在语义上也同样指向"偏"这一动作的主体"导弹"。

> 11）他小时候就在地主家当长工，有一次地主婆子叫他熬药，他［劳累］一天已经困倦得厉害，一不小心把药熬坏了。（张十里《小星山歼敌记》）
>
> 12）冯唐前些时已［瘐死］狱中，而卫冰是绞监候，眼看入秋，其命无多了。（刘心武《贾元春之死》）

"劳累"是指主体由于过度劳动而感到疲累，从语义上看"劳累"所表达的内容就是"某人劳，某人累"，例 11）中"劳累"的补语性成分"累"就是用来描述"动词性成分""劳"所表示动作的主体"他"的。"瘐死"指的是"犯人在监狱中病死"，"病（瘐）"的是犯人，"死"的也是犯人，例 12）正好说明了这一点，说的是"冯唐"在监狱中生病以致死去了。

指施型动补式复合词的数量也比较多，有 338 个，在全部动补式复合词中所占比重约为 35.65%。这一类型动补式复合词所蕴含的深层结构和语义内容一般可以概括为"动而补"的语义格式，其中的"而"表示一种或隐或显的因果关系，"动"为因，"补"为果。这类动补式复合词的"动"和"补"都是描述动作的主体怎么样的，所以二者之间的语义联系较其他类型更为密切，因而"动"和"补"之间插入其他成分的可能性也就更小，作为复合词的凝固性更强，词汇性特征更为显著。

3. 指动型

即补语性成分的语义指向前面的"动词性成分"所表示的动作本身。从补语性成分的语义类型来看，指动型动补式复合词主要包括两个小类：一类是"懂得""触及""省却""感到""丢掉""打住""捞着"等补语性成分在意上有所虚化的动补式复合词，这些词中的补语性成分虽然在词性上仍然体现为动词性，但是它们在意义上已经有所虚化，动作性变得很弱，甚至有些人已经将它们看作助动词了（曹广顺，1995；等）。意义虚化之后的"得""却""着"等补语性成分通常只是用以说明前面的

"动词性成分"所表示的动作已经发生或完成或者处于"有了一定的结果"这样一种状态。这类动补式复合词的数量不是很多，根据我们的统计有78个，仅占动补式复合词总数的8.23%，然而这一小类在指动型动补式复合词中却占大多数，占指动型动补式复合词的55.7%还要多。如：

13）只读译文的人，就［丢掉］了它的暗示；这就意味着［丢掉］了许多。（冯友兰、涂又光《中国哲学简史》）

14）你在这里生活长了，慢慢也会［懂得］很多生活常识的。（何鸣雁《洁白的山茶花》）

15）我那时才［感到］这座阴森森的大楼内，原来如此地无聊和腐臭。（张炜《柏慧》）

16）池先生再三［推却］，仍无法固辞，最后以"每晚去指导两个小时，不妨碍对日广播工作。［吴越《破译密码的奇才》（上）］

另一类就是"瞄准""抓紧""看透"等补语性成分是用来说明前面的"动词性成分"所表示动作本身或者整个相关事件怎么样的动补式复合词。这类动补式复合词的数量极少，除了此处列举的这几个之外，还有"参透""定准""贯彻"等，一共只有39个，在指动型动补式复合词中占将近27.9%，而仅占动补式复合词总数的约4.1%。它们所蕴含的深层结构和语义内容可以概括为"动……动得补"。因为这里的补语性成分往往是直接补充说明前面"动词性成分"所表示动作行为怎么样的，它与"动词性成分"之间的关系类似于状语性修饰成分与其所修饰动作成分之间的关系。

17）待狼跑近大约百米之处，他端枪朝它［瞄准］，他想枪声一响，既可灭狼，又可给人报警。（曾有情《无人区的神秘"烈士"》）

18）我［看透］了那个吃人的封建家庭，恨死了那个乌七八糟的旧社会。（忽培元《马文瑞与孙铭的秦晋之约》）

19）尽管遭受这番挫折，霍英东仍然满腔热情，继续［抓紧］一切机会为中国体育走向世界而奔走。［张宝锵、金挥宇《霍英东的创业生涯》（2）］

例 17）中的"瞄准"既不是指进行"瞄"这个动作的主体（人）"准"，也不能理解成被"瞄"的对象（人或物）"准"，"准"只能看作对"瞄"这个动作的一种认知和评断，只与"瞄"这一动作行为本身或者"他瞄狼"的事件发生直接的关联，"瞄准"指的就是"主体瞄对象，瞄得准"；例 18）中的"看透"既不是说"看"的人"透"，也不是指被"看"的事物"透"，而是"人看事物看得透"；例 19）中既不是"抓机会"的霍英东"紧"，也不是被"抓"的机会"紧"，而是"霍英东抓机会抓得紧"。

除此之外，还有少量的指动型动补式复合词中的补语性成分可以表示结果义和趋向义，这两类所占比例都比较小，其中结果义指动型有 17 个，约占指动型动补式复合词的 12.1%，其在动补式复合词总数中的占比只有不到 1.8%；趋向义指动型的数量更少，只有 6 个，在指动型动补式复合词中所占比例还不到 4.3%，在动补式复合词总数中所占比例就更小了，只有 0.6%。例如：

20）难道这场大革命真如黄书记所讲的那样，要［触及］每一个人的灵魂吗？（殷正渝《失落的梦》）

21）淡淡的晨光从树枝上散落下来，茅草屋角上的霜华渐渐只［余下］几处白点。（王统照《山雨》）

例 20）"触及"中的"及"就是"到"的意思，是对"触"这个动作行为结果的说明，属于结果义指动型；例 21）中的"余下"就是剩下的意思，因为有剩余而留下，其中的"下"为趋向动词，但是它的趋向义已经有所虚化，表示的是动作的完成或结果，在语义上指向前边的"动词性成分""余"。

4. 指他型

动补式复合词中的补语性成分在语义上除与上述"动词性成分"所表动作的施事、受事或者动作本身直接相关之外，还可能指向其他成分如施事与受事之间的关系、距离等。也就是说，有些动补式复合词中的补语成分并不单纯与动作或其施事、受事相关，而是用来描述"动词性成分"所表示动作的施事与受事之间的某种潜在关联。这样的补语性成分以二价形容词为主，特别是"近""平""和"等表示人或事物在空间或时间方面的距离、人与人或事物与事物之间关系等的形容词。这一类型的动补式复合词的数量也比较少，只有"靠近""变异""揭晓""看齐""讨还"等70个，仅占动补式复合词总数的7.38%。

22）我突然觉得，孩子可能本来是别一类人种，受到许多伤害后就［变异］成了大人。（李书磊《孩子本是别一类》）

23）蒋夫人文学奖金征文已在本年七月［揭晓］，唯因评判员散处各地，稿件寄递需时，故直至现在始能汇集获选文稿付梓，有劳读者久望，歉甚！（冰心《我自己走过的路》）

24）严家骥很可能会［讨还］房子，上面很可能会同意这一非理要求，那么，敬老院里的老人们如何处置呢？（钦志新《瓦砾滩》）

例22）中的"变异"指的是"孩子变，孩子与成人异"，所以补语性成分"异"在语义上既不是指向前面的施事"孩子"也不是指向后面的宾语性成分"大人"，而是指向"孩子"与"成人"之间的关系，也就是说，"孩子"与"成人"之间的关系就是"异"。例23）中"揭晓"的意思是"公布蒋夫人文学奖金征文的结果从而使人知道"，其中的补语性成分"晓"就是"知道"的意思，而"知道"的语义指向既不是"揭"的施事"蒋夫人文学奖金征文结果的发布者"，也不是"揭"的受事"征文结果"，而是在蒋夫人文学奖金征文结果公布后知晓结果的人。例24）中"讨还"从语义上理解，"讨"的动作主体应该是施事主语"严家骥"，"房子"是受事宾语，也是动作的客体，但是补语性成分"还"所表示动作的主体既不是"严家骥"也不是"房子"，而是句中并未出现的"房子的占有者"，所以"讨还"应该归入趋向义指他型动补式复合词。

5. 施受双指型

有些动补式复合词中的补语性成分在语义上可能同时指向"动词性成分"所表动作的施事和受事。也就是说，从语义关系上看，有些动补式复合词中的补语成分可能同时与动作的施事和受事相关，既可以用来描述"动词性成分"所表示动作的施事怎么样，又可以理解为对动作受事的陈述。这样的补语性成分以趋向动词为主，特别是"入""回""还"等表示人或事物在空间上产生某种位置移动或变化的动词。我们认为这些动补式复合词中的补语性成分之所以能够语义双指，主要原因在于这些词都是多义词，在不同的语境中对它们可以有不同的理解，从语义指向上看，也就可能指向句中不同的名词性成分。语义施受双指型的动补式复合词数量非常少，只有"插入""加入""退回""放还""战败"这 5 个，仅占动补式复合词总数的 0.53%。

25）那个跛子费劲地把一捆香［插入］大殿前的香炉里、然后带着他的伙伴朝殿门匍匐而去。（周国平《妞妞》）

26）我父亲正患重病，母亲让老门房把我和两个弟弟送入最近的小学：我原是三年级，在这里就［插入］最高班。（杨绛《大王庙》）

27）虽说日本［战败］了，但日本学生一定没有中国学生那样悲惨的经历。（冰心《我自己走过的路》）

28）他不能够［战败］她们，他又不能够向她们求饶（他知道求饶也不会有效果）。（巴金《秋》）

例25）、例26）中都出现了动补式复合词"插入"，结合例句我们可以知道例25）表达的是"跛子把香插入香炉里"，补语性成分"入"在语义上指向的应该是受事"香"而不是施事"跛子"，整句的意思是"跛子插香，香入香炉"而不是"跛子入香炉"；而例26）中的"插入"表示的是"我插入到最高班"，补语性成分"入"在语义上指向的是施事"我"，也就是说"我插班，我入最高班"。综合这两个例句，"插入"中的补语性成分"入"的语义指向既可以是受事也可以是施事，所以我们将其归为施受双指型。例27）中的"战败"指的是日本在战争中失败，所以"败"的语义指向为施事"日本"；而例28）中的"战败"则指的是"他和她们战，而使她们败"，"败"的是"她们"，也就是句中动作行为的受事成分。综合例27）、例28），"战败"中的"败"语义上既可以指向施事也可以指向受事，属于施受双指型动补式复合词。

以上根据"补语性成分"语义指向的不同，我们将动补式复合词分出了指受型、指施型、指动型和指他型以及施受双指型五种类型。语义指向的类型不同，跟补语性成分发生直接语义关联的成分就不同，整个动补式复合词的深层结构也就会有所不同。对补语性成分的语义指向进行分析的同时也就可以揭示动补式复合词的深层结构及其所蕴含的语义内容。

（三）补语性成分的语义类型与动补式复合词的深层结构

从深层语义上讲，补语性成分似乎有些名不副实，它在整个动补式复合词中的地位并不像在表层结构中所显现得那么无足轻重，并不仅仅是用来补充说明前面的"动词性成分"怎么样，而是与"动词性成分"本身或该"动词性成分"的各相关支配成分之间有错综复杂的关系。这种复杂性主要就体现在补语性成分的语义类型上。补语性成分所属的语义类型不同，整个动补式复合词的深层结构也会有所差异。

要对动补式复合词中的补语性成分进行语义上的分类，我们首先需要明确补语都有哪些语义类型。前文我们已经说过朱德熙先生（1982/2005：125）在介绍述补结构时曾经指出"补语的作用在于说明动作的结果或状态"，并根据补语在述补结构中的意义和作用的不同，将其分为以下几种不同的类型。

a）结果补语：补语的作用在于说明前面动词所表示动作的结果。结果补语既可以是形容词，也可以是动词。如"染红、走远、说清楚、洗干净"（动+形）；"学会、写完、杀死、弄丢"（动+动）。

b）趋向补语：由"来、去、进、出、上、下、起"等表示从近到远、从里到外、从低到高等趋向性意义的动词充当的补语，用以表示前面动词所表示动作的趋向。如"拿来、寄去、摘下、迈进、收起"等。

c）可能补语：出现在动词后面用以表示其所表示动作发生的可能性的补语。由动词及其可能补语构成的是一种组合性述补结构，动词与可能补语之间通常要出现补语标志"得"表示可能，否定副词"不"表示不可能。大部分结果补语和趋向补语都可以转化为可能补语，如"学得会、写不完、走得远、说得清楚、洗不干净"等。

d）状态补语：用以表示动作行为所处状态的补语。通常情况下，状态补语就是对前面动词所表示动作或行为的一种评述或论断。动词和状态补语之间要带有补语标记"得"，但它的否定形式，不是将"得"换成"不"，而是在"得"和补语之间再加入否定副词"不"，如"写得好、说得快"的否定形式只能是"写得不好、说得不快"。

e）程度补语：用以表示某种性质、状态或心理活动的程度的补语。一般情况下，程度补语主要出现在形容词或某些心理动词的后面。如"高兴死了、漂亮极了、舒服多了、倒霉透了、想死（某人）了"等述补结构中的"死、极、多、透"等就表示"高兴、漂亮、舒服、倒霉、想"的程度。

能够出现在述补结构中的补语有上述提到的这些类型，但是它们并不都能进入动补式复合词中充当补语性成分，因为动补式复合词作为双音节词的性质本身必然会对其中的补语性成分产生一定的限制和约束作用。动补式复合词中的补语性成分在语义类型上可能并没有一般述补结构中补语的类型丰富，特别是那些只能出现在组合性述补结构中的补语类型如可能补语、状态补语等，一般情况下也就很难作为动补式复合词中的补语性成分出现。

根据动补式复合词中补语性成分的意义和作用，我们将其归纳为下面四种类型。

1. 结果义补语性成分

从意义上来讲，这一类补语性成分是用来说明前面的"动词性成分"所表示动作行为的结果的。这个表示结果的补语性成分可以是形容词性的，也可以是动词性的。如"提高、贬低、扩大、缩小、减慢、放宽、分清、申明"（动+形）；"激怒、打倒、推翻、告知、割断、击败、拆散、戳穿"（动+动）等。

补语性成分为结果义的动补式复合词数量最多，有729个，在我们所分析的948个动补式复合词中所占比重最大，占总数的将近76.9%。在这些表示结果义的补充性成分中，用以描述"动词性成分"所表动作主体怎么样的有292个，所占比例超过了结果义动补式复合词总数的40%；其余的绝大部分结果义动补式复合词都是用来描述动作对象结果如何的，有367个，占结果义动补式复合词总数的50%还要多；剩下的补语性成分语义指向动词和其他成分的结果义动补式复合词一共只有70个，所占比例不到结果义动补式复合词总数的10%，其中补语性成分指向动词的数量最少，只有17个，指向其他成分的有53个。

2. 趋向义补语性成分

从意义上看，这一类补语性成分是用来表示前面"动词性成分"所表示动作行为发生的同时或之后而产生的方向性位移的，它们也都是由动词性语素充当的，但是其动作性已经减弱，并不明确表示可以导致某种位置移动的具体动作，而只对动作的位移方向加以提示性说明，其中绝大部分都属于趋向动词。如"进来、出去、上来、下去、起来、过去、产出、收入、归来、故去、撤回、讨还"等。

补语性成分为趋向义的动补式复合词的数量不是很多，我们的统计结果是 87 个，占动补式复合词总数的 9.2%。该类动补式复合词中的补语性成分大都是趋向动词，该趋向动词又往往是对发出动作的主体在动作发出之后的位移趋向进行的补充说明，特别是对于那些通常以复合趋向动词的身份出现在其他动词后面作补语的动补式复合词来说，其补语性成分的动作性更弱，意义进一步虚化，单纯表示前面动作的趋向。因此，在表示趋向义的补充性成分中，用来表示动作主体的位移趋向的"指施型"有 45 个，约占趋向义动补式复合词总数的 51.7%。此外，有 32 个趋向义补语性成分是用来描述动作的对象可能发生的趋向性位移，其语义指向为受事，约占趋向义动补式复合词总数的 36.8%。还有 6 个动补式复合词中的趋向义补语成分是用来描述前面的"动词性成分"所表示动作本身怎么样的"指动型"，约占趋向义动补式复合词总数的 6.9%。剩下的 4 个表示趋向义的补语性成分语义指向为非施事、受事及动词本身的其他成分，约占全部趋向义动补式复合词总数的 4.6%。

3. 评述义补语性成分

即补语性成分从意义上看是对前面"动词性成分"所表示的动作行为或者整个相关事件进行的评述，表示对该动作行为本身及其结果的某种评价或判断。这个表示评述义的补语性成分通常是由形容词性语素充当的。如"定准、瞄准、看透、参透、抓紧、贯彻、持久、经久"等。补语性成分为评述义的动补式复合词很少，只有 54 个，仅占动补式复合词总数的 5.7%。

4. 意义有所虚化的补语性成分

这一类补语性成分从词性上看还属于动词，但从意义上看其动词性已经有所减弱，处在由动词向动态助词甚至具有完成意义的词缀的虚化过程之中。对于这类补语成分而言，其自身作为动词的意义和用法在动补式复合词中已经不复存在，而只是用以提示前面"动词性成分"所表示动作行为已经发生或完成，即动作行为具有了某种结果，而具体是什么样的结果并不重要也不予说明。能够在动补式复合词中出现的意义虚化的补充性成分主要涉及"见、到、却、开、过、掉、住、着、得"等，它们和其他"动词性成分"构成的动补式复合词主要有"看见、想见、听见、得到、感到、临到、忘却、失却、抛却、了却、打开、错开、通过、错过、越过、干掉、丢掉、忘掉、打住、站住、捞着、记得、晓得"等。

其实，补语性成分的意义有所虚化的动补式复合词可以看作从结果义动补式复合词中分化出来的一个特殊类型，因为意义虚化的补语性成分大都是从表示结果意义的动词虚化而来，也就是说，它们与结果义补语性成分在意义类属上并没有实质性的差别，都是表示动作的发生、完成并产生了一定的结果，只是虚化义补语性成分仅仅提示动作有了结果，而这个结果到底是怎样的则不像结果义补语成分所表示的那样实在和具体。

补语性成分意义有所虚化的动补式复合词不像结果义动补式复合词那么多，甚至它们的数量比趋向义动补式复合词的数量还要略少一些，大约有 78 个，占动补式复合词总数的 8.2%。

总之，根据语义内容的不同，动补式复合词的补语性成分可以分为上述四种类型，动补式复合词内部也可以据此分为动结式[①]、动趋式、动评式和动虚式四个小类。不同类型的动补式复合词虽然在表层形式上都是"动+补"的结构格式，但是在深层结构上，补语性成分所属意义类型不同的动补式复合词之间却存在一定的差异。补语性成分为结果义的动补式复合词的深层语义结构表现为"通过动词性成分所表示动作行为使动作的对象具有补语性成分所说明的结果"；补语性成分为趋向义的动补式复合词的深层语义结构可以理解为"动词性成分所表示动作行为的主体在发出该动作行为的同时或之后使得其自身发生补语性成分所提示的从远到近、从低到高、从外到里等不同方向性变化的位置移动"；补语性成分为评述义

---

① 此处所说的动结式、动趋式与一般所说的动结式、动趋式大体一致又略有差异。一般所说的动结式和动趋式是就动补结构而言的，是由动词及其结果义补语或者趋向补语构成的短语，而此处所谓动结式和动趋式是动补式复合词下根据补语性成分的意义分出来的小类，是由动词性语素和结果义或趋向义补语性成分构成的双音节复合词。

的动补式复合词的深层语义结构则表现为"动词性成分所表示的动作行为发出之后，对该动作行为自身及其所造成的结果进行某种评述和论断，补语性成分本身就是评述"；补语性成分意义发生虚化的动补式复合词的深层语义结构则可以理解为"动词性成分所表示动作已经发生并获得结果或处于已经完成、实现的状态，其中意义虚化的补语性成分本身或者已经虚化为动态助词，表示动作获得结果或完成、实现，或者正处在由完结义动词向动态助词或其他标记性成分虚化的过程中"。

在对《现汉》所收录动补式复合词的辞书释义及其内部语义关系进行全面的分析和考察时，我们发现，根据词中"补"的语义指向和语义类型的不同而分出的不同类型的动补式复合词在深层结构上有比较一致的对应性：结果义补语性成分在语义指向上其所指对象大多是"动词性成分"所表示动作行为的受事（对象）或者施事，即其语义指向类型大都属于指受型或指施型，还有少数几个结果补语性成分表示的是不同事物之间的某种关系，它们在语义上指向的是彼此之间具有这种关系的不同事物，所以我们将其归为指他型；趋向义补语性成分在语义指向上其所指对象大都是"动词性成分"所表示动作行为的施事（主体），即其语义指向类型大多属于指施型，也有一部分趋向义补语性成分语义指向动作行为的受事，属于指受型动补式复合词，但是数量上少于指施型；评述义补充性成分和意义有所虚化的补充性成分在语义上大都指向动词性成分所表示的动作行为或相关事件本身，其语义指向类型属于指动型。在全部动补式复合词中，结果义指受型所占比例最大，数量比其他类型的要多，有 367 个；其次是结果义指施型，数量为 292 个；虚化义指动型、结果义指他型和趋向义指施型的数量差不太多，但是较结果义指受型和指施型的数量要少很多；评述义指施型、趋向义指他型和趋向义指动型的动补式复合词都非常少，分别只有 2 个、4 个和 6 个；评述义指动型和趋向义指受型的数量也都很少，但是较评述义指他型和结果义指动型略多一些。而虚化义动补式复合词的补语性成分只有语义指向动词的指动型，其他类型都没有；评述义指受型也同样没有找到，数量为 0。

综上所述，在动补式复合词中，"补语性成分"虽然在表层结构上处于补充说明的附属地位，但是其语义类型和语义指向却对整个动补式复合词的词汇意义及其深层语义结构具有重要影响。动补式复合词深层结构的挖掘和把握，离不开对其中"补语性成分"语义类型和语义指向的分析和探讨。

二 动补式复合词的典型深层结构——致使结构

动补式复合词是现代汉语词汇系统中的一种比较特殊的复合词结构类型。从表层的构成形式上看，动补式复合词大都是由一个表示动作行为的动词性语素和一个对动作行为所导致结果、趋向或状态等进行补充说明的动词性语素（或形容词性语素）组合而成的"动+补"格式。从这两个作为构词成分的语素之间的语义关系来看，前面的动词性语素所表示的动作行为往往先于后面的动词性语素（或形容词性语素）所表示的动作行为（或者性质状态变化）发生，而且是导致后一语素所表示趋向、结果或状态的直接或间接原因，两个构词语素之间往往具有一种或隐或显的致使性语义关系。① 前面的动词性语素为"因"，后面的动词性语素或形容词性语素为"果"，"因"的发生和进行会导致"果"的产生和出现。

动补式复合词的两个构词语素之间具有致使性语义关系，这种语义上的致使性不能从任何一个构词语素本身的意义直接得出，只有两个语素结合在一起形成"动+补"的结构式以后才能够产生。从这个角度来说，我们可以借用 Goldberg 的构式理论将动补式复合词看成一种"构式"。动补式复合词的典型深层结构是致使结构，但又和其他类型的致使结构存在一定的差异。它是介于分析型和词汇型之间的一种特殊的致使结构。下面我们就尝试借用构式理论，在对动补式复合词的语义关系、深层语义结构进行全面分析和深入探究的基础上，说明动补式复合词是一种致使结构，并分析其作为致使结构的特殊性。

（一）动补式复合词是一种构式

1. 构式及其相关理论

根据 Goldberg（1995/2007：4）的观点，"如果语法中存在的其他构式

---

① 一般认为，评价义指动型动补式复合词的"动"和"补"之间的语义关系没有明显的致使性，真正表达典型致使性语义关系的动补式复合词只限于结果义指受型和趋向义指施型。

的知识不能完全预测某个构式的一个或多个特征，那么该构式在语法中独立存在：C 是一个构式，当且仅当 C 是一个形式——意义的配对〈Fi，Si〉，且 C 的形式（Fi）或意义（Si）的某些方面不能从 C 的构成成分或其他先前已有的构式中得到完全预测"。这就是构式语法中关于"构式"的基本概念，也是整个构式语法理论的基础。

　　作为一种新的语言研究方法论，构式语法理论是在 20 世纪 80 年代后期逐渐兴起的。它是在批判转换生成语法理论的基础上产生并逐渐发展起来的，同时深受认知语言学的影响，符合认知语言学中"整体大于部分之和"的完形原则。构式语法理论一经产生，很快便引起语言学界的关注，目前已经成为国际语言学领域的研究热点之一。构式语法理论在语言学研究中有很高的理论价值和实践意义，值得我们吸收借鉴并将其运用到汉语的学习和研究中，但与此同时我们也应该看到这种理论还很不完善，甚至还存在某些问题与局限。

　　当然，这里我们无意探究构式理论作为一种语法理论的优劣利弊，而只是想借用其"构式"的概念来说明动补式复合词作为一种致使结构的"构式性特征"。

　　2. 动补式复合词是构式的一种

　　Goldberg（1995/2007：4）在说明构式的性质时曾经指出："构式被认为是语言中的基本单位。如果短语型式的形式或意义的某些方面不能从其构成成分的特征或其他构式中得到完全预测，那么该短语型式是一个构式。也就是说，我们在语法中提出某个构式的原因是该构式的意义和/或形式不能从语言中已经存在的其他构式中综合推导出来。此外，如果把前理论概念'构式'的范围进一步扩大，语素很明显也是构式的实例，因为语素也是形式和意义的配对，且其形式和意义不能从其他构式中推导出来。"由此可见，Goldberg 所界定的构式的概念应该是可以涵盖所有语法单位的。

　　如果语素都可以看作比较广泛意义上的构式，那么词特别是复合词就可以作为比语素更具典型性、更显著的构式的实例。因为，词的形式和意义往往是不能从其构成成分——语素那里得到完全预测的，或者说词的形式和意义并非语素的形式和意义的简单加合。而且，较之语素，词更符合概念中"短语型式"的要求，可以看作简化了的短语型式。特别是作为本书研究对象的动补式复合词与短语有千丝万缕的联系，大都由短语词化而来，而且与其他类型的由短语词化而来的复合词相比，动补式复合词的词汇化程度是最低的，也就是说，从某种意义上来说，动补式复合词较其他类型的复合词更接近短语，所以，我们也可以将动补式复合词看作形式上最简单的、包含基本论元结构的构式。

（二）动补式复合词是一种致使构式

1. 动补式复合词的构式意义

动补式复合词虽然在表层形式上体现为一个简单的"动+补"格式的双音节词，但从它所表达的语义内容上看却往往是一个复杂的致使事件。所谓致使事件实际上是一种复合事件，它是由两个子事件（使因事件和致果事件）整合在一起而形成的，"两个子事件之间存在着一种致使关系（或者比较宽泛地说是因果关系）"（施春宏，2008：33）。从语义层面上分析，动补式复合词中的两个构词语素分别表达致使事件中的两个子事件，前面的动词性语素表示使因子事件，后面的动词性语素（或者形容词性语素）表示致果子事件，两个构词语素在语义上具有一种致使关系或者因果关系。例如：

29）凭良心说，虽然我丝毫不想故意［贬低］腾格拉尔小姐的美，但我没法理解有什么男子能真的爱她。（大仲马《基督山伯爵》）

30）这一来就把中国文坛［搞活］了，很活泼的一个环境也就生成了。（张炜《仍然生长的树》）

31）趁着不断升起的照明弹的光亮，王老虎扑到一挺吐着火舌的机关枪跟前，两个敌人机枪射手扔下机枪正要扭头逃走，他一脚踢开机枪反手刺死一个敌人，用枪托又［打倒］另一个敌人。（杜鹏程《保卫延安》）

例29）中的动补式复合词"贬低"的意思是"我贬腾格拉尔小姐从而使腾格拉尔小姐的美在人们心目中的地位降低"，"贬"是"低"的原因；例30）中的"搞活"的意思是"（某人）采取措施使中国文坛活跃起来"，"搞（采取措施）"是"活"的原因；例31）中的动补式复合词"打倒"表示的意思是"王老虎用枪托打另一个敌人从而使他倒下去"，"打"是

"倒"的原因。从语义上看,这几个例子中前面的动词性语素"贬""打"
"搞"和后面的形容词性语素"低""活"、动词性语素"倒"之间都存在
致使性关系。

2. 动补式复合词的语义结构类型

一般来说,致使性语义关系可以有"致使事物出现/消失""致使事物
发生变化""致使物体产生位移"等不同的类型。动补式复合词的两个构
词语素之间存在致使关系,其深层语义结构通常可以表达"致使某种结果
发生"等意义。根据表达使因事件和致果事件的两个语素自身语义类型的
不同,我们又可以将"V+X"① 格式的动补式复合词分为以下几种类型。

(1) 致使变化类

这一类动补式复合词的语义格式为"V+结果",其中表示动作 V 的成
分大都由动词性词根语素充当,其主体成分(用字母 a 表示)一般出现在
整个动补式复合词主语的位置;表示结果的补语性成分由形容词或者动词
性词根语素充当,表示某种变化的发生,其主体成分(记作 b)一般出现
在整个动补式复合词宾语的位置。整个动补式复合词表达的意思是"a 通
过动作 V 使 b 发生某种变化"。如:

32) 我会去向老总 [澄清] 事实真相的,你就等着我的好消息
吧。(池莉《来来往往》)

33) 各人走的路不同,而目的是一样,是 [改善] 社会,是教导
国民;国民觉悟了,便是革命成功的那一天。(老舍《赵子曰》)

34) 通过曲折的象征功能,玛雅人 [摆平] 了两性的权力关系。
(林大雄《玛雅的智慧》)

在例 32) 中,动词性词根语素"澄"表示动作 V,其主体成分"我"是整
个动补式复合词的主语;"清"表示的是其主体成分(动词的宾语)"事实
真相"发生的某种变化。动补式复合词"澄清"表示通过隐喻性动作"澄"
(以具象动作"澄"表示抽象动作"解释,说明")致使"事实真相"变得
"清楚"。例 33) 表达的意思是"人"改变原来的情况使"社会"变得更好

---

① 这里的"X"表示动补式复合词中的补语性成分。

一些，"改"是动作 V，"善"则是变化之后的结果，"改"的主体成分是"人"，而"善"的主体成分则是"社会"。例 34）中的动词性词根语素"摆"是动作 V，其主体成分"玛雅人"作为整个动补式复合词的主语；"平"表示其主体成分（动词的宾语）"两性的权力关系"发生的某种变化。整个复合词"摆平"表示通过隐喻性动作"摆"（以"摆"的具象动作表示"处理"的抽象意义）使"两性的权力关系"变得"平衡"。

（2）致使移动类

此类的语义格式为"V+趋向"，其中表示动作 V 的成分为动素，其主体成分 a 一般出现在主语位置；表示趋向的补语性成分由趋向动词充当，表示动作 V 的方向或者动作发生或结束时 a 的移动情况和位置变化，处在整个动补式复合词宾语位置的成分表示 a 在移动之后所处的方位。整个动补式复合词表达的意思是"a 通过动作 V 使 a 的位置发生移动"。如：

35）焉识火急火燎地给那个杂志的编辑打了个电话，请求［撤回］自己的文章。编辑说太晚了，已经发排了。（严歌苓《陆犯焉识》）

36）当年的我为此曾［付出］极其惨重的代价曾头破血流至今处处疤痕。（梁晓声《表弟》）

37）普通吏民可以依靠军功爵制度［步入］新兴地主行列，使新兴地主阶级的力量得到壮大。［阴法鲁、许树安《中国古代文化史》（三）］

例 35）中的"撤回"表示主语"焉识""撤自己的文章"的趋向，也就是使"自己的文章"回到自己手里。例 36）的意思则是主语"我"（动作主体）通过"交付"的动作造成"极其惨重的代价"（趋向运动的主体）出现。例 37）中的"步入"表示的是普通吏民通过"步"的动作使自己进"入"新兴地主行列，主语"普通吏民"既是"步"的行为主体也是"入"的行为主体，宾语"新兴地主行列"表示的是"步"的动作发生之后致使"吏民""移动进入"的地方。

（3）评价类

这一类动补式复合词的语义格式为"V+状态"，其中表示动作 V 的是动素，其主体成分 a 一般出现在主语位置；补语性成分通常表示对 V 所表示动作的评价性说明，多为形素；出现在整个动补式复合词的宾语位置的 b 多是动作 V 的客体成分。换句话说，评价类动补式复合词的补语性成分，其语义通常是指向动作 V 本身，用来补充说明动作或与之相关的整个事件怎么样的。整个动补式复合词表示的意思是"a 对 b 施加动作，致使动作或事件处于某种状态或得到某种评价"。例如：

38）她忙碌而勤恳地工作着，并［抓紧］时间读些书，以弥补小学教师转为干部后知识上的欠缺。（路遥《平凡的世界》）

39）虽然什么也没交谈，我却觉得已经将她［看透］了。（梁晓声《京华闻见录》）

40）史保林这个老射手，前进一步，抢占了一块长满蓬蒿的高地，凭着锐利的眼光［瞄准］敌人，老练地发出点射，弹不虚发，一枪撂倒一个敌人，一枪撂倒一个敌人。

这几个例子中的"抓紧"、"看透"和"瞄准"都属于评价类动补式复合词。例 38）中的"抓紧"表示的意思是"抓读书的时间抓得很紧"，"紧"用来说明"抓时间"所处的状态；例 39）中的"看透"是"我透彻地了解和认识了她的性格特点、思想观念等"，"透"是对"我看她"这一事件结果的整体评价；例 40）中的"瞄准"则表示的是"史保林瞄敌人瞄得准"，"准"可以理解为对"瞄敌人"这一事件的总体评价。

3. 动补式复合词是一种典型的致使构式

动补式复合词构词语素之间呈现为一种致使性语义关系，其深层结构表达的是"致使变化/位移/评价"等语义内容。然而，作为动补式复合词构词成分的"动"和"补"本身往往都不具有致使性，只有在二者彼此结合形成一个"动+补"的结构式之后才能够产生这种致使性意义。如"打倒"中的"打"只表示"用手或器具撞击物体"的动作，本身没有致使意义；"倒"的意思是"人或东西（由竖立而）横躺下来"，很显然也没有致使。但是当它们组合在一起构成"打倒"这样的动补式复合动词之后，就能够表示"攻击使倒下，攻击使垮台"这样的具有致使性关系的结构意义。也就是说，动补式复合词的致使意义不能简单地通过两个构词成分的意义相加得出，而是附加在整个"动＋补"的结构式之上的所谓的"构式"意义。再如，"激怒"是一个动补式复合词，它的意思是"刺激使发怒"，从构词成分的意义来看，"激"是"刺激"的意思，"怒"指的是"发怒"，两个构词语素意义相加之后得到的意义应该是"刺激＋发怒"，那么这样的两个意义成分如何加合在一起呢？我们说主要是通过一种致使性关系将"刺激"和"发怒"两个意义成分组织在了一个词语当中，使两个构词语素之间呈现一种"V_1 使 V_2"的特殊语义关系，然而词中并没有一个语素可以表达"使"的致使性意义，所以这个意义只能是来自"动＋补"的结构式，是一种构式意义，而与单个构词语素的意义没有直接关系。

动补式复合词中的致使性意义并非来自词内的任何一个构词语素，而是附加于"动＋补"组合之上的整个结构式的一种特殊的构式意义。这一点也可以从与之有类似语义结构的"动结式"身上得到证明。典型的"动结式"从语义特征上可以解释为一个致使性结构①；在结构特征上与动补式复合词并没有什么本质上的差别，都是由动词及其结果补语组合而成的"动＋补"的结构式，二者只是在语法属性上分别属于句法单位里的短语和词汇单位中的词而已。

动补式复合词虽然在形式上表现为一个简单的双音节的语言片段，在语法属性上属于词汇单位，但是它所表达的语义内容却非常复杂，基本上与"动结式"相当，也是由两个彼此之间具有致使性关系的子事件构成的复合事件。这种形式结构上的简单性和语义表达上的复杂性使得整个动补式复合词的意义不能从其构成成分的意义中直接得出，致使性语义关系不仅与两个构词成分的意义有关，更与两个构词成分之间的结构关系有密切关联。汉语动补式复合词内这种"动作—变化/位移（结果/趋向）"的致使性结构关系，在其他语言比如说英语中大都需要用短语来表示，也就是Goldberg（1995/2007）所说的"动结构式"或"致使—移动构式"。所以，从这个意义上讲，我们可以将动补式复合词看作一种致使构式，而且是所有致使构式中形式最为简约、最能体现语言组织的经济性原则的一

①　Comrie（1981/1989）等将各种语言中的致使结构分为分析型、形态型和词汇型，并指出它们之间形成一个由分析到综合的连续体。

种。如：

　　41）借出去的书应该收回了。

　　It is time to call in the books that are out on loan.

例41）中的"收回"在汉语中表现为一个动补式复合词，它所表达的语义结构是"收借出去的书使它回来"，同样的"致使—移动"结构在英语中却要用类似于"call in"这样的动词短语来表示。

　　42）你不该当众揭穿他的老底。

　　You shouldn't have brought his past to light in public.

此例中，汉语的动补式复合词"揭穿"表达的是"你揭他的老底使他的老底穿"，而在英语中同样的"动作—结果"的语义结构却用到了"bring something to light"这样一个带有介词结构的动词短语来表示。当然，英语中也还有下面这样的表达：

　　43）You shouldn't have disclosed his past in public.

这句话的意思和例42）中的句子所表达的意思几乎完全相同，但是我们却很难从"disclose"这个词的形式上找到与"动结构式"有关的意义内容，在句子中表达致使性意义的只是"disclose"这个单纯的动词，这个词本身就形成了"词汇型致使结构"。所以，虽然英语中的某些词在词汇意义上具有某种致使性意义，但是我们无法从单词的意义中分析出"动作—结果"的语义结构，也就不能将这些词看作"动结构式"，"致使结构"并不等于"动结构式"。或者说，英语中的某些单词尽管也可以表达致使性意义，但是实际上它本身根本无结构可言，因而也无法形成所谓的"构式"。

　　综上所述，虽然汉语中的动补式复合词在语法属性上应该归属词汇单位的范畴，但是由于其构词语素之间形成的是一种"动+补"的结构关系，而这种结构格式生成的过程也是"致使"意义的产生过程，这就使得动补式复合词的意义不等于其构词成分意义的简单加合，而是在构词成分的意义之上附加了一层表示成分意义之间"致使性语义关系"的构式意义。致使性意义是作为构式的动补式复合词所具有的意义，动补式复合词本身可以看作一种致使构式。

（三）　动补式复合词作为致使结构的特殊性

动补式复合词是一种表达致使性语义关系的构式，是一种致使结构，但它又是一种特殊的致使结构。之所以说它特殊，是因为它不同于一般所说的致使结构，与致使结构的常见类型或多或少地存在某种差异。具体来说，它既不属于形态型，没有专门用以表示致使性关系的特殊词形标记；也不同于分析型，不是由两个彼此独立的谓词将使因和致果两个子事件分开表述（如"吃饱""写完"之类的"动结式"），因为动补式复合词本身是词汇单位而不属于句法结构（短语）的范畴；还不同于由光杆动词构成的词汇型①（如"Mary broke the vase"中的动词"break"、前文提到的"disclose"等，它们本身都是由一个语素构成的单纯词）。

从另一个方面来讲，动补式复合词既具有分析型的特点，整个致使结构是由两个彼此可以分开表述的谓词性成分构成的；同时又体现了词汇型的特点，这种由两个谓词性成分构成的动补式复合词在性质和功能上与单纯的动词之间并不存在什么实质性的差异，也具有独立的词的身份。

综合上述分析结果，我们可以说：动补式复合词是介于分析型和词汇型之间的一种特殊的致使结构。正是这种特殊性，使得动补式复合词在结构类型、语义特征和句法表现等方面有与其他动词和动词性结构不同的地方。

动补式复合词虽然在表层形式上表现为简单的双音节词，而从其深层语义结构上来讲，它却具有一种"致使性"的构式意义，是一种特殊的致使结构。用两个彼此在语义上存在致使关系或因果关系的构词语素组合在

---

① 有人认为可以将动补式复合词看成"类似'kill'的词汇型致使结构"，但它又与"kill"等由一个谓词性语素构成的单纯词有明显的不同，因为汉语动补式复合词是由两个语素构成的复合词，其内部可以分析为两个谓词性成分。

一起构成的双音节词来表达由两个子事件整合而成的复杂事件,这样的复杂性致使事件有时是用短语甚至单句都无法表达的。以简单的结构形式表达复杂的语义内容,体现了动补式复合词深层结构的特殊性,也是动补式复合词在表达效果上的独特性和优越性之所在。

对于动补式复合词而言,无论它表述的是一种什么样的语义结构,其"动词性成分"和补语性成分之间的关系都可以概括为具有某种意义上的致使性。这种特殊的致使性语义关系,使其补语性成分的语素义不只是简单地与"动词性成分"的语素义加合在一起,整个复合词的意义也不能从构词语素的意义直接得出,而要同时对两个构词语素在整合过程中所产生的致使性关系予以揭示。这也就使得辞书中在对动补式复合词进行释义时,往往采用不同于其他词语的特殊的释义方式,在动补式复合词的释义语言中一般会对词内"动""补"这两个成分之间的致使性语义关系(或因果关系)予以显性说明或隐性提示。《现汉》等辞书中对动补式复合词的释义方式也恰恰印证了这一点。下面我们就将对辞书中动补式复合词的释义内容进行分析,以便从另一个侧面来揭示动补式复合词作为致使结构的特殊性。

(四) 从辞书释义看动补式复合词的致使性

由于动补式复合词大多表示的是一种特殊的致使性语义关系,"致使性"是动补式复合词区别于其他类型复合词的典型语义特征。这就使得辞书在对动补式复合词进行释义时,释义内容往往会在一定程度上提示构成动补式复合词的两个成分"动"和"补"在深层语义上的致使关系或因果关系。下面我们就结合《现汉》等规范性语文辞书中有关动补式复合词的释义用语,来揭示动补式复合词的致使性语义特征。

大多数动补式复合词(主要是指那些结果义指受型动补式复合词)的深层语义结构都可以概括为"动之使补"的语义格式,所以在对动补式复合词意义的说解中,通常会带有一些标志性词语用以提示两个构词语素"动"与"补"之间的致使性关系(或者因果关系)。笔者通过对《现汉》中所收录的948条动补式复合词的释义内容进行穷尽性考察,同时参照目前学界比较认可的《新华词典》《应用汉语词典》等规范性语文辞书中动补式复合词的释义方法,根据释义内容中用以提示致使性关系(或者因果关系）的词语的不同，将动补式复合词的释义特点和释义方式归纳为以下几种类型。

1. 同义词语释义

同义词语释义是我国传统的释义方式，也是现代辞书中常见的一种释义方法。用同义词进行释义，"一般是以常用词释生僻词，以易释难，以今释古，以普通话释方言"（苏宝荣，2000：125）。《现汉》等辞书对于这种释义方法运用得非常充分而且广泛，很多词语的释义中都用到了与被释词同义的词语，动补式复合词也不例外。根据释义词语在结构类型上的差异以及限制性成分的有无，我们又可以将同义词语释义①这一方式分为以下几种不同的类型。

（1）同构同义词语释义

即用与被释词同义的动补式复合词或动补结构的短语进行释义，或者由动补式复合词或动补短语充当整个释义用语的核心成分。如：

44)【拔高】bá//gāo 动 ❶提高：~嗓子唱。

45)【戳穿】chuōchuān 动 ❶刺穿：刺刀~了胸膛。❷说破；揭穿：假话当场被~。

46)【辨明】分辨明白。（《新华词典》②）

47)【膨大】péngdà［动］体积胀大。（《应用汉语词典》）

例 44）中用来释义的"提高"是与"拔高"同义的动补式复合词；例 45）中的释义词语"刺穿"和"说破"一般被认为是动补短语，而"揭穿"则是动补式复合词；例 46）中的"分辨明白"是将复合词"辨明"的两个构词语素分别用与之同义的双音节复合词进行解释之后再将其组合在一起而构成的动补短语；例 47）中的释义用语"体积胀大"虽然整体上是一个主谓结构，但是"体积"只是作为提示该词适用范围的限制性词语存

---

① 辞书中用以解释词义的语言成分除了被释词的同义词之外，还包括与被释词意义相同或相近的短语成分，因为它们的释义模式基本相同，我们将其统称为"同义词语释义"一并论述。

② 释义取自《现代汉语词典》（第 7 版）的书中不做标注，取自其他辞书的以括注形式予以说明。

在，其核心成分"胀大"仍然是一个动补式复合词。

　　在同义词语释义方式中，用与被释词同构同义的词语释义是《现汉》等辞书对动补式复合词进行释义时使用最多的。有时为了达到释义的全面和准确，编者甚至同时采用多个同构同义词语共同释义，如例45）中的第二个义项就在释义用语中连用了两个与被释词同义同构的成分。再如：

　　48）【打开】dǎ//kāi 动 ❶揭开；拉开；解开：~箱子｜~抽屉｜~书本｜~包袱。

　　49）【捣毁】dǎohuǐ 动 砸坏；击垮：~敌巢｜~犯罪团伙的窝点。

例48）连用三个动补式词语对"打开"进行解释，原因在于"打"这个词的多义性，使得"打开"后面出现不同的宾语名词时意义上有细微的差别，而这种连用同义词语释义的方式可以精确地说明"打开"在不同组合中的词义差别，不同的释词表明了"开"的不同方式；例49）用两个双音节的动补式短语解释"捣毁"一词，构成短语的两个单音节词分别对复合词的两个构词语素进行解释，"捣"就是"砸，击"的意思，"毁"可以解释成"坏，垮"。

　　（2）异构同义词语释义

　　即用与被释词同义的其他结构类型的动词或动词性结构进行释义。《现汉》等辞书中用非动补式复合词或非动补短语为动补式复合词进行释义的情况并不多见，而且即使用非动补结构，也大多选用状中式的偏正结构，其他结构则很少用到。我们认为，之所以状中式偏正结构较其他类型用得多，大概是因为具有某种程度性特征的结果补语大都可以出现在状语的位置上，用来表示动作或事件进行或发展的程度。正如吕叔湘先生曾经指出的："动词（以及形容词）加得之后表示结果或程度的词语……这一类成分似乎可以划归状语。""状语一般指动词前边的修饰性词语。……动词（带得和不带得）后边的状语可以叫做后置状语，它的性质也是修饰性的。"（吕叔湘，1979：76~78）

　　我们先来看下面几个词的释义：

50)【灭绝】mièjué 动 ❶完全灭亡：濒临~。❷完全丧失：~人性。

51)【抬高】tái//gāo 动 往上抬；使提高：~物价｜~身份。

52)【提前】tíqián［动］（把原定时间）往前移：~开会｜~行动｜请你~半小时来。（《应用汉语词典》）

例50）中两个义项的释义用语都属于状中式的偏正结构，"完全灭亡/丧失"的意思基本上等同于"消失/丧失得完全、彻底"；例51）和例52）中的释义用语"往上抬（往高处抬）"和"往前移"都是由"往+处所名词"构成的介宾结构充当状语而构成的状中式偏正结构，意思跟动补短语"抬到高处"和"移到前边"也没有太大的差别。

（3）限制性同义词语释义

所谓的限制性同义词语释义就是"用限制语来限制同义词的词义范围"（胡明扬、谢自立、梁式中等，1982：135），这是在意义说解中融入词语用法的一种释义方式。《现汉》等辞书在运用限制性同义词语释义时采用的主要形式就是在与被释词同义的释义用语中以括注的形式添加限制语，以标明被释词的适用对象①。如：

53)【付出】fùchū 动 交出（款项、代价等）：~现款｜~辛勤的劳动。

54)【发出】fāchū ❶发生（声音、气味等）：~笑声。❷发布（命令、指示）：~号召｜~通告。❸送出（货物、信件等）；开出（车辆等）。

55)【错开】cuò//kāi 动 （时间、位置）互相让开，避免冲突：为了避免公共车辆的拥挤，工厂、机关上下班的时间最好~。

从上面列举的这些例词的释义中，我们可以看出：它们的释义用语都是被释词的同义词语，有同构的［如例53），例54）的第三个义项］，也有异

---

① 这里的适用对象，实际上就是指动词性动补式复合词必有的支配成分，可以与之同现的名词性成分，也就是该动词的论元。

构的〔如例 55），例 54）的第一、二个义项〕；限制语则出现在释义用语前后的括号中，而且这些括注中的限制语都是名词性成分，大都具有某种事物类别意义或用以表达某种抽象性概念。此外，括注中还往往以"××等""多指……"等形式提示我们此处所列举的名词性成分并非被释词的全部使用范围，而只是其中最主要的语义搭配类型。

当然，也有一些词，编者在说明被释词适用范围时并不采用括注形式，而是直接在释义用语中添加限制语。如：

56）【减轻】jiǎnqīng 动 减少重量或程度：~负担｜病势~。

57）【冲破】chōngpò 动 突破某种状态、限制等：~封锁｜~禁区｜~障碍｜火光~漆黑的夜空。

例 56）在释义方式上也属于限制性同义词语释义，其释义用语中的核心成分"减少"与被释词同义同构，作为"减少"的宾语成分出现的"重量或程度"是对被释词"减轻"适用范围的限制性说明；例 57）与之相类，释义用语中的"突破"与被释词"冲破"同义同构，其宾语成分"某种状态、限制等"是对被释词适用对象的进一步说明。

2. 说明式释义

这里的"说明"，指的是通过分析动补式复合词所表示的语义结构来说解词的意义。因为动补式复合词表达的往往是一种致使性语义结构，所以在对动补式复合词意义的说解中，通常会使用一些说明性词语来提示两个构词语素所表示的两个子事件之间的致使性关系（或者因果关系）。从某种意义上讲，我们可以将这些说明性成分看作提示动补式复合词构词语素之间致使性语义关系的显性标志。根据说明性成分的不同，我们又可以将说明式释义分为以下几种不同的格式。

（1）"XP 使 YP"类

这里的"XP"指的是由述语性成分表示的整个致使事件中的"使因事件"，"YP"指的是由补语性成分表示的"使果事件"。此类释义对动补式复合词所表示的致使事件进行全面的描述，充分说明"使因""使果"两个子事件以及它们之间的致使性关系（直接以"使"作为标志性词语将两个子事件连接起来）。此类格式也是《现汉》等辞书对动补式复合词的释义中用得比较多的一种。如：

58）【摇动】yáodòng ⬜动 ❶ （—//—）摇东西使它动：摇得动 ｜ 摇不动 ｜ 用力~木桩。

59）【修整】xiūzhěng ⬜动 修理使完整或整齐：~农具 ｜ ~篱笆。

60）【压缩】①加压力使体积缩小。（《新华词典》）

例58）的释义中，述语性成分"摇"表示的"摇东西"，是整个致使事件中的"使因事件"；而补语性成分"动"表示的"它动"，则是"使果事件"，"摇东西"是"它动"的原因。例59）中，述语成分"修"表示"修理"，是"使因事件"；而补语成分"整"是"完整，整齐"的意思，是"使果事件"，"修理"是"完整或整齐"的原因。例60）中的述语成分"压"为"加压力"的意思，是"使因事件"；补语成分"缩"为"缩小"之义，是"使果事件"，"加压力"是"体积缩小"的原因。又如：

61）【刷新】shuāxīn ⬜动 刷洗使焕然一新，比喻突破旧的而创出新的（纪录、内容等）：在这次运动会上她~了一万米的世界纪录。

62）【激活】jīhuó ［动］刺激有机体内某种物质，使更好发挥作用。也用于比喻：~市场。（《应用汉语词典》）

例61）的释义中除了用到"XP（刷洗）使 YP（焕然一新）"这一释义格式说明使因事件、使果事件以及二者之间的致使性关系外，还对"刷新"一词的比喻义及其适用范围（纪录、内容）进行了说明；例62）对"激活"一词的释义中在使用"XP 使 YP"格式的同时，还进一步说明了该词可以用于"比喻"。

（2）"使 YP"类

此类释义格式可以看作"XP 使 YP 类"的省略式。释义中虽然并没有出现"XP"由述语性成分表示的"使因事件"，但用以提示两个子事件之间致使性关系的"使"字标记却被保留在了释义当中，这里的"YP"也同样指的是由补语性成分表示的"使果事件"。此类释义格式旨在凸显由述语性成分所表示动作行为的使役性及其结果，对于动作行为本身的属性则不予强调。如：

　　63）【驯服】xùnfú ❷ 动 使顺从：这匹野马终于被他~了。

　　64）【压低】yā//dī 动 使降低：~售价 | 他怕别人听见，便~声音说话。

　　65）【推出】tuīchū 动 使产生；使出现：~新品牌 | 歌坛~好几位新人。

例63）的释义中只出现了由补语性成分"服"表示的"顺从"，并以"使"提示其为"使果事件"，却没有出现述语性成分"驯"所表示的"使因事件"。例64）、例65）中的释义也是只出现了由补语成分"低""出"表示的使果事件"降低""产生，出现"，而没有对述语成分表示的"使因事件"加以说明。又如：

　　66）【澄清】chéngqīng 动 ❷ 使混浊变为清明，比喻肃清混乱局面：~天下。

　　67）【奠定】diàndìng［动］使稳定而且牢固：~了教育事业的基础。
（《应用汉语词典》）

例66）也用"使YP"的释义格式对补语性成分"清"表示的使果事件"YP"进行了解释和强调，并明确指出"由混浊到清明"的变化过程；而述语性成分"澄"表示的使因事件"XP"则未予说明。例67）在"使"后连用两个具有并列关系的形容词作为"YP"，对补语性成分"定"所表示的使果事件进行说明，从而对述语性成分"奠"所导致的"稳定而且牢固"的结果加以强调。

（3）"因/由于 XP 而 YP"类

从形式上看，这种释义格式和"XP 使 YP"类大体一致：在释义用语中对两个子事件分别加以说明（"XP"表示"使因事件"，"YP"表示"使果事件"），并用可以揭示两个子事件之间关系的标志性词语将其连接起来。但是，在这一类释义中，用以提示两个子事件之间关系的标志性成分不再是显性的使动标记词"使"，而是换成了"因"、"而"以及"因/由于……而……"等表示因果关系的关联性成分。究其原因，主要就在于使用这一格式进行释义的动补式复合词所表示的语义结构往往不是一种严格意义上的致使结构，而是一种比较宽泛的"因果关系"。如：

68)【畏避】wèibì 动 因畏惧而躲避：~风险。

69)【蛀蚀】zhùshí 动 由于虫咬而受损伤：这座房屋的大部分梁柱已被白蚁~◇~灵魂。

70)【病故】因病去世。（《新华词典》）

这几例中的动补式复合词，其述语性成分和补语性成分都具有较强的动作性（也就是说补语性成分并不明显地表示受某一动作或事件影响而导致的结果），整个动补式复合词所表示复杂事件的语义结构一般不用"XP致使YP"的格式来表示，但是两个构词成分之间又确实隐含一种逻辑上的因果关系，因此就采用"（因/由于）XP（而）YP"的释义格式来对"XP"和"YP"之间的因果关系进行表达。例68)用的是"因XP而YP"格式，明确地表达"XP"和"YP"之间的因果关系，这是此类释义格式中用得最多的；例69)用"由于"一词替换了"因XP而YP"格式中因果关系的标志词"因"，以之引出使因事件"XP"；例70)则是省略了"因XP而YP"格式中用以引出使果事件"YP"的连词"而"，直接在使因事件"XP"后面对使果事件进行说明。又如：

71)【畏缩】wèisuō 动 害怕而不敢向前：~不前｜在困难面前毫不~。

72)【溶胀】róngzhàng 动 高分子化合物吸收液体而体积膨大，如明胶在水中、橡胶在苯中都会发生溶胀。

73）【触发】chùfā 动 受到触动而引起某种反应：雷管爆炸，~了近旁的炸药 | 电台播放的家乡民歌~了他心底的思想之情。

74）【惊醒】jīngxǐng ① ［动］受惊动而醒来：枪声大作，他从梦中~。（《应用汉语词典》）

这四例则完全省却了出现在使因事件"XP"前面用以提示两个子事件之间因果关系的标志词"因"或"由于"，而只保留了用以引出使果事件"YP"的连词"而"。其中，例 71）和例 72）中的使因事件"XP"都是主动性事件，而例 73）和例 74）中的使因事件"XP"则都是被动性事件，在释义中都有"受到""受"等表示被动概念的词语出现。

（4）限制性说明式释义

从辞书编纂的角度来看，为了使辞书的使用者能够更加准确、全面地理解词义，辞书编纂者往往要将词的用法融入词义说解之中，而通常的办法就是在释义用语中添加限制性成分以说明被释词的适用范围。在上述三种不同格式的说明式释义中，都可以直接或以括注的形式将某些限制性词语成分融入释义用语之中，形成所谓的"限制性说明式释义"。如：

75）【牵制】qiānzhì 动 拖住使不能自由活动（多用于军事）：我军用两个团的兵力~了敌人的右翼。

76）【盘活】pánhuó 动 采取措施，使资产、资金等恢复运作，产生效益：~资金 | ~了两家工厂。

77）【燃放】ránfàng 动 点着爆竹等使爆发：~鞭炮 | ~烟火。

78）【征服】zhēngfú 动 ❶用武力使（别的国家、民族）屈服：◇~洪水。

这四例采用的释义格式都是"XP 使 YP"，但是在释义用语中又加入了提示被释词适用对象的限制性词语成分，其中例 75）使用了括注的方式，括号中的"多用于军事"明确地告诉我们被释词"牵制"为军事用语；例 76）在释义用语的"YP（资产、资金等恢复运作，产生效益）"中包含对被释词适用范围的说明，"资产、资金等"就是"盘活"的对象；例77）则直接以动词宾语的形式在"XP（点着爆竹等）"中嵌入了对"燃放"一词适用范围的说明，即限用于点燃"爆竹等"；例78）的 YP 中也是以括注的形式对"征服"的适用对象"别的国家、民族"进行了说明。又如：

79）【冲淡】chōngdàn 动 ❷使某种气氛、效果、感情等减弱：加了这一场，反而把整个剧本的效果~了。

80）【扩大】kuòdà 动 使（范围、规模等）比原来大：~生产 | ~战果 | ~眼界 | ~影响 | ~耕地面积。

这两例采用的都是"使 YP"的说明式释义格式，并分别在释义用语中加入了限制性成分，来提示被释词的适用范围，其中例79）第二个义项中的"某种气氛、效果、感情等"为限制性词语；而例80）则是以括注的形式说明了"扩大"一词的适用对象为"范围、规模等"。再如：

81）【锈蚀】xiùshí 动（金属）因生锈而腐蚀：铁环~了 | 古钟上文字清晰，没有~。

82）【触动】chùdòng 动 ❸因某种刺激而引起（感情变化、回忆等）：这些话~了老人的心事。

这两例则是在"因 XP（而）YP"格式中加入限制性成分，以说明被释词的适用范围，其中例81）的限制性词语提示了被释词"锈蚀"的适用对象为"金属"，且通常出现在动词前的主语位置上；而例82）中的限制性词语则提示了被释词"触动"的适用对象为"感情变化、回忆等"，一般出现在动词后的宾语位置上。

说明式释义是《现汉》等规范性语文辞书对动补式复合词进行释义时的典型释义方式，也最能体现动补式复合词区别于其他类型复合词的"致使性"语义特征。不管是使用完整的"XP 使 YP"格式还是采用"使 YP"的省略式，抑或是采用"因/由于 XP 而 YP"的宽泛式（宽泛地说，致使关系也可以看作一种因果关系），都可以对动补式复合词内构词语素之间的致使性语义关系予以提示和说明。

　　3. 综合式释义

　　《现汉》等语文辞书在对动补式复合词进行释义时，通常都会用到上述这几种方式。一般情况下只是单纯使用其中某一种释义方式，但有时为了达到释义的精确或者出于区分不同义项的目的，编者也可能综合使用这几种不同的释义方式。而在进行综合时，既可以是同一种释义方式的内部综合，也可以是不同释义方式的外部综合。如：

　　83）【参透】cān//tòu 动 看透；透彻领会（道理、奥秘等）：参不透 | ~禅理 | ~机关（看穿阴谋或秘密）。

此例的释义用语中既使用了与被释词"参透"同构同义的动补式复合词"看透"，也用到了异构同义的状中式偏正结构"透彻领会"。这可以看作同一释义方式（同义词语释义）的内部综合。再如：

　　84）【说和】shuō·he 动 调解双方的争执；劝说使和解：你去给他们 ~~。

这里的"说和"只有一个义项，却使用了两种不同的释义用语，它们分别属于不同的释义方式。其中"调解双方的争执"是一个动宾结构的短语，属于同义词语释义中的异构同义词语释义；而"劝说使和解"使用的则是说明式释义中的"XP 使 YP"格式，属于完整的说明式释义方式。将两种释义用语综合起来看，此例应该属于不同释义方式的外部综合。又如：

　　85）【搅乱】jiǎoluàn 动 搅扰使混乱；扰乱：~人心 | ~会场。

此例"搅乱"的释义中也用到了两种释义用语，分别是说明式释义中的"XP 使 YP"格式和同义词语释义中的同构同义词语释义，也属于不同释义方式的外部综合。

综上所述，《现汉》等规范性语文辞书在解释动补式复合词的词义时一般会采用同义词语释义、说明式释义、综合式释义等多种不同的方式。无论选取哪种释义格式，辞书的释义语言中都会或显或隐地对动补式复合词两个构成成分"动"和"补"之间的致使关系或因果关系予以提示或说明。这既是动补式复合词自身语义结构特征的内在要求，也是汉语辞书复合词释义全面性和准确性的必然追求。

作为致使结构的一种特殊类型，动补式复合词所表达的语义内容往往较其他类型的复合词更为复杂，这也就要求辞书编写者对动补式复合词进行释义时，在追求词义解释的简洁性、明晰性和实用性的同时，还应该考虑到整个复合词词义的完整性以及词内构成成分语义上的关联性，释义内容应尽可能全面地揭示和说明"动""补"之间的致使性语义关系。

我们在对《现汉》中收录的动补式复合词的释义进行考察时发现：个别动补式复合词的释义并不符合上述几种格式，其释义语言也不能真实地反映词义及语素之间的关系意义。例如：

86)【拔取】báqǔ 动❶用拔的方式取出：~优盘丨软木塞~器。

87)【换取】huànqǔ 动 用交换的方法取得：用工业品~农产品。

我们认为，在"拔取""换取"这两个词中，"拔""换"都应该是整个词的意义和功能核心，"取"在语义上有一定程度的虚化，是对"拔""换"的补充说明，表示前面的"拔""换"这些动作的发生及结果，"拔取"的意思就是"拔"，"换取"的意思就是"换"，跟"记取""收取""听取""窃取""拾取"等在结构方式和语义关系上应该属于同一类型，但是从《现汉》当前的释义来看，好像并没有对它们做同样的处理。"记取""收取"分别用动补式复合词"记住"和"收下"进行释义，并在括注中对该词的适用范围进行了说明；"听取""窃取""拾取"则是直接用词中的第一个动词性语素给整个复合词释义，"听取"就是"听"，"窃取"就是"偷窃"，"拾取"就是"拾"，虽然没有体现动补式复合词释义方式的特点，但是从释义本身可以看出"听""窃""拾"在词中的核心地位和

"取"语义的虚化及对前面动词性语素的补充说明作用；而我们这里列出的"拔取"和"换取"的释义语言，采用的却是典型的偏正结构，两个构词成分被处理为一偏一正，也就是将两个构词语素之间的语义关系理解成了修饰关系，"取"不是"拔""换"的结果，反而"拔""换"都成了"取"的方式。我们认为《现汉》对这两个词的释义不太合理，可以参照"听取""窃取"的释义方式，直接用其中的核心动词性语素释义即可。

　　另外，根据《现汉》释义，我们发现还有一些动补式复合词被处理成了联合式或者连动式，这样的释义也不太合理。例如：

88)【侦破】zhēnpò 动 侦查并破获：~案件。

89)【革新】géxīn 动 革除旧的，创造新的：技术~｜~变法。

90)【查实】cháshí 动 查证核实：案情已~。

例88)的释义语言是用"并"连接两个动词"侦查""破获"构成的联合短语，由此可以认为词典编纂者认为"侦查"和"破获"之间为并列关系，而"侦破"一词本身所表达的语义应该是"通过侦查使案件得以破获"，"破"是"侦"的结果。由此可见，《现汉》中的释义语言未能如实反映词语的本义及构词语素之间的语义结构关系，相对而言，《现代汉语规范词典》的释义"经过侦查而破获"还比较合理，基本上可以体现"侦"和"破"之间真实的语义关系。例89)中的"革新"应该是"改革使变新"的意思，《现代汉语规范词典》中就是用这样的释义格式对其进行释义，但是《现汉》却将其解释成了"革除旧的，创造新的"，用两个具有反义并列关系的短语作为释义语言，意思比较清楚，但是却不能准确地反映"革"和"新"之间的语义关联。例90)的《现汉》释义中使用的是"查证"和"核实"两个动词，从语义上看两个词之间一般具有时间上的先后顺序，先查证再核实，但是却无法揭示二者之间存在的"因果关系"，我们认为"查实"的意思应该是"通过查证使案情得到核实"。

　　综合上述分析，我们认为，语文辞书在对动补式复合词进行释义时，释义语言中应该在一定程度上对"动""补"之间的致使性语义关系予以揭示,否则很容易造成对词义和词的结构关系的误解。广而言之,辞书编纂者在对复合词词义进行说解时,既需要充分地认识和理解两个构词语素的自身意义,也应该深刻地把握和揭示语素之间的组合关系及其语义关联。将挖掘和提示构词语素之间的意义关系作为辞书释义工作的一部分来抓,有助于辞书编写者精当、恰切地说解汉语复合词的词义,也有利于辞书使用者全面、准确地理解不同类型的汉语复合词的词义。

第四章　动补式复合词的句法功能

作为汉语双音节复合词结构类型的一种，动补式复合词和其他结构类型的复合词之间存在非常重要的一点差别，就是其他类型复合词的词类属性多是不固定的，可能是动词，也可能是名词、形容词、副词等；而动补式复合词从词类上讲则绝大多数都是动词。导致这种情况的最主要原因就在于动补式复合词独特的内在结构方式。动补式复合词是由一个主要动词及其补充说明成分组合在一起而形成的新的复杂动词，一般认为前面的这个主要动词在整个复杂动词中居于句法上的核心地位，它从根本上决定整个复杂动词的词类归属。① 也就是说，动补式复合词的结构本身就决定了它们在汉语中一般总是作为动词出现并发挥其语法功能的。

本章我们将在对动补式复合词词类属性考察的基础上，重点探讨动补式复合动词的句法功能表现。既然动补式复合词大都是以动词的身份存在的，那么这些词在进入语句中、作为某种句子成分时，是否和其他动词有同样的用法？又有哪些独特的语法功能表现呢？"动+补"的结构类型是否会对其语法功能产生某种潜在的影响？如果确实有影响，其他类型复合词的结构本身是否也对其语法功能存在某种影响？复合词的结构和功能之间又究竟有怎样一种关系呢？这些问题正是接下来所要着重探讨的。

---

① 前文我们在对动补式复合词的深层结构进行挖掘时曾经说过，从语义上看，动补式复合词中的"补"似乎比"动"更为重要；而此处则认为"动"是整个复合词的句法核心，决定着整个动补式复合词的语法属性。我们认为，这两点并不矛盾，正如袁毓林（2000）提出的"述结式（动结式）的句法核心在动词，而语义核心则在补语上，句法和语义是不平衡的"，动补式复合词也是如此。详细论述可参见袁毓林（2000）。

第一节　动补式复合词的词类属性

　　根据对从《现汉》中择选出来的 948 个动补式复合词的考察，我们发现绝大多数动补式复合词在词类属性上都可以归于动词，如果一个动补式复合词为多义词，那么这个多义词的多个义项中至少有一个义项为动词义。这一点恰好与我们对于"动补式复合词应该属于向心结构的复合词，其中的动词性成分是整个复合词结构的心"的判断相一致。

　　除了动词属性之外，还有少数动补式复合词在长期使用过程中发生了意义和功能的转化，由表示陈述转而表示修饰或表示指称，从而演变成形容词、副词、名词等词类；极个别的动补式复合词甚至可能出现意义的虚化和功能的弱化，最终发展成为介词、连词等虚词。

　　我们根据《现汉》中的词性标注对 948 个动补式复合词按照词类属性进行了分类统计，具体统计数据见表 4-1。

表 4-1　动补式复合词词类统计 *

词类	数量	占比	例词
动词	911	96.1%	挨近、拔高、败退、扳倒、驳回、步入、阐明、触怒、打破
形容词	17	1.8%	把稳、操切、持久、凑巧、分明、附近、关紧、过硬、混乱、惊醒、靠准、了得、停当、停妥、修明、荫凉、走俏
副词	12	1.3%	撑死、抵死、赶紧、赶快、赶忙、赶巧、归齐、拢共、拢总、碰巧、上紧、统共
名词	3	0.3%	隔断、过去、究竟
介词	3	0.3%	比及、除开、等到
连词	2	0.2%	加上、免得

　　* 对于有多个义项的非动词性动补式复合词，如果其词性标注不止一种词性，我们按照其第一个义项所标注的词性对其进行归类，如"分明"在《现汉》中的词性标注是：义项①为形容词，义项②为副词，我们就据此将其归入了形容词这一类别。

　　由表 4-1 可知，动词性的动补式复合词在全部动补式复合词中所占比例超过了 96%，而形容词、副词、名词、介词、连词性的动补式复合词加在一起构成的非动词性动补式复合词仅占动补式复合词总数的不到 4%。即使有少数动补式复合词在词类属性上体现为副词、介词、连词等非动词性词类①，它们也大都经历了由动补结构的短语到动补式复合动词再到非动词性动补式复合词的词汇化、语法化发展历程。也就是说，非动词性动补式复合词也大都是由动词或动词性结构发展演变而来的。

基于此，我们在后面探讨动补式复合词的功能时，主要针对占动补式复合词绝大多数的词类属性为动词的动补式复合词进行分析和考察。

第二节　动补式动词的语法功能特征

和其他类型的动词相比，动补式动词②在语法功能上有自己的特点：它们虽然也可以在句中作谓语，前面可以有状语等修饰性成分，但是并不是所有的动补式动词都可以带宾语；动补式动词后面也通常不再出现其他补语；多用"没"表示否定而很少用"不"；其后可以出现时体助词"了/过"，但是"着"却很少出现；只有少量动补式动词可以进行重叠。在具体描写和论述中，我们将其概括为以下几个方面逐一进行说明：一是动补式动词的句法角色，即在句子中出现时它充当什么样的句法成分，具体指能否出现在句子的主语、谓语、宾语、定语、状语、补语等句法位置上；二是动补式动词的句法组合能力，又包括能否带宾语、能否带补语、能否受状语的修饰等；三是动补式动词与时体范畴的共现情况，具体指能否带"着/了/过"等时体标记；四是动补式动词在否定式、重叠式、可能式③等特殊句法格式中的句法表现，即能否受否定副词"不"或者"没"

---

①　非动词性动补式复合词的数量很少，而且涉及副词、介词、连词、形容词等多种词类，它们与动词性动补式复合词在意义和功能等方面都有很大的差异，所以本章的研究对象仅限于动词性的动补式复合词。

②　本节主要探讨动补式复合词的语法功能问题，而我们对动补式复合词语法功能的分析是从其作为动词的角度来考察的，所以本节提到"动补式复合词"时，一律以"动补式动词"代之。

③　这里所说的"可能式"主要指的是通过在词内嵌入表示可能性的标记形式"得/不"而得到的可能结构，如动补式动词"看见"，中间可以嵌入能性标记"得/不"，从而得到该词的可能式"看得见"（肯定形式，意为"能够看见"）和"看不见"（否定形式，意为"不能看见"）。而对于那些动词后添加后补性成分"得了/不了"构成的表示可能意义的结构，如"摆脱得了"（肯定形式，意为"能够摆脱"）和"摆脱不了"（否定形式，意为"不能摆脱"）等则可以视为动补式动词带可能补语的情况，我们将在"动补式动词带补语"部分进行说明。至于那些单纯在动词前面添加表示可能的助词"能（够）"（肯定形式）和"不能（够）"（否定形式）构成的可能结构，我们不予考虑。

的修饰、是否可以重叠、能否在中间插入能性标记"得/不"等；五是动补式动词与某些汉语特定句式的关系，如动补式动词在"把"字句、"被"字句、受事主语句（意念被动句）等特殊句式中的出现情况等。

一　动补式动词的句法角色

这里我们主要考察动补式动词在句中出现时所能充当的句法成分。根据以往的研究，动词在句子中出现时最主要的句法角色就是充当谓语，其次是作定语①，也有少量动词可以出现在主语、宾语和补语的位置上，但是通常要有其他成分与之共现。也就是说，在一般情况下，光杆动词不能在句子中充当主语、宾语和补语，动词要出现在这三个句法位置上通常须与其他成分组合成动词性结构之后才有实现的可能性。

动补式动词所能承担的句法角色基本上与其他动词一致，前面我们提到的几个句法位置上都可以出现动补式动词。但是，并不是所有的动补式动词都能出现在上述句法位置上，而且在动补式动词内部，不同的动补式动词也可能有不同的句法表现。

（一）　动补式动词作谓语

能够在句子中作谓语，是作为动词的基本条件，也是动词最主要的语法功能。对于动补式动词而言，在句子中作谓语也是它们在语法功能方面最主要的特征。所以，动补式动词都能够以谓语（或者谓语部分的中心动词）的身份出现在句子中。如：

1）看你这大模大样的派头，还敢跟我［扳平］身份，反唇相讥。（李英儒《野火春风斗古城》）

2）一分钟后，国奥队还未从欢喜的情绪中冷静下来，八一队已大兵压境，连续三次射门后，由 5 号尚青在乱军中以一记地滚球将比分［扳平］。（《天津日报》1991-05-17）

例1）中的"扳平"与后面的宾语"身份"共同构成动宾结构，受介词短

---

①　董秀芳（2007b）、李晋霞（2008）等都对动词直接作定语现象进行过研究，可参看。

语"跟我"的修饰，它们共同构成整个句子的谓语；例2）中的谓语部分比较复杂，包含多重状语成分，而这多重状语都是用来修饰中心动词"扳平"的，所以"扳平"是整个句子的核心谓语成分。

　　3）这两部书缺掉的篇章会被陆续发现，［补足］填满，稍微减少了人世间的缺陷。（钱锺书《〈干校六记〉小引》）

　　4）给大家的工钱尽管比别家的少，可是大家还都乐意帮助他；他用人情［补足］了他们物质上的损失。（老舍《四世同堂》）

例3）和例4）中的"补足"在句中也都充当了谓语部分的中心动词的身份。在例3）中，"补足"先与"填满"构成同义并列结构，再与前文的"陆续发现"形成更大的并列结构（中间用"，"隔开）作为谓语出现在"被"字句中；在例4）中，"补足"受介词结构"用人情"充当的状语的修饰，后面还带上了自己的宾语"他们物质上的损失"。再如：

　　5）李云龙一通夹枪带棒的损话［激怒］了据点内的伪军大队长，他狂喊道：李云龙，少废话，你老婆在这里，有种你就开炮打，要死老子也有垫背的。（都梁《亮剑》）

　　6）我准拟在这一天走九十里路，［打破］我平生走路的记录。（丰子恺《"艺术的逃难"》）

　　7）在指定的时间内不发生故障的概率得到提高，即［改善］或提高了软件的可靠性。（郑人杰《实用软件工程》）

　　　　　　　　　　　　　　　　　　　　　　　　（以上为主动句）

　　8）我被这个一瞬之间的念头［激怒］了。［姜丰《爱情错觉》（连载之三）］

　　9）然而不到几天，他的幻想就被父亲［打破］了，非常残酷地［打破］了。（巴金《做大哥的人》）

　　10）第二学期时想家不强烈了，但情绪仍不能［改善］，而且与同学的接触也很少，自己很孤单。（王登峰、张伯源《大学生心理卫生与咨询》）

　　　　　　　　　　　　　　　　　　　　　　　　（以上为被动句）

在上面列举的几个例子中，无论是主动句还是被动句，动补式动词"激怒""打破""改善"在句子中所充当的句法角色都是谓语部分的中心成分，或者后面带有自己的宾语，或者有引介动作主体成分出现的"被"字结构，或者前面有助动词或其他形容词、介词结构等作状语。总之，不管前后是否有其他成分与之共现，动补式动词在上述例句中都是作为谓语部分中的核心动词出现的，这是动补式动词最主要的语法功能，也是所有动补式动词都具有的语法功能。

（二）动补式动词作定语

我们这里并不强调是"动词直接作定语"，所以对于一个动补式动词而言，无论它是直接作定语还是借助结构助词"的"（或"之"），只要能够出现在名词性成分前并与之组合成定中式名词短语，我们就认为它是可以作定语的。如：

1. 借助结构助词"的/之"作定语

11）为塞内加尔队攻入［扳平］之球的中场球星迪奥终场前10分钟被罚下场，将无法参加对乌拉圭队的关键之战。（《黑马准备—黑到底》《厦门日报》2002-06-11）

12）在这个方面，苏州的工作做得突出，不少办法有［推广］的价值。（曾鹏飞《技术贸易实务》）

13）洗澡固然是件小事，可是为了解老张的行为与思想，倒有［说明］的必要。（老舍《老张的哲学》）

例11）中的"扳平"借助"之"与后边的"球"构成定中短语；例12）和例13）中的"推广""说明"借助"的"，在句中分别充当"价值"和"必要"的定语。

2. 直接作定语

14）上半场结束前，卡塔尔队本来有很好的［扳平］机会，可惜10号哈姆宰赫在禁区内将球打高。（《印尼"世界波"击溃卡塔尔》《厦门商报》2004-07-19）

15）另外一个值得关注的是许多行业用户也表示这种耳目一新的产品［推广］方式更加增加了他们对联想品牌和产品的认同感。（《联想面向中小企业推广商用电脑》《厦门日报》2000-08-24）

16）"解决了"、"摆平了"，在工程中成了一种心照不宣的［说明］方式。（《"豆腐渣工程"就这样放行》《厦门商报》2003-07-07）

在上面的几个例子中，例11）～例13）中的"扳平"、"推广"和"说明"分别借助结构助词"之"和"的"与其后的名词"球"、"价值"和"必要"组合成了定中式的名词短语"扳平之球""推广的价值""说明的必要"，在句中充当"攻入"和"有"的宾语。"扳平"、"推广"和"说明"这三个动补式动词都是作为其后名词的修饰性成分即定语的身份出现在句中的；例14）～例16）中也包含"扳平"、"推广"和"说明"这三个动补式动词，而且它们在句中出现时所充当的句法角色也是定语，但是在这里它们并没有借助其他结构助词的帮助，而是直接出现在名词性成分"机会"和"方式"之前与之组成定中式的名词短语"扳平机会""推广方式""说明方式"。当然，如果在这几个动补式动词和之后的名词性成分之间填入一个结构助词"的"，构成"扳平的机会""推广的方式""说明的方式"，它们之间的修饰性关系就更加明显了。

并不是所有的动补式动词都能够不借助结构助词"的/之"就可以与其后的名词性成分组合成定中式的名词短语，有些动补式动词必须有结构助词"的/之"的介入才能以定语的身份出现在名词性成分之前，这些动补式动词本身是不能直接作定语的。如：

17）该股上市后恰逢大调整行情，股价由31元调整到最新的16元，调整幅度近50%，其间的反弹力度都不强。近期成交严重缩量，显示筹码集中度有［提高］的可能。（《走势有转势可能》《厦门日报》2002-06-13）

18）起点低、进步快、成绩［提高］的幅度大，这是我国体育运动成就的最鲜明的特点。（《第二届全运会获大面积丰收》《厦门日报》1965-09-29）

在例 17）和例 18）中我们列举了两个以动补式动词"提高"作定语修饰其他名词性成分"可能""幅度"的例子，而我们在全部包含"提高"一词的语料中并没有发现"提高"不借助结构助词"的"而直接作定语的用例。也就是说，"提高"作为定语成分出现在名词前面的时候，它们之间必须通过结构助词"的"的帮助才能够形成定中式的名词性短语。

根据我们的统计，像"提高"这样只有靠结构助词帮助才能作定语、动词本身不能作定语的动补式动词远比可以直接作定语的动补式动词要多得多。① 究其原因，大概是因为这样的动补式动词大都可以带宾语，而"动+名"的组合最主要的结构关系也是动宾关系，所以对于一个"动补式动词+名词"的组合，人们更倾向于将其分析成动宾短语，而很少以"动补式动词+名词"的组合形式来构造定中式的名词短语，即使有，也大都要靠结构助词"的"（或"之"）的帮助以便更明显地将其与动宾式的"动+名"组合区分开来。

（三）动补式动词作主语、宾语

能够在句中作主语、宾语的成分，一般情况下都是体词性成分，或者说主语和宾语是以体词性成分为主的。但是，这并不代表谓词性成分不能作为句子的主语、宾语出现，比如在"散步也是一种很好的健身活动"和"张教授很喜欢散步"这两句话中分别充当主语和宾语的都是"散步"，而"散步"就是一个动词，意思是"随便走走"。当然，有很多动词都不能像"散步"这样直接在句中充当主语或宾语成分，它们在句子中作主语或宾语时通常是与其他成分组合构成一定的名词性或者动词性短语，由整个短语来充当句子的主语或者宾语。动补式动词也是如此，它们大都不能单独直接在句中作主语和宾语，而是要与前后的其他成分构成一定的名词性或者动词性短语之后才能成为句子的主语或者宾语。当作主语或宾语的是动词性短语时，动补式动词在这个充当主语或宾语的短语中往往仍然是整个短语的核心成分，它也就保留了更多的动词性；而当作主语或宾语的是名

---

① 除前文列举的"扳平""推广""说明"之外，能够直接作定语的动补式动词还有"改良""证明""隔离""矫正""接合""生成"等少数的十几个，还不到动补式动词总数的 5%。而需要借助结构助词"的"（或"之"）作定语的动补式动词则占总数的一半还要多。

词性短语时，动补式动词在短语中往往是被修饰的中心语成分，它的表述性功能已经有所减弱，并呈现一定的指称性，或者说用作主语和宾语的动补式动词变得更像一个名词，用于指称某一事件，有的甚至已经衍生出了作为名词的用法。如：

19）大领袖都是有缺点的，那么谭嗣同这样的人物就更不用说了，一味地［拔高］恐怕不是好办法。（《读书》Vol-022）

20）日本农业生物资源研究所的科学家发现，猪体内一个特定基因的［变异］会导致猪更易感染禽流感。这一发现将有助于防止新型流感出现。（《新华社 2004 年新闻稿》002）

21）我们已经找到证据来证明物种类型的缓慢的、难被觉察的［变异］。（《物种起源》）

22）两个人走在那还没盖好的屋子中，卡拉蒙解释他将来要做的［改善］和设计。（《龙枪传奇》03）

在例 19）中，动补式动词"拔高"受前面的副词"一味"的修饰，与之组合成一个状中式的偏正短语，整个短语在句中作主语，后面的"恐怕不是好办法"是句子的谓语部分；例 20）中的动补式动词"变异"则是受名词性短语"猪体内一个特定基因"的修饰，与之组合成一个定中式的偏正短语，整个短语在句中作主语，"会导致猪更易感染禽流感"是句子的谓语部分；例 21）中的动补式动词也是"变异"，但是它在句中的句法角色不再是主语，而是变成了宾语，只不过有"物种类型的缓慢的、难被察觉"这样的修饰性成分出现在"变异"的前面对它进行了修饰和限定；例22）中的宾语是"他将来要做的改善和设计"，动补式动词"改善"和后面的"设计"由连词"和"组合在一起构成并列短语，这个并列短语在全句的宾语中处于中心语的位置。

个别动补式动词可以直接出现在某些动词的后面充当宾语成分，但是能够带动补式动词作宾语的动词大都是一般所谓的"谓宾动词"（如只能带谓词性宾语的形式动词"进行、受到、加以、予以"等），因为谓宾动词的宾语通常"只能是双音节动词或者偏正结构，而且这种偏正结构里的修饰语只能是体词或形容词"（朱德熙，1982/2005：59），而动补式动词的双

音节形式刚好可以满足谓宾动词对于宾语在音节韵律方面的要求。如:

23) 由于市场传闻公司国家股受让方陕西洁微科技有限公司与公司股东西安高新医院有限公司存在一定的关联关系, 公司董事会认为有必要予以［核实］, 在核实期间, 公司股票将停牌。(《都市快讯》2003-6-19)

24) 康有为本人给光绪皇帝上了不止一次的奏折, 强烈建议清政府进行［改良］。(赵焰《晚清有个李鸿章》)

25) 我的伙伴是这样一种人: 她们爱我, 不观察我; 她们爱我时不顾一切, 不在乎受到［贬低］, 不在乎下贱, 不在乎被出卖; 她们爱的是我, 而不是我曾经或将要扮演的那个人; 只要我爱我自己, 她们就会爱我, 甚至不惜自杀。(波伏娃《第二性》)

(四) 动补式动词作补语

"动+补"的特殊结构方式和用于表达致使事件的复杂语义内容, 都使得动补式动词本身具有很强的事件性, 其自身拥有一个非均质的时间结构, 既包含事件发生的起始点, 也蕴含了事件完成的终结点。也就是说, "动词性成分"和补语性成分 (特别是结果义补语性成分) 组合在一起之后就能够表达一个完整的因果事件, 它们也就很难再出现在其他的主要动词后面充当补语成分了。"像'说服、说明、推翻、推广、打倒、证明、放松、改正、提高、刷新'这样的词……因其本身含有动作和结果……不能作为动结式的述语动词或补语动词。"(施春宏, 2008: 67) 当然, 我们并不因此否认某些动补式的复合趋向动词是可以出现在其他动词的后面作补语的。只是, 对于这些充当补语的动补式复合趋向动词来说, 它们的所谓"动词性成分"的动作性已经弱化了很多, 有的甚至已经演化成为单纯表示动作趋向的趋向动词。这一点也可以从"动词性成分"读音的弱化上得到证明。如:

26) 白烟弥漫了一屋子, 又从屋前屋后钻［出去］, 可是那半青的茅草不肯旺燃。(茅盾《秋收》)

　　27）朝鲜战争的炮火虽然已经停止，但是远东的紧张局势并没有真正缓和［下来］。（力平《周恩来传》）

　　28）偶尔薄暮时分天空有几片白云，全村的人都欢呼［起来］。（茅盾《秋收》）

上面三例中的动补式复合趋向动词出现在其他动词后面作补语时，词中的"动词性成分""出"、"下"和"起"的读音都会发生弱化，其中"chū//·qù"变读成"//·chū//·qù"，"xià//·lái"变读成"//·xià//·lái"，"qǐ//·lái"变读成"//·qǐ//·lái"。

　　29）在回到美国前，我还是把小熊取了［下来］，因为我知道波斯简和其他队友会为这个杀了我。（姚明《我的世界我的梦》）

　　30）至于这刹那以前的种种，我是追不［回来］，可以无庸过问：这刹那以后还未到来，我也不必多费心思去筹虑。（俞平伯《读〈毁灭〉》）

　　31）妈妈如果真的要对你下手，多半会把铁链子弄断，把你从窗口扔［出去］。（格非《江南三部曲》）

对于例29）~例31）中的"下来""回来""出去"这样的复合趋向动词作补语的情况，我们甚至可以将其分析成双重补语：动补式趋向动词中的动词性成分"下""回""出"作前面动词"取""追""扔"的趋向补语，而词中的补语性成分"来""去"作的是前面的动趋式"取下""追回""扔出"的趋向补语。这一点似乎也可以从带有复合趋向动词作补语的动词后面再带宾语时宾语的出现位置得到证明。如果例29）中动词"取"后面同时带上复合趋向补语"下来"和宾语"小熊"，通常的组合顺序是"取下小熊来"，而不能是"取小熊下来"，说明"下"和"来"之间可以插入其他成分而"取"和"下"之间却不能，"取"和"下"之间结合的紧密程度甚至比"下"和"来"还要高。所以我们认为，"取下来"似乎不宜分析成由动词"取"带复合趋向补语构成的"取 | 下来"，而更适合分析成"取下 | 来"，也就是趋向动词"下"先与动词"取"组合成动补结构，整个动补结构再与另一个趋向动词"来"组合，形成新的

更大的动补结构。

二　动补式动词的句法组合能力

所谓句法组合能力，是指词语在句子中与在其前后出现的其他成分之间的组合搭配能力。这里我们主要考察动补式动词带补语、带宾语以及受状语、定语等句法成分修饰的情况。

（一）动补式动词带补语

动补式动词本身的补语性构词成分大多是表示结果、状态以及程度变化的，而同一动作通常不会同时产生两种或更多的结果，不会同时处于两种及以上的状态，所以，动补式动词后面通常不会再带其他补语；即使有少量动补式动词能带补语，其补语的类型也往往是受限的。也就是说，能在动补式动词后面出现的补语的种类相对来说非常有限，大多是趋向补语、可能补语、状态补语或由介词结构充当的处所补语等，而结果补语、程度补语等则很少在动补式动词后出现，甚至几乎不出现。

通过对语料的分析，我们发现：后面能够出现补语的动补式动词数量不到总数的 1/3，而且其所带补语的类型大多属于趋向补语、可能补语、状态补语以及由介词结构充当的处所补语等。如"扳倒、标明、打倒、推翻、制伏"等动补式动词能带介词结构"在/于+处所"作补语，表示状态；"挨近、摆脱、澄清、解脱、提高、推广"等后面可以出现趋向补语；"拔高、贬低、触及、扩大、推翻"等后面可以出现"到（为、成）+处所/名词性结构"作补语，表示处所、程度或状态；"摆脱、澄清、摧毁、打败、说明、证实、制伏"等词的后面还可以出现可能补语①；能够带状态补语的动补式动词有"摆脱、冲淡、澄清、摧残"等②；而能够带动词或形容词性结果补语的动补式动词只有"摆脱、摧毁、摧残、冲决、拆

---

① 可能补语通常带有其形式标记"得/不"，而没有形式标记的，我们通常将其看作状态补语。而且这里所说的可能补语仅指类似于"得了/不了"这样的出现在动补式动词后表示其可能与否的补语成分，而不包括动补式动词中间插入能性成分"得/不"构成的可能式。

② 根据朱德熙先生（1982/2005）对补语类型的划分，我们可以知道：由结果补语组成的述补结构是一种粘合式述补结构。因而，"动词+得+补语"形式中的补语，即使表示的是一种近似于结果或者可以理解为动作结果的成分，它也只是一种状态补语，而非结果补语。

毁"等，而且它们所能带的结果补语也多为"掉、开、住"等意义已经有所虚化的成分，或者是"净、尽、清、完、死"等表示动作完结、事物可能出现的终极结果的词语。如：

32）假如我不是昨天才见的段瑜，我一定大力地支持叶浅翠持这样的想法，至少可以从噩梦般的遭遇里［摆脱］出来。（蔡骏《诡念》）

33）严萍伸手把镜框噼啪地［扳倒］在桌子上，拆出冯登龙的相片，扔在一边，又把江涛的照片装进去。（梁斌《红旗谱》）

34）世界上任何物质力量也［摧毁］不了一个民族不屈不挠的精神。（李安山《南非斗士曼德拉》）

35）彼得挺起身，自满的神色已因查理的评语而［摧毁］无疑。（克莉丝汀娜·罗根《来电游乐园》）

36）他素来自命为自由，因为他除了自由的良知以外已经摆脱了所有的规则；但在这些连思想的一切绝对的规则，一切无可违拗的强制，一切生存的理由都［摆脱］干净的法国人旁边，他骇然发觉自己的自由原来是微不足道的。（罗曼·罗兰《约翰·克利斯朵夫》）

37）一旦谈判地点变更，对方便可能因此而［摆脱］掉上回谈判所带来的不悦，重新振奋起来，以高昂的斗志再度面对你。（《哈佛经理谈判能力与技巧》）

例32）中的动补式动词"摆脱"后面有补语"出来"，是由动补式动词充当的趋向补语；例33）中"扳倒"的补语是由介词结构"在桌子上"充当的，说明被"扳倒"之后镜框所处的位置；例34）则是由表示否定的可能性的补语成分"不了"充当动补式动词"摧毁"的补语，属于可能补语；在例35）中，出现在动补式动词"摧毁"之后的"无疑"，似乎可以看作结果补语，如果将其理解成状态补语也未为不可；例36）中充当动补式动词"摆脱"补语的是"干净"，从语义上讲，可以理解成结果补语，也可以看作状态补语；例37）中，动补式动词"摆脱"的补语"掉"可以看作结果补语，但它的意义已经有所虚化了。例38）~例40）与例32）~例37）的区别就在于动补式动词和它们的补语之间带有补语的形式标记"得"。

38) 热爱艺术的人们最终会用创造艺术的手将所有的艺术 [摧毁] 得精光。(张贤亮《绿化树》)

39) 她在签下离婚协议书的那一刻起，就打算把两人之间曾有的恩恩怨怨全甩到九重天外了。可惜，她至今尚未 [摆脱] 得很成功吧！(余宛宛《我行我素》)

40) 他在那对爱侣面前 [激怒] 得手舞足蹈起来，可是我想象不出他究竟是什么意思。(《福尔摩斯探案集》01)

在例38) 中，动补式动词"摧毁"后面的补语"精光"是补充说明被摧毁的对象"艺术"在"摧毁"的事件过程发生之后所处状态的，属于状态补语；例39) 中的补语"如此顺利、迅捷"也是用来对"摆脱"这件事进行评价和判断的，可以看作评价补语；在例40) 中作补语的是"手舞足蹈起来"，用以补充说明他被"激怒"之后所处的状态，似乎归入状态补语比较合适。

（二）动补式动词带宾语

动补式动词大多可以带宾语，但是也有少量的动补式动词后不能出现宾语成分。动补式动词能否带宾语主要与两个方面的因素有关：一是动补式动词的语义结构；二是"动词性成分"和补语成分的及物性。

1. 从动补式动词表示的语义结构的角度来看，大部分动补式动词之所以可以带宾语，是因为动补式动词的语义结构中最常见的就是"a（表示动作 V 的主体，下同）通过动作 V 致使 b（表示动作 V 的客体，下同）发生某种变化或者移动"，其中 a 一般出现在动补式动词前面主语的位置上，而 b 通常出现在动补式动词后宾语的位置上，此时补语的语义指向 b。或者，当整个动补式动词所表示的语义结构类型属于评价类，而补语性成分的语义指向由述语成分所表示的动作 V 时，作为动作 V 的客体存在的 b 通常也可以在整个动词的宾语位置上出现。如：

41) 南宫雅治顺势漂亮地 [制伏] 他 ，同时也确定了对方的身份，擦肩之际对歹徒悄言："如果不想让你们的主子成为全场嘉宾的笑柄就立刻走人，否则别怪我翻脸无情。"(左晴雯《被爱好讨厌》)

42）文坛上一个时期内［贬低］文学的认识价值同时将文学的美学价值抬高到不适当的地位予以鼓噪，证明着文坛的幼稚和浅薄。（梁晓声《狩猎是一种冒险》）

43）你们都［抓紧］时间回去学点什么吧！（老舍《女店员》）

例41）中"制伏"的语义结构可以理解为"南宫雅治用强力压制（他）使他驯服"，作为动作"制"的发出者的"南宫雅治"出现在主语的位置上，而变得"驯服"的"他"则占据动词后宾语的位置；例42）中"贬低"表达的是"（文坛中的人）贬损文学的认识价值使之变得低下"的意思，"文学的认识价值"是被"贬"的对象，也是变得"低"的当事者，可以出现在宾语的位置上；而例43）中的"抓紧"属于评价类动补式复合词，补语性成分"紧"的语义指向是前面的"动词性成分""抓"，整个复合词的语义结构是"你们抓时间抓得紧"，"时间"是述语性动作"抓"的客体，也可以作为整个动补式复合词的宾语出现。

但是，当动补式动词所表示的语义结构为"a受到动作V的影响而发生某种变化或者位置上的移动"时，身兼动作V的客体和变化、移动的主体这两个角色的a只能出现在动词前的主语位置上，而不能出现在整个动词后面的宾语位置上，这时整个动补式动词后也就不能出现宾语。如：

44）我躺在黑暗的床上，旁边传来杜梅入睡后均匀的呼吸，我情绪［激荡］，亢奋异常，那些曾经羞辱过我的人的脸孔一张张在我眼前浮现。（王朔《过把瘾就死》）

例44）中的"激荡"一词在句中是"因受冲击而动荡"的意思，所以"情绪"是"激"的客体，也是"荡"的主体，只能出现在动词前主语的位置上，而不能作为整个动词的宾语出现。

2. 从构词成分自身的及物性角度来看，当动补式动词中的"动词性成分"为及物动词时，无论补语性成分是不及物动词还是形容词抑或是趋向动词，一般都不会影响整个动补式动词的及物性，后面可以出现宾语。如：

45）有的战士逗弄着有疥疮的人，说着顺口溜："长疥不算病，全因咱钻洞。不钻洞可不行，没法［打败］鬼子兵。"（柳溪《战争启示录》）

46）同样上帝虽［参透］了人情物理，心上老是不自在，还觉得女人的情感离奇不可解。（钱锺书《上帝的梦》）

47）怎能刚求了人家又［撤回］手来呢！（老舍《新时代的旧悲剧》）

例45）中的动补式动词"打败"，其"动词性成分""打"是及物的（如"打人"），补语性成分"败"是不及物的，整个动词还是及物的，后面可以出现宾语"鬼子兵"；例46）中的动补式动词"参透"的"动词性成分""参"具有及物性（如"参禅"），补语性成分"透"是个形容词，整个动词也仍然具有及物性，后面带有宾语"人情物理"；例47）中的动补式动词"撤回"的补语性成分是趋向动词"回"，"动词性成分"是及物动词"撤"（如"撤军"），整个动词也是及物的，可以带宾语"手"。

但是当动词中的"动词性成分"为不及物动词时，则无论补语性成分是动词还是形容词，整个动补式动词通常都是不及物的，后面不能出现宾语。如"变异、病故、病退、病休、感奋、感念、梗死、劳损、膨大、瘐死、站住"等词中的"动词性成分"是不及物的，所以整个动补式动词后边也不能出现宾语。

（三）动补式动词前加状语

状语是谓词性成分的修饰语，通常附加在谓语动词或形容词之前表示动作的方式、状态、对象、工具、频率、时间、处所以及事物性状的程度等。动补式动词最基本的句法功能就是作谓语，它的前面出现状语成分也就是很自然的事了。动补式动词受到状语修饰时，前面可以有状语标志"地"，也可以略去不用。如：

48）钱先生的声音忽然［提高］，象发了怒似的。（老舍《四世同堂》）

49）炮火于是自然而然地由圆的四周往中心集中在一点上，明显

地［提高］了破坏的效率。(《银河英雄传说》03)

50) 从 7 岁开始，孩子的记忆监控能力有明显的改善而且将随年龄不断［改善］。(方富熹、方格《儿童的心理世界——论儿童的心理发展与教育》)

51) 企业应当充分利用设备更新、改造的有利时机，系统地［改善］设备的环境保护性能和环境效果。(马忠普《企业环境管理》)

例 48) 和例 49) 都是动补式动词"提高"前加补语的情况，例 48) 中没有状语标志"地"，例 49) 则用到了"地"，当然这个"地"也是可以省略的。例 50) 和例 51) 中的动补式动词是"改善"，两个例子也都属于其前加状语的情况，前者没有状语标记"地"；后者状语后有"地"，而且"地"在句中是必须出现的。

(四) 动补式动词前加定语

有些动补式动词可以出现在定中短语的中心语位置，动补式动词的前面可以出现其他的修饰性成分作为它的定语，修饰语常常是名词或形容词，中心语和修饰语之间一般有结构助词"的"连接。动补式动词和它的修饰语构成的整个定中结构具有体词性，独立成句的能力相对较差，一般在句子中充当主语或宾语成分。如"摆脱""变异""病故""带动""改良"等都可以前加修饰性成分构成"彻底的摆脱""基因的变异""父亲的病故""龙头企业的带动""进一步的改良"等定中结构，作为整个句子的主语或宾语出现。能够在动补式动词前作定语的成分大多是动补式动词所表示的动作或事件的客体对象或者主体事物的成分，有了这些成分的修饰限定，动补式动词的动作性便会有所减弱，并逐渐向名词靠拢，呈现一定的指称性，用来指称动词本身所表示的事件过程；有的甚至已经衍生出了作为名词的用法。我们认为，动补式动词之所以能够呈现一定的指称性，大概也是源自它自身语义表达的并非某一个单独的动作，而是对动作及其发生之后产生某种结果的特定事件进行表述，事件的动作性明显要弱于动作。此外，基于其表达功能由陈述向指称的转化，能够前加定语的动补式动词大都也可以在句子中充当主语或者宾语。

52) 于是，他想以离开作为一种彻底的 [摆脱]。(《1997 年作家文摘》)

53) 与伟大的艺术作品不同，伟大的科学理论作品总是会得到进一步的 [改良]。(《通过知识获得解放》)

54) 平时我读古人传记，常常发现当一位伟人溘然长逝，自然界会出现突如其来的 [变异]。(李敖、汪荣祖《蒋介石评传》)

55) 采芹终于没有机会能与他们一起将书一路念下去，初中毕业后，因为母亲的 [病故]，家中需要人手与缺少读书费用，永远告别了读书。(曹文轩《天瓢》)

上面四个例句中的动补式复合词前边都有各自的定语，例 52) 中"摆脱"的定语是"彻底"，整个定中短语充当"作为"的宾语；例 53) 中修饰"改良"的是"进一步"，二者组合成的定中短语作为句中谓语动词"得到"的宾语出现；例 54) 中的"变异"受它前面的"突如其来"的修饰，构成的定中短语作"出现"的宾语。这三个例句中的动补式复合词在前加定语之后都是在句中充当相关动词的宾语成分。而例 55) 中的"病故"受到前面的亲属称谓名词"母亲"的修饰限定，二者组合成的定中短语是作为介词"因为"的宾语出现的。

三 动补式动词与时体范畴

(一) 动补式动词与动态助词"了""过"

动补式动词是由"动词性成分"和补语性成分组合在一起构成的，补语性成分用来补充说明"动词性成分"所表示动作行为导致的结果、位置移动或相应评价，其"动+补"的结构本身就决定了动词表达的意思是动作已经发生，并产生了一定的影响或结果。黄伯荣、廖序东（2011：29）对于动态助词所表动态的界定是"动态指的是动作或性状在变化过程中的情况，是处在哪一点或哪一段上。……动态，不是表示事件发生的时间。它可以表示事件在过去、现在或者将来的动态。动态又叫'体'或'情貌'"。从语法意义上来看，这里所说的"动态"和我们一般理解的"体"这一语法范畴有密切的关系，因此也有一些学者将动态助词称为

"时体助词",如刘公望（1988）、石锓（1995）、唐健雄（2007）等。根据黄伯荣、廖序东对动态助词"了""过"用法的说明，我们可以知道："了"表示的是动作或性状的实现，即已经成为事实；"过"表示的是经历，即说明动作变化已经过去。也就是说，"了"和"过"都是主要用于表示已经发生甚至成为过去的动作行为，而这一点恰好与动补式动词表达动作已经发生并产生结果或影响的语义相一致，因此动补式动词后面通常可以出现动态助词"了"和"过"。通过对相关语料的搜索，我们发现：几乎所有的动补式动词后面都可以出现动态助词"了"和"过"。

戴耀晶（1997：5）在分析"汉语的时体意义"时，曾经从事件角度给"体"下了定义，他认为"体是观察时间进程中的事件构成的方式"，并据此将现代汉语的时体系统概括为完整体和非完整体两个大类，完整体又有现实体、经历体、短时体之分，三者分别以"了""过""重叠动词"为标记；非完整体又有持续体、起始体、继续体之分，分别以"着""起来""下去"为标记。他在分析"了"的完整性时，指出"'了'表明事件是不必分解的"，并比较了"了"与"着"使用上受到的不同限制：①带上"时量词"，事件有完整性。可带"了"，不可带"着"。②带上"动量词"，事件有完整性。可带"了"，不可带"着"。③带上"结果补语"，事件有完整性。可带"了"，不可带"着"。① 动补式动词大都带有表示结果意义的补语，因此大多可以带"了"和"过"。我们来看几个例子：

56）我们不能容忍这种情况，因此在中国共产党的领导之下，我们用革命的手段［打败］了、并推翻了压迫者。（《人民日报》1959-04-16）

57）中国冰球运动水平目前还较落后，但中国冰球队多年来不甘落后，在亚洲冬季运动会和世界冰球C组锦标赛上曾［打败］过一些实力超过自己的强队，获得过骄人战绩。（《人民日报》2000-03-20）

58）据介绍，今年1至5月，当地沙尘暴次数与往年相比［减少］了1/3，空气湿度增加了10%。［《人民日报》（海外版）2014-

---

① 这里参考了戴耀晶在2008年暑期全国语言学高级讲习班上的讲稿。

07-28]

　　59）如果 28 个原有项目都通过了投票，这 5 个项目就没有希望成为夏季奥运会比赛项目，而从 1936 年取消马球比赛以来，夏季奥运会还没有［减少］过任何比赛项目。［《人民日报》（海外版）2005-06-17］

　　例 56）和例 57）分别是动补式动词"打败"后面带动态助词"了"和"过"的用例，前者强调动作行为的完成和实现；后者说明过去曾有的经历。例 58）和例 59）中的动补式动词都是"减少"，它的后面同样既可以带"了"，表示情况的实现；也可以带"过"，表示过去的经历。

（二）动补式动词与动态助词"着"

　　动补式动词后面一般只能出现动态助词"了""过"，而不能出现"着"，如"提高""推翻""改善""摆平""扩大""延长"等后面都不能出现动态助词"着"。在 948 个动补式动词中，只有"充满、敞开、摧残、表明、长大、冲决、挫伤"等少数十几个动词的后面可以出现动态助词"着"，而且从语料用例来看，其出现次数大多仅为一两次。

　　之所以会出现这种情况，我们认为是因为动补式动词中补语成分的存在本身就说明动作已经发生，并产生一定的影响或结果，属于已然体；而"着"为持续体助词，表示的是动作正在进行或者事件、状态在持续过程之中，与动补式动词表示的"动作已经发生"相矛盾，所以动补式动词后面出现动态助词"着"的情况很少。

　　在这里，我们也可以借用戴耀晶对汉语时体意义的分析和"了""着"使用限制的比较，来解释说明动补式动词后面一般情况下不会出现动态助词"着"的原因。"'着'不与表达动作结果的词语同现，因为动作有了结果，相应的事件就带上了完整性，与'着'的非完整性质不相容。"（戴耀晶，1997：83）虽然动补式动词与一般的动词加结果补语构成的动补结构在语法属性上并不完全相同，它只是由"动词性成分"和补语性成分结合而成的词汇成分，但是通过对其构成成分的分析，我们认为动补式动词不但在结构形式上与动补结构一致，而且从语义上来讲，它们也具有动补结构所表示的事件完整性的结构意义，所以通常情况下，它们的后面也不可以带"着",而可以带"了"。

然而,"充满""敞开"等词之所以可以带"着",我们认为是因为这些词在表述事件意义上有它们自身的特殊性。这些词本身所表达的往往不只是一个简单的事件或者状态,或者说这些词所表述的往往是一个复杂事件,其复杂性主要表现为一个事件在完结的同时又导致了另一个事件或状态的发生或开始,事件之间具有逻辑上的因果关系和时间顺序上的前后关系。比如,"充满"中的"充"某一"容器"是一个事件,"满"本身可以说明已达到容量的极限,并进而表明"充"这一事件的终结,"充"的动作不再持续,具有完整性;但同时,动作或事件的结果又使得"满"的状态开始并得以持续,这样就又有了持续性,因而就可以用持续体助词"着"。换句话说,"充满"等动补式动词从整体上来讲,可以看作持续性动词,因此它的后面带有持续体助词"着"也就是很自然的事情了。

60)娱乐活动[充满]着竞争意味,成为家族、村落或个人在一年中成败的先兆。[阴法鲁、许树安《中国古代文化史》(三)]

61)青少年学生[充满]着幻想,他们对新鲜事物都[充满]着热情。(方富熹、方格《儿童的心理世界——论儿童的心理发展与教育》)

62)我舅舅住的是那种一间一套的房子,像这样的房子现在已经没有了,卧室接着阳台,门[敞开]着。(王小波《未来世界》)

63)文学艺术的大门紧闭着,但迎接她当新娘贴满大红喜字的大门却[敞开]着。(赵先知《一位打工姐的血泪作家梦》)

(三)动补式动词与时间助词"的""来着"

以上我们分析了动补式动词与"着""了""过"这三个表示动作或性状在变化过程中的情况的助词之间的共现关系,这三个词都可以表示事件在过去、现在或者将来的动态,往往统称为"动态助词",用以表示与动作行为相关的体范畴。这里所谓的"动态",重在强调动作或性状发生过程中的情况或完成之后的状态,而这样的情状并不受时间的限制,所以动态助词的使用一般并不表示事件发生的时间。汉语在表达时间范畴时往往采用词汇手段，即通过在句中使用一定的时间名词或者副词的方式，以时间状语的形式说明事件发生的时间。

黄伯荣、廖序东（2011：30）提出"时间助词"这一概念，并列举出汉语中的两个专门表示事件发生时间的助词"的"和"来着"。他们既指出了两个时间助词的共同特点，即"'的'和'来着'都限于表示过去的事，只是'的'偏重于强调动作的时间、处所、方式、施事等"，同时对二者在使用中的差异进行了区分和说明："'的'插在动宾短语中间，表示过去发生的事情，例如'他十点钟到的北京'、'我昨天进的城'。'来着'用在句末，一般表示不久前发生过的事情，例如'昨天上午你干什么来着？'"

本书借用两位先生对时间助词概念的界定和分析，来考察动补式动词与表示时间范畴的"的"和"来着"的共现情况。从动补式动词自身表示动作已经发生、完成、有了结果的特点以及"的""来着"表示事情发生在过去的时间意义来看，它们之间具有较强的一致性，一般情况下应该是可以共现的。

根据对相关语料的分析，我们发现：动补式动词大都可以出现在"V+的+O"的特定结构中，表示"V+宾语"的事情已经发生，但是，由动补式动词构成的"V+的+O"结构在句中出现时，如果句中没有"强调事情发生在过去时间"的时间词语，该"V+的+O"结构往往不再表示对事情发生在过去的陈述，而是转指V所表示的动作行为完成之后受到该动作行为影响的宾语本身，整个结构由表达陈述转而表达指称，其中的"的"也一般不再分析为时间助词，而是结构助词。例如："我昨天晚上刷新的微博"，如果将其中的"的"看作时间助词的话，那么这句话的意思是强调刷新微博的时间发生在过去，不是别的时间刷新了微博，而是昨天晚上。但是，如果句中表示过去的时间词"昨天晚上"不在句中出现的话，"我刷新的微博"则一般指的是"被刷新了的微博"本身，整个结构可以分析为定中结构的偏正短语，具有指称性。又如：

64）两个人之间才刚［缩短］的距离，又再度拉开了。（美嘉《恋空》）

例64）中，"缩短的距离"表示的不是"缩短距离"的动作或事件发生在过去，而是"被缩短了的距离"，即具有指称性的名词短语。但是，正是因为过去某一时间发生了"缩短距离"这样的事情，才会导致所谓"缩短的距离"的存在。

需要注意的是，"V+的+O"不是不能表示动作或事件发生在过去时间，而是人们在日常表达中一般不会特意强调动作或事件发生的时间，除非在强调句中，例如：在回答"你什么时候更新的朋友圈？"时，可以用"我昨天晚上更新的朋友圈"来回答，从而强调"更新朋友圈"这一事件发生的过去时间，相当于使用强调句式"是……的"，如"我是昨天晚上更新朋友圈的"。但是，更通常情况下出现的"V+的+O"结构表达的是指称义，表示"V了之后的O"。

"来着"属于口语词，我们搜索到的动补式动词与"来着"共现的语料主要来自微博。结果显示，动补式动词在口语中大多可以与表示动作或事件发生在过去的时间助词"来着"共现于"（过去时间）+V+来着"的特定结构中，而该结构中表示过去时间的词语可以出现也可以不出现。因为口语具有简单化和随意性的特点，表示时间的词语有可能省略或隐去，而并不在句中出现。不管其出现与否，整个句子表达的都是V表示的动作或相关事件发生在过去某一时间，通常情况下出现时间词语是对这个动作或事件发生的过去时间进行强调。例如：

65）怎么能这样啊？上次不是还［澄清］来着？（微博语料）

66）昨天我从凌晨开始一直［刷新］来着。（微博语料）

67）这个我去电影院看的，我倒没觉得有意思，我朋友很［感动］来着。（微博语料）

四 动补式动词的特殊句法形式

这里我们主要考察动补式动词在否定式、重叠式、可能式等特殊句法形式中的句法表现，即能否受否定副词"不"或者"没（有）"的修饰从而构成否定句、在句中是否可以重叠（是否存在ABAB式）、能否在两个构词语素中间插入能性标记"得/不"构成可能式等。

（一）否定式

根据考察，绝大多数动补式动词出现在否定句中的时候，所使用的否定副词都是"没（有）"，很少用到"不"。如"保全、奠定、撼动、看穿、廓清、扑灭、驱动、刷新、撕毁、压倒"等动补式动词都不能用"不"来否定。能够出现在带有否定副词"不"的否定句中的动补式动词主要是"出来、出去、回来、回去、过来、过来"等复合趋向动词，它们通常在句中作可能补语，因而所谓的否定形式也不过是对这种可能的否定；此外，像"证实""澄清""打倒""说明""丢掉"等动补式动词与否定副词"不"共现的情况则大都出现在表示让步、条件、假设、并列、递进等关系的复句中或者出现在对举事物现象的句子中，有的则是出现在双重否定句、强调句或者疑问句中，表示某种否定意味。如：

1. 正反对举的疑问句或带有疑问语气的陈述句

68）帝国主义还 [打倒] 不 [打倒]？（欧阳山《三家巷》）

69）[提高] 不 [提高] 是由人民的艺术生活如何而决定的脱离了人民，幻想提高，我们自己反倒会远远地落在人民的后边。（老舍《学习民间文艺》）

2. 强调句

70）有的原是宏幅巨制，缩小千分之一刻在烟斗上，毫不 [丢掉] 原作的风神、气势和丰富感。（冯骥才《雕花烟斗》）

71）我可没有工夫等你们，这桩交易你们是做也不做？我可得有言在先，我的价钱是决不 [减少] 的！（梁羽生《风云雷电》）

3. 假设复句

72）这些误解如不 [澄清] 就不能达到合理安排时间提高教学质量的目的。（《合理安排时间，提高教学质量》《厦门日报》1959-06-10）

73）他感到"五反"检查队在沪江纱厂任务的沉重，如果不 [提

高〕警惕，说不定要出大乱子。（周而复《上海的早晨》）

4. 并列复句

74）对于欧洲盟国的愤怒和关注，美国政府起初不屑一顾，既不否认也不〔证实〕。（《美中情局遭遇"黑狱门"》《厦门商报》2005-12-03）

75）有关人士提出，适当扩大体育教师高级职称评聘比例，对基本符合高级职称条件的体育教师学校要积极加以推荐，评审部门要理解和尊重他们有自己特点的教学工作，做到既不〔降低〕标准，又不拘一格。（《文汇报》2002-08-30）

我们认为，导致这种情况的原因恐怕就在于动补式动词本身所表达的"动作—结果"的语义结构特征。"不"往往用来否定尚未发生的事情，表示一种未然的情况，而"没（有）"则用于已然的情况。动补式动词因为其内在的补语成分本身就表示结果、变化等已然的状态，所以其否定形式就不能用"不"，而只能用"没（有）"。

（二）重叠式

就汉语动词的一般语法特征而言，"有些动作行为动词可以重叠，表示短促动作的动量小或时量短或尝试、轻松等意义，限于表示可持续的动作动词。单音动词重叠是 AA 式，如'想想'、'说说'，双音动词重叠是 ABAB 式，如'打扫打扫'、'研究研究'"（黄伯荣、廖序东，2011：11）。而大部分动补式动词都是表示非延续性动作的，所以大都不能重叠，只有极少数表示可延续性动作的动补式动词可以有 ABAB 的重叠形式。根据我们的统计，能够重叠的动补式动词有 30 多个，占动补式动词总数的4%左右。这少量的能够重叠的动补式动词，其补语性成分大多是由具有延续性时间特征的形容词充当的，而且这些形容词都是"在时间结构上具有段特征的延续形容词"①。延续形容词的"词汇概念结构里蕴涵着一种渐变

---

① 延续形容词是张国宪（2006）根据变化形容词在时间结构上是否占据续断分出来的下位类型。

性质……与其反义词构成的两极之间存在着一个逐渐过渡的连续统"（张国宪，2006：108）。所以，由延续形容词充当的补语性成分，在与其他"动词性成分"组合成动补式动词之后，就使得整个动词也具有了可延续性，从而可以进行重叠，表示动作导致的变化量少。如：

> 76）在与世隔绝了几个月之后，我真想［提高提高］自己的兴致。（毛姆《人性的枷锁》）
>
> 77）这个大礼拜是绝对要［放松放松］的。（池莉《你以为你是谁》）
>
> 78）谁知给他送去了，他不收，还劝我们把勤杂人员［减少减少］，按编制先把政治工作人员配备起来。（孙犁《风云初记》）
>
> 79）我们得意地互相交换一下眼神，默默地打着哈哈，说打算到你这里［改善改善］伙食，老黑的脸色变得更严肃了。（黄桂元《"黑"在洛杉矶》）

例76）～例79）中动补式动词的补语性成分都是由"高、松、少、善"等形容词充当的，这些词都属于变化形容词中的延续形容词，所以由它们跟其他"动词性成分"组合构成的动补式动词都可以进行 ABAB 式重叠。

当然，也有少量由动词充当补语性成分构成的动补式动词是可以重叠的，这样的动词主要有"合""动""进"等。

> 80）这表姐就想给小姑子和表弟［撮合撮合］，写信来让小王寄张照片去。（汪曾祺《七里茶坊》）
>
> 81）"咱们一齐［鼓动鼓动］大家，搞得热火朝天！对！"（老舍《无名高地有了名》）
>
> 82）不论好歹，饭总算是做出来了，这顿做得不可口，下顿还不能［改进改进］？（老舍《四世同堂》）

上面几个例子中的动补式动词都是由动词性语素充当补语性成分，它们可以有 ABAB 的重叠形式。尽管这样的重叠形式并不常用，但确实是可以进行重叠的。究其原因，恐怕跟构词语素自身的性质没有太大的关系，而是因为这些动补式动词在语义上都具有一种［+可重复性］的语义特征；而且它们所表示的动作行为大都具有一定的目的性。为了实现目的而进行尝试，这一点也恰好与重叠式所表达的［+尝试性］语义特征相吻合。

（三）可能式

在现代汉语中，"表示事情的可能与否"的方式主要有三种：一是直接在主要动词前加"可能；能（够）"或者"不可能；不能"来表示可能性；二是在动结式和动趋式中插入"得/不"来表示可能性；三是在动词或动词性结构之后加上"得了/不了"来表示可能性。我们这里所说的"可能式"，主要指的是第二种情况，即在动补式动词中间插入"得/不"之后得到的可能补语结构，"得"表示肯定，"不"表示否定。朱德熙（1982/2005：132）认为"大部分结果补语和趋向补语都能转换为可能补语"，而转换的方式就是在动词和补语之间插入能性标记"得/不"。对于动补式动词来说，绝大部分动补式动词的补语性成分都是表示结果义和趋向义的，所以能否在动补式动词内插入"得/不"形成可能式也就成为我们考察动补式动词句法表现的一个重要方面。

我们发现，并不是所有补语性成分表示结果义和趋向义的动补式动词中间都能插入表示可能性的"得/不"，其中能够同时转换成可能式的肯定形式和否定形式（中间既能插入"得"又能插入"不"）的动补式动词有80多个，还不到动补式动词总数的9%，此外还有30多个动补式动词的中间可以插入"不"使其转换成可能式的否定形式，却不能插入"得"转换成可能式的肯定形式。也就是说，即使我们只考虑能否转换成可能式而对其是肯定形式还是否定形式忽略不计的话，这样的动补式动词也只有120个左右，还不到动补式动词总数的13%。据此我们也可以证明，动补式动词的内部构成成分之间的结合要远比动结式和动趋式之类的动补结构紧密得多，一个动补结构一旦凝缩固化成为一个动补式动词，其允准其他成分（即使是"得/不"这样的能性成分）进入内部结构之中的可能性也就变得越来越小了。

根据我们的考察，中间能够插入"得/不"表示可能的动补式动词主要集中于两种意义类型：一是补语性成分为趋向义的，特别是整个动补式动词的意义有所虚化，甚至变成了复合趋向动词的，如"发出""收回"

"过去""下来"等；二是补语性成分意义有所虚化的，如"打开""看见""忘掉""站住"等。

1. 趋向义

83）小郭望着我，嘴唇抖动着，好一会才［发得出］声音来："连我自己也不知道，那是怎么一回事了！"（倪匡《大厦》）

84）心里更加不乐，不乐中间还带了一些儿愤慨的成分，闷闷地然而又［发不出］脾气来。（叶紫《岳阳楼》）

85）有侍卫向在墙头的李玟叫道："公主请下来，恕小人们救驾来迟！"李玟却一动不动，向下叫道："我被点了穴道，怎么［下得来］？"（刘铮《凤凰琴》）

86）如果不是我爹妈死得早，我也不会不学好，一上了这个贼船，想下也［下不来］哪！［彭荆风《绿月亮》（10）］

2. 虚化义

87）那日中午宿舍楼前，那个泪流满面的男孩单纯倔强的模样，她又怎能［忘得掉］！（陈华《那一曲军校恋歌》）

88）这样过了一个星期，手心上的电话号码早已洗掉了，但脑子里的那七位数字却怎么也［忘不掉］。（赵凝《眨眼睛的圣诞树》）

89）那个人咽了一下口水，拿起杯子来喝了一大口酒，突然看见我，他马上又说："殖民主义又不是只有我们西班牙……这种榜样，沙哈拉威人是［看不见］，我们是［看得见］……"（三毛《哭泣的骆驼》）

此外，还有少数补语性成分表示结果义和评价义的动补式动词中间也可以插入"得/不"形成可能式，这样的词主要有"摆平""驳倒""分清""搞活""瞄准""抓紧"等。

3. 结果义

90) 李瑞明 [驳得倒] 先生却说服不了自己, 她到底不能以平常心来对待这份职业。(殷音《大有潜力的钟点工》)

91) 冯贵堂一时 [驳不倒] 冯老兰的守旧思想, 只好暂时认输, 惬悄悄地走出上房。(梁斌《红旗谱》)

92) 本来, 只要是中国人, 还有良心、人心, 好坏事总该是 [分得清] 的。(吴伯箫《黑红点》)

93) 她倾耳听着, 脚步声越去越远, 她 [分不清] 那是她自己的心在跳还是敌人在行动呢。(老舍《火葬》)

4. 评价义

94) 麻灰的星光下德强看得清 [瞄得准], 等马扑到敌人跟前, 照那胖头上连开两枪。(冯德英《苦菜花》)

95) 爷爷的土铳太老了, 那鹊黑的扳机老是左右摇晃, [瞄不准] 一丈开外的靶心。(牛合群《猎人》)

五 动补式动词与汉语特殊句式

(一) 动补式动词与 "把" 字句

动补式动词所表达的语义结构可以理解为 "a 通过动作 V 致使 b 发生某种变化或者移动" 或者 "a 因受到动作 V 的影响而发生某种变化或者移动"。无论是变化还是移动, 都是通过某一动作使某种结果发生, 而这一点恰好与 "把" 字句对谓语动词在语义和形式上的要求相契合。我们知道, "把" 字句作为一种特殊的动词谓语句, 最突出的作用就是强调动作的结果, 也就是所谓的 "处置" 作用, 所以 "把" 字句要求动词的前后必须带有其他成分, 而不能是一个光杆动词, 否则 "把" 字句就不能成立。动补式动词虽然在性质上只是一个动词, 但是它们与一般的光杆动词不同, 它们本身就带有补语性成分, 动补式动词所特有的这种"动+补"的结构格式恰好可以满足"把"字句对动词前后要有其他成分存在的要求。因此，凡是后面能够带有受事性宾语成分的动补式动词大都可以将它所支配的对象用介词"把"提到动词的前面，构成"把"字句。如：

96）胖三那几个家伙挺卖力气的，一进去就把那几个家伙给［摆平］了。（谈歌《城市警察》）

97）把曾经倾注的热能、关爱［撤回］即可。（王英琦《人生何处不美丽》）

98）方姑娘咋说你们是自己人打自己人，你还把老司令的啥子老部队［打败］了？（柳建伟《突出重围》）

99）如果对方的影响是足够大的，那就有可能把你心中最重要的东西［摧毁］。（张炜《仍然生长的树》）

100）祝小晴不怒反笑，这样倒好，她不只是可以完全拥有孩子，并且可以彻底的把他［忘掉］。（林晓筠《傲君驭心》）

当然，并非所有的动补式动词都能出现在"把"字句中并充当谓语的核心成分。因为"把"字句要求句子中的动词是能够带受事宾语的，所以像"变异""病逝""干裂""故去""站住""畏缩"等"动词性成分"为不及物动词或形容词的动补式动词是不能出现在"把"字句中的。

（二）动补式动词与"被"字句

"被"字句是与"把"字句在结构上既相互对立又彼此相通的一种特殊句式。虽然这两种不同的句式中所用的介词不同，引介的对象也有所不同。在"把"字句中，句子的主语是动作的施事，介词"把"引介的成分是动作的受事；而在"被"字句中，句子的主语是动作的受事，用介词"被"引介的成分则是动作的施事。但是，它们所表达的语义结构却是基本上一致的，它们都具有处置意义，句式本身都是为了强调动作的结果。所以，"被"字句也和"把"字句一样要求句中的动词不能是一个光杆动词，前后必须带有其他成分。因此，能够出现在"把"字句中的动补式动词也大都能够作为"被"字句中的主要谓语动词。如：

101）一人难敌四手，饶是谦谦再如何死命反抗，她那不习于练武的瘦小腕力终究是<u>被</u>人［摆平］了，匕首也被夺去。（李葳《爱错皇帝表对情》）

102）在晚上举行的记者招待会上，国际举联宣布，保加利亚的格拉勃列夫因 19 日参加 56 公斤级举重比赛前，服用了禁用药物利尿磺胺，因此他获得的这项金牌<u>被</u>［撤回］。（《奥运会昨天发生丑闻》《厦门日报》1988-09-23）

103）将来他们传授些学生出来，他们自己又被学生［打败］，一辈胜过一辈，厚黑学自然就昌明了。（李宗吾《厚黑学》）

104）隐藏在西半球的轴心国特务已被我们全部［摧毁］，曾被大肆吹嘘的第五纵队也被连根拔掉了。（杨慧玫《美国的幽灵：胡佛》上）

105）而那桩王丝丝小姐的人命官司呢？似是<u>被</u>人们［忘掉］了。［林希《"小的儿"》（连载之六）］

当然，我们之前说到的那些不能出现在"把"字句中的动补式动词，也同样不能作为主要动词出现在"被"字句中。

（三）动补式动词与意念被动句

"被"字句虽然在语义结构上跟"把"字句是一致的，但是从主语和谓语的关系角度来讲，它们又是对立的，"把"字句的主语是动作的施事，属于主动句；"被"字句的主语则是动作的受事，属于被动句。一般认为，汉语中的被动句主要分为两种类型：一种是借助"被、叫、让、给"等介词来表示被动意义的有标志的被动句，也就是我们一般所说的"被"字句；另一种是句中不需要出现表示被动意义的介词而句子本身却能够表示被动概念的句子，也就是所谓的"意念被动句"。

对于那些能够带受事宾语的动补式动词来说，它们不仅能出现在带有主动句标志的"把"字句和带有被动标志的"被"字句中，同样也能够在不带被动标志的意念被动句中作为主要的谓语动词存在。如：

106）罗贝拉可没这么容易［摆平］。（托尔金《魔戒》1）

107）在另外一种机会下作欣欣向荣的发展、开花结果的企图，自然也随之［摧毁］无余。（沈从文《一个传奇的故事》）

108）这恐怕是书一念完，十多二十年下来，法文几乎完全［忘掉］了的理由吧？（戴天《渡渡这种鸟》）

从主语和谓语之间的关系来看，上面这三个句子都属于被动句，应该是"罗贝拉被摆平""企图被摧毁""法文被忘掉"，但是"被"字并没有在句中出现，所以它们都是意念被动句。

第三节　动补式复合词的配价研究

一　配价的性质及其相关问题概述

"配价"（又叫"价""向"）这一术语借自化学，用来"借喻一个动词依据句法关联性（connexion）能支配多少个从属成分"（吴为章，1996：1~11）。最早提出"价"这一概念的是泰尼埃尔（Tesnière），他在《结构句法基础》（*Eléments de Syntaxe Structurale*）一书中将动词比作一个带钩的原子，"能根据用以钩住人物语使其处于依附状态的钩子的多少，吸引相应数目的人物语。动词所带的钩子数目，因而也就是动词所能支配的人物语的数目，就是我们所说的动词的价"（泰尼埃尔，1959/1988：297）。

关于配价的性质，学者们并没有形成完全一致的认识：范晓（1991）、张国宪（1994）、周国光（1995）等人明确提出配价属于语义范畴；朱德熙（1978）、袁毓林（1998）则认为"价（向）"是建立在句法基础上的语法范畴；鲁川等（2000）、吴为章（1996）等人认为价属于句法—语义范畴；邵敬敏（1996）明确提出"语义价"和"句法向"两个概念，把动词价的问题分别放到语义和句法两个平面进行讨论。这种分歧也导致在"确定动词的价数时，有的以动词的词义为依据，有的以句法形式为依据，也有的同时以词义和句法形式为依据；以句法形式为依据的，有的以同现的名词性成分用不用介词引导为依据，有的以同现的名词性成分是不是必须出现为依据，也有的将两者同时作为依据"（沈家煊，2006：82~83）。

我们认为，尽管可以从语义、句法甚至语用等不同的角度对动词的配价情况进行描写和分析，但是，这并不等于说配价就同时属于这些不同的范畴。从配价的概念以及动词配价的分析过程来看，配价应该是一种语义范畴，动词的配价是由动词的词义和动词与同现的名词性成分之间的语义关系决定的。不过，对动词词义及其与同现名词性成分之间语义关系的考察，只有在句法结构形式的宏观背景下才能进行，句式也在一定程度上制约着动词的配价；此外，语用因素对配价的影响也是我们全面分析配价情况不可忽视的一个方面。也正是出于这样的考虑，我们才将对动补式动词配价情况的分析放到句法功能这一节中一并进行探讨。

由于配价理论的基点是"动词核心论"，配价研究的主要内容就是"以谓词为中心而构句时由深层语义结构映现为表层句法结构的状况及条件，谓词与体词之间的同现关系，并据此划分谓词的次类"（周国光，1995：6）。具体来说，要对动词的配价进行研究，主要可以从价数、价质、价位、价形四个方面入手。

价数，即动词配价成分的数目，也就是动词必有的支配成分的数目。动词一般都可以带一定数量的名词性成分，而有些名词性成分是必须与之同现的，这些与之同现的名词性成分就是这个动词的论元（也叫"行动元"），也就是动词的价数。零价、一价、二价、三价等动词小类的划分就是根据动词的论元数目而得到的。价数是配价研究的主要内容。

价质，即动词配价成分的实质，也就是动词论元的指称对象在动词所表达的事件中所承担的语义角色。施事、受事、与事、工具、处所、结果等，就是根据论元跟动词之间语义关系的不同而划分出来的语义角色。论元承担的语义角色不同，动词的配价结构就不同。

价位，即动词配价成分在句法实现时所处的位置。具体来说，就是动词的论元在以动词为核心构成的不同句式中出现时所处的主语、宾语（包括直接宾语和间接宾语）等句法位置。句式不同，动词论元出现的句法位置也就有所不同。

价形，即动词配价成分的结构形式。与动词同现的名词性成分，既可以是光杆名词也可以是带有某些修饰限定成分的名词性结构。有些动词只能与光杆名词同现，有些动词却只能和带有修饰性成分的名词性结构同现，也有些动词跟两类名词性成分都可以同现。所以，价形也是对动词进行配价研究需要考虑的一个方面。

二　动补式动词的配价分析

（一）　动补式动词配价分析的两种思路

施春宏（2008：111~112）在对动结式的配价层级进行分析时曾经指出"讨论动结式的配价可以有两种思路。一种是将动结式看成一个整体性的结构式，它的句法功能实际相当于一个动词，这样就可以将考察动词配价的方式沿用到动结式的配价上来。……这可以看作自上而下的分析思路。……另一种分析思路是将动结式看成由述语动词和补语动词整合而成的结构式，进而根据两个底层动词的配价及其论元之间的关系来确定动结式的配价。……这可以看作自下而上的分析思路"。虽然说，他提出的这两种分析思路只是就动结式的配价分析而言的，但是我们看到这两种思路也同样可以运用到动补式动词的配价分析当中。自上而下的分析思路是一种"将考察动词配价的方式沿用到动结式的配价上来"的研究方法，用这样的方法分析动补式动词的配价应该比将其应用到动结式的配价分析中更加合适，因为动补式动词比动结式更"像"一个单词，甚至动补式动词本身就是一个动词，是一个整体性的构式。而从动补式动词的内部结构来看，我们也可以将其看成由"动词性成分"和补语性成分整合而成的结构式，整个动补式动词的语义功能特征与其构成成分（主要是"动词性成分"）的语义功能特征密切相关，所以根据构词成分的配价及其与相关论元之间的关系也可以推导并确定整个动补式动词的配价。

沈家煊在说到动结式配价的分析方法时曾经指出"自下而上的方法必须结合自上而下的方法，才能把动结式的配价规律搞清楚"（宋文辉，2007：沈家煊序1）。我们认为，对于动补式动词配价情况的分析也应该将这两种方法结合起来，只有这样才能对动补式动词及其同现名词性成分的句法表现进行全面的描写和解释。

（二）动补式动词的配价分析举例

通过对不同语料中动补式动词与其他名词性成分同现的情况进行考察，我们发现不同的动补式动词在句子中所表现出来的支配其他成分的能力是不同的，对动补式动词的配价进行分析必须考虑到它们在具体语料中与其他名词性成分的组合搭配情况以及它们之间所形成的句法语义关系。

从动词必有的支配成分的数目来看，绝大部分动补式动词都是一价动词或者二价动词，只有极个别的动补式动词可以看作三价动词。也就是说，对于绝大部分动补式动词来说，必须与它们同现的名词性成分或者是一个或者是两者，只有极少数的动补式动词可以同时带有三个名词性成分与之同现。

1. 一价的动补式动词

只有一个必有的支配成分与动补式动词同现，从这个成分与动词之间的语义关系来看，它通常在动词所表达的事件中充当施事（主体）的语义角色，而在句法结构中一般占据的是主语的位置。如"病故""站住""瘐死"等动补式动词都是一价的，它们的必有支配成分通常都是动词所表达事件中的施事成分，在句子中作主语。如：

109）恰好在朱雪桥接到朱雨桥来信前不久，这位下放干部［病故］了，家属回乡，这三间房还空着。这事好解决。（汪曾祺《皮凤三楦房子》）

110）处长老方在球场边［站住］，他没有立刻叫尹冰下来，只是尽可能地让尹冰发现他站在这里。（何继青《一段行程》上）

111）冯唐前些时已［瘐死］狱中，而卫冰是绞监候，眼看入秋，其命无多了。（刘心武《贾元春之死》）

2. 二价的动补式动词

有两个必有的支配成分与动补式动词同现，这两个同现的名词性成分通常在动词所表达的事件中充当施事（主体）和受事（客体）的语义角色，它们在句法结构中分别占据主语和宾语的位置。当然，二价动补式动词的两个支配成分并不一定同时与动词同现，而可能只有其中一个与动词同时在句中得到显现，这个成分可以是施事（句子为主动句）也可以是受事（句子为被动句）。如"提高""打倒""收回""撕毁"等动补式动词都是二价的，它们的支配成分是动词所表达事件中的施事（主体）成分和受事（客体）成分。一般情况下，在主动句中，施事成分和受事成分都是必有的，其中施事成分作为句中的主语，而受事成分则出现在宾语的位置上；在被动句中，受事成分是必有的，在句中占据主语的位置，而施事成分则可以不出现。如：

112）墨老说，他们要［打倒］建设委员会呢！（老舍《且说屋里》）

113）很快就集合了大帮人，烧着大火，千万根白蜡杆底下，有人被［打倒］了，有人被赶跑了，生活总要变变样子。（吴伯箫《羽书》）

在例 112）中，动补式动词"打倒"的两个支配成分都在句中得到了显现，"他们"是事件中的施事成分，在句中占据了主语的位置；"建设委员会"可以看作事件中的受事成分，在句中作宾语。而例 113）是个"被"字句，在句子中只出现了"打倒"的一个支配成分"人"，它是事件中的受事成分，在句中占据的是主语的位置；而应该由介词"被"引进的施事成分则没有在句中出现。

114）赵四乘着她闻水仙花，看了她一眼，又快快的把眼光［收回］到自己的脚上。"我知道他，他怎样？"（老舍《老张的哲学》）

115）按照部队的制度，电报看完马上［收回］，军事秘密不能随便带在身上，更不能随便拿出来给别人看！（老舍《西望长安》）

例 114）是个"把"字句，动补式动词"收回"的两个支配成分也都在句中得到了句法实现，"赵四"是事件中的施事成分，在句中占据了主语的位置；"眼光"是事件中的受事成分，在句中为介词"把"的宾语，如果将"把"字句还原为一般的主谓句，"眼光"就应该回到动词"收回"的宾语位置上了。例 115）是一个没有被动标记的意念被动句，"收回"的支配成分在句中只出现了一个"电报"，它是"收回"的受事，但是在句子中的句法角色却是主语，动词的施事成分在句中没有出现。

3. 三价的动补式动词

有三个必有的支配成分与动补式动词同现，这三个与动词同现的成分分别在动词所表达的事件中充当施事、受事和与事的语义角色，它们分别在所实现的句法结构中占据主语、直接宾语和间接宾语的位置。三价的动补式动词比较少，主要涉及"告知""交还""退回"等具有给予意义的动词。如：

116）我的脚步和我的心一样沉重，因为他［告知］了我郑思去世的消息和去世的情况。（曾卓《诗人的两翼》）

117）朝鲜将于下周在板门店再次向美国［交还］14 具在朝鲜战争中死难的美军士兵的遗骸。（《朝将向美交还战争死难者遗骸》《福建日报》1994-09-07）

118）当时，他正在家里养病，硬叫妻子给处里［退回］50 元奖金。（《临死没留一句话 只留下这些稿件——缅怀编辑戴华洲同志》《福建日报》1992-03-28）

在上面的三个例子中，动补式动词"告知""交还""退回"的三个配价成分在句中都得到了实现。例116）中的"他"是"告知"的施事，实现为句子的主语；"我"是与事，在句子中充当的是间接宾语；"郑思去世的消息和去世的情况"是受事，在句子中作直接宾语。例117）中的"交还"也有施事、受事和与事三个配价成分，分别为"朝鲜"、"14 具在朝鲜战争中死难的美军士兵的遗骸"和"美国"，其中施事"朝鲜"实现为整个句子的主语；受事"遗骸"在句中充当动补式动词的宾语；与事"美国"则作为介词"向"的宾语出现在动补式动词之前表示引介的对象，整个介宾结构充当状语。例118）中动补式动词"退回"的配价结构跟例117）差不多，同样是施事、受事和与事三个配价成分分别实现为句中的主语、动词宾语和介词宾语，虽然所用的介词"给"与例117）不同，但是与"向"的作用相同，都是用来引介动作朝向或给予的对象。

（三） 动补式动词的配价规律

1. 动补式动词中"动词性成分"和补语性成分的配价

前文我们已经说过，在动补式动词中充当"动词性成分"和补语性成分的语素从功能属性上看都属于谓词性成分。作为谓词性成分，它们是在句中处于支配地位的成分，而谓词性成分对其从属成分的支配能力正是配价研究的主要内容。所以我们可以通过对动补式动词中的构词语素在单独成词时的句法配置情况的分析，了解动补式动词中不同构词成分各自的配价情况。

根据我们的考察，在动补式动词中充当"动词性成分"的可以是一价动词，如"变异、病退、劳损、瘐死、站住"等；也可以是二价动词，如"查实、打通、看透、收回、推倒"等；还可以是一价形容词①，如"干裂、乱离、冷却、偏离"等。

在动补式动词中充当补语性成分的形容词可以是一价的，如"保全、补足、澄清、充满、说明"等；也可以是二价的，如"挨近、变异、看齐"等；还可以是三价的，如"提高、延长、增多、缩短、贬低"等。充当补语性成分的动词也可以有不同的配价数目，它们可以是一价动词（如"病故、打倒、激怒、唤醒、促成"等），也可以是二价动词（如"步入、撤回、除去、割断、撕毁"等）。

"唯补词"在句中出现时不能作为谓语中心成分，对句中的其他成分也不具有支配作用，也就无所谓配价，所以我们在对动补式动词中的补语性成分进行配价分析时对于那些由"唯补词"充当的补语性成分不予考虑。

2. 动补式动词的配价规律

动补式动词是由"动词性成分"和补语性成分组合而成的结构式，我们要考察动补式动词的配价情况也就需要考虑其内部构成成分各自的配价情况及其整合规律。所以，我们这里所说的配价规律主要就是针对动补式动词的配价和其构词成分的配价之间的关系而言的。

动补式动词及其构词成分本身的配价规律可以归纳为以下几种情况。

（1）"动词性成分"为一价动词，补语性成分为一价或二价动词，动

---

① 对于形容词配价情况的分析，请参看张国宪（2006）关于"形容词的配价"部分的论述。

补式动词为一价。如"病退""跌破""梗死""锈蚀""站住"（补语性
成分为一价动词）；"疑忌""走失"（补语性成分为二价动词）。

　　病退：他病了＋他退了→他（从新疆）病退（回乡）了。

"他"是"动词性成分"所表示动作"病"的主体也是补语性成分所表示
动作"退"的主体，出现在主语位置上。"动词性成分"是一价动词，整
个动补式动词也是一价的，不能带宾语。
　　（2）"动词性成分"为一价动词，补语性成分为一价或二价形容词，
动补式动词为一价。如"革新""凝固""跑偏""统一"（补语性成分为
一价形容词）；"变异"（补语性成分为二价形容词）。

　　跑偏：汽车跑＋汽车（的行进轨道）偏了→汽车跑偏了。

"汽车"是"动词性成分"所表示的动作"跑"的主体，出现在句中主语
的位置，它同时是补语性成分所表示的状态"偏"的主体。作为"动词性
成分"的"跑"是一价动词，整个动补式动词也是一价的，后面不能再带
宾语。
　　（3）"动词性成分"为二价动词，补语性成分为一价或二价动词，动
补式动词为二价。如"拆散""打倒""看穿""摧残""道破"（补语性
成分为一价动词）；"插入""收回""交还""撕毁""退出"（补语性成
分为二价动词）等。

　　打倒：警察打（一个）劫匪＋（一个）劫匪倒了→警察打倒了
　　（一个）劫匪。

"警察"是"动词性成分"所表示动作"打"的主体，出现在主语的位
置；"（一个）劫匪"既是"动词性成分""打"的客体也是补语性成分
"倒"的主体，出现在宾语的位置；"劫匪"的修饰性成分"一个"可以
出现也可以不出现。"动词性成分"是二价动词，整个动补式动词也是二
价动词。

（4）"动词性成分"为二价动词，补语性成分为一价或二价或三价形容词，动补式动词为二价。如"保全""辨明""拆零""搅浑""誊清"（补语性成分为一价形容词）；"挨近""扳平""看齐"（补语性成分为二价形容词）；"贬低""减少""缩短""提高"（补语性成分为三价形容词）。

提高：生产商提物价+物价高了→生产商提高了物价。

"生产商"是"动词性成分"所表示动作"提"的主体，占据主语的位置；"物价"是"动词性成分""提"的客体，也是补语性成分"高"的主体，占据宾语的位置。"动词性成分"是二价动词，整个动补式动词也是二价的。

（5）"动词性成分"为三价动词，补语性成分为二价动词，动补式动词为三价。如"告知""退回""送达""交还"等。

告知：他告（诉）我+我知（道）会议取消了→他告知我会议取消了。

"他"是"动词性成分"所表示动作的授予者，占据主语的位置；"我"是动作的接受者，占据间接宾语的位置；"会议取消"是动作的授予物，占据直接宾语的位置。"动词性成分"是三价动词，整个动补式动词也是三价的。

（6）"动词性成分"为一价形容词，补语性成分为一价或二价动词，动补式动词为一价。如"干裂"（补语性成分为一价动词）；"乱离""偏离"（补语性成分为二价动词）。

干裂：土地干+土地裂了→土地干裂了。

"土地"是"动词性成分"所表示的状态"干"的主体成分，出现在主语的位置上，同时它也是补语性成分所表示的动作"裂"的主体成分。作为"动词性成分"存在的"干"是一价的形容词，整个动补式动词也是一价动词，后面不能带宾语。

　　总之，从上述归纳的结果我们可以看出，动补式动词的价数和"动词性成分"的价数往往是一致的。如果动补式动词中的"动词性成分"是一价动词，那么不管其后的补语性成分是动词还是形容词，是一价动词还是二价动词，是一价形容词还是二价形容词，该动补式动词都是一价的；如果"动词性成分"是二价动词，该动补式动词就是二价的，不管补语性成分是一价动词还是二价动词，是一价形容词还是二价形容词抑或三价形容词。也就是说，对动补式动词的配价，一般可以从"动词性成分"的配价情况推导出来。

第五章 双音节复合动词结构
与功能的关系

从第四章第二节对动补式动词语法功能特征的全面描写和分析中，我们可以看出：动补式动词之所以在句法功能上有区别于其他动词的特殊表现，就是因为动补式动词本身所具有的"动+补"的特殊结构、"动"和"补"之间的深层语义关系以及补语性成分在意义类型和语义指向上的不同表现。也就是说，动补式动词在语法功能上的表现在一定程度上是由其自身结构和语义的特殊性决定的。本章我们就将在前文对动补式复合词结构和功能研究的基础上探讨汉语双音节复合动词的结构与功能之间的关系。当然，我们的研究将不再局限于动补式复合词，还会扩展到对其他类别复合词的分析来论证双音节复合词动词结构与功能关系的普遍性。

第一节 双音节复合动词的结构方式
对语法功能的影响

动补式动词的内部结构对其外部功能有重要影响。而且这种结构方式对语法功能的影响在汉语复合词特别是句法复合动词中具有普遍性。可以说，汉语句法复合动词的内在结构方式在一定程度上决定着该动词在句法结构中出现时可能的句法位置、句法形式及其与前后句法成分之间的组合搭配情况。这也就导致了汉语中不同结构类型的句法复合动词，在句法表现上总是或多或少地存在一定的差异。

一 动补式动词的结构对功能的影响

和其他动词相比，动补式动词虽然也可以在句中作谓语，前面可以有状语等修饰性成分，大多可以再带宾语，但是通常它们后面不再出现其他补语；在否定句中，动补式动词前多用否定副词"没"而很少用到"不"；动补式动词后可以出现表示动作已经完成和曾经发生的时体助词"了/过"，但是表示动作持续或正在进行的"着"却很少出现；动补式动词大都可以出现在表示处置意义的"把"字句和"被"字句以及意念被动句中。上述这些句法表现的存在与动补式动词"动+补"的结构关系、"动"和"补"之间的语义关联以及动词本身表达致使事件的独特语义内容不无关系。因此，我们认为动补式动词的结构对其功能表现有重要的影响，具体体现在以下几个方面。

1. 动补式动词后面通常不再带有其他补语；即使能带补语，其补语的类型也往往是受限的，结果补语相对来说比较少。因为动补式动词本身的补语性构词成分大多是表示结果、状态以及程度变化的，而同一动作通常不会同时产生两种或更多的结果，不会同时处于两种及以上的状态，所以，动补式动词后面的补语类型相对来说种类有限，大多是由趋向补语、可能补语或介词结构等充当的补语，而结果补语、程度补语等在动补式动词后很少或几乎不出现。①

Goldberg（1995/2007）在研究致使—移动构式与动结构式之间关系时提出了隐喻分析的概念。她认为动结构式中的结果短语可以被看作目标的隐喻，因此动结构式本身可以被看作包含实际致使移动意义的致使—移动构式的隐喻扩展。她还指出隐喻分析可以解释许多共现限制：结果短语都不能与方向短语同时出现，却可以和非方向性介词补语一起出现；结果短语不适用于双及物表达式的主题论元；两个不同的结果短语不能同时出现；如果表示向某个方向移动的动词按其本义使用，那么结果短语不能与该动词一起出现。动补式复合词本身也可以看作一种表达"致使性"意义的特殊构式，因而 Goldberg 关于结果短语能否与某些成分共现问题的分析也可以对我们研究动补式复合词的语法功能起到一定的启发作用。

2. 在否定句中，动补式动词通常不能直接前加否定副词"不"进行否定，而多是用"没"；用"不"进行否定的情况大多出现在问句、复句、

---

① 因为第四章第二节我们已经结合大量的语料和例证对动补式动词的句法功能特征进行过系统、全面的描写和阐述，而这里只是概要地说明和凸显动补式动词的结构特征对其自身语法功能的影响和制约，所以我们不再一一举例分析。

强调句或者假设句中。因为"不"往往用来否定尚未发生的事情，表示一种未然的情况，而"没（有）"则用于已然的情况。动补式动词因为其内在的补语成分本身就表示结果、位移、变化等已然的状态，所以其否定形式一般不能用"不"，而大都用"没（有）"。能够前加否定副词"不"进行否定的动补式复合词很少，而且它们大都出现在表示让步、假设、并列、转折、目的等关系的复句中或者出现在对举事物现象的句子中，有的则是出现在双重否定句、强调句或者疑问句中用"不"表示否定意味。

3. 动补式动词后面一般只能出现时体助词"了""过"，而不能出现"着"，如"提高、推翻、改善、摆平、扩大、延长"等后面都不能出现时体助词"着"。之所以会出现这种情况，我们认为是因为动补式动词本身补语成分的存在就说明动作已经发生，并产生一定的影响或结果，属于已然体。"了""过"都可以表示动作已经或曾经发生、完成，与动补式动词表示动作已然有了结果的语义表达具有一致性，因而它们可以与动补式动词共现，表现其时体意义；而"着"为持续体助词，表示的是动作正在进行，与"已经发生"相矛盾，所以动补式动词后面出现时体助词"着"的情况很少。而"充满""证明""敞开"等少数动补式动词后面即使可以出现持续体助词"着"，一般也不能与"正在……（呢）"等表示"动作正在进行"的成分共现。

4. 大多数动补式动词不能重叠。"可以重叠"是动词特别是持续性动作动词的一项重要的语法特征，重叠形式表示的是尝试、短时、轻微等量小的语法意义，动作大都具有延续性和可重复性。而大部分动补式动词在语义上都可以分析为"动作+结果"，既然动作已经有了结果，也就不再具有可持续性，这一点刚好与重叠式的语义特征相矛盾，所以动补式动词大都不能重叠。少数能够重叠的动补式动词，其所表示的动作行为往往具有可重复性，有一个逐渐发展的过程，也就是说如果动补式动词本身具有［+可重复性］［+渐变性］等语义特征，一般可以重叠。

5. 动补式动词大都可以出现在"把"字句、"被"字句和意念被动句中。无论是"把"字句，还是"被"字句，抑或是没有"被、叫、让、给、令"等作为被动标记的所谓意念被动句，从语义上看，这些特殊句式的作用就在于通过突出"受事者"或"施事者"的方式对动作结果进行强调。而这样的语义要求就使得进入这些句式的动词不能是光杆动词，而至少应该带有结果性补语成分。动补式动词虽然在语法属性上属于词汇单位的范围，但是它自身所包含的补语性成分（"变化、移动、处于某种状态以及得到某种评价"都可以理解成动作产生了某种结果）刚好可以满足上述句式强调动作结果的语义要求，因此它们大都可以出现在这些句式中。

总之，动补式动词的两个构词成分以"动作+结果/趋向/状态"的格式组合在一起，这种特殊的构成格式使得动补式动词获得了事件性，而且带有"完成"的意味。动补式动词表示的是"动作导致某种结果"，结果已经发生，表明动作已经完成。"动作的完成"和时体助词"着"表示的"动作持续"的概念以及否定副词"不"表示的"事件的未然性"相矛盾，所以动补式动词大都不能与"着"和"不"共现。动补式动词表示"结果已经发生"，而同一动作后面往往不能有两个不同的结果补语同时出现，所以动补式动词后面通常不再出现其他结果补语。除此之外，动补式动词本身所带有的"达成性"语义特征又与可重叠动词所必需的"可延续性"特征冲突，所以绝大多数的动补式动词没有重叠形式；同时它所表示的"动作导致某种结果发生"的核心意义也使得动词本身带有一种处置性，因而大部分动补式动词都可以进入"把"字句和"被"字句以及其他意念上的被动句。应该说，动补式动词在句法功能方面的上述表现正是由它们自身所特有的"动+补"的结构方式以及"动作有了结果"的语义特点所决定的。

下面我们再以动宾式和主谓式两种结构类型的双音节复合动词为例，对它们的主要语法功能特征进行考察，进一步说明汉语双音句法复合动词的内部结构对语法功能的影响。

二　动宾式动词的结构对功能的影响

动宾式动词跟其他动词一样可以在句子中充当谓语、定语、状语等句法成分，可以受"不"或"没"否定，可以受状语修饰，可以带时体助词"了"；但是它们后面大多不能再带宾语，也很少能带补语，而且一般不会出现时体助词"着/过"。

1. 动宾式动词后面大多不能再带宾语；即使能带宾语，所带宾语的语义类型也会受到一定的限制。能够出现在动宾式动词后边的宾语成分，其语义角色多为表示处所、时间、数量、目的或原因的，而表示动作行为的受事、施事、工具、结果等的宾语则很少出现。而且，动宾式动词后所带宾语与动词内宾语之间也往往存在某种语义上的关联，一般为领属关系、同指关系或者陈述关系。究其原因，主要在于动宾式动词本身带有宾语性成分，而且该宾语性成分从语义上看大多表示前面动词性成分所表示动作的受事、工具、结果等。

（1）表示处所的宾语：

　　1）743年，他因事被［贬官］房陵，时值溽暑，患病众多，因他保存了许多验方，患者赖此治愈。（《文献整理大师王焘》《厦门晚报》1997-01-09）

　　2）昨日植树节，在老天爷"赠送"了一场及时雨之后，4000株巨尾桉、300株马占相思"［安家］"仙岳山山坡，成为仙岳山公园的"新成员"。（《仙岳山昨添"新丁"四千多》《厦门商报》1999-03-13）

　　3）更令人吃惊的是，就在管志诚［毙命］刑场的一个多月时间，刚刚被提拔到管生前所在领导岗位的总经理助理。（焦辉东《首钢经济大案备忘录》）

　　4）领导干部要正确地指导连队四好运动，必须深入连队［扎根］基层。（《领导班子思想革命化是搞好部队建设的关键》《厦门日报》1969-12-25）

（2）表示时间的宾语：

　　5）［把酒］黄昏后，醉卧水云间！（琼瑶《水云间》）

（3）表示数量的宾语：

　　6）全省已耙耢［保墒］二千多万亩地，积肥十六亿多担，各项春耕农活的进度都比前一段加快。（《加强对春耕生产的领导》《厦门日报》1967-03-25）

　　7）厦门国际银行奖教基金昨日还向厦师一附小［颁奖］1万元，

以资助这所学校开展和谐教育模式实验。(《厦门国际银行奖教基金首次颁奖》《厦门日报》1998-07-18)

上述三种类型的宾语一般被称为"准宾语",原因就在于它们与动词之间往往不具备直接的支配性关系,它们在和前面的述语动词结合构成述宾结构时不像与表示受事、施事、工具、结果等语义类型的宾语结合时那么典型,只对动词进行某方面的补充或说明。在某种意义上说它们更像是动词的补语。① 除了这几类准宾语成分可以出现在动宾式动词后面之外,也有一些特殊的动宾式动词后面可以带对象宾语和目的宾语等。如:

(4) 表示目的或原因的宾语:

8) 正当王绮红积极 [备战] 全运会时,突如其来的灾难无情地降临到她身上。(《1996 年作家文摘》)

9) 这十年来,我经常在回答朋友的书信中 [抱怨] 杂事的干扰,我也不断地与杂事斗争。(《〈巴金译文全集〉第四卷代跋》)

(5) 表示对象的宾语:

10) 交通部规划研究院总工程师戴东昌、英达科技公司董事长施伟斌为您 [把脉]《中国公路的现状与未来》,为您客观分析中国公路现状,憧憬美好发展前景,敬请收看。(张剑飞、郭学焕、戴东昌、施伟斌《公路现状与未来》)

11) 人倒是精明玲珑的,就是不大 [安心] 炊事工作,跟班长也不大团结。(《咱连来了个副连长》《厦门日报》1960-10-28)

12) "这是谁啊?"放辰再一次目瞪口呆,实在太美了,标准的身材、标准的开麦拉脸孔,笑容既诡异又无邪,简直可 [比美] 任何国际超级模特儿。(简璎《悍将情人》)

---

① 出现在动宾式动词后面的表示时间和处所的成分大都可以看作省略掉了介词"在/于",因此将其看作补语成分也未尝不可;对于动词后表示数量(动量、时量等)的成分,更有很多学者(黄伯荣、廖序东,1979;邢福义,1986;等)倾向于将它们看作补语。

13）这样抄袭别人的作品，其实无异于公开［标榜］自己是文章窃贼，难道他不怕露馅？（赵丽宏《文抄公》）

14）进去一忽儿，盲人钟［报时］六点，他知道我注意钟声，忙说：慢点走。（菡子《重逢日记》）

15）因为，那时正是九州大地无一所大学正常开课的［贬值］知识、涂炭文化的时代。（《1994年报刊精选》10）

在所有能够作为动宾式动词宾语出现的成分中，表示动作行为对象的成分是最多的，但是这些对象宾语大都不能理解成直接受该动作行为支配的受事成分即动作的承受者。在通常情况下，这样的动宾式动词后所能出现的宾语往往与词内宾语在语义上具有某种相关性，可以是领属关系（如"贬值、把脉"），也可以是同指关系（如"标榜、报时"），而动宾式动词与其宾语构成的动宾结构也可以有"为（给，对）+宾+动"（如"把脉"）、"动+于+宾"（如"安心"）、"与+宾+动"（如"比美"）、"V+宾+为 O①"（如"标榜"）、"V 的+宾+是（为）O"（如"报时"）、"V+宾+的 O"（如"贬值"）等多种理解。

除此之外，还有一些动宾式动词内的宾语成分本身都是谓词性的，且与整个动词后面的对象宾语之间具有某种相关性，动宾式动词与后面宾语所构成的动宾结构可以理解为"V+（O+宾）"。如：

16）酒店开业初期，保安部接到客房客人［报失］财物案件，便会同公安部门到现场进行勘查。（《市场报》1994B）

17）蓝星公司的美好承诺可以排成一长串：30元投保，可全年免费［保修］一个大件家用电器。（《1994年报刊精选》08）

上述两例中动宾式动词的宾语成分"失"和"修"本身都是及物动词，表示某种动作行为，其后可以带自己的宾语成分，所以整个动宾式动词后面

---

① 说明：下文中在描写动宾式动词与各种不同类型的宾语形成的述宾结构表达的结构意义时，其结式中所使用的文字或字母的意思如下：动——动宾式动词；宾——整个动宾式动词后所带宾语；V——动宾式动词内的述语性成分；O——动宾式动词内的宾语性成分。

的对象宾语可以看作动词内谓词性宾语成分的宾语，这样由该谓词性宾语成分和整个动宾式动词后的对象宾语构成的述宾结构就可以理解成动宾式动词内述语成分的宾语。

2. 动宾式动词的后面很少能带补语；少数几个动宾式动词后面可以出现补语成分，补语的类型也限于表示处所的介词结构"在/于+处所"充当的补语、意义发生引申并有所虚化的复合趋向动词充当的补语以及由"得"作为形式标记的状态补语或可能补语，而几乎不会出现结果补语。从句法结构的角度来看，当动词后面带有宾语成分同时又有补语成分对其进行补充说明时，通常的结构顺序为"动+补+宾"。动宾式动词内部已经带有宾语性成分，故而其后不大可能再有补语性成分，即使要对动词进行补充说明，也会受到上述句法结构规则的制约，多是插入动词性成分和宾语成分之间，而很少出现在动宾式动词之后。如"挨宰、嗳气、爱岗、碍事、扒车、拔营、拔节、把舵、把关、罢工、罢手"等动宾式动词的后边都不能出现补语成分。

只有少数几个动词后面可以出现补语成分，一般也都是表示处所的介词结构"在/于+处所"、意义发生了引申并有所虚化的复合趋向动词等充当的补语，或者是以"得"作为形式标记的状态补语，偶尔也会出现可能补语。作补语的介词结构"在/于+处所"通常也可以出现在动词的前面作状语，而且意思基本上不发生变化，因此我们甚至可以将其视为后置的状语成分。如：

18）不是黄云般的麦穗那么轻袅，也不是谷子穗垂头委琐的神气，高高独立，［昂首］在毒日的灼热之下，周身碧绿，满布着新鲜的生机。（王统照《青纱帐》）

19）小姐［安身］在此，倒也过得去，只是有些孤寂。（余华《古典爱情》）

"安身"的后面除了可以出现表示处所的介词结构之外，还可以带由复合趋向动词"下来"充当的补语。如：

20）一旦法国人在阿尔及利亚［安身］下来，他们将自己的控制

扩展到两边的国家就只是一个时间问题。（斯塔夫里阿诺斯《全球通史》）

动宾式动词带趋向补语有一个共同特点，就是动宾式动词内的宾语性成分可以后移至复合趋向动词的中间位置，而且移动前后意思不发生变化。如：

21）很难从短时段中［拔脚］出来，高瞻到真正具有内在必然性的历史规律。（《读书》Vol-194）

动宾式动词的后面偶尔也会出现状态补语，但也大多是在重复动宾式动词中的动词性成分之后再带上补语。也就是说，所谓的补语成分其实只是重复之后的动词的补语，而并非真正的动宾式动词的补语。如：

22）这两种人［挨整］挨得最凶。（冯骥才《一百个人的十年》）

23）腿邋细了，轮胎放了炮，抽烟抽紫了嘴唇，［熬夜］熬红了眼睛，终于搞出一份厚达数百页多名一时去向不明的年轻女子详细报告。（王朔《枉然不供》）

3. 动宾式动词的后面可以出现时体助词"了"，但是几乎不会出现"着/过"。原因就在于"着/过"只能紧跟在动词的后面，表示其正在进行或者曾经进行，如果动词带有宾语的话，宾语成分通常出现在"着/过"的后面。动宾式动词本身是由动词性成分及其所支配的宾语性成分构成的，具有结构上的凝固性；在"'着/过'不能出现在宾语之后"这一规则的制约下，动宾式动词的后面也就不能出现"着/过"了。如果必须用"着/过"来表示动作的持续或曾经发生，一般都是将其插入动宾式动词的中间，这样也就使动宾式动词的结构变得自由松散，动词性成分和宾语性成分都获得了独立的句法位置，原来的动宾式动词也就同时变成了动宾关系的短语。由此可见，动宾式动词本身的词汇属性和结构方式决定了它后面不能带有时体助词"着/过"。

三　主谓式动词的结构对功能的影响

主谓式动词是所有双音节复合动词中最为特殊也最复杂的一类。和其他动词相比，主谓式动词虽然也可以作谓语；能够受否定副词"没"的修饰；后面可以带时体助词"了/过"，具有一般动词的其他语法功能。但是，主谓式动词一般不能带宾语；甚至出现在它前面的主语的类型也要受到很大的限制；而且通常情况下也不带补语；它们没有重叠形式，也不能受副词"很"的修饰。这里我们只就其中的几个主要方面进行说明。

1. 汉语中主谓式的词为数并不多，而且其中大部分是形容词。即使主谓组合构成的是动词，也大多属于不及物动词。一般情况下，主谓式动词后面很少再带宾语，尤其是表示施事、工具、结果等的真宾语几乎不会在主谓式动词后面出现，如"案发、肠断、唇裂、地震、骨折、脸红"等都是不能带宾语的。而能够在主谓式动词后面出现的宾语多是表示动作的处所、对象的。如：

24）1927 年 8 月 1 日早晨，介石［驾临］上海母亲家中。（陈洁如《蒋宋联姻内幕》）

25）锋发韵流，方有好文出现，读书亦必能会神会意，胸中了无窒碍，［神游］其间，方算是读。（林语堂《我的戒烟》）

26）刀是武器械中最常用的一种，［位居］十八般兵器之首。（《中国儿童百科全书》）

这三例中的宾语都是表示动作发生地点的处所宾语[①]。处所宾语是能够出现在主谓式动词后面的宾语类型中数量最多的。主谓式动词与处所宾语组合在一起构成的整个述宾结构表达的意义可以理解为"动+于/在/到+宾"。

---

① 这里所说的处所宾语是一个广义的概念，它主要表示的是前面主谓式动词所表示动作进行、发生的处所或位移性动作发生之后到达的目的地，甚至还可以表示某种位置、次第、事物的数量范围等。

27）她以自身的美［光照］人间，又以自身的美满足人类精神的审美需要——她美丽而神圣。（《1996 年作家文摘》）

28）三四年结婚的经验更叫我厌恶西欧，更叫我［神往］东方。［徐志摩《巴黎的鳞爪》（一）］

这两例中的宾语都表示动作的对象。它可以是处所、时间、范围，这时主谓式动词与对象宾语组合起来构成的整个述宾结构可以理解为"动+于/在/到+宾"，如例 27）；也可以是指人或者指代某种具体或抽象的事物现象的对象宾语（真宾语），这时主谓式动词与对象宾语构成的整个述宾结构可以理解为"对/向+宾+动"，如例 28）。除此之外，对象宾语还可以出现在具有给予义的动词后面，表示被给予的对象，一般指人，在句子中通常是作为双宾语句的近宾语出现，这时整个述宾结构可以理解为"动+给+宾"。如：

29）他在小说中曾一再表示［天赋］女性如此美貌丽质与娇弱多情，何必使她们黯然神伤于内心矛盾。（《读书》Vol-115）

30）得母亲遗传基因，［天赋］佳喉，又天性好强，自幼学其母唱评剧，活脱脱一个"小新凤霞"。（和宝堂《吴霜，新凤霞的掌上明珠》）

"天赋"是一个具有"给予"义的动词，可以带双宾语，例 29）中"天赋"的两个宾语都出现了，其中"女性"是给予的对象，"如此美貌丽质与娇弱多情"是被给予的事物，而例 30）中只出现了被给予的事物"佳喉"。

31）第二次是［谣传］瑞宣要作市立中学的校长，他过来预为贺喜，坐了相当长的时间。（老舍《四世同堂》）

"谣传"的后面不能出现任何简单的真宾语或准宾语，而只能是由或简单或复杂的句子充当的小句宾语，小句宾语所表述的事件正是"谣"的内容，或者说二者具有同指关系。"谣传"与其后的小句宾语构成的整个述宾结构可以理解为"传+小句宾语+（的）谣"。

2. 主谓式动词本身就可以表达一个完整的事件，所以它们的前面通常不会再出现主语成分，如表示自然现象、生理现象的"风蚀、光照、雷击、雷鸣、陆沉、鼻衄、唇裂、腭裂、带下"等主谓式动词①，前面一般不再有其他主语出现。即使可以有主语，能够出现在主谓式动词前面的也多是表示事件发生时间、地点的时间主语、处所主语。②

　　32）那天晚上［地震］，邓林在天摇地晃中醒来，第一个念头，就是爸爸怎么样了。［吴霖《"我是邓小平的女儿"》（3）］

　　33）第一次出远海，行至新西兰境内的拉乌尔岛附近，海面霎时间怒吼起来，"海底［地震］了！"十二级大风、如墨翻滚的海浪、阵阵雷雨……（《人民日报》2017-07-07）

在上述两例中，主谓式动词"地震"前都有其他主语成分，充当主语的"那天晚上"和"海底"表示的分别是"地震"发生的时间和地点。

　　除此之外，能够出现在主谓式动词前面的主语也可能与主谓式动词内部的主语性成分之间存在某种特定的语义联系，这种关系可以是整体与部分的关系，也可以是领属关系，还可以是复指关系。因为动词内主语成分是词的构成成分，是不可缺少的，只有出现在主谓式动词内的主语性成分和词前的主语具有某种一致性关系，才能保持整个句法结构中只有一个主语。如：

　　34）1987年，母亲又不慎摔倒，大腿［骨折］，住院期间又因动脉硬化压迫视神经造成双目失明。（王唯《感天动地女儿心》）

　　35）刘三姐［脸红］了，原来她参加这种活动还是第一次。（王小波《歌仙》）

　　36）毛泽东［神往］韶山滴水洞这一方乐土，他在病情十分严重的情况下仍坚持要回滴水洞。（廖时雨《"西方山洞"里的毛泽东》）

---

①　这些词语本身通常都具有一定的名物性，从词性上看也多为动名兼类。

②　从人类的普遍认知经验来说，任何事件的发生都会有一定的时间和地点。体现在语言上，句子中有时间主语、处所主语的存在也是符合人类语言的一般规律的。因此，我们并不将其作为主谓式动词的功能特征进行分析。

在这三个例子中，主谓式动词中的主语性成分和词前主语之间都具有一种整体与部分的关系，其中"骨"是"大腿"的一部分，"脸"是"刘三姐"的一部分，"神"是毛泽东的一部分。

37）1991 年陈子美因气喘病住院，当她［病愈］出院乘车回家时，却发现家里连一分钱都没有了。（《1997 年作家文摘》）

38）贾母像她这样月银一两的丫鬟有八个，而鸳鸯［位居］第一。（周思源《〈红楼梦〉里的大丫头》）

例 37）、例 38）这两个例子中，主谓式动词前的主语都可以看作词内主语性成分的领有者，所以它们构成的整个主谓结构分别可以理解为"她的病 | 好……""鸳鸯的位置 | 居于……"

39）谋杀［案发］一周后，英国女护士帕里乘车溜到了阿勒科巴镇。（沙河《轰动三大洲的谋杀案》）

40）不料从台阶上摔下，崴了脚，造成跖骨［骨折］。（宋璞《人老燕园》）

41）拜寿［礼成］，杨子荣手举一大碗酒，高声喊道：……（曲波《林海雪原》）

例 39）中，主谓式动词内的主语性成分"案"指的就是词前主语所表示的"谋杀"，二者具有同指关系，而"谋杀案"也是"案"的一种；例 40）中，"骨折"就是"跖骨折"，"跖骨"是骨的一类；例 41）中，"拜寿"是礼节的一种，"礼成"就是"拜寿礼完成"的意思。

3. 主谓式动词后面通常情况下不出现补语成分。主谓式动词本身表示的是一个最简化的完整事件，而补语通常只是对谓语动词所表示的动作本身进行补充说明，只和谓语性成分之间具有某种关联，所以很少在主谓语成分构成的整体性事件后面出现。如"地震、案发、兵变、病愈、蚕眠、肠断、唇裂、耳鸣、发指、驾到、驾凌、届满、君临"等主谓式动词的后面不能带有补语。"脸红、胶结"等词的后面虽然可以出现某种补语成分，但也只限于趋向补语、状态补语或表示状态的介词结构等，而没有结果补语出现。如：

42）在这位年轻的护士面前，郭沫若不知怎的有些［脸红］起来了。［桑逢康《郭沫若和他的三位夫人》（2）］

43）雄鱼缓慢地游过松散的叶堆，同时分泌出一种黏性物质，把各种碎片［胶结］在一起，使球巢产生更大的内聚力。（《中国儿童百科全书》）

其中，"脸红"后面出现的是趋向补语，"胶结"后面是由介词结构"在一起"充当的状态补语。

综合上述我们对动补式、动宾式和主谓式三种结构类型的双音节复合动词语法功能的考察，可以发现：不同结构类型的动词在语法功能上各有不同的表现，而这种差异性表现正是由动词自身结构方式的不同导致的，我们可以从各类型动词的内部结构特点上去寻找该类动词语法功能差异的原因。

第二节　双音节复合动词的语法功能对结构的反作用

根据前面对不同结构类型双音节复合动词语法功能的考察，我们得知结构方式本身对动词的语法功能有重要影响；同时，我们也应该看到，在具体语言环境中体现出来的语法功能也可以对复合动词的结构判定起到一定的反作用。

在汉语中，有一些双音节复合动词的结构类型很难确定，甚至有些词可能兼属不同的结构类型。这样我们在分析其内部结构时，就必须结合这个词在不同语言环境中的使用情况，根据其前后能够与什么样的句法成分组合搭配来确定其结构类型。甚至，人们对某一个双音节复合动词的使用情况即它的具体语法功能状况的认识，有时也可能会影响对该词内部结构方式的判断。例如，"鼠窜、雀跃、兔脱"等动词，我们在对其结构类型进行判断的时候往往不能十分肯定，有时觉得它们是偏正式（状中）的，有时又可能觉得它们是主谓式的。对于这些词究竟应该归属哪种类型，我们就必须结合它们在具体语言环境中的使用情况进行分析。我们认为，这些词虽然在最初产生的时候是用来表达"老鼠逃窜、鸟雀跃起、兔子脱逃"等意义，那么其结构类型似乎也就应该属于主谓式；但是查现代汉语语料可知，这些词在现代汉语中使用时，意义已经发生了变化，用来表达"像老鼠一样逃窜、像鸟雀一样跃起、像兔子一样脱逃"之义。由此看来，它们的结构类型已经发生了变化，前面的名词性成分是作为后面动词性成分的修饰语即状语成分而存在的，所以应该分析为状中结构的偏正式。

当然，我们在判断双音节复合动词的内部结构方式时，不能仅仅停留在对其现阶段的使用情况进行静态的描写和分析，还必须同时考察它们在产生之初的构造方法及其历时演变的动态过程。如"符合"一词，如果从词语产生时的原始意义来说，"符"应该是"符节"的意思，"符合"就是"符节相合"，那么"符合"的结构方式应该属于主谓式；但是，从语义发展的角度来看，"符"在现代汉语中已经出现了新的动词性意义"符合"，如"他所说的与事实不符"中的"符"实际上就是"合"的意思，"符"就是"合"，"不符"就是"不相合"，所以"符合"可以看作同义动词的并列联用，从这个角度来看，将"符合"分析成联合式复合词也未尝不可。再如，"胡说""胡闹""胡来""胡扯""胡搞"等词在现代汉语中通常都被分析成偏正式，其中"胡"是副词，表示"随意乱来"的意思，作为状语出现在动词"说""闹""来""扯""搞"的前面，充当动词的修饰成分；但是探究这些词在产生之初的原始意义我们就会发现，这些词中的"胡"最初应该是"胡人"的意思，即"中国古代北方和西方民族的人"，"胡说"就是"胡人说"、"胡闹"就是"胡人闹"、"胡搞"就是"胡人搞"。由此看来，"胡说""胡闹"等词都应该是主谓式的。很显然，这些词的发展在很大程度上反映了汉语词汇的民族特征，词语由古义到今义的发展变化有很深的文化积淀。因为在中国古代，"胡"是当时汉族人对北方和西方其他民族的泛称，汉族人所具有的强烈的民族认同感使得人们在认识其他民族及其相关的事物现象以及行为举止时难免会带上一定的主观色彩，而这种主观色彩通常是贬义的。

对于那些组合形式相同但构词成分之间却兼有两种甚至两种以上结构关系的双音节复合动词（无论它们是两个同音词还是一个多义词），我们在对其结构类型进行判断的时候，都必须考察它们在具体语言环境中的使用情况，分析它们与其前后成分组合时所体现的语法功能，如"贷款、成文、回信"等。它们本身都是兼类词，既可以是动词，也可以是名词。作为动词使用时，结构关系应该分析为动宾，如"银行贷款给工厂一百万元"，其中"贷款"是整个句子的谓语核心，很显然是动词，其结构关系也只能分析成动宾；而作为名词使用时，结构关系则为偏正，如"他已经还清了贷款"中的"贷款"在句中充当的是宾语成分，意思是"贷给的款项"，从词类属性上看属于名词的范畴，其结构关系也就只能分析成偏正，属于定中结构的偏正式复合词。

　　总之，对于复合词特别是句法复合动词而言，其构词语素之间的结构关系对于整个复合词在句子中出现时所能体现的语法功能都有重要的影响，而这种影响最突出的表现是复合词结构的内部自足性。无论是动补式、动宾式还是主谓式，在这些复合词的内部都已经包含类似于句法成分中的补语、宾语、主语等构词成分，这些成分的存在就使得上述复合动词本身不能像其他动词那样任意地与其他补语、宾语、主语等组合形成新的动补结构、动宾结构或者主谓结构。虽然这些构词成分和动词性成分已经凝固成为一个整体，可以作为独立的动词来使用，但是我们并不能就此否认这些构词成分与动词性成分之间原有语法关系的存在，这种客观存在的语法关系或多或少地会在复合动词的语义和功能表现中留下一定的痕迹，从而对整个复合动词在句子中的组合能力产生一定的影响。这种影响就集中体现为动补式动词后很少出现与词中补语性成分语义类型相同的其他补语（动补式复合词中的补语性成分以结果义为主，所以结果补语很少出现在动补式动词后面）；动宾式动词后面不容易带上与词中宾语性成分语义角色一致的宾语成分；主谓式动词前一般不会出现与复合词中主语性成分无关的其他主语成分。

　　反过来讲，功能也在一定程度上影响复合词的结构，特别是对于那些同形异构的复合词而言，结构类型的认定必须从该词能够出现的语言环境、在句子中可能充当的句法角色、与其他句法成分的组合能力等方面进行综合考察。

第六章　动补式复合词与对外汉语教学

前面五章主要是从语言本体角度，对动补式复合词的性质、来源、表层结构和深层语义以及动补式复合词的句法功能表现等方面进行了理论阐述。本章则是从对外汉语教学角度，结合《汉语水平词汇与汉字等级大纲》《高等学校外国留学生汉语教学大纲》《新汉语水平考试大纲》《汉语国际教育用音节汉字词汇等级划分》这四种教学词汇大纲以及目前适用范围比较广的对外汉语长期进修教材《发展汉语·综合》第二版（初级Ⅰ、Ⅱ；中级Ⅰ、Ⅱ；高级Ⅰ、Ⅱ）和对外汉语本科系列教材《汉语教程》第3版（第一册上、下；第二册上、下；第三册上、下）中的动补式复合词，分析动补式复合词在对外汉语教学特别是对外汉语词汇语法教学中的地位，考察留学生学习使用动补式复合词的偏误情况，并在此基础上就动补式复合词的对外汉语教学原则和方法技巧等问题进行探讨。

第一节　对外汉语教学大纲和教材中的
动补式复合词

本节我们主要选取四种对外汉语教学大纲和两种常用对外汉语教材，通过对其词汇表中所收录动补式复合词的情况进行分析，考察和强调动补式复合词在对外汉语教学中的重要地位。

我们选取的词汇大纲分别是《汉语水平词汇与汉字等级大纲》、《高等学校外国留学生汉语教学大纲》、《新汉语水平考试大纲》以及《汉语国际教育用音节汉字词汇等级划分》，这四种大纲既有作为汉语水平考试命题依据的大纲，也有面向长期进修留学生教学的大纲，还有国家语委制定的汉语国际教育用语言文字规范；既有对外汉语教学测试初期使用的旧大纲，也有顺应教学需要和发展调整编订的新大纲。我们选择的两种教材分别是《发展汉语》（第二版）综合系列教材和《汉语教程》（第3版），两种教材都是综合教材，适用对象都包括来华学习的汉语言专业本科学生，但是前者属于长期进修教材，学习时间设定为半年到3年；而后者则明确指出其适用范围为一年级本科学生，属于一年级教材。针对不同类型的大纲和教材进行研究，更有利于得出比较全面的了解和认识。

一 《汉语水平词汇与汉字等级大纲》中的动补式复合词

（一）《汉语水平词汇与汉字等级大纲》简介

《汉语水平词汇与汉字等级大纲》是国家汉语水平考试委员会办公室考试中心于1991年编制，1992年由北京语言学院出版社出版的汉语水平等级大纲。因为它的主要用途是作为HSK考试的命题依据，所以通常又简称为《HSK词汇大纲》。该大纲"吸取了当时国内汉语词汇统计研究的最新成果，并有几十名专家参与而研制成功，是承前启后、最具广泛影响的一种词汇大纲……该大纲对汉语水平考试和对外汉语教学起到了极大的促进作用，无论是对后来教学大纲的指定和教材的编写，还是对语言本体的研究，都产生了巨大的影响"（万艺玲，2010：146）。正是基于以上原因，我们选择此大纲作为本书的研究对象之一。

《HSK词汇大纲》收词总量为8822个，其中包括甲级词1033个，乙级词2018个，丙级词2202个，丁级词3569个。甲、乙、丙、丁四级的词汇量逐级递增，各等级之间的划分依据主要是词汇的习得顺序和难度等级。

（二）《汉语水平词汇与汉字等级大纲》动补式复合词统计分析

依据第一章第一节确立的动补式复合词的判定标准，我们对《HSK词汇大纲》中的动补式复合词进行了搜索和统计，得到大纲中的动补式复合词相关数据。

《HSK词汇大纲》所收动补式复合词共计233个[①]，占大纲收词总量的2.64%。其中包括甲级词27个，占甲级词总量的2.61%；乙级词56个，

---

① 《汉语水平词汇与汉字等级大纲》中所收录动补式复合词的具体词目见书末附录四。

占乙级词总量的 2.78%；丙级词 59 个，占丙级词总量的 2.68%；丁级词 91 个，占丁级词总量的 2.55%。从各级词汇中包含的动补式复合词的数量来看，《HSK 词汇大纲》中动补式复合词的收词量呈逐级递增的趋势，我们认为这与动补式复合词相对于其他结构类型的复合词来说相对较难不无关系，因为词汇大纲中甲、乙、丙、丁四级词的划分本身就体现了词汇难度等级的差异。但是，从动补式复合词在各级词汇中所占比例来看，甲、乙、丙、丁四级词中动补式复合词所占比例基本处于均衡状态，都保持在 2.5%~2.8%。由此也可以看出，《HSK 词汇大纲》在动补式复合词的收录方面还是比较合理的。

二 《高等学校外国留学生汉语教学大纲》中的动补式复合词

（一）《高等学校外国留学生汉语教学大纲》简介

《高等学校外国留学生汉语教学大纲（长期进修）》（以下简称《长期进修大纲》）是由国家对外汉语教学领导小组办公室编著，北京语言大学出版社于 2002 年出版的，为来华长期进修的留学生制定的教学大纲。本大纲的适用对象是母语为非汉语的外国人和海外华人华侨，来华进行半年到 3 年不等的汉语言文化进修。大纲将对外汉语长期进修教学分为初等、中等、高等三个阶段，并针对不同教学阶段提出了不同的词汇量要求，具体如下："初等阶段的学习者（包括零起点的初学者），领会式词汇量在 0—2000 词之间，复用式词汇量在 0—1000 词之间。……中等阶段的学习者，领会式词汇量在 2000—4000 词之间，复用式词汇量在 1000—2000 词之间。……高等阶段的学习者，领会式词汇量在 4000 词以上，复用式词汇量在 2000 词以上"（国家对外汉语教学领导小组办公室，2002：1）。

《长期进修大纲》后面附有专门的词汇表，表中词汇也按照三个不同的教学阶段进行划分，明确不同阶段应该掌握的词汇量和具体词目，其中初等阶段词汇表又根据词语的使用频率分成了最常用和次常用两部分。词汇表中各教学阶段的具体收词情况为：初等阶段（最常用、次常用）共 2408 个词，中等阶段共 2754 个词，高等阶段共 2752 个词。词汇表的收词总量合计为 7914 个，数量较《HSK 词汇大纲》略少。

（二）《长期进修大纲》动补式复合词统计分析

依据前文确立的动补式复合词的判定标准，我们也对《长期进修大纲》中的动补式复合词进行了封闭式搜索和统计，得到词汇表中动补式复合词的相关数据。

《长期进修大纲》收录动补式复合词的数量总和为 271 个[①]，占大纲收词总量的 3.42%。其中初等阶段词汇中的动补式复合词数量为 72 个，占初等阶段词汇总量的 2.99%；中等阶段词汇中的动补式复合词数量为 96 个，占中等阶段词汇总量的 3.49%；高等阶段词汇中的动补式复合词数量为 103 个，占高等阶段词汇总量的 3.74%。由此可知，《长期进修大纲》中动补式复合词的收词总量较《HSK 词汇大纲》略多一些，各教学阶段词汇中的动补式复合词数量也都高于 HSK 词汇大纲，这应该与词表中收录了一定数量的尚未被词典收录的双音节非词成分以及大纲适用对象为长期进修的学习者不无关系。从不同教学阶段词汇量的对比来看，《长期进修大纲》各阶段词汇中动补式复合词的数量和所占比例都呈现为一种典型的"阶梯式"上升的发展趋势，从初级到高级都是逐级递增的。我们认为，这样的安排和分布基本上反映了动补式复合词学习的难度等级，能够体现由少到多、由易到难的词汇教学原则。

三　《新汉语水平考试大纲》中的动补式复合词

（一）《新汉语水平考试大纲》简介

《新汉语水平考试大纲》是由国家汉办/孔子学院总部编制，商务印书馆于 2009 年出版的汉语水平考试大纲。新汉语水平考试（以下简称"新HSK"）是国家汉办组织专家，在吸收原有 HSK 的优点，借鉴近年来国际语言测试研究最新成果的基础上，以《国际汉语能力标准》为依据，推出的一项国际汉语能力标准化考试。新 HSK 保持了原 HSK 的功用，考试成绩仍然可以作为来华留学和企业用人等方面衡量外国人汉语水平的重要依

---

① 词汇表中也收录了一定数量的非词成分，但是此词表将其视为词成分，为了准确显示词表中各级词的词汇量及所占比例，我们也将其一并计算在内。另：《长期进修大纲》中所收录动补式复合词的具体词目见书末附录五。

据。《新汉语水平大纲》是汉语水平考试命题与测试的主要依据和指导性文件，全书共分 6 册，分别对应 HSK 考试的 1～6 级，内容包括介绍、话题大纲、任务大纲、语言点大纲、词汇大纲、考试要求及过程、样卷、答题卡、听力材料、答案、成绩报告等，是 HSK 考试的指导性文件。词汇大纲是《新汉语水平大纲》的一部分，在各级大纲中不但明确指出了 HSK 各级考试的词汇量标准，而且详细列出了各级考试中所包含的词，可以帮助考生明确各级考试的具体词汇目标。

《新汉语水平大纲》共收词 5000 个，总量较原 HSK 有明显降低，比原收词数量少将近一半。1～6 级各级大纲中的词汇数量呈现明显的梯度，基本上是逐级翻番递增，且低级别词汇均包含在高级别词汇当中。其中一级词为 150 个，二级词为 300 个（包含 150 个一级词），三级词为 600 个（包含 300 个二级词），四级词为 1200 个（包含 600 个三级词），五级词为 2500 个（包含 1200 个四级词），六级词为 5000 个（包含 2500 个五级词）。

（二）《新汉语水平考试大纲》动补式复合词统计分析

我们同样依据前文明确的动补式复合词的判定标准，对《新汉语水平大纲》中的动补式复合词进行了搜索和统计，得到大纲中的动补式复合词相关数据如下：

《新汉语水平大纲》所收动补式复合词的总量为 188 个[①]，占大纲收词总量的 3.76%。其中包括一级词 1 个，占一级词总量的不到 0.67%；二级词 2 个，占二级词总量的 0.67%；三级词 12 个，占三级词总量的 2.00%；四级词 40 个，占四级词总量的 3.33%；五级词 89 个，占五级词总量的 3.56%；六级词 188 个，占六级词总量的 3.76%。从各级词汇中包含的动补式复合词的数量来看，《新汉语水平大纲》在动补式复合词收词数量上表现为一、二级持平、二到六级逐级递增的特点，其增长趋势不是严格意义上的阶梯式发展。而从动补式复合词在各级词汇中所占比例来看，1～6

---

① 《新汉语水平考试大纲》中的各级词汇量及词汇总量为逐级累加得出，我们这里对大纲中收录的动补式复合词数量的统计也是通过逐级累加的方法计算得出的。其实这样计算得出的数量跟将各级中新增补式复合词的数量相加而得出的总量是相同的。另：《新汉语水平考试大纲》中所收录动补式复合词的具体词目见书末附录六。

级词汇中动补式复合词所占比例和收词数量呈现严整的对应性，也是一、二级保持均衡平等分布，而从二级到六级则是逐级递增的阶梯式分布。对比原大纲中动补式复合词的收录情况，我们认为《新汉语水平大纲》在收词上体现了对词汇复现率的高度重视，同时各级词汇对动补式复合词的收录在总体数量和所占比例上也都严格体现出词汇教学应该循序渐进的教学原则。总体来看，《新汉语水平大纲》在动补式复合词的收录方面较旧大纲更为合理。

四 《汉语国际教育用音节汉字词汇等级划分》中的动补式复合词

（一）《汉语国际教育用音节汉字词汇等级划分》简介

《汉语国际教育用音节汉字词汇等级划分》是中华人民共和国教育部和国家语言文字工作委员会于 2010 年 10 月 19 日发布的语言文字规范。"本规范规定了汉语国际教育用音节、汉字、词汇的等级划分，给出了汉语国际教育用分级的音节表、汉字表、词汇表"，"适用于汉语国际教育总体设计、教材编写、课堂教学、课程测试、工具书编写和音节库、字库、词库建设，也可供计算机辅助水平测试以及中国少数民族汉语教学、普通话教学参考"（中华人民共和国教育部国家语言文字工作委员会，2010：1），其研制的主要依据是最新的大型动态语料库中的语料，同时还参照了多种有针对性的字表、词表和词典等。

《汉语国际教育用分级词汇表》（以下简称《分级词汇表》）是该规范的一部分，其收词与分级原则是"通过对汉字和词汇进行多类别、多角度、多层次的交集比对制定分级词汇表；一级、二级、三级的词汇量比例大致为 2 : 3 : 5"（中华人民共和国教育部国家语言文字工作委员会，2010：2）。《分级词汇表》中的汉语国际教育用一级、二级、三级词汇，分别对应一般所说汉语水平的"初级、中级、高级"；此外还有一个三级附录（规范性附录），"供以汉语为专业的外国学生和其他汉语水平较高的学习者进一步提高汉语水平使用"（中华人民共和国教育部国家语言文字工作委员会，2010：3）。表中所收各级词汇均为现代汉语常用词，共计11092 个。其中包括一级词 2245 个，二级词 3211 个，三级词 4175 个，三级附录词 1461 个。

（二）《汉语国际教育用音节汉字词汇等级划分》 动补式复合词统计分析

依据在第一章中所确定的动补式复合词的判定标准，我们也对《分级词汇表》中的动补式复合词进行了搜索和统计，得到相关数据如下：

《分级词汇表》所收动补式复合词数量为 435 个①，占大纲收词总量的 3.92%。其中一级词数量为 115 个，占一级词总量的 5.12%；二级词数量为 139 个，占二级词总量的 4.33%；三级词数量为 157 个，占三级词总量的 3.76%；三级附录词数量为 24 个，占三级附录词总量的 1.64%。总体来看，《分级词汇表》中动补式复合词的收词总量最多，各级词汇中动补式复合词的数量也都明显高于其他大纲，这应该与词汇表的收词总量比较大而且词表中收录了一定数量的尚未被词典收录的双音节短语成分有很大的关系。从各级词汇量对比的角度来看，《分级词汇表》各级词汇中动补式复合词的数量与前述各大纲各级词汇的数量变化趋势基本一致，除三级附录外（作为三级词表所收词的补充，三级附录词总数最少，因而其中收录的动补式复合词数量相应也最少），从一级到三级都体现为阶梯式发展，各级数量递增。然而，从动补式复合词在各级词汇中所占比例来看，《分级词汇表》各级词汇中的动补式复合词占比则呈现为一种"倒阶梯式"发展趋势，从一级到三级附录，动补式复合词的数量不是逐级递增而是逐级略有减少。对比新旧 HSK 大纲中的动补式复合词收录情况，我们认为《分级词汇表》各级词汇对动补式复合词的收录虽然在所占比例上有逐级下降的态势，但是在总体数量上还是体现了逐级递增的发展变化，基本上能够反映动补式复合词在各级词汇中的分布和循序渐进的词汇教学原则。

---

① 与其他大纲相比，《分级词汇表》中所收动补式复合词数量最多，我们认为主要原因在于该词汇表的收词总量大，而且其中收录了一些非词成分。因为词表中将其视为词汇成分，我们也一并将其计算在内。另：《分级词汇表》中所收录动补式复合词的具体词目见书末附录七。

五　《发展汉语·综合》中的动补式复合词

（一）《发展汉语·综合》简介

《发展汉语》（第二版）是由荣继华、徐桂梅、武惠华等编著，北京语言大学出版社于 2012 年出版的普通高等教育"十一五"国家级规划教材，"主要供来华学习汉语的长期进修生使用，可满足初（含零起点）、中、高各层次主干课程的教学需要。其中，初、中、高各层次的教材也可供汉语言专业本科教学选用，亦可供海内外相关的培训课程及汉语自学者选用"（荣继华等，2011：总前言）。该套教材以"发展"为核心理念，以"集成、多元、创新"为基本理念。全套教材分为三个层级、五个系列，综合系列为主干教材。教材共 28 册，每册最后附有"生词总表"，词语来源的主要依据是《高等学校外国留学生汉语教学大纲（长期进修）》（2002），同时参考了其他各类大纲，并与语言生活实际相结合，广泛吸收当代中国社会生活中常见的词语。

《发展汉语》综合系列教材的收词总量为 4289 个[①]，其中初级综合（Ⅰ、Ⅱ）收词数量为 1515 个（专名除外），中级综合（Ⅰ、Ⅱ）收词数量为 1400 个（专名除外），高级综合（Ⅰ、Ⅱ）收词数量为 1374 个（专名除外）。由于综合系列教材只是全套教材五个系列中的一个，因此该系列教材在教材收词总量和各级词汇收词数量上都比前边我们介绍的各类大纲中的收词数量略少一些，但是总体差异不大。

（二）《发展汉语·综合》动补式复合词统计分析

我们同样根据动补式复合词的判定标准，对《发展汉语》综合系列教材（以下简称《发展汉语》）中的动补式复合词进行了搜索和统计，得到该系列教材中的动补式复合词相关数据如下：

《发展汉语》综合系列教材中收录的动补式复合词的总数为 120

[①] 《发展汉语》综合系列教材收词总量及各级教材收词数量，参考了周晓宇（2013）论文中的相关数据。

个①，占教材收词总量的 2.80%。其中初级教材收词数量为 30 个，占初级词总量的 1.98%；中级教材收词数量为 46 个，占中级词总量的 3.29%；高级教材收词数量为 44 个，占高级词总量的 3.20%。总体来看，《发展汉语》综合系列教材中动补式复合词的收词数量不是很多，比前述各大纲中收录动补式复合词的数量都要少，这与教材自身的编写体例、收词原则、适用对象以及教材目标、结构规模等都有很大的关系。从各级词汇量对比的角度来看，《发展汉语》综合教材各级词汇中动补式复合词的数量与前述各大纲中各级词汇的数量变化趋势基本一致，从初级到中级数量有所增加，中级到高级数量基本保持均衡。从动补式复合词在各级词汇中所占比例来看，《发展汉语》综合教材各级词汇中的动补式复合词所占比例和词汇数量变化趋势呈现严格的对应，也是从初级到中级所占比例有所增加，而中级和高级占比基本持平。对比各大纲中的动补式复合词收录情况，我们认为《发展汉语》综合教材在动补式复合词收录数量和比例方面还是在一定程度上与教学大纲保持了一致性，也较好地体现了教材编写的"发展"核心理念，即"由少到多，由简单到复杂"（荣继华等，2011：总前言）。

六 《汉语教程》中的动补式复合词

（一）《汉语教程》简介

《汉语教程》（第 3 版）是由杨寄洲编著，北京语言大学出版社于 2016 年出版的一套综合汉语教材。本套教材是为来华留学的汉语学习者编写的对外汉语本科系列教材，于 1999 年初版，2005 年再版，一直为国内外很多教学单位用作主打教材。《汉语教程》（第 3 版）在"保持《汉语教程》原有风貌，秉承其'好教、好学、好用'的优点"的基础上，"以新内容和新词汇替换教材中已经过时的内容和词汇"，并"对教材中某些板块进行适当的调整和补充"，同时"新增配套的《同步学习指导》，以更好地指导学习者学习、使用本教材"（杨寄洲，2016：前言）。

---

① 我们这里得到的收词总数中包含了那些使用频率很高但是语文辞书中尚未以词汇单位身份收录的双音节非词成分。为了准确显示动补式复合词在该系列教材各级词表中的收词量及所占比例，我们也将其一并计算在内。另：《发展汉语》综合教材中所收录动补式复合词的具体词目见书末附录八。

第 3 版《汉语教程》共三册（每册含上、下两分册），可供设有本科学历教育的教学单位使用一年，非学历教育的教学单位可以根据自己的教学对象和教学目标灵活使用。《汉语教程》（第 3 版）共收词 2885 个（专名除外），其中第一册（上、下）收词数量为 599 个，第二册（上、下）收词数量为 924 个，第三册（上、下）收词数量为 1362 个。与《发展汉语》综合系列教材比较，该套教材的生词数量略少，这与两套教材的目标定位和适用对象差异有关。由于该套教材为语言技能类一年级教材，主要供大学本科一年级的来华留学生和同等水平的汉语学习者使用，一年之内完成将近 3000 个生词的学习，已经超过 HSK 大纲五级水平，收词数量还是比较合理的。

（二）《汉语教程》动补式复合词统计分析

我们根据动补式复合词的判定标准，对《汉语教程》（第 3 版）中的动补式复合词进行了穷尽性搜索和统计，得到该教材中的动补式复合词相关数据如下：

《汉语教程》（第 3 版）教材中收录动补式复合词的总数为 85 个[①]，占教材收词总量的 2.95%。其中第一册（上、下）的收词数量为 5 个，占第一册收词总量的 0.83%；第二册（上、下）的收词数量为 31 个，占第二册收词总量的 3.35%；第三册（上、下）的收词数量为 49 个，占第三册收词总量的 3.60%。总体来看，《汉语教程》（第 3 版）中所收动补式复合词的数量比较少，其在教材收词总数中所占比例较《发展汉语》综合系列教材也略低一些，这与教材自身的目标定位、结构规模和适用对象等都有一定的关系。通过各册所收动补式复合词数量及其在收词总量中所占比例的对比，我们发现《汉语教程》各册词汇中收录动补式复合词的数量及其所占比例都呈现典型的阶梯式发展趋势，从第一册到第三册收词数量和占比都是逐级递增的。对比前述各大纲和《发展汉语》中的动补式复合词收录情况，我们认为《汉语教程》虽然收录的动补式复合词总量不多，但是

---

①　我们这里得到的收词总数中也包含了双音节的非词成分。为了准确显示动补式复合词在该教材生词表中的收词量及所占比例，我们将其一并计算在内。另：《汉语教程》所收录动补式复合词的具体词目见书末附录九。

这些词在教材生词总数中的占比与大纲还是基本一致的，而且三册中的收词数量和比例的变化趋势也很好地体现了词汇教学的循序渐进原则。

七 动补式复合词在对外汉语教学中的地位

根据前面对几种大纲和教材中动补式复合词收录情况的统计分析，我们可以得出对外汉语教学动补式复合词数量统计表（见表6-1），并在此基础上分析动补式复合词在对外汉语教学中的地位及其教学的重要性和必要性。

综合上述对四种词汇大纲和两种综合教材生词表的考察分析，我们发现：动补式复合词在各种词汇大纲和综合教材中都有所收录，但是大纲或教材根据编写目标和教学对象的不同，其中收录动补式复合词的数量从几十到几百不等（最少的《汉语教程》只有 85 个，最多的《分级词汇表》有 435 个）；而且动补式复合词在收词总量中都占有一定比例，基本上为 2.5%~4%（最低的《HSK 词汇大纲》是 2.64%，最高的《分级词汇表》是 3.89%）。我们认为，虽然动补式复合词在上述大纲和教材中的绝对数量不是很多，所占比例也不算很高①，但是动补式复合词的确是对外汉语词汇教学和语法教学中不可缺少的一部分，在不同层次的汉语教学以及汉语教学的各个阶段都有所涉及，而且基本上呈现逐级递增的趋势，我们甚至可以说动补式复合词的教学是贯穿整个对外汉语教学过程始终的，而且越到高级阶段接触到的动补式复合词就会越多。因此，动补式复合词的对外汉语教学应该引起相关教师、学生、教材编写者甚至教育管理者的充分重视。

在对外汉语教学实践中，教师应该合理预测学生可能出现的偏误，通过一定的教学方法和手段，使学生能够全面、系统地掌握动补式复合词的结构、意义和用法，有效避免相关偏误的出现，从而提高教学效果和学习效率。下文我们就将对留学生学习使用动补式复合词过程中出现的偏误情况及其原因进行分析，并在此基础上就对外汉语动补式复合词的教学原则和方法等问题进行探讨。

---

① 当然，如果按照本书绪论中曾经提及的周荐和苏宝荣先生对动补式复合词及其在现代汉语双音节复合词中所占比例的统计（分别为 0.93% 和 2%），我们此处得到的各大纲和教材中动补式复合词的数量和占比都是比较高的。

表6-1　对外汉语教学大纲和教材中的动补式复合词统计

大纲教材	收录词汇量							动补式词汇量							动补式占比（%）						
	分级词汇量						总量	分级词汇量						总量	分级比						总比
HSK大纲	甲级1033	乙级2018	丙级2202	丁级3569	—	—	8822	甲级27	乙级56	丙级59	丁级91	—	—	233	甲级2.61	乙级2.78	丙级2.68	丁级2.55	—	—	2.64
长期大纲	初等2408	中等2754	高等2752	—	—	—	7914	初等72	中等96	高等103	—	—	—	271	初等2.99	中等3.49	高等3.74	—	—	—	3.42
新大纲	一级150	二级300	三级600	四级1200	五级2500	六级5000	5000	一级1	二级2	三级12	四级40	五级89	六级188	188	一级0.67	二级0.67	三级2.00	四级3.33	五级3.56	六级3.76	3.76
分级词表	一级2245	二级3211	三级4175	三级附录1461	—	—	11092	一级115	二级139	三级157	三级附录24	—	—	435	一级5.12	二级4.33	三级3.76	三级附录1.64	—	—	3.92
发展汉语	初级1515	中级1400	高级1374	—	—	—	4289	初级30	中级46	高级44	—	—	—	120	初级1.98	中级3.29	高级3.20	—	—	—	2.80
汉语教程	一册599	二册924	三册1362	—	—	—	2885	一册5	二册31	三册49	—	—	—	85	一册0.83	二册3.35	三册3.60	—	—	—	2.95

第二节 留学生使用动补式复合词的偏误情况

本节我们主要通过对北京语言大学"HSK 动态作文语料库"、暨南大学华文学院留学生书面语语料库等中介语语料库中关于动补式复合词用例的分析考察，总结留学生学习使用动补式复合词过程中可能出现的各种偏误情况，归纳其偏误类型，并尝试对造成偏误的相关原因进行分析。

一 留学生使用动补式复合词的偏误数据统计

(一) 留学生词汇偏误的基本情况

外国留学生在学习使用汉语的过程中可能会出现各种各样的偏误，涉及语音、词汇、语法、语用等各个方面，其中最为严重的就是词汇偏误。鲁健骥（1987：122~132）就曾经指出"在学习汉语的外国人的中介语系统中，词语偏误是大量的而且几乎是随着学习的开始就发生了。随着词汇量的增加，发生的词语偏误也越来越多"。周小兵（2009：93）也明确提出"词汇偏误在任何阶段都会出现。即使到了高级阶段，也会出现学习、使用高级阶段词汇而出现的偏误"。刘祥友（2012：64）也认为"词汇偏误几乎在学习一开始就发生了，而且随着学习的深入、水平的提高，语音和语法的偏误在递减，而词汇的偏误却呈上升趋势"。因此，如何最大限度、有效地减少词汇偏误的发生，是词汇教学中非常重要的一个组成部分，也应该引起广大汉语教师的关注和重视。

留学生使用词汇的偏误数量很多，类型也比较丰富，学者们大多是按照偏误原因的不同对其进行分类。万艺玲（2010）将其分为误用词语、生造词语和径用母语词语三种类型，误用词语根据错误类型又分为词义偏误和用法偏误两个小类，生造词语按照造词途径又分为类推汉语词语和直译母语词语两个小类。刘祥友（2012）则从语义、语法和语用三个平面对留学生在词汇习得过程中出现的典型偏误进行了分析，将其分为词语构造的偏误、语义理解的偏误、词类引起的词汇偏误、语用引起的词汇偏误、词语重叠偏误、离合词偏误、逆序词偏误七种类型，其中词语构造的偏误又分为新造词、语义相关语素替代、语素多余、缺少语素、缩略错误、语素顺序错误六个小类。上述两位学者虽然都是从偏误原因的角度对词汇偏误进行分类，但是由于考察的视角不同，得出的分类也不尽相同。然而，综合二人的分类方法，我们可以发现词义和用法是我们分析词汇偏误不可避免的两个重要方面。本书重点研究的是动补式复合词的偏误情况，主要是从复合词的结构角度来观察词汇的使用情况，因此我们在词汇偏误类型的划分上主要依据和采用的是刘祥友（2012）关于词语构造的偏误的相关观点。

　　说到词语构造方面的偏误，肖奚强、颜明、乔佼、周文华等（2015：95）曾经明确指出"外国学生在复合词构造方面出现的偏误以偏正式复合词居多，占了复合词构造偏误的大部分；相对而言，联合式、述宾式、述补式、主谓式复合词的偏误则很少出现，有的甚至没有出现"。对于他们的这一观点，我们并不完全认同。根据苏宝荣（2016）对《现代汉语词典》（第6版）中由名素、动素和形素构成的双音节复合词的统计结果，在37663个双音节复合词中，有1397个不能归入主谓、述宾、述补、偏正、联合这五种构词方式。剩下的36266个复合词中，偏正式有19412个，占53.5%。也就是说，偏正式复合词在全部复合词中是数量最多的。另据许敏（2003）统计，在汉语水平等级词汇中，偏正式所占比例最高，约为43.42%，也就是说，对于留学生而言，需要他们掌握的汉语复合词中偏正式的数量是最多的。按照正常的逻辑推理，一个词的使用频率越高就越有可能出现使用错误，如果一个词学生根本就不用，那也就不可能出现错误。因此，偏正式对于留学生来说是使用率最高的复合词结构类型，那么留学生出现相关偏误的概率自然也就会比其他类型要高。而其他几种结构类型的复合词所占比例都远比偏正式要少得多，因而出现偏误的可能性也自然会降低很多。另外，偏正式复合词的偏误数量多，并不代表偏正式复合词就比其他类型的复合词更容易出现偏误，其偏误的比例也不一定比其他类型复合词出现偏误的比例更高。我们对留学生使用动补式复合词的偏误语料进行了调查分析，发现有将近2/3的动补式复合词在留学生的使用过程中会出现一定的偏误，相关的统计数据也可以作为对上述观点的一个侧面证明。

（二）留学生动补式复合词使用偏误的数据统计

通过第一节中几种词汇大纲的对比，我们知道《汉语国际教育用分级词汇表》中所收录的动补式复合词是最多的，所以我们就依据该词汇表中收录的 435 个动补式复合词的具体词目，对北京语言大学 HSK 动态作文语料库（以下简称"HSK 作文语料库"）和暨南大学华文学院留学生书面语语料库（以下简称"留学生书面语语料库"）中包含这些词目的语料进行了逐一搜索，结果发现，留学生在使用动补式复合词时出现偏误的情况也是比较普遍的，只有少量词语没有发现相关偏误语料，而其余大部分动补式复合词都可以在语料库中搜索到相关偏误语料，甚至有不少词语（"提高""受到""规定""得到""起来""决定""造成""制定"等）在 HSK 作文语料库中的偏误语料都超过了 100 条，数量最多的词语（"觉得"）偏误语料的条目甚至有 230 多条。具体的偏误数据统计详见表 6-2。

表 6-2　HSK 作文语料库中各等级动补式复合词偏误语料统计

语料数	词语数	词汇等级				例词*
		一级	二级	三级	三级附录	
0	162	11	39	96	16	坐下；布满；奔赴、注入；摆平等
1~49	249	84	96	61	8	下来、想起；消除、使得；解脱等
50~99	15	11	4	0	0	通过、看到、长大；减少、遇到等
≥100	9	9	0	0	0	觉得、提高、受到、规定、得到等

　　* 例词之间以"、"隔开的，为同一等级词；例词之间以"；"隔开的，为不同等级词。如语料数为 0 的词语涉及一级、二级、三级以及三级附录，所以例词涉及四个等级，分别以"；"隔开；而语料数超过 100 条的词语只有一级词，所以例词之间以"、"隔开。

　　从表 6-2 可以看出：在《分级词汇表》收录的 435 个动补式复合词中，留学生在使用时有 273 个词语都或多或少地出现了一些偏误，占全部词语总数的 62.76%，而使用频率比较高的"觉得""提高"等词的偏误语料数量甚至达到了 150 条以上。从偏误词语的词汇等级来看，一级词出现偏误的词语最多，而且偏误语料数量多、超过 100 条的 9 个词都是一级词；二级词出现偏误的词语也很多，只是在偏误语料的具体数量上不如一级词，二级词中没有偏误语料超过 100 条的词；三级词和三级附录词相对而言出现偏误的词语比较少，偏误语料的数量也相对较少，都不超过50条，而且没有出现偏误语料的词语所占比例相对更高一些。需要注意的是，三级和三级附录词相关的偏误语料少，并不代表这些词留学生使用起来就不会出问题，更多的情况可能是由于这些词难度等级比较高，很多留学生根本没有学习过或者虽然学习了但是难以掌握，因而他们在用汉语进行表达时往往用不到或者有意回避使用这些词语。因此，我们在偏误语料库中一般很少发现包含该词语的偏误语料。

二　留学生使用动补式复合词的偏误类型

我们对从HSK作文语料库和留学生书面语语料库中搜索到的包含动补式复合词使用偏误的语料进行了分析和考察，发现其偏误情况比较复杂，有语义方面的偏误，也有语用方面的问题，还涉及词语搭配、语序位置等方面的问题。根据语料中所体现的具体偏误表现，参考邢红兵（2003）和刘祥友（2012）对合成词偏误的分类，我们将留学生使用动补式复合词出现的偏误归为以下几种主要类型。

（一）生造词语

留学生在学习和使用汉语的过程中，由于自身词汇量的限制，迫于交际需要，有时就会用已学过的汉语构词规则和语素或词组织在一起，来表达自己的意思，由此便可能产生汉语中并不真实存在的"生造词语"①。这些生造词有些根本无法在汉语中找到跟它相对应的词，有些即使能够找到对应词，其构词语素中也至少有一个跟该对应词无关。但是，因为本书主要研究动补式复合词误用的情况，所以相关语料都是以某一个动补式复合词为搜索对象进行检索的，那么这个动补式复合词就是所谓的对应词，因此我们此处分析的生造词都是可以找到对应词的。根据生造词跟对应词之

---

① 邢红兵（2003）、刘祥友（2012）都采用"新造词"的说法，我们认为不太合理。因为新造词一般用来指一种语言中新产生的词语形式，是利用原有语言材料，根据原有构词方式构造出来以表示新事物和新概念的词。新造词属于语言中的新生力量，是规范合理的语言形式。但是我们这里所说的"生造词"是指留学生利用汉语原有材料，根据汉语固有构词方式杜撰出来的，汉语中并不真实存在的词语，不是规范的语言形式，有些也不能算是严格意义上的词汇单位，因此我们认为用"生造词语"来表示应该更加合理。但是为了行文的方便，下文我们仍采用"生造词"的说法。

间的关系，我们又可以将其分为下面几个小类。

1. 语素相关生造词

语素相关生造词指的是生造词与对应词之间有一个语素相同，而另一个语素不同，甚至在语义上也没有明显的关联。根据两个语素之间结构关系和语义关联的不同，我们又可以将这一类生造的偏误词分为两个小类。

（1）动补式生造词

生造出来的偏误词不但与对应词包含相同的语素，而且在结构关系上与对应词保持一致，也是动补式，后一语素对前一语素表示动作行为的结果、状态、评价等进行补充说明。例如：

　　　1）如果全城都被抽烟的人和烟充满 ｛CC 拥满｝ 的话，我们就不能好好地呼吸，而且不能够生活在这个世界。

　　　2）我首先做的是听流行歌曲，听歌不久我的脸上充满 ｛CC 带满｝ 了微笑，看着歌词唱的时候我的心情像一根羽毛一样轻松。

例1）、例2）中的"拥满""带满"都是汉语中并不存在的词，它们和对应词"充满"都包含一个相同的语素"满"，而且从两个语素的结构格式和语义关系上看，它们也都和对应词一样属于动补式，"满"是对"拥""带"所导致结果的补充说明。

　　　3）中国，作为一个发展中国家已经呈现出腾龙般的气象，尤其是进入世贸组织的中国通过与各国的接触与往来，不断提高 ｛CC 进高｝ 自己的国际地位——经济地位和政治地位。

　　　4）假如人们为了提高农作物的产量使用化肥和农药，农作物的产量会大大提高 ｛CC 降高｝，而人们吃了会伤害健康。

例3）中的"进高"在汉语中也并不存在，它和对应词"提高"包含相同语素"高"，而且在结构上也应该分析为"高"是"进"的补语，属于动补式。动补式复合词中的第二个构词语素往往表示第一个语素所表示动作行为的结果，例4）中"降高"的组合不符合正常的事理逻辑，因为"降"只能导致"低"的结果，而不能使"高"，所以"降高"这个词在汉语中也根本不存在。

　　生造词语的偏误情况在留学生使用动补式复合词时出现的偏误中数量比较多，而生造词语中，与对应词包含相同语素的动补式偏误词所占比例又是比较高的。再如：

　　5）我从小看着这样的父母，在这样的父母的关怀下长大｛CC 成大｝了。

　　6）他们应该想到｛CC 想得｝这一点，不是只想今天还是今年，而是要想五年后还是十年后世界会有所改变。

这两例中的"成大"和"想得"也都是汉语中并不存在的词，应该是留学生根据表达类似意义的对应词生造出来的。"成""长"为同义词，因此留学生很容易将这两个同义语素替换，从而造出汉语中没有的词来。同样的道理，"得""到"语义相关，都可以表示"获得"义，因此留学生用"得"替换了对应词中的"到"，而且汉语中也的确存在大量的以"得"为补充性语素的动补式复合词，如"记得""懂得"等，留学生造出"想得"这样的词应该也有类推的作用。

　　（2）非动补式生造词

　　生造出来的偏误词虽然与对应词包含相同的语素，但是在结构关系上与对应词并不相同，两个语素之间不是补充说明关系，而是修饰、联合、陈述等其他结构关系，有些生造词甚至很难分析其构词语素之间的结构关系属于哪种类型。例如：

　　7）到处充满｛CC 满深｝香味。①

　　8）虽然很少、不贵，可是那里充满｛CC 满有｝我的爱。

　　9）随着生活水平提高，孩子们的精神水平相应提高｛CC 相高｝，不过最近的父母让孩子顺从，不让孩子提出自己的意见，因此子女受

---

　　①　本节偏误语料主要来自北京语言大学 HSK 作文语料库和暨南大学留学生书面语料库，因大部分语料来自 HSK 作文语料库，因此对相关语料来源不做特别说明，而只对选自留学生书面语料库的相关语料标注来源。另外，在对语料的处理上，为方便阅读和分析，我们只保留了语料中跟动补式复合词相关部分的偏误，而对句中其他偏误进行了修正。

到精神压力，所以产生代沟的问题。

在上述偏误例句中，例 7)、例 8) 的对应词都是动补式复合词"充满"，但是如果要分析生造词"满深"和"满有"的结构关系的话，"满深"似乎应该归入联合式，"满"和"深"都属于形容词，且语义相关，属于并列连用；而"满有"理解为"满满地拥有"似乎比较合理，那么"满"就是"有"的修饰成分，"满有"为偏正式。例 9) 中的"相高"其对应词为动补式复合词"提高"，但是"相高"本身词义不明，汉语中的"相"语素一般不与形容词语素组合，因此很难分析"相"和"高"之间是什么结构关系。我们认为此处的"相高"可能是受前面词语"相应"影响而导致的笔误。

2. 语素无关生造词

语素无关生造词指的是生造词与对应词之间没有相同的语素，是留学生根据要表达的意思自己按照构词规则造出来的，有的语素可能与对应词的语素有同义、近义或相关义等关系，有的甚至在语义上也与对应词没有明显的关联。根据两个语素之间结构关系和语义关联的不同，我们也可以将这一类生造的偏误词分为两个小类。

（1）动补式生造词

生造出来的偏误词与对应词没有相同的语素，但是在结构关系上却与对应词保持一致，也是动补式，后一语素对前一语素表示动作行为的结果、状态、评价等进行补充说明。例如：

10) 本人擅长设计促销宣传单及簿册等，能抓住 ｛CC 捉进｝ 产品的优点而加以发挥，以达到促销的效果。

11) 不要太挑剔自己心爱的人，把不满和指责，变成 ｛CC 换为｝宽容谅解，还要有耐心，才能保持彼此之间的恋情或夫妻关系。

例 10) 的"捉进"在汉语中并非绝对不存在，但是后边通常还会有表示处所的方位词作为"进"的宾语，"进+处所"合在一起充当"捉"的补语，"捉进"本身并不是一个词，而此处语料中出现的"捉进"显然是作为一个动词使用的，因此我们也将其归入生造词的范围，其构词语素"捉"和对应词中的语素"抓"同义，"进"表示"捉"的动作趋向。例11）中的"换为"在结构方式上和对应词"变成"相同，词义也和对应词相近，其构词语素"换"和对应词中的"变"属于近义词，"为"和对应词中的"成"也是同义词，只是"换为"并不作为复合词存在于现代汉语当中，我们认为此处应该是将"变为"和"换成"两个词杂糅在一起而生造出来的偏误词。

（2）非动补式生造词

生造出来的偏误词与对应词既不包含相同的语素，在结构关系上也不相同，两个语素之间不是补充说明关系，而是修饰、联合、陈述等其他结构关系。例如：

12）还把农作物的价格提高｛CC 加涨｝，让很多农民、还有失业者都愿意搞好绿色食品。

13）比如，把烟价提高｛CC 隆贵｝了，不让在共公场所吸烟。

14）"安乐死"这个词让我想起｛CC 怀忆｝我小学的时候看的一本小说。

例12）和例13）中的生造词"加涨"和"隆贵"的对应词都是"提高"，句中要表达的意思都是价格的提高、增长，这种变化在汉语里又可以说成"涨价"或"价格变贵"，两个生造词中分别包含语素"涨"和"贵"，应该说在语义上跟对应词还有一定的关系，但是分析其结构关系，"加涨"应该是同义动词连用构成的联合式，"隆贵"也应该属于联合式，"隆"和"贵"为近义形容词。例14）的生造词"怀忆"的构词语素"怀""忆"和对应词"想起"的构词语素"想"具有同义关系，"怀忆"在结构上属于同义连用的联合式，与"想起"的动补式不同。

（二）替代词语

邢红兵（2003：67~78+3-4）将这一类偏误称为"语素替代"，并对语素替代的概念进行了界定，即"留学生的偏误合成词和目标词相比，在词的构造上没有差异，在语素上有差异，但是偏误合成词和目标词中有差异的语素之间是同义关系、近义关系、反义关系或者语义相关"。他这里的目标词指的就是我们之前所说的对应词。我们认为，他的界定范围有些偏小，其实由于语素或词的替代而造成的偏误是比较复杂的，偏误词和对应词之间既可能有语义方面的关系，也可能存在语音方面的关联；构造上可能相同也可能完全不同；构词语素以及整个偏误词和对应词之间可能在语义上具有同义、近义、相关义等关系，也可能没有直接关联。因此，我们将这一类偏误称为"替代词语"①（与上一类"生造词语"的名称相对应），意在强调这一类是留学生在用汉语进行表达时选用了一个汉语中固有的词来代替应该在句中出现的对应词从而造成的偏误。

替代词语类偏误是留学生动补式复合词使用偏误中数量最多的，又可以根据偏误词和对应词之间的联系是体现在语义方面还是语音方面，再分为两个小类。

1. 语义相关替代

语义相关替代是指替代词语和对应词之间在语义上具有某种关联。根据替代词和对应词是否包含相同的构词语素，语义相关替代又可以分为两个小类。

（1）语素相关替代词

语素相关替代词指的是替代词与对应词之间有一个语素相同，而另一个语素不同，替代语素之间在语义上可以相关也可以没有显著的关联。②根据词内语素的多少以及两个语素之间的结构关系，我们又可以将这一类生造的偏误词分为三个小类。

1）动补式替代词

替代使用的偏误词不但与对应词包含相同的语素，而且在结构关系上与对应词保持一致，也是动补式，后一语素对前一语素表示动作行为的结果、状态、评价等进行补充说明。例如：

---

① 这里的"替代词语"同样指的是留学生用来替换对应词的可能不限于词汇单位，也包含了一些使用率非常高的非词成分，我们这里用"替代词语"统称之，而为了行文方便，将采用"替代词"的说法。

② 我们这里只分析了替代词和对应词都是双音节词的替代偏误，其实有些替代偏误也可能是留学生用单音节或多音节词语替代动补式复合词而产生的。这种非双音节形式的替代又可以看作语素的加减，因此我们将这种类型的替代一律归入语素冗余或语素缺失，此处不再对其替代过程进行分析。

　　15）每天按时上下班，有什么要紧的事一定会给家里打电话，说明〔CC 阐明〕回家晚的理由。

　　16）这就说明〔CC 证明〕我的心柔弱。而有些人听那些乱七八糟的歌。我觉得他们的心很坚硬，不会感觉到他个人的自尊心。

　　17）也就是说，在还未彻底摆脱〔CC 摆平〕人类饥饿问题的今天，谈论"绿色食品"还为时尚早。

例 15）、例 16）中的"阐明""证明"都是汉语中固有的词，它们和对应词"说明"都包含一个相同语素"明"，而且从两个语素的结构格式和语义关系上看，它们也和对应词一样都属于动补式复合词。例 17）中的"摆平"是汉语中固有的词，和对应词"摆脱"都属于动补式复合词，而且两个词中都包含相同的构词语素"摆"，但是偏误词和对应词中的另一个语素"脱"和"平"在语义上并无关联，而且整个偏误词的词义和对应词的词义之间也没有直接的语义关联，这种替代偏误的出现应该是留学生对词语掌握得不够准确、对同素词语的意义和用法有所混淆造成的。再如：

　　18）最好的措施还是把烟的价格提高〔CC 升高〕，这样才不会有那种政府把我们当孩子的感觉。

　　19）而且国家把香烟的价格提高〔CC 长高〕了，让老百姓吸烟吸得少一点儿。

例 18）中的"升高"是和对应词"提高"结构关系同属于动补式、语义上也具有同义关系的双音节动补短语；例 19）中的替代词语"长高"是一个双音节的动补短语，它虽然和对应词"提高"都包含相同的构造成分"高"，但是"长"和"提"两个语素在语义上没有什么直接关系，"长高"和"提高"在语义上也没有明显的关联，"长高"一般用来指人的个子从矮到高有所变化。

　　2）非动补式替代词

　　留学生用来替代对应词的偏误词虽然与对应词包含相同的语素，但是在结构关系上与对应词并不相同，偏误词并非动补式复合词，而是联合式、偏正式、动宾式等其他结构类型的复合词。例如：

20）我们应该主动对上一辈说明 ｛CC 解说｝ 我们新一代的想法，对事对人的态度，求得谅解。

21）孩子一出生在这个世界就看见 ｛CC 见面｝ 的人是谁呢？

上述两例中的偏误词"解说"和"见面"的对应词分别是"说明"和"看见"，偏误词和对应词在词义上具有较强的相关性，而且都包含共同的构词语素"说"和"见"。但是从构词方式上看，"解说"和"见面"都不是动补式复合词，"解说"的意思是解释说明，可以分析为联合式；"见面"一般分析为动宾式。

22）我已经长大 ｛CC 太大｝ 了！

例22）中的"太大"是汉语中经常使用的偏正结构的短语成分，这里用来替代对应词"长大"，在语义上也包含长大的意思，但同时强调了大的程度之高。

3）非双音节替代词

非双音节替代词指的是替代对应词使用的偏误词语本身并不是一个双音节复合词，所以不能按是否为动补式进行分析。因为"语素相关"本身要求偏误词内至少有一个语素与对应词相同，所以这一类偏误词语都是多音节的词或短语。例如：

23）听您说的时候，我突然觉得 ｛CC 不知不觉｝ 很对不起您，因为我只是给你几千元的花，还有那花不是那么好看的。

24）我认为，未来的社会应该减少 ｛CC2 少一点｝ 抽烟的地方。

这两例中的偏误成分都是多音节的短语，其中都包含一个与对应词构词语素相同的语素，但是它们往往与对应词表达的意思基本相同或有相近之处，因此在句中被用以替代对应词。

（2）语素无关替代词

语素无关替代词指的是替代词与对应词之间没有相同语素，但是整个词的意义和对应词具有同义、近义关系或者语义相关，这样的替代词往往是留学生在还没有掌握对应词的情况下，根据要表达的意思从自己已经学过的词语中选择出来的，是留学生退而求其次的妥协做法。根据构词语素的多少及语素之间结构关系的不同，我们可以将这一类偏误词分为动补式替代词、非动补式替代词和非双音节替代词三个小类。

1）动补式替代词

动补式替代词是指替代使用的偏误词与对应词没有相同的语素，但是在结构关系上却与对应词保持一致，也是动补式，后一语素是对前一语素表示动作行为的结果、状态、评价的补充说明。例如：

25）首先谁捡自己扔的烟头，谁就可以提高｛CC 改善｝自己的素质，这就是环保的第一步。

26）分班可以提高｛CC 加强｝少年的注意力，他们会因此不容易分心。

例25）、例26）中的"改善"和"加强"都是汉语中本来就有的动补式复合词，这里用来替换动补式复合词"提高"，这三个词虽然在构词语素上并不相同，但是词义上都可以表示通过某种动作行为使"素质""注意力"等产生由不好到好的变化。

2）非动补式替代词

非动补式替代词是指替代使用的偏误词与对应词没有相同的构词语素，在结构关系上也并不相同，两个语素之间不是补充说明关系，而是修饰、联合、陈述等其他结构关系。例如：

27）在家庭讨论中父母要发挥一些引导作用，让子女有发表言论的机会，再用正确的例子加以说明｛CC 表达｝。

28）有的国家制止公共场所上的吸烟，还有的国家通过提高｛CC 上涨｝烟草价格的方式来减少吸烟者的数量。

例27）中"表达"的对应词是"说明"，两个词在句中表达的意思基本相同，但是构词语素并不相同，语素之间的结构关系也不相同，"表达"的构造方式一般分析为联合式。例28）中的"上涨"指的是价格由低到高，与对应词"提高"在这里表示的意思相同，但是两个词的构词语素不一样，语素之间的构造方式也不一样，"上涨"可以理解为"往上涨"，应该归为偏正式复合词。

3）非双音节替代词

非双音节替代词指的是替代对应词使用的偏误词语本身并不是一个双音节复合词，所以不能按是否为动补式进行分析。这一类偏误词语可以是单音节词，也可以是多音节的词或短语，而且它们的构词语素中也并不包含跟对应词相同的语素。例如：

29）青少年时期，他们都希望变成 ｛CC2 是｝ 成年人，其表现之一就是吸烟。

30）我特别喜欢当你们公司的模特，因为我觉得 ｛CC2 想｝ 你们的衣服真的是很美丽的。

31）你应该好好想一想，如果你的妻子或者女孩受到 ｛CC 被｝ 损害的话，你感觉如何？

32）所以日本去年提高 ｛CC2 涨｝ 了香烟的税。

这四例中的偏误词都是单音节词，是由单个语素直接构成的单纯词，而且与各自对应词中的两个构成语素都不相同。只是由于它们出现在句中表示的意思跟对应词所表达的意思基本相同或相近，留学生对它们的用法分辨不清从而用偏误词进行了替代。

33）政府不仅应该做出这个措施，还应该把烟价提高 ｛CC2 上升到｝ 几倍。

34）不过，对爸爸、妈妈来说，不仅身体忙，而且觉得 ｛CC2 心上的｝ 遗憾得很。

35）这样的子女觉得 ｛CC2 看起来｝ 父母的生活态度是很烦人的，所以，他们不听父母的话，这样就会出问题。

这三例中的偏误成分都是三音节的短语，其中包含的多个语素也都与对应词的构词语素完全不同，但是它们与对应词表达的意思基本相同或相近，因此在句中被用以替代对应词。

当然，还有一些用来替代对应词的偏误词可能和对应词在语义上没有什么明显的关联。这种替代的错误应该属于典型的用词不当或者词不达意，即留学生选用的词语不能准确表达自己真正想要表达的意思。例如：

36）如果你想得到｛CC2 做｝好的家庭的话，你不要在孩子的身上有那么大的期待吧。

37）而且通过仔细的观察，从他们的行为也得到不少启发，受到｛CC2 而｝不少培训。

38）我觉得无论是男子或是女子都应该受到｛CC2 有｝同样的对待。

39）这是自己减少｛CC 偷｝自己发展的机会。

2. 语音相关替代

语音相关替代指的是替代词中的一个构词语素和对应词的某个构词语素在语音上具有相同或相近的关系，属于广义上的同音词，即声韵完全相同而调可以不同。这一类替代偏误的数量不是很多，我们举几个例子简单分析一下。

40）我们的生活也受到｛CC 收到｝了这样的影响。

41）我希望您会收到｛CC 受到｝我的求职信。

这两例中的替代词和对应词正好相反，一个是"受到"是对应词，"收到"是偏误词；一个是"收到"是对应词，"受到"是偏误词。这正好可以说明，由于"收"和"受"两个语素的读音相近，而另一个语素又是相同的"到"，从而导致留学生在使用这两个词的时候容易产生混淆。再如：

42）自从开始了大学四年的忙碌生活，我好像没有度过｛CC 渡过｝一个安静而快乐的假期。

此例中的对应词"度过"和偏误词"渡过"是同音词，但是我们在偏误语料中却只发现了将"度过"误用为"渡过"的偏误,却没有留学生将"渡过"写成"度过",这恐怕与"度过"是二级词,难度等级适中,使用频率相对较高,而"渡过"是三级词,难度比较大,使用频率比较低有一定的关系。又如:

　　43)发生了这件事以后大家才懂得 {CC 懂地} 卫生多重要。

　　44)他在家里就觉得 {CC 觉的} 好像有一个可靠的、随时可以依赖的人在家,觉得很自然,很稳定。

例43)、例44)中的"懂地""觉的"很显然是汉语中并不存在的词,之所以会出现这样的偏误,应该是因为对"得"和"地"、"的"这三个同音结构助词的意义用法及其作为语素的构词能力不能准确区分。

(三) 语素冗余

　　语素冗余指的是偏误语料中的错误词语是在对应词中添加了原本没有的语素而造成了词中包含多余语素的情况,这个错误词语可能是汉语中存在的词或短语形式,也可能是留学生在对应词的基础上添加了多余的语素生造出来的。如果偏误词语是汉语中本来就有的词语,那么这种语素冗余现象也可以看作一种特殊的替代词语;如果偏误词语是汉语中没有的语言形式,那么这种语素冗余现象则可以看作一种特殊的生造词或短语。例如:

　　45)我也想在学生的记忆里留下 {CC2 留下来} 好的印象。

　　46)不过我可以说如果有人担心自己的孩子不听话,很想让自己的孩子变成 {CC2 改变成} 听话、态度好的孩子,那么我劝他们用我说的这种方式来试一试,当然除了写信以外什么方法都好。

　　47)所有场所都容易看见 {CC2 看得见} 吸烟的人。

例45)中的偏误词语"留下来"是在对应词"留下"的后面增添了语素"来"造成的,也可以看作用双音节词"下来"替代了单音节语素"下","留下来"是汉语中本身就存在的短语形式。例46)中的"改变成"也是

汉语中可以说的短语形式，它是在对应词"变成"的前面添加了语素
"改"形成的，也可以说是用双音节词"改变"替代了单音节语素"变"。
而例47）中的"看得见"与前面两个偏误词语情况又有所不同，它是在对
应词"看见"的中间添加了一个能性补语标志"得"，构成的是一个典型
的肯定性可能补语，在汉语中的使用频率也很高。再如：

48）所以我们应该制止化肥与农药的使用，而应该提倡绿色食品
的推广｛CC2 推广化｝和技术的发展。

49）可是到了高年级，大家都懂好歹，成了大人，他们的价值观
念变成｛CC 变成为｝以学习成绩为中心的。

例48）中的偏误词"推广化"是在对应词"推广"后面添加了词缀
"化"，这种偏误的产生应该是受到了"规范化""现代化""机械化"等
词语类推作用的影响，但是类推产生的"推广化"这个词在汉语中其实并
不存在，因为"化"作为词缀的作用主要是加在名词或形容词之后构成动
词，而"推广"本身就是动词，它是不能再后加词缀"化"构成动词的。
例49）中的"变成为"在汉语中也是不能说的，它表达的意思可以用对应
词"变成"或者另一个动补式复合词"变为"来表示，因此我们认为出现
此类偏误应该是由于留学生分辨不清要用"变成"还是用"变为"，从而
将两个词杂糅在一起使用。

（四）语素缺失

语素缺失的情况与语素冗余正好相反，指的是偏误语料中的错误词语
是在对应词中删减了原有语素而造成的缺少语素的现象。因为动补式复合
词本身是由两个语素构成的，如果删掉一个的话就只剩下一个语素了，所
以语素缺失造成的偏误词都是汉语中的单音节词或者本身不能单独成词的
单音节语素。例如：

50）我人生中遇到苦难的时候，我常常想起｛CC2 想｝你和你
的话。

51）随着人们的生活水平提高｛CC 高｝，人们的思想也改变了。

例50）中"想"的对应词是"想起"，留学生在使用时缺失了补语性语素"起"，从而使偏误词变成了单音节动词"想"；例51）中"高"的对应词是"提高"，由于留学生在使用时只用了词中的补语性语素"高"而缺失了动词性语素"提"，从而使得偏误词变成了单音节形容词"高"。再如：

52）听说欧洲的近邻国家有一些不喜欢外国人的极端分子，看见｛CC2 看｝东方人就打。

53）有一位老师跟爸爸一样的年龄，所以我看见｛CC2 见｝这位老师的时候很想念爸爸。

这两例中偏误词"看"和"见"的对应词都是"看见"，但是删减的语素并不相同。例52）中删减缺失的是补语性语素"见"；而例53）中缺失的是动词性语素"看"。

（五）语素错序

此类偏误主要指的是留学生将动补式复合词中两个语素的顺序颠倒从而造成了词语的偏误，对应词语素错序之后产生的偏误词一般都是汉语中本来就有的词语，与对应词在语义上有或多或少的联系，留学生在使用时容易产生混淆。当然，也有可能是他们自己对对应词掌握得不准确，临时颠倒构词语素的顺序而生造出来汉语中没有的语言形式。例如：

54）我来到｛CC 到来｝中国的目的是学好一门外语，并且利用它找工作。

55）在公共地方不但要保持卫生和清洁，还要讲究礼貌和文明，因为乱吐口香糖影响环保卫生更导致清理费用高，增加人力清理，同时也会增加罚款或进行严重处理的相关规定｛CC 定规｝。

56）因为决定当天回来｛CC 来回｝，所以不得不在黄昏暮色中与古镇匆匆告别。

例54）中的偏误词"到来"和对应词"来到"都是动补式复合词，只是两个构词语素的顺序正好相反，导致词义和用法都略有不同。例55）中的对应词"规定"是动补式复合词，在词类属性上属于动词，兼有名词用法，表示"相关部门有约束力的决定"；而语素倒序之后形成的偏误词"定规"在词性上属于名词，为偏正式复合词，表示的是"一定的规矩；成规"。例56）中的对应词"回来"是一个表趋向义的动补式复合词，补语性语素"来"表示动词性语素"回"动作发生后导致的趋向变化，说话人应该已经回到原地了；而偏误词"来回"指的是往返，即"来"和"回"的动作，有"来"有"回"，一"来"一"回"，结构上属于联合式。

57）在弟弟看来｛CC 来看｝，我对父母的要求很高。

这一例中的偏误词"来看"严格来说并不是复合词，但是在汉语中的使用频率也比较高，在语句中的作用相当于一个词，它和对应词"看来"在语义上也有些相似，只是用法略有不同，留学生很容易混淆。

（六）其他错误

我们这里所说的其他错误，与邢红兵（2003）界定的其他错误并非同一概念。前面几种类型的词语偏误都是跟动补式复合词本身的语素构成等密切相关的，而且都是将动补式复合词用作其他词语的偏误，但是除了上述这些偏误之外，动补式复合词使用过程中还可能出现将其他词语误用为动补式复合词的偏误以及涉及语法和语用等方面问题的偏误等，因此我们这里将这些偏误独立出来，归为其他错误。

1. 其他词语误用为动补式复合词

通过对偏误语料的分析，我们发现，动补式复合词的使用偏误中出现最多的是将目标动补式复合词误用为其他词的情况，仅有个别语料是将其他词误用为动补式复合词。例如：

58）尽管你做得很累，做得时间也长，你也不会感受到｛CC3 受到｝太大的压力，而你也会高兴地去做。

59）目前，经济发展越来越快｛CC1 提高｝，人民要求也提高了，人民的要求中有一个就是健康。

这两例中的目标词语分别是"感受到"和"快",其中例 58)的"感受到"表示的是自己感觉到有压力的存在,"到"是整个动词"感受"的补语,而偏误词"受到"放在句中通常可以理解成遭受、承受压力,不能准确表达自身感受的意思,这种情况的出现一般与留学生对词义的理解不够准确因而不能有效表达自己有关。而例 59)中的偏误则主要来自句式杂糅,汉语中同一个意思往往可以有多种不同的表达方法,句中的意思既可以说成"经济发展速度提高",也可以用"经济发展越来越快"表示,但是留学生在表达时却将两种混杂在了一起,说成了"经济发展越来越提高",从而造成了偏误。

2. 句法偏误

这里所说的句法偏误指的是各种跟句法相关的因素造成的动补式复合词使用偏误,其中包括误用虚词、搭配不当、词语错序、成分冗余、格式错误等不同类型。

（1）误用虚词

虚词的误用又包括虚词的错用（甲词误用为乙词）、多用（不该用却用了）和漏用（该用而未用）等不同的情况。例如:

60）在几年的留学生活中,我已经发现我的思想观念、生活习惯等的所有行为举止都受到了 ｛CC 着｝ 父母的影响。

61）歌手唱的歌都是关于年轻人的爱情,慢慢失去了 ｛CC 着｝流行歌曲的独创性。

这两例中的偏误表现都是句中动补式复合词"受到"和"失去"后面应该用表动作完成的动态助词"了",而留学生却用了表动作正在进行的"着"。虚词错用的情况相对较少,以"着"代替"了"是最常见的错用表现。

62）最近没看见 ｛CD 了｝ 饥饿的人。

63）农民可以使用天然肥料,用种植农作物来代替化肥,可以大大减少 ｛CD 了｝ 环境污染的问题。

64）在路上辗转了一阵,才把江星家给找到 ｛CD 了｝。

65）心理学也这样说，对孩子来说在这个世界上第一个看见 ｛CD 过｝ 的人就是父母。

66）离开 ｛CD 着｝ 你们，我一个人在这里生活已经习惯了。

67）因此我认为环境部门所提出的此建议很有意义，会将我们的压抑减少 ｛CD 得｝ 不少的。

这几例都属于虚词的多用，也就是在不该使用虚词的时候却用了。其中例 62）~例 64）都是多用了表动作完成的动态助词"了"，其中一个是和动词的否定形式共现，一个是在假设句中表示可能，一个是在条件句中表示结果，这些情况下都不适合用"了"。例 65）中多用的是表经历的动态助词"过"，句中要表达的意思是"父母是孩子在世界上见到的第一个人"，这里不能使用表示曾经发生的"过"。例 66）中多用的虚词是表正在进行或状态持续的"着"，句中的"离开"是一个非持续性动作，一旦发生就已经完成，后面不能加"着"表示动作正在进行或持续，所以此处没必要使用"着"。例 67）则是多用了作为补语标志的结构助词"得"，并不是汉语中所有的补语成分都需要用"得"作为标记，"不少"充当的模糊量数量补语可以直接出现在动词"减少"后面，不需要带上"得"。

68）今天上午在看报纸的时候，我看见 ｛CQ 了｝ 贵公司的招聘启事。

69）随着女性吸烟率增长，生畸形儿的比率也提高 ｛CQ 了｝。

70）父母对我的期望，相信也已得到 ｛CQ 了｝ 相当的回报。

71）我曾经参加过好几个全国性的设计比赛，也得到 ｛CQ 过｝ 优胜奖。

72）现在，街上到处是扔掉 ｛CQ 的｝ 烟头。

例 68）~例 70）都是漏用了动态助词"了"，三个句子都明确表达出动作在过去已经完成，变化已经实现，因此句中的动态助词"了"是不可缺少的，同时例 69）中的"了"还在句中具有完句的作用，是兼表语气的动态助词。例 71）中用到了"曾经"这个表示过去经历的副词，因此可以肯定的是本句中应该使用表示经历的动态助词"过"。例72）根据句意可以知道这是一个典型的存在句，句首的"街上"为处所名词，"是"为表示存在的动词，那么其后应该是事物名词，而"扔掉烟头"本身是一个动宾结构，表示动作，因此需要在动作和它的支配对象中间加上表示限定意义的结构助词"的"，从而使其转化为一个偏正结构的名词短语。

（2）搭配不当

动补式复合词在句中的最主要功能就是充当谓语，而且一般情况下后面可以带上自己的宾语。但是动补式复合词和其后宾语之间的搭配并不是任意的，有些甚至会形成常见的高频搭配，如果换用其他词语就会影响句意的表达从而形成偏误。例如：

73）应该从长远来看，为了改善｛CC 提高｝人民的生活环境而考虑政策。

74）对于互不理解的方面，要互相探讨以求达成｛CC 达到｝共识。

75）每次看到这几张照片，我都觉得｛CJ-sy 有｝很多滋味。

例73）中的偏误词"提高"和目标词"改善"都是使用频率非常高的动补式复合词，在语义上也有一定的相通之处，都可以表示通过一定的做法使情况有所变化，有时可以相互替换，如"改善/提高生活质量""改善/提高视力"等，但是这两个词在日常的使用中却有各自不同的习惯搭配，如可以说"提高速度""提高价格""提高警惕"，但是不能说"改善速度""改善价格""改善警惕"；可以说"改善环境""改善条件""改善生活"，却一般不说"提高环境""提高生活""提高条件"。例74）中的"达成"和"达到"也同样属于这种情况，"达成共识"是高频搭配，不能说成"达到共识"；"达到目的"是高频搭配，一般也不能说成"达成目的"。例75）的情况比较特殊，它也跟搭配有关，却不是一般的动名搭配问题，句中的谓语核心动词是动补式复合词"觉得"，它是不能带名词性宾语的，它能够带的通常是形容词性宾语或者小句宾语，因此句中用名词性短语"很多滋味"作为"觉得"的宾语，也可以认为是一种动宾搭配不当的偏误情况。

（3）词语错序

所谓词语错序就是指句中某些词语的出现顺序有误，没有在正确的位置上出现。对于汉语来说，语序是非常重要的语法手段，因而一旦发生了词语的错位和颠倒，就可能会对句意的理解造成很大的影响。例如：

76）随着提高｛CJX｝人们的生活水平，人们更加重视健康，也意识到了"绿色食品"对身体的好处。

77）两个和尚到处寻找他，在大雄宝殿、茅房、厨房、学习房，到处寻找，最终找到｛CJX｝在寝室，他已经睡得很好。

78）所以新规定｛CJX｝是｛CJX｝不抽烟的人觉得｛CJX｝好消息。

例76）句子表达的意思是人民的生活水平提高了，随着这种情况的发生，人们也比以前更加重视健康，而"提高人们的生活水平"表示的是一种动作行为，不能产生后边的伴随性后果，而且作为介词的"随着"，其后应该是名词性成分来充当它的宾语，因此本句的正常语序应该是"随着人们生活水平的提高"。例77）的问题出在介宾短语究竟是作状语还是作补语的问题上，汉语中的正常语序是状语在动词之前而补语在动词之后，因此偏误的表现是将充当处所状语的"在寝室"放在了动补式动词"找到"之后的补语位置上。状语表示动作行为发生的处所，补语表示动作行为发生之后事物所处的位置，很明显句中的意思是他在寝室睡觉，两个和尚是在寝室里找到的他，而不是和尚找到他之后他才在寝室里。如果说这两个句子中词语的错序对句意的影响还不算很大，我们还基本能看懂留学生要表达的是什么意思的话，例78）的意思恐怕就不那么容易理解了，也很难对句中词语的位置做出准确的判断。我们认为这句话留学生真正要表达的意思应该是"所以不抽烟的人觉得新规定是好消息"，其中"不抽烟的人"是句子的主语，动补式复合词"觉得"是谓语动词，小句"新规定是好消息"充当"觉得"的宾语。但是从留学生写出的这个句子来看，他将"新规定"放在主语的位置，那后面的部分就只能理解成谓语部分了，但是又很难从后面这些词语中找出核心谓词，处理好词语之间的句法结构关系。

（4）成分冗余

这里所说的成分冗余指的是句中的某些成分是多余的，根本没必要出现。这些成分不出现，整个句子是符合汉语语法规范的句子；加上这些成分之后，反而变成了错误的句子。例如：

79）随着社会的发展，人们的思想水平也 ｛CD 越来越｝ 提高了。

80）我希望社会观念一直提高 ｛CD 变｝ 到任何地方也不许吸烟的程度。

例79）表达的意思是"社会的发展使得人们的思想水平变得比以前高了"，要表达出这样一种变化意义，用"思想水平越来越高了"可以，用"思想水平提高了"更没有问题，但是将两种表达方法综合在一起反倒成了错误的句子，可以将冗余成分"越来越"删去，当然，如果去掉"提"也同样可行。例80）留学生想要表达的是"希望社会观念发生变化，就是任何地方都不许吸烟"，他同时认为这是一种观念的进步和"提高"，所以在写的时候既用到了"提高"也用到了"变"，实际上"提高"本身就包含"通过某种动作行为使发生由低到高的变化"的意思，所以，两个词连用使得语义重复，"变"成了句中多余的成分。

（5）格式错误

所谓的格式错误指的是留学生在使用动补式复合词进行表达时，该动补式复合词本身并没有什么问题，只是在选用不同的句法格式如重叠式、否定式、可能式时出现了偏差，导致整个句子的意思是清楚的但是格式上却存在问题，不符合汉语表达规范。这类偏误相对来说数量较少，也不十分典型。格式错误中最多的是重叠错误，即留学生在使用动补式复合词时，误用了词中某一个构词语素的重叠形式或者同义语素的重叠形式。例如：

81）等我同屋们回来，看见 ｛CC 看看｝ 房间已经打扫了，她们异口同声说"谢谢"。

82）这句话让我想到 ｛CC2 想一想｝ 目前的情况。

动补式复合词本身一般不能重叠，因此例81）中的偏误重叠指的是此处使用了动词性语素"看"的重叠形式"看看"，表示动作行为的短时和量小，而对应词"看见"强调"看"这一动作的结果，句中的意思很显然应该是强调动作有了结果，是因为"见"到房间打扫了所以才说谢谢。例82）中的偏误词采用的是"V一V"的重叠形式，即在动词性语素"想"的重叠形式"想想"中添加了语义有所虚化的数词"一"，这也是汉语里比较特殊的一种重叠形式。

　　83）某人边走边抽烟，这时候孩子不知不觉地碰到｛CC2 摸一摸｝，令人担心的是，这个孩子可能会成为瞎子。

此例中的偏误词也是动词重叠的特殊形式"摸一摸"，与例82）不同的是，这个例句中的偏误词和对应词之间并没有相同的语素，只是重叠的语素"摸"和对应词中的语素"碰"在语义上都可以表示"触碰"的意思，可以看作同义词。

　　除了重叠形式的错误之外，留学生在使用动补式复合词时还可能出现可能形式、否定形式等方面的错误。例如：

　　84）比如有一位得了不治之症的人，无论采取什么办法也不能解脱｛CC4 解不脱｝，没有能活下去的希望。
　　85）我觉得，这样的人没想到｛CC 想不到｝自己的行动涉及了别人。

例84）属于动补式复合词可能形式的使用偏误，句中要表达的是无论怎样也不能从病痛中解脱，可以直接说"不能解脱"，也可以说"解脱不了"，但是不能说"解不脱"，因为"解脱"是一个典型的动补式复合词，结构已经完全凝固定型，两个语素之间不能插入任何成分，不能像"看见""想到"之类的动补式离合词那样在中间插入"得/不"表示可能与否。例85）中使用的"想不到"本身在汉语中是可以说的，但是它只能看作"想到"的可能式的否定形式，即表示的是"不能想到"，但是根据上下文语境我们可以推测，句子中要表达的意思并非"不能想到"，而是"没有想到"，因此留学生的错误不在于"想到"的可能式，而是因为混淆了"没"和"不"这两个否定副词的用法，而将"没想到"的否定形式错误地写成了"想不到"这一可能形式。

3. 语用偏误

除了前面我们提到的几种由于词语的构造、意义、句法功能等方面因素造成的偏误之外，留学生在使用动补式复合词时还可能出现语用方面的偏误。一个句子如果从用词、表意和句法方面看都没有问题，但是仍然不符合语言规范，我们就需要从语用方面去寻找原因了。我们先来看下面的这个句子：

86）我觉得三个人都觉得｛CJX｝这样才对。

例86）表面上看起来整个句子没有什么问题，"我"是句子的大主语，"觉得三个人都觉得这样才对"是大谓语，其中第一个"觉得"是谓语动词，"三个人都觉得这样才对"是宾语；而充当宾语的又是一个主谓句，其中"三个人"是小句的"主语"，第二个"觉得"是小句的谓语动词，"这样才对"是小句的宾语。但是进一步分析这个句子出现的语境，就可以发现，留学生要表达的似乎并不是这个意思。在这句话前边还有这样一句"也可能有觉得这样的人：因为他们三个都是和尚嘛"。其实这句话跟例86）句中所表达的句意之间并没有什么直接的联系，但是从这句话的表达方式上我们却可以推测出留学生要表达的意思。我们认为这句话中冒号后面的内容应该是对前句"这样"的解释说明，即"也可能有人会觉得因为他们三个都是和尚，所以……"而要表达这样的意思，汉语里的规范形式应该是"也可能有人这样觉得"，也就是说，"这样"应该是在"觉得"之前作为状语出现，而不应该放在"觉得"之后作宾语。由此我们就可以推断例86）中的"觉得这样"应该是"这样觉得"的语用错误。我们再来看一个例子：

87）他决心把我们的语文能力提高｛CJba｝。

因为很多动补式复合词都是具有一定的处置性的，因而可以出现在

"把"字句中谓语动词的位置上，"提高"是能够出现在"把"字句中的一个，例如"通过这样的经验，学生们才开拓了自己的视野，把自己的想法提高了一点"就是正确的句子。但是需要注意的是，"把"字句的句式特点中除了要求动词具有处置性之外，还要求句中的动词不能是光杆动词，必须带有状语、补语、宾语等成分，至少也要带有"了、着、过"等表示时体意义的动态助词。基于此，我们可以推断例87）中的句子是不正确的，但是在句末加上"了"整个句子就对了吗？其实并不是这样，句子错的主要原因不在于"把"字句中动词的形式，而是就不应该选择"把"字句，因为整个句子的核心谓语动词并不是"把"字句中的动词"提高"，而是"把"前的"决心"，整个"把"字句其实只是充当"决心"的宾语。所以，我们认为，要想把例87）改成正确的句子，根本不必执着于"把"字句的特点，而只需要考虑"决心"的宾语是什么，因此将其改为"他决心提高我们的语文能力"。

综上，我们从词汇、语音、语法以及语用等方面入手，对留学生在使用动补式复合词过程中出现的各种类型的偏误进行了分析和考察，归纳出了上述几种不同的类型。有些类型彼此之间可能会有交叉，同一偏误语料中也可能同时包含几种不同类型的偏误，我们在分析的时候，只是做了粗疏的大致分类。

三　留学生使用动补式复合词的偏误原因

从上述我们对留学生使用动补式复合词偏误情况的总结分析，可以发现：留学生在学习、使用动补式复合词时，所出现的偏误既有涉及复合词内部结构的，也有跟复合词自身意义用法密切相关的，还有由于文化背景因素造成的不能根据特定语境恰当表达的问题。而探究造成这些偏误的原因，则既有动补式复合词自身复杂性的因素，也跟学习者使用的教材、教师的课堂教学以及学习者的学习策略和学习态度等有密切的关系。

（一）动补式复合词自身构成、意义、功能具有复杂性

1. 动补式复合词的构成

动补式复合词是由一个"动词性成分"和一个补语性成分前后相继组合而成的双音节复合词。"动补式复合词"的名称本身就是对该类词表层

形式结构特征的反映，从表层形式上看，动补式复合词的结构格式可以概括为"动+补"，但是在"动+补"的整体形式之下，具体在词中充当"动"和"补"的构词语素在性质功能语义上却可能存在一定的差异，而这些差异的存在可能会给留学生的学习带来一定的困难。

首先，从构词成分的词类属性①上看，虽然我们将这一类复合词命名为"动补式"，但是出现在"动"位置上的构词成分并不一定是动词性语素，有极少数的形容词性语素甚至个别名词性语素在特定语境中也可能带上一定的动词性，从而能够以"动"的身份在动补式复合词中出现。只是因为它们在全部动补式复合词中所占的比重极小，我们才在命名时将其忽略不计而以"动"统称。此外，能够出现在动补式复合词补语性成分位置上的语素同样也并非单一属性的，它既可以是动词性的也可以是形容词性的。由此构成的整个"动+补"格式就既可能是"动+动"，也可能是"动+形"，甚至还可能是"形+动""名+动"等组合形式。汉语词类的划分问题本就是汉语研究中的一个难题，对于留学生来说，要想准确地认识和分析一个汉语词的词类属性更是难上加难。因此，动补式复合词内两个构词成分词类属性的非单一性，必然会给留学生的学习带来很大的困难。

其次，从构词成分的功能特征来看，能够在动补式复合词"动词性成分"位置上出现的成分绝大多数是及物动词，此外还有少数的不及物动词和变化形容词。而能够在动补式复合词补语性成分位置上出现的成分则以不及物动词和变化形容词居多，还有少数及物动词和性质形容词也可以作为补语性成分进入动补式复合词中。值得注意的一点是，由及物动词充当补语性成分的动补式复合词，其"动词性成分"也只能由及物动词来充当，不及物动词和形容词都不能出现在及物动词的前面与之组合成动补式复合词。无论是动词还是形容词，往往都可以根据意义用法等角度的不同再分为不同的小类，而这种分类描写越细致，我们得到的"动+补"组合的形式也就越复杂，留学生学习起来也就越困难。根据上述分析，结合构

---

① 严格来讲，这里的所谓的"词类属性"应该是"素类属性"，即构词语素的类别属性。因学界对于语素类别属性的分析并没有单独的术语，而通常是借用分析词类属性的名词性、动词性、形容词性的说法对其进行说明。所以此处我们在提及构词语素的类别属性时，仍然以"词类属性"称之。

词成分的功能特征，"动+补"组合的格式至少包括"及物动词+及物动词""及物动词+不及物动词""及物动词+变化形容词""及物动词+性质形容词""不及物动词+不及物动词""不及物动词+变化形容词""不及物动词+性质形容词""变化形容词+不及物动词"八种情况，这对于留学生来说是一种很大的记忆和学习负担。

最后，从构词成分的语义特征来看，动补式复合词的内部语义关系对于能够进入"动词性成分"和补语性成分位置的语素有特定的语义限制。出现在"动词性"成分位置上的语素都必须具有表示动作行为的"活动义"或者表示性状改变的"变化义"，而活动和变化本身又都占据一定的时间结构，因此体现出一定的"过程义"；出现在补语性成分位置上的语素则都必须具有"结果义"，表示动作行为发生之后导致的结果，结果本身往往呈现为一种性质、状态、方向等的变化，或者是人们对动作行为作出评价。动补式复合词的构词语素之间的组合不是任意的，而要在语义上符合不同位置的特定要求，而且整个"动+补"的结构式也会对语素之间的语义关系产生很大的影响。词义来源于人对客观世界的认识，只是在一定程度上反映客观对象，而人的认识本身属于主观世界，具有一定的主观性，因此，不同的人由于认知能力、思维方式等的不同，对事物现象的认识会有所不同。外国学生在思维方式上和我们有很大的差异，因而对汉语词义的理解往往存在一定的偏差。再加上动补式复合词内部构成语素自身的语义特点以及构词语素之间语义关系自身的复杂性，就会导致对外国留学生来说，动补式复合词不但难以掌握，理解起来也会有很大的困难。

2. 动补式复合词的意义

从词语的构成形式上看，动补式复合词是由一个"动词性成分"和作为其补充性成分存在的谓词性成分组合而成的双音节复合词，词形短小，构词成分也很简单。然而，在这些简单短小的双音节词语形式之下，却蕴含着非常复杂的语义内容，在其他语言中有时甚至用一个短语或者句子都难以进行准确的表达。用两个在语义上彼此存在致使关系或因果关系的构词语素组合在一起构成的双音节词来表达由两个子事件整合而成的复杂事件，体现了动补式复合词深层结构的特殊性，也是动补式复合词在表达效果上的独特性和优越性之所在。

这种形式结构的简单性与语义表达的复杂性之间的矛盾，使得整个动补式复合词的意义不可能直接从其构词成分的意义相加得出。致使性语义关系不仅与两个构词成分的意义有关，更与两个构词成分之间的结构关系有密切关联。汉语动补式复合词表达的这种"动作—变化/位移（结果/趋向）"的致使性语义结构关系，在其他语言中大都需要用短语来表示，比如 Goldberg（1995/2007）所说的英语中的"动结构式"和"致使—移动构式"。正是由于汉语中可以用一个动补式复合词来表示的致使性语义特点在其他语言中往往要用形式结构更为复杂的短语甚至句子来表达，导致留学生在学习使用动补式复合词时可能因受母语的影响而倾向于选择短语格式，而不是动补式复合词。

例如，在英语中表达从一个地方离开，一般要说成"leave from somewhere"，比如"离开学校"英语中要说成"leave from school"；要表达离开某人，则要说成"be apart from somebody"，如"离开父母"一般说成"depart from parents"等。这就使得以英语为母语的留学生在使用"离开"这个动补式复合词时，可能选择短语格式，而不是直接使用动补式复合词。我们来看 HSK 作文语料库中这个偏误用例：

88）现在我正在中国留学，{CD 从} 父母离开 {CJX} 已经有两年了。

很显然，这个句子根本没有必要使用介词"从"，只需要说"离开父母已经有两年了"就可以。但是受英语中使用"leave/depart from"这个包含介词"from"的短语的影响，留学生也将汉语的"离开父母"说成了"从父母离开"，因而造成了偏误。

3. 动补式复合词的功能

汉语复合动词的内在结构方式在一定程度上决定着该动词在句法结构中出现时可能的句法位置、句法形式及其与前后句法成分的组合搭配情况。动补式复合词内部"动+补"的结构格式对其句法功能表现有重要的影响。关于动补式复合词的功能，我们在第四章中已经做了比较详细的描写和论述，具体表现如下：动补式复合词在词类属性上绝大多数是动词，而且动补式动词在语法功能上有不同于其他动词的特点，如动补式动词可以在句中作谓语，可以有状语修饰，但不是所有动补式动词都可以带宾语；后面也通常不再出现其他补语；否定形式多用"没"而很少用"不"；可以带时体助词"了/过"，却几乎不能带"着"；大都可以出现在表示处置意义的"把"字句和"被"字句中；大多不能重叠等。

动补式复合词的功能在很大程度上受到其自身结构方式的影响。对于留学生来说，动补式复合词的结构本身就是一个难题，受结构影响的句法功能表现对他们来说更是难上加难。在使用动补式复合词进行表达时，无论是词语的搭配、虚词的使用，还是语序的排列、句式的选择，都会给留学生造成一定的困难，从而导致相关偏误的产生。前面我们所说的误用虚词、搭配不当、词语错序、成分冗余等偏误类型都源自留学生对动补式复合词的功能没有完全掌握。例如，虚词误用中最典型的用例就是将动补式复合词后面表示动作完成的动态助词"了"误用为表示动作正在进行或持续的动态助词"着"，而出现这类偏误的原因就在于留学生没能真正掌握动补式复合词内补语成分的存在本身就说明动作已经发生并产生一定的影响或结果，属于已然体，后面可以用动态助词"了""过"；但是"着"是表示持续体的助词，即动作正在进行或者事件、状态在持续过程之中，与动补式复合词表示的"动作已经发生"相矛盾。留学生对动补式复合词的结构及时体意义认识不清，再加上不能准确区分"着""了""过"这几个动态助词的用法，因而很容易出现这样的使用偏误。

再来看搭配不当的问题。前面我们说过，在动补式复合词中占绝大多数的是动词，比例甚至超过了99%。而动词最突出的语法特点就是大多可以带宾语，所以最有代表性的搭配就是动宾搭配。动补式动词大多可以带宾语，但是动词和它所带的宾语之间往往在语义上具有某种特定的限制，从而形成所谓的高频搭配与不能搭配的情况。留学生在用汉语进行表达时，如果不了解动补式动词与宾语成分之间的搭配关系，就可能会出现类似"改善素质""提高生活""达到幸福""受到教训""改进错误""改正技术"等搭配不当的偏误。

（二）教材对动补式复合词认识不足，虽收录但鲜有解释说明

词汇大纲是汉语水平考试和对外汉语词汇教学的纲领性文件，在对外汉语教学领域发挥着巨大作用，但是在具体的课堂教学实践过程中发挥重

要作用的却是教材。教材是"教师教学和学生学习所依据的材料","教材水平的高低不仅能反映教学理论和教学法研究的深度,而且在很大程度上决定教与学的效果"(刘珣,2009:312)。但是,现有教材由于受到编写原则、教学目的、教学对象等因素的影响,在教材内容的系统性和科学性上可能还存在某些问题,比如重语法而轻词汇的"句本位"的思想在很多教材中仍有不同程度的体现。

通过对《发展汉语》第二版综合系列教材和《汉语教程》第3版中动补式复合词相关内容的考察,我们发现:两种教材中虽然都收录了一定数量的动补式复合词,但是对动补式复合词的处理几乎都是在生词表中列出,然后为其注音,标注词性,给出英文释义。例如,我们来看两种教材对"离开"一词的处理:

《发展汉语》第二版初级综合(Ⅰ)第30课"我当过英语老师"的生词:

离开　líkāi　　v.　　leave, depart from

《汉语教程》第3版第一册(下)第十六课"前边开过来一辆空车"的生词:

离开　líkāi　　(动)　　to leave

两种教材虽然对"离开"一词的英文释义略有不同,一个只用了同义词"leave",一个又增加了同义短语"depart from";词性标注的形式也存在差异,一个用词类的英文缩写,一个用词类的汉语缩写,但是它们对动补式复合词的处理方式在本质上并没有什么不同,留学生通过生词表中列出的各项信息,并不能真正全面地掌握"离开"一词的结构、意义和用法,尤其是"动+补"的结构特点和动补之间的语义结构关系以及词的用法在上述词语解释中根本无法体现。

有的教材即便将某个动补式复合词单独列出,一般也只是对它的用法进行说明,而几乎不会涉及该词的构成和语义结构特点。例如,《汉语教程》第3版中共收录动补式复合词85个,其中只有"充满""使得""通过"这三个词在第三册(下)的"词语用法"部分中单独列出。

下面我们以"使得"为例,看一下该教材对动补式复合词的处理。

使得 shǐde (动) to make; to cause

(计划、言语、说法、事物)引起一定的结果。必带兼语。例如:

It means that something（a plan，words，an expression，an event，etc.）results in a certain consequence. It must be followed by a subject-predicate phrase，forming a pivotal construction，e. g.

（1）事后，同事的不满，使得单位领导不得不重新考虑，我到底适合不适合继续在这儿工作。

（2）改革开放使得中国发生了很大的变化。

（3）这场大雨使得河水涨高了很多。

（4）这次事故使得交通中断了两个多小时。

（第十九课《无声的泪》）

应该说教材将"使得"单独列出并对词义和用法进行了比较详细、具体的解释和说明，这样的处理方式较之前的只在词表列出已经进步了很多。但是从这里对该词的词语释义、用法说明以及所举例句来看，"使得"似乎完全等同于"使"，两个词之间没有任何差异。对于留学生来说，既然两个词的意义和用法完全相同，那么在学习了"使"这个词之后似乎就没必要再学习"使得"了。其实，这两个词虽然在意义用法上有相似之处，但是在结构上却有很大差异："使"是一个单音节的单纯词，而"使得"是一个双音节动补式复合词，是由"使"加上一个意义有所虚化的"得"组合而成的，音节数量的不同导致"使得"是一个典型的韵律词，而"使"为非韵律词，因而两个词在具体语境中使用时也会由于受到韵律限制而存在一定的差异。两个词并不是完全等同而可以互相替换的。

再来看《汉语教程》第3版对"充满"的解释。

充满 chōngmǎn（动）to be filled with

填得满满的，到处都有。宾语多为抽象名词。例如：

It means being filled to the brim with something and that something exists everywhere，usually taking an abstract noun as its object，e. g.

（1）格林教授说："地球的大气中充满一氧化碳和其他种种有害气体。"

（2）我对这次 HSK 考试充满信心。

（3）掌声和欢呼声充满了整个会场。

（4）这首歌充满了对世界和平的热爱。

（第十六课《金星人遇到麻烦》）

我们认为，这里对"充满"的解释比前面的"使得"处理得要好一些，特别是将"充满"词义解释为动补短语"填得满满的"，在很大程度上说明了"充满"的"动+补"结构特点，属于典型的"同构同义词语释义"。这样的释义可以在一定程度上帮助留学生了解"充满"的结构方式以及"充"和"满"两个构词语素之间的语义关系。但是整套教材中只有"充满"这一个词的解释稍微涉及了一点关于词的结构方面的问题，我们认为所占比例太少，应适当增加对各类动补式复合词构造方式的说明。

相较于《汉语教程》第 3 版而言，《发展汉语》第二版综合系列教材中收录的动补式复合词数量更多，有 118 个，但是教材对它们的处理则更简单划一，无一例外地都只是在生词表中将其列出，然后为其注音、标注词性、给出英文释义。另外，我们认为该教材对动补式复合词及相关动补短语等处理得尤为不当的是，一方面将"看见""听见""打开"等词在生词表中列出，另一方面又在综合注释中讲解结果补语时将其作为结果补语不同类型的例证进行了说明。这样的做法，实际上混淆了动补式复合词和动补短语，将作为词汇单位的动补式复合词混同于句法结构中的动补短语，不但不利于留学生对动补式复合词自身意义用法的掌握，也容易造成留学生对词和短语这两级语法单位认识不清、理解不到位。下面我们就结合教材中的具体实例来分析一下其中的问题。

首先是教材生词表中对这三个词的解释。

打开	dǎkāi	v.	switch on, turn on	（初级综合Ⅰ 第 19 课）
看见	kànjiàn	v.	catch sight of, see	（初级综合Ⅰ 第 19 课）
听见	tīngjiàn	v.	hear	（初级综合Ⅰ 第 27 课）

我们再来看教材在第 19 课综合注释中对"结果补语"的解释说明：

动词或形容词用在动词后，表示动作的结果。否定形式是"没（有）＋ V ＋结果补语"。

A verb coming after another verb or an adjective after a verb indicates the result of an action. The negative form is "没有＋ V ＋ complement of result".

结果补语（1）包括以下几种类型。

Complements of result (1) include the following types:

（1）V+好　　　　　　　　　　　　　　Examples
　　　肯定式：修好/做好/准备好/休息好　·· 晚饭已经做好了。
　　　否定式：没修好/没做好/没准备好/　　空调还没修好。
　　　　　　　没休息好

（2）V+上　　　　　　　　　　　　　　Examples
　　　肯定式：穿上/戴上/关上　　　　　　外边很冷，一定要戴上帽子。
　　　否定式：没穿上/没戴上/没关上　　　他衣服还没穿上呢。

（3）V+见　　　　　　　　　　　　　　Examples
　　　肯定式：看见/听见　　　　　　　　我昨天看见他了。
　　　否定式：没看见/没听见　　　　　　我没看见他。

（4）V+开　　　　　　　　　　　　　　Examples
　　　肯定式：打开　　　　　　　　　　请大家打开书。
　　　否定式：没打开　　　　　　　　　我们没打开空调。

（5）V+完　　　　　　　　　　　　　　Examples
　　　肯定式：做完/看完/吃完/喝完/写完/学完　我吃完晚饭去你家。
　　　否定式：没做完/没看完/没吃完/没喝完/　我没看完这本书。
　　　　　　　没写完/没学完

（6）V+给　　　　　　　　　　　　　　Examples
　　　肯定式：还给/送给　　　　　　　　我还给你这本书。
　　　否定式：没还给/没送给　　　　　　这本书我还没还给他呢。

上面的图片是从 PDF 版教材截图得到的，从中我们可以清晰地看到，"看见""听见""打开"这三个词是作为结果补语的两种格式的用例出现的，但是比较其他用例就可以知道，这里所列举的其他用例都是动补短语，只有这三个是动补式复合词。我们认为，这样的处理方式会给留学生带来很大的困惑，留学生学到这里很容易将这三个词看作和其他用例一样的动补短语，但是词表中却又将其处理为词。那么，对于"看见""听见""打开"这样的语言成分究竟应该处理为词还是短语？是词的话，为什么又要用对句子成分进行分析的术语来表示词的内部结构关系呢？这些恐怕都是现有教材应该注意并加以解决的问题。

（三）教师对动补式复合词关注太少，课堂讲解与练习不到位

教师、学生和教材是构成教学活动最重要的基本因素，在教学过程中起着重要作用，三者缺一不可，其中教师对整个教学活动起着主导作用，需要在课堂教学中发挥自己的组织、示范和指导作用。正如我们前面所分析的，现有教材对动补式复合词的处理还存在一定的不合理之处，除了在词表中作为生词列出、标注读音和词性并给出英文释义之外，基本上不再对动补式复合词做任何的解释和说明。既然教材中的相关内容有所缺失，那么要想让留学生对动补式复合词的结构、意义和功能有所了解并能够进一步掌握使用，就要求教师在教学中对动补式复合词给予更多关注，在课堂教学中适当增加与动补式复合词相关的内容，注意从词的构成、意义、用法等多方面对其进行讲解，并将动补式复合词与常见、常用的动补短语进行对比分析，使留学生认识到它们之间的异同并进而区分词和短语两个概念，必要时还可以设置相应的练习，让留学生通过相关练习巩固所学知识。

实际上，跟动补式复合词相关的教学内容是非常丰富的，涉及的语言知识很多，而且系统性很强。例如，动补式复合词自身的组合格式、构词语素之间的结构关系和语义关系、动补式复合词和动补短语之间的联系与区别、动补式复合词的同语素词语系联（可以同义也可以不同义）、动补式复合词及其同义词（可以包含同语素也可以没有同语素）之间的系联、动补式复合词的致使性语义特点、动补式复合词的用法及常见高频搭配等，都可以作为教学内容，根据实际教学需要和留学生的接受能力进行一定的讲解和说明。

但是，从当前的教学现状来看，很多汉语教师在实际的课堂教学中往往过分依赖教材，教材中有什么就讲什么，无论是生词还是语言点，都是按照教材中的安排和设置进行讲解，而很少从语言知识系统的角度考虑哪些词需要讲、讲些什么内容以及应该怎么讲等问题。近些年，虽然"语素法"已经逐渐成为对外汉语词汇教学和研究中广泛关注并深入探讨的词汇教学的重要方法之一，但是在实际的词汇教学中，只有少数教师可能会利用同语素来系联词语，以旧带新或者猜测词义，从而帮助留学生扩大词汇量，却很少有老师从复合词的构成角度对语素之间的结构方式和语义关系

进行分析。我们认为，在汉语复合词教学中，没有必要将每一个词的结构方式、语义关系特点都给留学生进行分析，但是作为汉语教师要注意在教学过程中培养留学生的语素意识和结构意识，重点讲解各结构类型中那些具有典型性的词，并合理系联与之同构、同义或者同语素的其他词，使留学生形成语言系统性的认识并注意把握和利用不同角度的词际关系来扩大词汇量。

（四）留学生对动补式复合词重视不够，只简单理解而未真正掌握

由于教材对动补式复合词的处理不当，加上教师在教学中未能对动补式复合词的构成方式、语义结构特点等给予足够的关注和讲解，留学生自然不会认识到这一类复合词的重要性而加以重视，一般能够通过英文释义大概了解词的意义，并且读懂课文中相关的句子，知道词的词类属性和大体使用环境，能够在句中使用就已经非常不错了。很少有留学生能够认识到动补式复合词在"动+补"的构成格式方面的特点以及"动"和"补"之间的致使性语义关系，从而导致他们在使用相关动补式复合词时，经常会出现或者用其他词替代动补式复合词，或者用其他语素代替动补式复合词构词语素，或者删减动补式复合词中的构词语素或者添加冗余语素成分这样的偏误情况。具体来讲，我们前面提到的生造词、替代词、语素冗余、语素缺失、语素错序以及其他词误用为动补式复合词等类型的偏误基本上都是由于留学生对动补式复合词自身结构特点和语素之间的语义结构关系等未能准确理解和把握。我们以"提高"为例，来看一下留学生经常出现的偏误情况。

89）随着生活水平提高｛CC 高｝，人的思考方式也改变了。

90）假如人们为了提高农作物的产量使用化肥和农药，农作物的产量会大大提高｛CC 降高｝，而人们吃了会损害健康。

91）日本政府把烟草的价钱提高｛CC 变贵｝了。

92）为了避免因缺少粮食而挨饿不但继续研究无污染性的化肥，而且人们要提高｛CC 提醒｝保护环境的意识，保持健康的身体。

"提高"是一个动补式复合词，意思是因为"提"的动作行为使变"高"，"提"是"高"的原因，"高"是"提"的结果，"提"和"高"之间具有致使性语义关系。但是留学生由于对词的语义结构和词内语素的关系并不清楚，往往只是部分地理解了构词语素的意义，因而在进行表达时便会出现用同语素词替代动补式复合词或者语素缺失等情况。"降高"一词的出现更是可以证明留学生根本没有理解动补式复合词构词语素之间的致使性关系，因为从认知的角度来说"降"的结果只能是"低"，而不可能是"高"，这一点留学生应该是能够理解的，所以，此类表达错误只能是源于对"降"和"高"之间语义关系的认识不清。

除了这些由对词的结构认识不清造成的偏误，留学生因对词义理解不够透彻和对用法把握不够准确造成的偏误也很普遍。前面我们提到的"其他错误"中涉及的各类偏误，基本上都是由这一方面原因造成的，例如"了""着"等虚词的误用、动补式复合词与宾语之间的搭配不当以及可能式、否定式等特殊句法形式的格式错误等。

综上所述，留学生使用动补式复合词时出现的偏误类型多样，既有复合词自身构造方面的问题，也有语音、语法、语用因素方面的问题；导致偏误产生的原因也很复杂，与教材、教师和学生这三个教学活动的基本要素都有直接关系，也必然会受到语言自身特点的影响。基于此，我们在具体的对外汉语动补式复合词教学实际中，要在对留学生可能出现的偏误进行合理预测的基础上，通过有效的教学方法和手段，使留学生能够全面、系统地掌握动补式复合词的结构、意义和用法。

第三节　动补式复合词的对外汉语教学

一　动补式复合词的教学原则

我们认为，在对动补式复合词进行教学时，除了要遵循对外汉语词汇教学的一般原则外，还要考虑到动补式复合词自身在结构、意义、语法功能等方面的独特性，在此基础上提出适用于动补式复合词这一特殊结构类型复合词的具有一定针对性和特殊性的教学原则。

（一）增强留学生的语素意识和结构意识

语素教学法是对外汉语教学研究中公认的三大方法之一，与词本位教学法和字本位教学法并列存在。语素教学法的主要观点是"在词汇教学中，不但要讲练词语的意义和用法，而且要重视语素拆分和语素间的组合规律，通过分析语素的意义讲解生词，并扩大与该语素相关的新词的范围"（刘座箐，2013：227）。语素教学法强调语素在词汇教学中的重要作用，比较适于汉语词汇尤其是复合词的教学。语素最主要的功能就是构词，既可能单独成词，也可能和其他语素组合成词。汉语语素以单音节为主，词以双音节为主的词汇系统特点，充分体现了语素和词之间不可分割的关联性，也在很大程度上决定了语素在汉语词汇教学中的重要性。

冯丽萍（2003）曾经通过实验方法得出中级水平留学生已经具有了一定的结构意识和语素构词意识的观点，徐晓羽（2004）也进一步提出初级水平的留学生就已经初步具有了语素意识，由语素义推测词义是留学生理解新词词义的重要策略，语素的构词能力和构词位置都会影响留学生生成和理解复合词。尤其是在由两个语素组合而成的复合词的教学过程中，教师更应该着力培养学生的语素意识，使留学生在理解语素概念的基础上认识和把握语素和词的关系以及词内语素之间的关系，引导留学生了解词的结构特点并探索现代汉语的构词规律。

具体来讲，要在动补式复合词的教学中增强留学生的语素意识和结构意识，可以从以下四个方面入手。

1. 讲解语素的概念和功能，帮助留学生理解语素和词的关系

语素是语言中最小的音义结合体，语素的基本功能就是构词。语素可以分为词根语素和词缀语素两种，其中词根语素既可以单独成词也可以跟其他语素彼此组合成词，词缀语素则只能附着在词根语素之上与词根语素一起用来构成新词。这是关于语素概念、性质和作用的基本认识，汉语教师应该熟练掌握这些基础理论并传授给留学生，使留学生理解语素的概念性质，了解语素和词的关系，认识到对汉语这种双音节词占优势、以词根复合为主要构词方式的语言来说，语素与复合词之间的关系尤为密切。汉语中有相当数量的语素可以自己单独构词，同时又具有很强的构词能力，能够和其他语素组合构成新词。教师在复合词教学中可以使用语素法，事

先了解汉语中构词能力强的、最基本的单音节语素及其基本义、常用义，并引导学生在学习过程中不断积累，形成良好的语素意识。动补式复合词都是由两个构词能力比较强的单音节语素组合而成的，语素意识的形成在动补式复合词的学习过程中起着重要作用。

2. 分析词内语素之间的关系，利用认知象似识解词的结构方式

语素和语素彼此组合成词的过程中，往往要遵循一定的规则，语素之间会形成一定的意义关系，我们可以根据这种结构关系或规则对词进行分类。在汉语复合词内，语素和语素之间通常呈现为陈述、支配、修饰、联合和补充这五种最基本的关系，也因此形成了主谓式、动宾式、偏正式、并列式和补充式五个最基本的复合词结构类型。占汉语词汇绝大多数的双音节词，大多可以分析为这五种结构方式。语素是形成不同结构复合词的基础，语素教学法强调语素在词汇教学中的地位和作用，同时也不能忽略不同结构类型复合词内语素和语素之间的关系。

单就动补式复合词来说，两个构词语素之间是一种补充说明关系，前面的"动词性"语素表示一个具体的动作行为，后面充当补语性成分的语素表示动作行为造成的结果或趋向变化，动作行为和结果或趋向变化之间具有一种时间上的先后顺序，动作行为活动先发生，然后才导致相应的结果或趋向变化出现，这种认知上的时间顺序象似，在很大程度上决定了动补式复合词先"动"后"补"的结构格式。比如，人们要先采取措施加以改变，才能够使某一方面有所进步，于是就产生了"改进"一词，却没有"进改"这样的词；要先有"走"的动作，才能发生"进入"某一处所的趋向变化，因此我们可以说"步入"，却不能说"入步"。时间顺序象似体现了汉民族的认知特点和思维方式，"具有很强的解释力和概括力，形式简洁易懂，便于课堂操作，对于不同类型的语序偏误也可以作出统一的解释"（李广玉，2013：93～96），同样也适用于动补式复合词使用中的语序偏误。

3. 区分表层结构和深层结构，强化留学生对语义结构的感知和理解

就汉语复合词的结构来说，也可以有表层结构和深层结构的区分，而且存在表层结构不能真实反映深层结构即表层结构和深层结构不一致的现象。因此要想真实、全面地认识和理解动补式复合词构词语素之间的结构方式，除了要认识"动"和"补"之间补充说明的结构关系之外，还要进

一步对语素之间的语义关系及整个复合词的语义结构方式有所了解。从形式上看，动补式复合词的基本结构格式是"动+补"，但是"动"和"补"之间在深层语义上却有错综复杂的关系。对留学生进行动补式复合词教学时，不能仅仅停留在对"动+补"的表层格式的分析上，还应该强化留学生对动补式复合词"致使变化/移动/评价"的深层语义结构的认识，帮助留学生形成对动补式复合词结构和意义的全面理解和把握。

4. 系联同素词和同构词，引导留学生合理猜测词义，扩大词汇量

以旧带新是对外汉语词汇教学中非常重要而且行之有效的一种帮助留学生扩大词汇量的方法。这种方法的基础就是新词和旧词之间在形、音、义的某一方面存在某种关联，或者相同相似或者相反相对或者相关相联。利用词际关系适度扩展，可以帮助留学生在巩固已知词语的基础上系联未知词语，合理猜测词义，扩大词汇量。就动补式复合词的教学来说，利用"动+补"的结构形式可以将一大批构词语素之间具有补充说明关系的词联系在一起，例如，留学生学习动补式复合词"出来"时，教师可以将其结构格式分析为"动+补（趋动）"，然后利用这一结构格式，带出与之同构的"进来""上来""下来""过来""起来""出去""进去""上去""下去""过去"等一系列趋向义动补式复合词。此外，动补式复合词内的构词语素大多具有很强的构词能力，同一个语素可能跟多个其他语素组合构成动补式复合词，我们也可以利用相同语素，将一大批动补式复合词系联在一起。例如，在学习"减少"这个动补式复合词时，教师可以利用相同语素"减"，举一反三，向留学生补充介绍"减低""减轻""减慢""减弱""减缓"等动补式复合词，它们不但具有相同的结构格式，而且包含相同语素，留学生可以根据已知语素的意义进行词义推测。系联同素词和同构词，可以让学生在掌握某一个词的同时，对与之同构、同素的其他词也有初步的了解，是扩大学生词汇量的重要途径。

（二）培养留学生的整词意识

动补式复合词是现代汉语复合词结构类型中比较特殊的一类，在其他语言中也比较罕见，培养留学生的语素意识和结构意识，让他们了解动补式复合词的构词语素以及语素之间的结构关系，在动补式复合词教学中是非常重要的一个环节。但是，对动补式复合词进行教学不能一味地将其分

解为不同的语素，强调语素和语素之间的关系，还应该注意培养留学生的整词意识，引导留学生把握动补式复合词的"构式"特点以及词义的整体性。

在复合词里，词义是在语素义的基础上形成的，但是词义往往不是语素义的简单相加，而是语素义的彼此融合。有些复合词的意义可以通过构词语素的意义直接得出，但是也有一部分复合词的意义在构词语素意义加合的基础上又发生了一定的转化或偏移，或者产生了新的附加意义。对于动补式复合词来说，除了包含"动"和"补"的语素义之外，"动＋补"的结构式还赋予了整个复合词一种"致使性"的构式意义。这就要求教师在讲解动补式复合词时，不仅要对构成该词的两个语素各自的语素义进行说解，同时还要对动补式复合词构词语素之间特有的致使性语义关系予以说明。例如，在教学"打倒"一词时，除了要将它分解为两个语素"打""倒"，让学生了解"打"和"倒"各自的意义以及它们之间的结构关系之外，还应该告诉他们"打倒"的意思并不就是直接把"打"和"倒"的意思加合在一起，它们之间还有一层致使性语义关系，也就是说，整个词的意思是"打……使其倒"，比如"打倒侵略者"就是"打侵略者使侵略者倒下"的意思。

总之，教师在培养留学生语素意识和结构意识的同时，还应该努力构建留学生的整词意识，做到有分有合，分合并举，从而全面认识和把握动补式复合词的结构和意义。

（三）重视语境和词语搭配

词汇教学的首要任务是通过教师的讲授使学生能够准确地理解词义。而语言中的每一个词都是在特定语境中使用的，语境是词义理解和阐释的基础和依据，"离开语境，词义将成为难以捉摸的东西"（苏宝荣，2008：107）。多义词在各种语言中都很普遍，现代汉语中的多义词数量也很多，在静态情况下我们很难说一个多义词究竟是什么意思，但是多义词的各个意义可以通过语境来显示，在具体的语境中，不少多义词都会呈现单义性。教师在进行词汇教学时可以通过语境讲解词义，帮助学生在上下文中准确理解词义，掌握词的用法。例如，"发动"是一个动补式复合词，它在《现汉》中有三个义项：一是使开始，二是使行动起来，三是使机器运转，这三个义项留学生理解起来都比较困难，三个义项彼此之间也难以区分，教师可以将不同义项放在具体语境中让留学生自己去感受词义的差别，如"发动战争""发动群众""发动拖拉机"。拖拉机是机器的一种，所以"发动拖拉机"中的"发动"是使机器运转的意思；"群众"指的是人，人能够有所行动，所以"发动群众"就是使群众行动起来，"发动"是使行动起来的意思；"发动战争"指的是通过行动使战争开始，"发动"就是"使开始"的意思。

语境对于词义的显示功能除了体现在多义词的词义理解上之外，还可以在词语辨析过程中发挥重要的作用，能够帮助我们分辨那些"同中有异"的词语之间在词义和用法上的细微差别。例如，"改良"和"改善"都是动补式复合词，也都可以表示"改变原有情况使变好"的意思，但是"改良"还可以表示"去除缺点使更适合要求"即在现有基础上去掉缺点，而"改善"没有这个意思。同时，"改善"一般只用于抽象事物而不能用于具体事物，这样的词义差别可以通过具体的语境体现出来，如可以说"改良品种""改良土壤"，却不能说"改善品种""改善土壤"；一般说"改善生活""改善环境"，却几乎不说"改良生活""改良环境"。

语境对于揭示词义有重要作用，同时也可以反映出一个词的用法，特别是与前后词语之间的搭配关系。从这个角度来看，语境和词语搭配本身有密切关系，词语搭配可以看作语境限制在词的句法功能方面的具体表现。前面我们举例分析的语境对词义理解和辨析的作用，如果从语法功能的角度来看，实际上就是通过与之搭配的词语的不同来揭示词的不同用法。因此，对于汉语教师来说，在词汇教学中加强对语境和词语搭配的重视和运用，有助于留学生理解词的意义，掌握词的用法，这样的教学原则在动补式复合词的教学中同样适用。

（四）坚持意义与用法并重

在汉语词汇学习过程中，学会一个新词并不等于仅仅理解这个词的意义，还需要掌握该词在具体语言环境中的用法，知道什么时候应该用这个词，怎样用才是正确的、符合汉语语法规范的句子，怎样用才能准确地表达自己的意思。尤其是对于动补式复合词，它们的意义、结构和功能之间存在复杂的相互影响关系，对于词义的理解在一定程度上会影响其在句子中的使用，词在句子中的分布条件和出现环境也在很大程度上制约着人们对词义的理解。对于任何一个动补式复合词来说，词的意义和用法都是非常重要的两个方面，因此，在实际的词语教学中教师应该坚持意义与用法并重的原则，在词义讲解中融入对用法的解释和说明，将词汇教学和语法教学有机结合在一起。

例如，在教学"战胜"这个动补式复合词时，教师除了要对学生讲解词的意义是"在战争或比赛中取得胜利"之外，还可以同时举例"在昨天晚上举行的世界杯 1/8 决赛中，法国队以 4∶3 的比分战胜了阿根廷队"，让学生知道"战胜"的出现环境是战争或比赛双方同时在句中出现，且取得胜利的一方在"战胜"的前面出现并充当主语，而失败的一方在词后出现充当它的宾语。学生在理解词义的基础上，还要弄清词的用法，才能真正掌握并学会一个词，然后在真实的言语交际中正确使用。

二 动补式复合词的教学方法

根据上述动补式复合词的教学原则，结合动补式复合词自身在结构、意义和功能方面的特点，我们提出以下几种教学方法供汉语教师在实际汉语教学中针对动补式复合词进行教学时选用。

（一） 语素组构法

在教学原则部分，我们提出要培养学生的语素意识和结构意识，同时指出语素教学法是一种相对适用于汉语复合词教学的有效方法。为了突出和强调语素在复合词中的地位作用以及语素和语素之间的组合关系、结构格式、语义关联对留学生动补式复合词生成和理解的影响，我们将这种以语素及其组合结构为核心的教学方法称为语素组构法。

合理使用语素组构法，根据词义和构词语素义之间的内在关系讲解词义，可以帮助学生理解整个动补式复合词的意义，同时也有助于引导学生了解和把握动补式复合词的结构特点和规律。例如，在学到动补式复合词"说明"时，可以向留学生介绍整个词的结构是"动词（说）+结果补语（明）"，词中表示动作行为的第一构词语素是动词性语素"说"，可以理解为"解释"；充当补语性成分的第二构词语素是形容词性语素"明"，是"明白，清楚"的意思。两个语素前后相继组合在一起，构成了"动+补"

格式的复合词，整个复合词的词义可以通过两个构词语素的语素义推导出来，"说明"就是"解释明白"的意思，但是"动+补"的结构格式又给整个复合词附加了一种"致使性"的语义特征，使得整个动补式复合词表达的是"解释使明白"的构式意义。当学生再接触到"辨明""查明""分清""搅乱""修正"等动补式复合词时，他们可以依照对"说明"的讲解和分析，自觉归纳这些词的构词规律、结构方式、语义特点以及词内语素的性质和语义关系等。

　　合理使用语素组构法，针对中高等水平的学生利用相同语素来教授新词，不仅可以巩固复习以前学过的词语，提高词的复现率，而且有助于扩大学生的词汇量，提高学习效率。中高等水平的学生在汉字、语素、词语及字义、语素义、词义及其相关语言知识方面已经有了相当的积累，教师可以在教学中强化学生的语素意识和结构意识，通过相同语素来以旧带新，在巩固对已知词语的理解和认识的基础上，帮助学生举一反三，掌握一系列新的动补式复合词。例如，学生在学习生词"听见"时，教师可以向学生说明"见"作为构词语素表示前面的动作有了结果，由此引出"看见""撞见""碰见""遇见""窥见""推见"这些包含"见"语素的动补式复合词。再如，学生学习"加快"一词时，教师可以先向学生介绍构词语素"加"是"增加；使数量比原来大或程度比原来高"的意思，然后再扩展出"加强""加紧""加固""加剧""加热""加深""加重"等一系列包含相同语素"加"的动补式复合词。

　　合理使用语素组构法，有助于培养学生的语素意识和结构意识，提高学生利用已知语素义和结构义推测新词语意义的能力，从而提升学生的阅读技能。"在语境中猜测词义是二语学习中的一项重要阅读技能"，"词语的透明度与词义猜测间存在着极大的关联……词语结构类型是影响语义透明度的因素之一"（许艳华，2014：17~23），而词语结构类型又与构词语素的性质特点及语素之间的语法关系和语义关联密不可分，因此学生语素意识和结构意识的形成对于猜测词义能力的提升有积极影响，而且可以在一定程度上提高学生的自学能力。在遇到生词时，学生可以根据已经学过的语素意义推测生词的意思。例如，如果学生已经知道"改"是改变的意思，"正"是正确的意思，那么在看到"改正"时应该很容易推测出"改正"的意思是"改使变正确"，也就是"把错误的改为正确的"；同样，学生知道"善""良"都有"好"的意思，那么也就很容易推测出"改善""改良"这两个词的词义了。

语素组构法对于汉语复合词教学尤其是动补式复合词教学是一种比较有效的教学方法，但是在使用时还需要注意以下几点。

第一，要注意语素的多义性和非同一性。在现代汉语中，一个语素可能对应不止一个意义，甚至有的语素同形同音却并非同一语素，需要在具体的词中分辨多义语素的不同意义或者同形同音语素的具体意义。教师在使用语素组构法教学动补式复合词时，要提醒学生考虑语素的这种多义性和非同一性，不能只是根据自己知道的语素及其意义对生词进行类推，否则可能造成对词义的误解从而出现使用偏误。例如，"照明"和"说明"、"辨明"、"判明"都是包含"明"语素的动补式复合词，但是"照明"中的"明"和其他词中的"明"语素义并不相同，前者是"明亮"的意思，而后者则是"明白，清楚"的意思。

第二，对语素和结构的分析要适度，要充分考虑复合词自身特点及学生的汉语水平和接受能力。教师要培养并强化学生的语素意识和结构意识，但并不是所有的动补式复合词都适合对构词语素进行切分，使用语素组构法进行教学。例如，"看死"是一个动补式复合词，但是并不能将"看死"简单分析成"看导致死"，因为从事理逻辑角度来讲"看"的动作行为是不可能导致人"死"的结果的。实际上"看死"表示的是"把人或事看得一成不变"，"死"是"看"的结果，但并不是一般理解的"失去生命"的意思，而是引申义"固定，不灵活"，用来补充说明看待人或物的态度，因此整个复合词的意思并不能从语素义直接推导出来，也不能从动补式复合词的构式义推测出来，这样的词就不大适合使用语素组构法进行词义讲解。另外，语素组构法一般要到中高级阶段，学生已经达到一定的汉语水平、具备相当的词语储备之后才适用；而在学习的初级阶段，教师应该尽量采取整词教学，加强学生对词义的整体性和结构的固定性的认识，这样可以使教学简明易懂，同时也可以避免给学生增加不必要的认知和记忆负担。

（二）语境释义法

语境对于词义的显示和词义的理解起着非常重要的作用。这里所说的语境释义法，指的是通过提供语境的方法来解释词义，具体来讲就是"将要解释的词语放在一定的语境中，向学生提供一段话语，这段话语中含有某个要解释的词语，让学生通过理解所提供的话语来理解词义，即通过语境来显示词语的意义，并不直接提供词语的意义解释"，"这种方法体现了'意义即用法'的观念，词语的意义总是通过与其他词语相互作用才显示出来的，孤零零的词语，有时我们并不能确定它的具体意义或义项"（方绪军，2008：69）。使用语境释义法，在向学生解释词义的同时，还可以让学生了解并掌握词的用法，知道所学的生词能够在什么样的现实情境中使用、能够在句中充当什么样的句法成分及其前后能够出现什么样的词语等，可以说，用语境释义法进行词汇教学可以将词义讲解和用法展示结合起来，让学生同时掌握词的意义和用法，一举两得。在动补式复合词的教学中，语境释义法同样适用。例如，在教学"打破"这个动补式复合词时，教师可以给学生提供这样一段话：

　　　　中国队在青少年女子 10 米气手枪比赛中，以 1146 环的总成绩，［打破］1132 环的团体世界纪录，并夺得团体冠军。

这里并没有直接给出"打破"的词义，但是学生通过这一段话，很容易理解句中"打破"的意思。

　　另外，语境释义法还可以通过为学生设置生词使用现实情境的方式来帮助他们理解词义。例如在讲解动补式复合词"打开"时，由于词义不能直接由语素义推导得出，语素组构法的使用受到限制，我们就可以采用语境释义法，给学生提供使用该词的真实语言情境，让他们在现实场景中体会词的意义。比如，教师可以让全体学生拿出课本并"打开"，然后翻到指定的页码；也可以让一个学生走到教室门口，"打开"教室的门；还可以让一个学生走到空调前边按下开关按钮，"打开"空调。学生不需要理解词中语素"打"和"开"具体是什么意思，也无须教师讲解，只是通过配合教师完成或观察教师让做的动作，在这种真实的情境中就很容易理解"打开"的词义是什么。

（三）搭配举例法

语境在词汇教学中的作用不仅仅体现在对词义的显示方面，它一方面可以帮助学生理解词义，另一方面也可以使学生了解词的用法，特别是词的前后可以和什么样的成分进行搭配，组合成什么样的句法结构。因此，教师在汉语词汇教学中讲解词的用法时，应该注重词语在搭配组合方面的表现，可以通过举例的方式让学生记住一些常见的高频搭配。这种搭配举例的方法同样适于动补式复合词的教学，可以有效避免由搭配不当而造成的相关偏误现象。

例如，教师在教授动补式复合词"改善"时，在讲解完词义之后，可以通过举例的方式指出它在日常表达中的高频搭配词是"环境""生活""条件"等，也就是说，"改善"在句中使用时最常见的搭配组合是"改善环境""改善生活""改善条件"。同时，还需要告诉学生根据词语搭配将"改善"与同义的"改良""提高"等词区别开来，"改良"的高频搭配词为"品种""土壤"，除了可以表示"改变原有情况使变好"之外，还能够强调"去掉事物的个别缺点，使更适合要求"；而"提高"在表示"通过一定的做法使情况有所变化"的同时，还强调这种变化是一种量度的变化，与之形成高频搭配的词本身都包含量级性意义，如"提高水平""提高价格""提高速度""提高水位""提高警惕"等。

除了在词语讲解过程中注重对词语搭配组合方面的用法表现外，教师还可以将一些同义或近义的常用动补式复合词与其后充当宾语的词语的高频搭配制作成表格，以方便学生在进行表达时选择使用。下面我们列举一组容易出现搭配错误的同义动补式复合词，见表6-3。

表6-3 同义动补式复合词高频搭配

动补式复合词	《现汉》释义	高频搭配词语举例
降低	下降；使下降	价格、成本、门槛、分数、血压等
减低	降低	速度、成本、价格、风险、痛楚等
压低	使降低	声音、嗓门、价格、成本等
贬低	故意对人或事物给以较低的评价	地位、身份、人格、对手等

从表6-3可以看出，"降低"、"减低"、"压低"和"贬低"在词义上都包含"降低"的意思，属于同义词，但是在词语搭配上却并不完全相同，其中"贬低"因为在词义上有特定对象的限制，所以能够与之搭配的词语相对有限，而且其高频搭配词语一般不能与其他几个同义词搭配，至少不是高频搭配；"减低""压低""降低"都能和"价格""成本"等词搭配，且出现频率都非常高，体现了三个词在词义和用法上的共性，而"血压"与"降低"的搭配、"痛楚"与"减低"的搭配、"声音、嗓门"与"压低"的搭配则体现了三个词在用法上的差异。

（四）对比系联法

对比分析是语言研究和语言教学研究中非常重要的一种研究手段和教学方法，尤其在对外汉语教学中使用非常广泛。通过对比，可以帮助学生认识不同语言之间或者同一语言的不同方面之间的差别以及内在联系。系联法是传统音韵学的主要研究方法之一，这里借指利用词语在结构方式及构词语素的形、音、义等方面的内在联系（或相同相近，或相反相对）向学生展示词语的方法，这种方法不但可以提高词语复现率，还能够以旧带新，扩大学生词汇量，在巩固旧知识的同时学习新知识，同时还有助于学生建立对语言系统性的认识。就这两种教学方法的自身特点来看，虽然"对比"重在寻找差异，"系联"强调内在关联，但是两种方法都是从语言或语言符号之间的关系出发利用词语之间的聚合关系来讲解新词，二者在本质上是共通的，因此我们将这两种方法综合起来，称为对比系联法。

在具体的动补式复合词教学过程中，我们可以使用对比法将汉语的动补式复合词和其他语言中与之对应的语言形式进行比较，或者将汉语中几个同义或近义的动补式复合词进行辨析；也可以使用系联法利用词或语素之间的同义、反义关系或者相同语素，在某一个动补式复合词基础上牵引出一系列与之相关的其他词。例如，教师在教学"提高"这个动补式复合词时，除了要向学生讲解"使位置、程度、水平、数量、质量等方面比原来高"的词义，提供"提高水位""提高警惕""提高技术""提高装载量""提高工作效率"等常见词语搭配来提示其出现语境和具体用法之外，还可以使用对比法，告诉学生"提高"在英语中的对应词语不止一个，在不同语境中表达不同方面的变化时，在英语中的对应词会有所不同，也就是说在汉语中用"提高"一个词表达的意思，到了英语中需要用几个不同的词来表示。如"提高水位"在英语中说成"raise the water level"，"提高警惕"在英语中用"enhance one's vigilance"表示，"提高技术"英语中可以说成"improve one's skill"，"提高装载量"则要说成"increase the loading capacity"。通过英汉两种语言的对比，可以揭示"提高"词义的复杂性及其与英语对应词之间的联系和差别。当然，教师也可以将"提高"和汉语中的其他与之意义相同或相近的动补式复合词如"提升""抬高""抬升""改善""改进"等进行对比，分析它们在意义和用法上的差异。此外，教师还可以使用系联法，将与"提高"具有同义、反义关系或包含相同语素的其他动补式复合词展示给学生，帮助学生弄清这些词语之间的关系，在学习新词扩大词汇量的同时，构建起动补式复合词的关系网络。例如，教师除了可以利用同义关系引出"提升""抬高""改进"等生词之外，还可以利用反义关系向学生展示"降低""减低""压低""贬低"等词语，甚至可以利用相同语素向学生展示"提早""提及""提起""提取"以及"拔高""抬高""增高""攀高""走高"等一系列动补式复合词。

三 动补式复合词教学过程设计——以"提高"为例

前面我们对动补式复合词的教学原则和教学方法进行了探讨，上述原则和方法只是为教师进行对外汉语动补式复合词教学提供一定的建议和指导，教师可以根据实际教学情况，考虑课型特点、使用教材以及学生的汉语水平、词汇量、母语背景、学习能力等方面的因素，有选择地运用到课堂教学中。这一部分我们将以"提高"一词为例，进行生词教学的教学过程设计，具体呈现上述原则和方法在教学实践中的运用。

教材：《汉语教程》第 3 版第一册（下）第 25 课课文（一）。

老师：罗兰，电视台想请留学生表演一个汉语节目，你愿意去吗？

罗兰：老师，我不想去。

老师：为什么？

罗兰：我汉语说得不好，也不会表演。

老师：你学得不错，有很大进步，汉语水平提高得很快。

罗兰：哪里，我发音发得不准，说得也不流利。让玛丽去吧。她汉语学得很好，说得很流利。玛丽还会唱京剧。

老师：是吗？她京剧唱得怎么样？

罗兰：王老师说，她唱得不错。

老师：她怎么学得这么好？

罗兰：她非常努力，也很认真。

下列词语是课文中的生词，一共 17 个：

电视台、表演、节目、愿意、为什么、得、不错、进步、水平、提高、快、哪里、准、流利、这么、努力、认真。

生词教学的具体教学过程设计如下：

（一）板书生词

节目	表演	得	不错	为什么
水平	提高		快	哪里
电视台	进步		流利	这么
	愿意		认真	
			努力	
			准	
（名词	动词	助词	形容词	其他）

说明：板书的生词已经提前设计好顺序和位置，可以在上课前板书在黑板上，也可以提前做好 PPT，按照这样的格式展示生词。括号中是对生词的词类标注，教师可以在讲解完生词之后予以呈现。

（二）生词导入

教师导入语：同学们学习汉语已经快一年了，你们觉得自己的汉语怎么样？来中国以前你们会说汉语吗？你们的汉语好不好？现在呢？以前不好现在好用汉语应该怎么说？以上这些问题我们可以运用今天要学习的生词和句子进行回答。现在我们就来学习本课的生词。

（三）生词认读

1. 教师领读生词，为学生提供正确发音，供学生学习模仿。

2. 学生齐读生词，教师注意纠正其中的典型性和群体性发音错误，讲解发音方法，再次示范领读。

3. 指定几个学生认读生词，针对学生读音问题，个别纠错，示范领读。

（四）生词讲练

提高：tígāo　（动）　to improve；to raise

1. 语素构成："提高"的结构是"动词（提）+结果补语（高，形容词）"，表示（做什么）"使位置、程度、水平、数量、质量等方面比原来高"。

The structure of "提高" is "verb（提）+ resultative complement（高，adjective）", it means do something "to raise/heighten/enhance/increase/improve（position，procedure，level，standard，quantity，quality）"。

2. 词语搭配：~水平（improve the level）

　　　　　　~成绩（increase the score）

　　　　　　~声音（raise one's voice）

　　　　　　~得很快（increased/improved quickly）

　　　　　　有很大~（has been greatly improved）

3. 造句：我要努力~汉语水平。

　　　　你的汉语水平~得很快。

　　　　玛丽的汉语水平有很大~。

　　　　她的声音~了很多。

4. 辨析：提高 VS 进步

"进步"的结构是"动（进）+宾语（步，名）"①，表示"（人或事

---

① 有学者指出，如果从词源角度看，"进步"一词的结构方式应该分析为并列式（进：前进，步：行走）。我们认为对外汉语词汇教学中涉及的词语大多为现代汉语共时平面使用的词，对其结构方式的分析也应该从现代汉语共时角度着手，因此我们更倾向于将"进步"分析为动宾式（进：前进；步：行走时两脚之间的距离）。

物）向前发展，比原来好"。

The structure of "进步" is "verb（进）＋objective（步，noun）", it means "（of people or things）advance；progress；improve"。

"进步"是不及物动词，后面不能带宾语。可以说"成绩进步""时代进步""社会进步"，但是不能说"进步成绩""进步时代""进步社会"。

"进步"is an intransitive verb，so we can say "成绩进步""时代进步""社会进步"，but can't say "进步成绩""进步时代""进步社会"。

你的汉语成绩进步得很快。

玛丽的汉语成绩有很大进步。

说明：我们介绍的是"提高"的教学过程设计，因此此处略去其他词的讲练。另外，"提高"的同义词很多，这里之所以用"进步"来和"提高"进行辨析，是因为"进步"也是这一课中的生词，这样处理既学习了两个生词，又对它们在意义用法上的异同进行了对比和系联，可以说是一举两得。

5．练习：选词填空

A．提高　　B．进步

1）我不明白为什么时代__B__得这么快！

2）我听不见你说什么，你需要__A__音量。

3）他来中国一年了，汉语水平有了很大__A__。

说明：从意义和用法上讲，3）句空白处填入 B "进步"句子似乎也可以成立，但是从语感和搭配频率上说，"水平"更适合也经常与"提高"搭配，所以答案为"A"。如果将句中的"水平"换成"成绩"，则选择 A "提高"和 B "进步"都是正确的。

6．拓展：词语系联

同义词：提升、抬高、改进、改良、改善

反义词：降低、减低、压低、贬低

同素词：提起、提早、增高、拔高

说明：在掌握本课生词"提高"的基础上，通过系联法，将与之具有同义、反义关系或包含相同语素的其他动补式复合词进行展示，在学习新词的同时利用词际关系进一步扩大学生的词汇量，使学生初步构建起动补式复合词的关系网络。

在这一部分，我们只是以"提高"的教学过程设计为例，简要说明了动补式复合词教学中可能使用到的教学方法和具体操作过程，目的是给汉语教师提供一个可资借鉴的范本，供大家在教学实践中参考。虽然我们在综合考虑学习者汉语水平、词汇量情况、使用教材等因素的基础上尝试提出了一定的教学建议，但是这些建议的合理性和有效性还需要在教学实践中加以检验。而在具体的动补式复合词教学实践过程中，由于词语自身特点和教学需求的不同，每个动补式复合词的教学方法和具体教学过程都可能存在差异，还需要汉语教师考虑实际教学的具体情况，"因词施教，因需制宜"。

结　语

　　动补式复合词是现代汉语中非常重要的一种复合词结构类型,虽然数量不是很多,但它们在构成方式、语义内容、句法功能、表达效果等方面都具有自己的特点。对动补式复合词进行研究既能在一定程度上反映汉语复合词结构的规律性,也可以揭示汉语复合词结构与其他语言中复合词结构的差异,此外,本体方面的研究在相关的动补式复合词对外汉语教学方面也具有一定的实践价值和指导意义。

　　本书以《现汉》中收录的948个动补式复合词作为研究对象,对封闭范围内的语料进行了穷尽性搜索和考察,并运用语义分析与语法分析相结合的方法,借助原型范畴、配价语法、构式语法、语法化与词汇化等现代语言学理论,对现代汉语动补式复合词的概念、范围、结构、意义、句法功能等进行了比较全面而又系统的考察和分析。在深入挖掘动补式复合词内部结构的基础上揭示了动补式复合词的致使性语义特征,从句法角色、组合能力、与某些特殊句式和句法格式之间的关系方面描写和解释了动补式复合词的某些语法功能表现,同时也对复合词特别是句法复合词结构与功能之间的关系进行了初步的探讨。在本体研究的基础之上,我们还结合多种教学大纲和教材中的动补式复合词以及留学生使用动补式复合词的偏误情况等,从对外汉语教学角度对汉语动补式复合词进行了分析和考察,并进一步将理论阐述运用到对外汉语教学实践中,提出了针对动补式复合词的相关教学建议。

　　动补式复合词与动补结构、动补短语、动结式、使成式等概念密切相关,但又在语法属性上与这些概念有明显差异。它们虽然都在结构格式上表现为"动+补"的形式特征,但动补式复合词是典型的词汇单位,而动补短语、动结式、使成式大都属于句法单位的范畴,广义的动补结构泛指组合成分之间具有"动补"关系的所有语言片段,既包括动补短语、动结式、使成式，也包括动补式复合词。动补式复合词与动补短语以及连动、兼语、动宾等结构类型的复合词之间有某种联系，这种联系使我们有时难以在它们之间划定明确的界限，因此我们尝试运用原型范畴理论对它们之间的关系进行了解释，并在此基础上确定了本书的研究范围。

从历时发展的角度看，绝大部分动补式复合词是由动补短语词汇化而来的。从动补短语到动补式复合词构成一个词汇化程度不同的连续统，中间还有些"动补"组合（动补式离合词）还处于由短语到复合词的词汇化过程中，可以看作二者之间的过渡形式。动补式复合词的产生过程不仅仅表现为动补短语的词化过程，在此之前还经历了某些结构成分的虚化。因为动补短语也不是凭空产生的，它们主要来源于上古汉语中的连动结构（V_1 + V_2），而连动结构到动补结构的演化过程则是由结构中 V_2 意义和功能的虚化所驱动的。这也就使得动补式复合词中第二个构词语素的动作性明显弱于第一个构词语素，充当的是补语性成分，从语素自身的词类属性上看可以是动词性的也可以是形容词性的；而第一个构词语素则绝大多数是动词，尤其以动作动词居多，我们也因此将其统称为"动作性成分"。

动补式复合词在表层形式上体现为简单的双音节"动+补"格式，但它们所能表达的语义内容却往往是由两个彼此之间具有时间上的先后顺序和逻辑上的因果关系的子事件整合在一起构成的复杂的致使事件。"致使性"是动补式复合词的典型语义特征，这种致使性意义并不直接来源于复合词内两个构词语素本身的意义，而是附加在"动+补"组合之上的一种"构式"意义，表示的是"动"和"补"之间所具有的致使性语义关系（或因果关系）。从这个角度来说，动补式复合词可以看作一种特殊的"致使结构"，这一点在《现汉》等规范性语文辞书对动补式复合词的释义中也可以得到体现。需要强调的是，虽然动补式复合词的"致使性"语义特征并不与构词语素本身的意义直接相关，但是在对动补式复合词的深层语义结构进行解析时，补语性成分的意义类型和语义指向却是不可忽视的重要方面，它在很大程度上决定着整个动补式复合词在某些具体的言语环境中使用时可能形成的语义关系及其底层所蕴含的语义结构。

动补式复合词表层呈现出的"动+补"结构格式以及深层所蕴含的"致使性"语义结构，是它们区别于其他类型复合词的重要特征，同时也在一定程度上影响和制约了动补式复合词的句法功能表现。无论是从所能承担的句法角色、与其他句法成分之间的组合能力角度，还是从与否定式、可能式、重叠式等特殊的句法格式以及"把"字句、"被"字句、意念被动句等特殊句式之间关系的角度来看，动补式复合词在句法功能表现上都有自己的特点。而且在动补式复合词内部，不同类型的动补式复合词在句法功能上也有不同的表现。复合词的结构与功能之间有不可分割的联系：结构会对功能产生某种影响，功能也可以反过来作用于结构。

动补式复合词在对外汉语词汇和语法教学中占有重要地位，是汉语教学的重点，也是难点。留学生在学习和使用动补式复合词的过程中经常出现各种各样的偏误，对于留学生来说，想要全面准确地理解和掌握动补式复合词的结构、意义和用法有很大的困难。而教学大纲和教材中对动补式复合词的处理还存在一定程度的不合理之处，这是造成留学生使用偏误的原因之一。我们对不同教学大纲和教材中的动补式复合词的处理情况进行了计量统计，并通过对多种语料库中留学生使用动补式复合词的偏误语料的考察分析，将留学生使用动补式复合词的偏误类型归纳为生造词语、替代词语、语素冗余、语素缺失、语素错序、重叠错误以及其他错误等常见类型。在从动补式复合词自身特点、教材、教师和学生几个方面分析偏误产生原因的基础上，我们提出了动补式复合词的教学原则和方法，并以"提高"为例进行教学过程设计，希望能以此为范本，给对外汉语动补式复合词教学实践提供一定的参考。

本书的主要研究内容是现代汉语动补式复合词本体研究及其对外汉语教学研究，但是限于笔者的知识结构和研究视野，在本体研究方面对动补式复合词语法功能特征的分析还不够深入，描写动补式复合词句法表现的内容较多而解释其内在动因的部分显得有些薄弱，对复合词结构类型和动补式复合词语义类型等的分析带有一定的主观性，归类分析难免存在疏漏和不合理之处。此外，我们在复合词结构与功能关系特别是功能对结构的反作用问题上着力不是很多，论述还不够充分，还需要进一步挖掘和阐释。而在对外汉语教学方面，虽然我们尝试结合留学生使用动补式复合词的偏误情况提出了一定的教学建议，但是这些教学建议的合理性和有效性还需要在教学实践中加以检验。对于这些缺憾，我们希望能够在以后的研究中得到弥补，以期使现代汉语动补式复合词的本体研究和教学研究都更加深入和趋于完善。

附录一
《现代汉语词典》（第7版）中的
动补式复合词及其释义

动补式复合词词表（948个）①

A（1个）：挨近

B（46个）：拔除、拔高、拔取、把牢、把稳、摆平、摆脱、败露、败退、败亡、败走、扳倒、扳平、扮靓、保全、奔赴、蹦高、逼和、逼近、逼平、比及、贬低、变乱、变异、遍及、辨明、辩明、标定、标明、飙高、飙红、表明、摈除、屏除、病故、病逝、病退、病休、摒除、摒绝、驳倒、驳回、博得、补足、捕获、步入

C（66个）：采取、参透、参详、操切、插入、查获、查明、查实、察觉、拆除、拆穿、拆毁、拆零、拆散（sǎn）、拆散（sàn）、掺杂、产出、铲除、阐明、敞开、唱衰、抄获、超出、超过、扯平、撤除、撤回、撑死、澄清、吃透、吃准、持久、齿及、冲淡、冲决、冲破、充满、抽取、瞅见、出来、出去、除开、除去、除却、触动、触发、触及、触怒、触杀、串通、戳穿、赐予、凑近、凑巧、促成、促进、蹿红、摧残、摧毁、撮合、挫败、挫伤、挫损、挫折、错过、错开

D（49个）：达到、打败、打倒、打动、打开、打垮、打破、打通、

---

① 说明：1. 本表所列各词均为《现代汉语词典》（第7版）中收录、本书界定为动补式复合词的双音节词，共计948个，按音序排列，表后所附释义均取自《现代汉语词典》（第7版）。2. 表中所涉词形相同、读音不同的动补式复合词，直接在词后括注读音以示其差异，如：拆散（sǎn）、拆散（sàn）；惊醒（xǐng）、惊醒（xing）；上来（shànglái）、上来（shàng// · lái）。3. 表中所涉动补式复合词如与其他词构成同形同音关系，无论其同形同音词是否为动补式复合词，附表中的动补式复合词均以角标数字形式显示，如：使得[1]、使得[2]、制服[1]。

打响、打住、带动、带累、耽误、荡除、荡平、导发、导向、导致、捣毁、捣乱、到来、道破、得到、等到、澄清、涤除、诋毁、抵死、抵消、点爆、点穿、点明、点破、点燃、玷污、奠定、调动、调集、跌破、订正、定准、丢掉、懂得、冻结、读破、杜绝、断定、断绝、夺取

E（1个）：扼杀

F（31个）：发出、发动、发还、发明、发起、发散、翻新、放大、放飞、放还、放宽、放散、放松、飞红、飞散、废除、分开、分明、分清、分散、焚毁、奋起、缝合、扶正、服满、付出、付讫、付与、附近、附着、赋予

G（65个）：改进、改良、改善、改正、干裂、赶赴、赶紧、赶快、赶忙、赶巧、赶上、感到、感动、感奋、感化、感念、感伤、感应、干掉、搞掂、搞定、搞活、告知、割除、割断、割裂、革出、革除、革新、隔断、隔断、隔绝、隔离、更定、更新、更正、梗死、攻克、攻破、攻取、攻陷、巩固、勾结、勾连、勾通、构成、鼓动、鼓惑、固定、故去、顾及、顾全、关紧、关切、贯彻、贯通、归来、归齐、归总、规正、滚开[1]、过来、过去（qù）、过去（qu）、过硬

H（27个）：撼动、夯实、耗竭、合成、核定、核实、轰动、化除、化合、划清、换取、唤起、唤醒、恢复、回来、回去、毁灭、汇总、会合、会齐、惠及、混合、混乱、混同、获得、获取、获致

J（101个）：击败、击毙、击毁、击溃、击落、击破、积久、缉获、激荡、激动、激发、激活、激怒、汲取、集成、集中、嫉恨、记得、记取、忌恨、加固、加紧、加剧、加快、加强、加热、加入、加上、加深、加重、架空、歼灭、检获、减低、减缓、减慢、减轻、减弱、减少、剪除、剪灭、见得、键入、降低、降临、交还、矫正、搅动、搅浑、搅乱、剿除、剿灭、缴获、叫停、叫响、校正、校准、教正、接合、接获、接近、揭穿、揭发、揭露、揭破、揭晓、节余、截断、截获、截取、截至、解除、解散、解脱、介入、戒除、戒断、进来、进去、浸没、浸透、禁绝、禁止、经过、经久、惊动、惊悸、惊觉、惊厥、惊醒（xǐng）、惊醒（xing）、纠正、究竟、聚合、聚齐、蠲除、卷曲、决定、觉得、崛起、攫取

K（41个）：开除、开赴、开通（tōng）、开通（tong）、开脱、勘正、

看扁、看穿、看淡、看好、看见、看紧、看开、看来、看破、看齐、看轻、看上、看死、看透、看中、看重、考取、靠近、靠准、克服、克复、扣除、夸大、匡复、匡正、框定、亏得、窥见、匮竭、溃散、溃逃、溃退、扩大、扩散、廓清

L（60个）：拉倒、拉动、拉黑、拉平、来得[1]、来得[2]、来临、揽总、捞取、捞着、劳累、劳损、乐得、累及、冷凝、冷却、厘定、厘清、厘正、离开、离散、离索、历尽、历久、立定、立正、连贯、连合、连累、联合、撩动、了当、了得、了却、料定、料及、猎取、临到、临近、聆取、领取、流露、流落、流散、流失、拢共、拢总、镂空、漏失、虏获、录取、录入、乱离、掠取、论及、落成、落单、落得、落空、落实

M（24个）：埋没、买断、买通、霉变、弥合、迷乱、迷失、迷误、弭除、敉平、觅取、免除、免得、娩出、瞄准、灭绝、命中、磨耗、磨合、磨灭、磨蚀、磨损、牟取、谋取

N（14个）：拿获、纳入、耐久、拟定、念及、捏合、啮合、凝固、凝合、凝缩、凝滞、扭结、扭曲、虐杀

O（1个）：耦合

P（37个）：爬升、排除、攀高、攀升、盘活、判定、判明、抛光、抛荒、抛却、刨除、跑偏、配平、膨大、碰见、碰巧、披露、偏离、偏向、偏重、骗取、剽取、飘散、飘逝、漂白、撇开、瞥见、拼合、平复、评定、迫近、迫临、破除、破获、破碎、扑空、扑灭

Q（32个）：企及、启发、起获、起开、起来、牵动、牵累、牵制、潜入、抢断、抢通、敲定、瞧见、切除、切入、切近、切中、窃取、侵入、侵蚀、擒获、倾向、清除、清讫、驱除、驱动、驱散、祛除、趋向、取得、圈定、蜷缩

R（14个）：燃放、攘除、扰动、扰乱、认得、认定、溶胀、熔合、融合、融会、融通、糅合、濡湿、润滑

S（77个）：散落、散失、散佚、扫除、扫平、瑟缩、芟除、删除、伤残、商定、上紧、上来（shànglái）、上来（shàng//·lái）、上去、烧毁、舍得、涉及、摄取、慑服、申明、审定、审结、渗入、渗透、生成、声明、省得、省却、胜出、失掉、失去、失却、施与、识破、拾取、使得[1]、使得[2]、收服、收复、收回、收获、收集、收拢、收讫、收清、收取、收

入、收缩、授予、疏解、疏浚、疏散、疏松、疏通、输出、输入、刷新、说穿、说服、说合、说和、说开、说明、说破、撕毁、耸动、送达、搜获、搜集、肃清、算得、缩短、缩合、缩微、缩小、索取、锁定

T（75 个）：踏空、抬高、抬升、摊薄、谈及、逃奔、逃脱、讨还、讨平、套红、套牢、套取、腾贵、誊清、剔除、提纯、提高、提及、提起、提取、提升、提醒、提早、调和、调适、调停、调谐、调匀、挑动、挑明、挑战、跳高、跳远、贴近、听见、听取、停当、停妥、通彻、通过、统共、统合、投奔、投入、投向、透过、凸起、突出¹、突出²、突破、突起、吐露、推迟、推出、推倒、推定、推动、推断、推翻、推广、推及、推见、推进、推却、推升、推脱、推重、退出、退还、退回、退却、吞没、托付、拖累、拓宽

W（11 个）：完成、玩ㄦ完、挽回、忘掉、忘却、望断、危及、围困、萎缩、畏避、畏缩

X（41 个）：吸附、吸取、析出、习得、袭取¹、洗白、下来、下去、掀起、嫌弃、显得、限定、陷入、相中、降伏、降服、降顺、想见、想开、想来、消除、销毁、晓得、协定、胁从、泄露、谢却、信任、兴起、修复、修明、修整、修正、锈蚀、宣明、选定、选取、削除、削平、削弱、驯服

Y（42 个）：压倒、压低、压服、压缩、延长、延迟、延误、言中、言重、演出、验证、养活、摇动、咬定、咬合、贻误、疑忌、疑虑、倚重、弋获、议定、挹取、引动、引发、引进、引起、隐没、荫凉、迎合、赢得、由得、诱发、诱致、余下、瘐死、遇合、遇见、愈合、圆成、约定、越过、陨灭

Z（92 个）：赞成、凿空、造成、造就、躁动、增大、增多、增高、增强、赠予、榨取、摘除、沾染、斩获、展出、展缓、展开、展宽、战败、战胜、站住、张大、招致、找平、找齐、照临、照明、遮阴、折合、折回、折实、折中、侦获、侦结、侦破、诊断、振兴、震动、震惊、震慑、征服、蒸发、整合、证明、证实、支出、支绌、支取、值得、植入、指定、指明、指向、指正、制定、制伏、制服¹、制衡、制止、治服、掷还、滞缓、注定、注重、蛀蚀、铸就、抓获、抓紧、转动、撞见、着重、擢升、综合、走低、走高、走合、走红、走偏、走俏、走强、走热、走软、走弱、走失、阻绝、阻止、阻滞、组成、组合、作成、坐大、坐实

《现代汉语词典》（第 7 版） 动补式复合词释义

【挨近】 āi//jìn 动 靠近：你~我一点儿｜两家挨得很近。

【拔除】 báchú 动 拔掉；除去：~杂草｜~敌军据点。

【拔高】 bá//gāo 动 ❶提高：~嗓子唱。❷有意抬高某些人物或作品等的地位：这部作品对主人公过分~，反而失去了真实性。

【拔取】 báqǔ 动 ❶用拔的方式取出：~优盘｜软木塞~器。❷选择录用：~人才。❸获取；得到：~头筹。

【把牢】 bǎláo ❶（-//-）动扶住；握紧：~扶手，别摔跤。❷（-//-）动坚守；管好：~财务制度。❸〈方〉形坚实牢靠；稳当（多用于否定式）：用碎砖砌的墙，不~｜这个人做事不~。

【把稳】 bǎwěn〈方〉形稳当；可靠：他办事很~。

【摆平】 bǎi//píng 动 ❶放平，比喻公平处理或使各方面平衡：~关系｜两边要~。❷〈方〉惩治；收拾。

【摆脱】 bǎituō 动 脱离（牵制、束缚、困难等不利的情况）：~困境｜~苦恼｜~坏人的跟踪。

【败露】 bàilù 动 （不可告人的事）被人发觉：阴谋~｜事情~，无法隐瞒了。

【败退】 bàituì 动 战败而退却：节节~。

【败亡】 bàiwáng 动 失败而灭亡。

【败走】 bàizǒu 动 作战失败而逃（往某地），也指在某地（一般不是原所在地）比赛或竞争失败。

【扳倒】 bān//dǎo 动 ❶使倒下：~了一块大石头。❷比喻战胜；击败（实力比较强大的对手）：~上届冠军。

【扳平】 bānpíng 动 在体育比赛中扭转落后的局面，使成平局：终场前，甲队将比分~。

【扮靓】 bàn//liàng 动 装扮使靓丽：鲜花~京城。

【保全】bǎoquán 动❶保住使不受损失：~性命｜~名誉。❷保护、维修机器设备，使正常使用：~工。

【奔赴】bēnfù 动奔向（一定目的地）：~战场｜~边疆｜他们即将~新的工作岗位。

【蹦高】bèng//gāo（~儿）动跳跃：乐得直~儿。

【逼和】bīhé 动逼平（多用于棋类比赛）。

【逼近】bījìn 动靠近；接近：小艇~了岸边｜天色已经~黄昏｜脚步声从远处渐渐~。

【逼平】bīpíng 动体育比赛中，处于劣势的一方经过努力，迫使对手接受平局。

【比及】bǐjí〈书〉介等到：~赶到，船已离岸。

【贬低】biǎndī 动故意对人或事物给以较低的评价：~人格｜对这部电影任意~或拔高都是不客观的。

【变乱】biànluàn ❷〈书〉动变更并使紊乱：~祖制｜~成法。

【变异】biànyì 动❶同种生物世代之间或同代生物不同个体之间在形态特征、生理特征等方面表现出差异。❷泛指跟以前的情况相比发生变化：气候~。

【遍及】biànjí 动普遍地达到：影响~海外。

【辨明】biànmíng 动辨别清楚：~方位｜~是非。

【辩明】biànmíng 动分辨清楚；辩论清楚：~事理。

【标定】biāodìng ❶动规定以某个数值或型号为标准。❷动根据一定的标准测定；标明：在地图上~目标｜技术小组对装置进行全面~。❸形属性词。符合规定标准的：~自行车。

【标明】biāomíng 动做出记号或写出文字使人知道：~号码｜车站的时刻表上~由上海来的快车在四点钟到达。

【飙高】biāogāo 动（价格等）急速升高：油价~。

【飙红】biāohóng 动 ❶飙升：节目收视率一路~。❷迅速走红：随着电视剧的播出，剧中女主角~大江南北。

【表明】biǎomíng 动 表示清楚：~态度丨~决心。

【摈除】bìnchú 动 排除；抛弃：~陈规陋习。

【屏除】bǐngchú 动 排除；除去：~杂念。

【病故】bìnggù 动 因病去世。

【病逝】bìngshì 动 因病去世。

【病退】bìngtuì 动 因病退职、退学或提前退休。

【病休】bìngxiū 动 因病休息：~一周。

【摒除】bìngchú 动 排除；除去：~杂念。

【摒绝】bìngjué 动 排除：~妄念丨~应酬。

【驳倒】bó//dǎo 动 提出理由否定对方的意见，使站不住脚：一句话就把他~了丨真理是驳不倒的。

【驳回】bóhuí 动 不允许（请求）；不采纳（建议）：~上诉丨对无理要求，一概~。

【博得】bódé 动 取得；得到（好感、同情等）：~群众的信任丨这个电影~了观众的好评。

【补足】bǔ//zú 动 补充使足数：~缺额。

【捕获】bǔhuò 动 捉到；逮住：~猎物丨犯罪嫌疑人已被~。

【步入】bùrù 动 走进：~会场◇~正轨丨~网络时代。

【采取】cǎiqǔ 动 ❶选择施行（某种方针、政策、措施、手段、形式、态度等）：~守势丨~紧急措施。

【参透】cān//tòu 动 看透；透彻领会（道理、奥秘等）：参不透丨~禅理丨~机关（看穿阴谋或秘密）。

【参详】cānxiáng 动 详细地观察、研究：~了半天，忽有所悟丨我先把拟订的计划摆出来，请各位~。

【操切】cāoqiè 形 指办事过于急躁：~从事｜这件事他办得太~了。

【插入】chārù 动 插进去。

【查获】cháhuò 动 侦查或搜查后获得（赃物、违禁品、犯罪嫌疑人等）：~毒品。

【查明】chámíng 动 调查清楚：~原因。

【查实】cháshí 动 查证核实：案情已~。

【察觉】chájué 动 发觉；看出来：我~他的举动有点儿异样｜心事被人~。

【拆除】chāichú 动 拆掉（建筑物等）：~脚手架｜~防御工事。

【拆穿】chāichuān 动 揭露；揭穿：~阴谋｜~骗局｜~西洋景。

【拆毁】chāihuǐ 动 拆除毁坏：在城市建设中要防止一些古旧建筑被~。

【拆零】chāilíng 动 把成套或成批的商品拆成零散的（出售）：~供应。

【拆散】chāi//sǎn 动 使成套的物件分散：这套瓷器千万不要~了。

【拆散】chāi//sàn 动 使家庭、集体等分散：~婚姻｜~联盟。

【掺杂】（搀杂）chānzá 动 混杂；使混杂：别把不同的种子~在一起｜喝骂声和哭叫声~在一起｜依法办事不能~私人感情。

【产出】chǎnchū 动 生产出（产品）：少投入，多~。

【铲除】（划除）chǎnchú 动 连根除去；消灭干净：~杂草｜~祸根｜~旧习俗，树立新风尚。

【阐明】chǎnmíng 动 讲明白（道理）：历史唯物主义是~社会发展规律的科学。

【敞开】chǎngkāi ❶ 动 大开；打开：~衣襟｜大门~着◇~思想。❷（~儿）副 放开，不加限制；尽量：你有什么话就~说吧。

【唱衰】chàngshuāi 动 ❶ 不看好；对事物的发展趋势发表负面的议论：众人~房价。❷〈方〉用言论使名声受损：提高服务质量，免被顾客~。

【抄获】chāohuò 动 搜查并获得：~赃物。

【超出】chāochū 动 超越；越出（一定的数量或范围）：~限度丨~规定。

【超过】chāoguò 动 ❶由某物的后面赶到它的前面：他的车从左边~了前面的卡车。❷高出……之上：队员平均年龄~23 岁丨各车间产量都~原定计划。

【扯平】chě//píng 动 ❶两相抵消，互不亏欠：咱俩~了，谁也不欠谁。❷拉平：项目组成员贡献不同，奖金分配不能~。

【撤除】chèchú 动 除去；取消：~工事丨~代表。

【撤回】chèhuí 动 ❶使驻在外面的人员回来：~军队丨~代表。❷收回（发出去的文件等）：~提案。

【撑死】chēngsǐ〈口〉副 表示最大的限度；至多：这手表~值十块钱丨他的文化水平~也就小学毕业。

【澄清】chéngqīng ❷动 使混浊变为清明，比喻肃清混乱局面：~天下。❸动 弄清楚（认识、问题等）：~事实。

【吃透】chī//tòu 动 理解透彻：~会议精神丨这话是什么意思，我还吃不透。

【吃准】chī//zhǔn 动 认定；确认：吃不准丨吃得准丨他~老张过几天就会回来。

【持久】chíjiǔ 形 保持长久：旷日~丨肥效~丨争取~和平。

【齿及】chǐjí〈书〉动 认说到；提及：区区小事，何足~。

【冲淡】chōngdàn 动 ❶加进别的液体，使原来的液体在同一个单位内所含成分相对减少：把80度酒精~为50度。❷使某种气氛、效果、感情等减弱：加了这一场，反而把整个剧本的效果~了。

【冲决】chōngjué 动 ❶水流冲破堤岸：~河堤。❷突破束缚、限制：~罗网。

【冲破】chōngpò 动 突破某种状态、限制等：~封锁丨~禁区丨~障碍丨火光~漆黑的夜空。

【充满】chōngmǎn 动 ❶填满；布满：她眼里~泪水丨欢呼声~了会场。

❷充分具有：~激情｜歌声里~着信心和力量。

【抽取】chōuqǔ 动从中收取或取出：~部分资金｜~地下水。

【瞅见】chǒu//jiàn〈方〉动看见：瞅得见｜瞅不见｜她~我来了，打了个招呼。

【出来】chū//·lái 动❶从里面到外面来：出得来｜出不来｜你~，我跟你说句话。❷出现：经过讨论，~两种相反的意见。

【出去】chū//·qù 动从里面到外面去：出得去｜出不去｜~走走，呼吸点儿新鲜空气。

【除开】chúkāi 介除了。

【除去】chúqù ❶动去掉；除掉：~杂草｜~弊端。❷介除了；除开：她~上班，全部时间都用来照顾多病的公婆。

【除却】chúquè ❶动除去；去掉：~浮华｜~心腹之患。❷介除了①：桌上~几本书，没有其他东西。

【触动】chùdòng 动❶碰；撞：他在暗中摸索了半天，忽然~了什么，响了一下。❷冲撞；触犯：~现行体制｜~了个别人的利益。❸因某种刺激而引起（感情变化、回忆等）：这些话~了老人的心事。

【触发】chùfā 动受到触动而引起某种反应：雷管爆炸，~了近旁的炸药｜电台播放的家乡民歌~了他心底的思乡之情。

【触及】chùjí 动触动到：~痛处｜他不敢~问题的要害。

【触怒】chùnù 动触犯使发怒：他的无理取闹~了众人。

【触杀】chùshā 动因接触而杀死：这种农药对蚜虫等有较高的~效果。

【串通】chuàntōng 动❶暗中勾结，使彼此言语行动互相配合：~一气。❷串联；联系：两家结亲的事，已由老村长~妥当。

【戳穿】chuōchuān 动❶刺穿：刺刀~了胸腔。❷说破；揭穿：假话当场被~。

【赐予】（赐与）cìyǔ 动赏给：~爵位。

【凑近】còujìn 动朝某个目标靠近：他~小王的耳朵，叽里咕噜说了一阵。

【凑巧】còuqiǎo 形 表示正是时候或正遇着所希望的或所不希望的事情：我正想去找他，~他来了｜真不~，你来访那天我刚好出差去了。

【促成】cùchéng 动 推动使成功：这件事是他大力~的。

【促进】cùjìn 动 促使前进；推动使发展：~派｜~工作｜~两国的友好合作。

【蹿红】cuānhóng 动 迅速走红：她一夜之间~歌坛。

【摧残】cuīcán 动 使蒙受严重损害。

【摧毁】cuīhuǐ 动 用强大的力量破坏：猛烈的炮火~了敌人的阵地。

【撮合】cuō·he 动 从中介绍促成：他俩的婚姻是王姨~成的。

【挫败】cuòbài 动 ❷使受挫失败；击败：~敌人的阴谋｜~敌军的几次进攻。

【挫伤】cuòshāng ❶动 身体因碰撞或突然压挤而受伤。❸动 损伤（积极性、上进心等）。

【挫损】cuòsǔn 动 因挫折而受损：~锐气。

【挫折】cuòzhé 动 ❶压制，阻碍，使削弱或停顿：不要~群众的积极性。❷失败；失利：经过多次~，终于取得了胜利。

【错过】cuòguò 动 失去（时机、对象）：不要~农时｜~这个村就没有那个店了。

【错开】cuò//kāi 动 （时间、位置）互相让开，避免冲突：为了避免公共车辆的拥挤，工厂、机关上下班的时间最好~。

【达到】dá//dào 动 到（多指抽象事物或程度）：达得到｜达不到｜目的没有~｜~国际水平。

【打败】dǎ//bài 动 ❶战胜（敌人或对手）：~侵略者｜我队~多支强队夺得冠军。❷在战争或竞赛中失败；打败仗：这场比赛如果你们~了，就失去决赛资格。

【打倒】dǎ//dǎo 动 ❶击倒在地：一拳把他~。❷攻击使垮台；推翻：~侵略者！

【打动】dǎdòng 动 使人感动：这一番话~了他的心。

【打开】dǎ//kāi 动 ❶揭开；拉开；解开：~箱子 | ~抽屉 | ~书本 | ~包袱。❷使停滞的局面开展，狭小的范围扩大：~局面。

【打垮】dǎ//kuǎ 动 打击使崩溃；摧毁：~封建势力 | ~了敌人的精锐师团。

【打破】dǎ//pò 动 突破原有的限制、拘束等：~常规 | ~纪录 | ~情面 | ~沉默。

【打通】dǎ//tōng 动 除去阻隔使相贯通：把这两个房间~◇~思想。

【打响】dǎxiǎng 动 ❶指开火；接火：先头部队~了。❷比喻事情初步成功：这一炮~了，下一步就好办了。

【打住】dǎ//zhù 动 停止：他说到这里突然~了 | 在小院门口~了脚步。

【带动】dàidòng 动 ❶通过动力使有关部分相应地动起来：机车~货车。❷引导着前进；带头做并使别人跟着做：抓好典型，~全局 | 在校长的~下，参加义务植树的人越来越多。

【带累】dàilěi 动 使（别人）连带受损害；连累：是我~了你，真对不起。

【耽误】dān·wu 动 因拖延或错过时机而误事：快走吧，别~了看电影 | 手续烦琐，实在~时间。

【荡除】dàngchú 动 清除：~积习。

【荡平】dàngpíng 动 扫荡平定，扫荡并夷为平地：~天下 | ~敌穴。

【导发】dǎofā 动 引发：由于疏忽~了事故。

【导向】dǎoxiàng ❶动 引导向着某个方向或某个方面发展：这次会谈将~两国关系的正常化 | 这种火箭的~性能良好 | 气垫火车也是靠路轨来~的。

【导致】dǎozhì 动 引起：由一些小的矛盾~双方关系破裂。

【捣毁】dǎohuǐ 动 砸坏；击垮：~敌巢 | ~犯罪团伙的窝点。

【捣乱】dǎo//luàn 动 ❶进行破坏；扰乱。❷（存心）跟人找麻烦。

【到来】dàolái 动 来到；来临：在雨季~之前做好防汛准备 | 经济建设的新高潮已经~。

【道破】dàopò 动 说穿：一语~天机。

【得到】dé//dào 动 事物为自己所有；获得：~鼓励 | ~一张奖状 | ~一次学习的机会 | 得不到一点儿消息。

【等到】děngdào 介 表示时间条件：~我们去送行，他们已经走了。

【澄清】dèng//qīng 动 使杂质沉淀，液体变清：这水太浑，~之后才能用。

【涤除】díchú 动 清除；去掉：~污垢 | ~旧习。

【诋毁】dǐhuǐ 动 毁谤；污蔑：~别人，抬高自己。

【抵死】dǐsǐ 副 拼死（表示态度坚决）：~不承认。

【抵消】dǐxiāo 动 两种事物的作用因相反而互相消除：这两种药可别同时吃，否则药力就~了。

【点爆】diǎnbào 动 ❶点燃引爆：~炸药。❷比喻引起强烈反响：现场气氛瞬间被~。

【点穿】diǎnchuān 动 点破：~要害。

【点明】diǎnmíng 动 指出来使人知道：~主题 | ~学习的要点。

【点破】diǎnpò 动 用一两句话揭露真相或隐情：事情不必~，大家心照不宣算了。

【点燃】diǎnrán 动 使燃烧；点着（zháo）：~火把。

【玷污】diànwū 动 弄脏；使有污点。多用于比喻：~名声 | ~光荣称号。

【奠定】diàndìng 动 使稳固；使安定：~基础。

【调动】diàodòng 动 ❶更动（位置、用途）：~队伍 | ~工作。

【调集】diàojí 动 调动使集中：~军队 | ~防汛器材。

【跌破】diēpò 动 （价格等）下跌并突破（某一数值）：有的邮票已~面值。

【订正】dìngzhèng 动 改正（文字中的错误）：书中的错误都一一~了。

【定准】dìngzhǔn ❷ 动 确定；肯定：究竟派谁去，现在还没~。❸ 副 一定；必定：你看见了~满意。

【丢掉】diūdiào 动 ❶ 遗失：不小心把钥匙~了◇~饭碗（失业）。❷ 抛弃：~幻想。

【懂得】dǒng·de 动 知道（意义、做法等）：~规矩｜你~这句话的意思吗？

【冻结】dòngjié 动 ❶ 液体遇冷凝结；使物体受冻凝结。❷ 比喻阻止流动或变动（指人员、资金等）：~存款。❸ 比喻暂不执行或发展：协议~｜~双方关系。

【读破】dúpò 动 同一个字形因意义不同而有两个或几个读音的时候，不照习惯上最通常的读音来读，叫作读破。读破的读音叫作破读，按照习惯上最通常的读法叫作读如字。如"美好"的"好"读上声，是读如字，"喜好"的"好"不读上声而读去声是读破，"好"的去声读音是破读。

【杜绝】dùjué 动 ❶ 制止；消灭（坏事）：~贪污和浪费｜~一切漏洞。❷ 旧时出卖田地房产，在契约上写明不得回赎叫杜绝。

【断定】duàndìng 动 下结论：我敢~这事是他干的｜这场比赛的结果，还难以~。

【断绝】duànjué 动 原来有联系的停止联系或失去联系；原来连贯的不再连贯：~关系｜~来往｜~交通。

【夺取】duóqǔ 动 ❶ 用武力强取：~敌人的阵地。❷ 努力争取：~新的胜利｜~农业丰收。

【扼杀】èshā 动 ❶ 掐住脖子弄死。❷ 比喻压制、摧残使不能存在或发展：~新生事物。

【发出】fāchū 动 ❶ 发生（声音、气味等）：~笑声。❷ 发布（命令、指示）：~号召｜~通告。❸ 送出（货物、信件等）；开出（车辆等）。

【发动】fādòng 动 ❶ 使开始：~战争｜~新攻势。❷ 使行动起来：~群众。❸使机器运转：天气太冷，柴油机不容易~。

【发还】fāhuán 动 把收来的东西还回去（多用于上对下）：~原主。

【发明】fāmíng ❶动创造（新的事物或方法）：~指南针｜火药是中国最早的~。❷名创造出的新事物或新方法：新~｜四大~。❸〈书〉动创造性地阐发；发挥②：~文义｜本书对《老子》的哲理颇多~。

【发起】fāqǐ 动 ❶倡议（做某件事情）：~人｜他们~组织一个读书会。❷发动（战役、进攻等）：~冲锋｜~反攻。

【发散】fāsàn 动 ❶（光线等）由某一点向四周散开：凹透镜对光束起~作用｜~性思维。❷中医指用发汗的药物把体内的热散出去，以治疗疾病。

【翻新】fānxīn 动 ❶把旧的东西拆了重做（多指衣服）。❷从旧的变化出新的：手法~｜花样~。

【放大】fàngdà 动 使图像、声音、功能等变大：~镜｜~器｜~照片。

【放飞】fàngfēi 动 ❶准许飞机起飞。❷把鸟撒出去使高飞：这批信鸽从济南市~，赛程约500公里。❸使风筝等升起：~风筝◇~希望。

【放还】fànghuán 动 ❶放回（扣押的人、畜等）：~人质。❷放到原来的位置：架上期刊，阅后~原处。

【放宽】fàngkuān 动 使要求、标准等由严变宽：~尺度｜入学年龄限制适当~。

【放散】fàngsàn 动 （烟、气味等）向外散开。

【放松】fàngsōng 动 对肌体、精神等的控制或注意由紧变松：~肌肉｜~警惕｜~学习，就会落后。

【飞红】fēihóng ❶形状态词。（脸）很红：她一时答不上来，急得满脸~。❷动（脸）很快变红：小张~了脸，更加忸怩起来。

【飞散】fēisàn 动 ❶（烟、雾等）在空中飘动着散开：一团浓烟在空中~着，由黑色渐渐变成灰白。❷（鸟等）飞着向四下散开：麻雀听到枪声惊慌地~了。

【废除】fèichú 动 取消；废止（法令、制度、条约等）：~农奴制｜~不平等条约。

【分开】fēn//kāi 动 ❶人或事物不聚在一起：弟兄两人~已经三年了｜这些问题是彼此~而又联系着的。❷使分开：老赵用手~人群，挤到台前｜这两件事要~解决。

【分明】fēnmíng ❶形 清楚：黑白~｜爱憎~。❷副 明明；显然：他~朝你来的方向去的，你怎么没有看见他？

【分清】fēn//qīng 动 分辨清楚：~是非。

【分散】fēnsàn ❶形 散在各处；不集中：~活动｜山村的人家住得很~。❷动 使分散：~注意力。❸动 散发；分发：~传单。

【焚毁】fénhuǐ 动 烧坏；烧毁：一场大火~了半个村子的民房。

【奋起】fènqǐ 动 ❶振作起来：~直追｜~反击。❷有力地举起或拿起来：~铁拳。

【缝合】fénghé 动 外科手术上指用特制的针和线把伤口缝上。

【扶正】fú//zhèng 动 ❷旧时指把妾提到正妻的地位。

【服满】fúmǎn 动 服丧期满。

【付出】fùchū 动 交出（款项、代价等）：~现款｜~辛勤的劳动。

【付讫】fùqì 动 交清（多指款项）：报费~。

【付与】fùyǔ 动 交给：将货款~对方。

【附近】fùjìn ❶形 属性词。靠近某地的：~地区｜~居民。❷名 附近的地方：他家就在~，几分钟就可以走到。

【附着】fùzhuó 动 较小的物体沾在较大的物体上：水珠儿~在窗子的玻璃上｜这种病菌~在病人使用过的东西上。

【赋予】fùyǔ 动 交给（重大任务、使命等）：这是历史~我们的重任。

【改进】gǎijìn 动 改变旧有情况，使有所进步：~工作｜操作方法有待~。

【改良】gǎiliáng 动 ❶去掉事物的个别缺点，使更适合要求：~土壤｜~品种。❷改善。

【改善】gǎishàn 动 改变原有情况使好一些：~生活｜~投资环境｜劳动条件日益~。

【改正】gǎizhèng 动 把错误的改为正确的：~缺点｜~错别字。

【干裂】gānliè 动 因干燥而裂开：土地~｜嘴唇~｜在北方，竹器容易~。

【赶赴】gǎnfù 动 赶到（某处）去：~现场。

【赶紧】gǎnjǐn 副 抓紧时机，毫不拖延：他病得不轻，要~送医院。

【赶快】gǎnkuài 副 抓住时机，加快速度：时间不早了，我们~走吧。

【赶忙】gǎnmáng 副 赶紧；连忙：趁熄灯前~把日记写完。

【赶巧】gǎnqiǎo（~儿） 副 碰巧；恰好：上午我去找他，~在路上碰见。

【赶上】gǎn//·shàng 动 ❶追上；跟上：~并超过世界先进水平。❷能跟某人或事物相比：饭菜这么丰盛，都~过年了。❸来得及：快点儿走还能~开会｜离开车只有十分钟，怕赶不上了。❹遇到：现在我们算~好时候了。

【感到】gǎndào 动 觉得：从他的话里我~事情有点儿不妙。

【感动】gǎndòng ❶形 思想感情受外界事物的影响而激动，引起同情或向慕：看到战士舍身救人的英勇行为，群众深受~。❷动 使感动：他的话~了在座的人。

【感奋】gǎnfèn 动 因感动、感激而兴奋或奋发：胜利的喜讯使人们~不已。

【感化】gǎnhuà 动 用行动影响或善意劝导，使人的思想、行为逐渐向好的方面变化：~失足者。

【感念】gǎnniàn 动 因感激或感动而思念：~不忘。

【感伤】gǎnshāng 形 因有所感触而悲伤：一阵~，潸然泪下。

【感应】gǎnyìng 动 ❶某些物体或电磁装置受到电场或磁场的作用而发生电磁状态的变化，叫作感应。❷因受外界影响而引起相应的感情或动作：心理~｜某些动物对外界的刺激~特别灵敏。

【干掉】gàn//diào〈口〉动铲除；消灭。

【搞掂】gǎo//diān〈方〉动搞定。原为粤语，传入北方话地区后多说搞定。

【搞定】gǎo//dìng动把事情办妥；把问题解决好：这件事很快就可以~。

【搞活】gǎohuó动采取措施使事物有活力：解放思想，~经济。

【告知】gàozhī动告诉使知道：把通信地址~在京的同学。

【割除】gēchú动割掉；除去：~肿瘤。

【割断】gēduàn动截断；切断：~绳索◇历史无法~。

【割裂】gēliè动把不应当分割的东西分割开（多指抽象的事物）。

【革出】géchū动开除出去：~教门。

【革除】géchú动❶铲除；去掉：~陋习。❷开除；撤职：~公职。

【革新】géxīn动革除旧的，创造新的：技术~｜~变法。

【隔断】gé//duàn动阻隔；使断绝：高山大河隔不断我们两国人民之间的联系和往来。

【隔断】gé·duàn名用来把屋子空间分隔开的起遮挡作用的东西，如板壁、隔扇等。

【隔绝】géjué动隔断（géduàn）：音信~｜与世~｜降低温度和~空气是灭火的根本方法。

【隔离】gélí动❶不让聚在一起，使断绝往来。❷把患传染病的人、畜和健康的人、畜分开，避免接触：~病房｜病毒性肝炎患者需要~。

【更定】gēngdìng动改订：~法律｜~规章制度。

【更新】gēngxīn动❶旧的去了，新的来到；除去旧的，换成新的：万象~｜~设备｜~武器。❷森林经过采伐、火灾或破坏后重新长起来。

【更正】gēngzhèng动改正已发表的谈话或文章中有关内容或字句上的错误：~启事｜那篇讲话要~几个字。

【梗死】gěngsǐ 动组织因缺血而坏死，多发生于心、肾、肺、脑等器官：心肌～。

【攻克】gōngkè 动攻下（敌人的据点），也用于比喻：～堡垒｜～设计难点。

【攻破】gōngpò 动打破；攻下：～防线。

【攻取】gōngqǔ 动攻打并夺取：～据点。

【攻陷】gōngxiàn 动攻下；攻占（多用于被敌方攻下）：县城被敌军～。

【巩固】gǒnggù ❶形坚固；不易动摇（多用于抽象的事物）：基础～｜政权～。❷动使坚固：～国防｜～工农联盟。

【勾结】gōujié 动为了进行不正当的活动暗中互相串通、结合：暗中～｜～官府。

【勾连】（勾联）gōulián 动❶勾结：暗中～｜他们～在一起，干了不少坏事。❷牵涉；牵连：一人做事一人当，绝不～别人。

【勾通】gōutōng 动暗中串通；勾结。

【构成】gòuchéng ❶动形成；造成：眼镜由镜片和镜架～｜违法情节轻微，还没有～犯罪。❷名结构①：研究所目前的人员～不太合理。

【鼓动】gǔdòng 动❶扇动：小鸟～翅膀。❷用语言、文字等激发人们的情绪，使他们行动起来：宣传～｜经他一～，不少人都去学习电脑了。

【鼓惑】gǔhuò 动鼓动使迷惑；鼓动诱惑：～人们闹事。

【固定】gùdìng 动❶不变动或不移动（跟"流动"相对）：～职业｜～资产｜客源相对～。❷使固定：把聘任制～下来。

【故去】gùqù 动死去（多指长辈）：父亲～快三年了。

【顾及】gùjí 动照顾到；注意到：无暇～｜既要～生产，又要～职工生活。

【顾全】gùquán 动顾及，使不受损害：～大局｜～面子。

【关紧】guānjǐn 〈方〉形要紧。

【关切】guānqiè 动 关心：感谢各位对我的~｜对他的处境深表~。

【贯彻】guànchè 动 彻底实现或体现（方针、政策、精神、方法等）：~始终｜~中央的指示精神。

【贯通】guàntōng 动 ❶（学术、思想等方面）全部透彻地了解：融会~｜~中西医学。❷连接；沟通：上下~｜武汉长江大桥修成后，京广铁路就全线~了。

【归来】guīlái 动 从别处回到原来的地方：海外~。

【归齐】guīqí〈方〉副 ❶到底；结果：他张罗了好几天，~还是没去成。❷拢共：连去带回，~不到一个星期。

【归总】guīzǒng ❶动 把分散的归并到一处：把各小组报的数字~一下。❷副 总共：什么大队人马，~才十几个人！

【规正】guīzhèng ❶〈书〉动 规劝，使改正；匡正：互相~｜~风俗。

【滚开】¹gǔnkāi 动 走开；离开（斥责人的话）。

【过来】guò//·lái 动 从另一个地点向说话人（或叙述的对象）所在地来：车来了，赶快~吧！｜那边有只小船~了。

【过去】guòqù 名 时间词。现在以前的时期（区别于"现在、将来"）：~的工作只不过像万里长征走完了第一步。

【过去】guò//·qù 动 ❶离开或经过说话人（或叙述的对象）所在地向另一个地点去：你在这里等着，我~看看｜门口刚~一辆汽车。❷婉辞，死亡（后面多加"了"）：他祖父昨天夜里~了｜听说老人是前天~的。

【过硬】guò//yìng 形 禁受得起严格的考验或检验：过得硬｜技术~｜~本领。

【撼动】hàndòng 动 摇动；震动：一声巨响，~山岳｜这一重大发现，~了整个世界。

【夯实】hāngshí 动 ❶用夯砸实（地基）：~房基。❷比喻把基础打牢；把工作做扎实：~基层文化建设｜~基础知识。

【耗竭】hàojié 动 消耗净尽：兵力~｜资源~。

【合成】héchéng 动❶由部分组成整体：~词 | 合力是分力~的。❷通过化学反应使成分比较简单的物质变成成分复杂的物质：~革。

【核定】hédìng 动核对审定：~资金 | ~产量。

【核实】héshí 动❶审核是否属实：~情况 | ~数据。❷审核属实：上报的材料已经~。

【轰动】（哄动）hōngdòng 动同时惊动很多人：~全国 | ~一时 | 全场~。

【化除】huàchú 动消除（多用于抽象事物）：~成见 | 一经解释，疑虑~。

【化合】huàhé 动两种或两种以上的物质经过化学反应而生成另一种物质，如氢与氧化合成水。

【划清】huà//qīng 动区分清楚：~界限。

【换取】huànqǔ 动用交换的方法取得：用工业品~农产品。

【唤起】huànqǐ 动❶号召使奋起：~民众。❷引起（注意、回忆等）：这封信~了我对往事的回忆。

【唤醒】huànxǐng 动❶叫醒：他把我从睡梦中~。❷使醒悟：~民众 | 1917 年的俄国十月革命~了中国人。

【恢复】huīfù 动❶变成原来的样子：秩序~了 | 健康已完全~。❷使变成原来的样子；把失去的收回来：~原状 | ~失地。

【回来】huí//·lái 动从别处到原来的地方来：他刚从外地~ | 他刚出去，一时半会儿还回不来。

【回去】huí//·qù 动从别处到原来的地方去：离开家乡十年，一次也没~过 | 事情没办完，一时回不去。

【毁灭】huǐmiè 动毁坏消灭；摧毁消灭：~证据 | ~罪恶势力 | 遭到~性打击。

【汇总】huìzǒng 动（资料、单据、款项等）汇集到一起：等各组的资料到齐后~上报。

【会合】huìhé 动聚集到一起：两军~后继续前进。

【会齐】huì//qí 动 聚齐：各村参加集训的民兵后天到县里~。

【惠及】huìjí〈书〉 动 把好处给予某人或某地：~远方。

【混合】hùnhé 动 ❶掺杂在一起：男女~双打 | 客货~列车。❷把两种或两种以上相互间不发生化学反应的物质掺和在一起。

【混乱】hùnluàn 形 没条理；没秩序：思想~ | 秩序~。

【混同】hùntóng 动 把本质上有区别的人或事物同样看待。

【获得】huòdé 动 取得；得到（多用于抽象事物）：~好评 | ~宝贵的经验 | ~显著的成绩。

【获取】huòqǔ 动 取得；猎取：~情报 | ~利润。

【获致】huòzhì 动 获得；得到：产权纠纷~解决。

【击败】jībài 动 打败：~对手，获得冠军。

【击毙】jībì 动 打死（多指用枪）。

【击毁】jīhuǐ 动 击中并摧毁：~敌方坦克三辆 | 建筑物被雷电~。

【击溃】jīkuì 动 打垮；打散：~敌军一个师。

【击落】jīluò 动 打下来（天空的飞机等）。

【击破】jīpò 动 打垮；打败：各个~。

【积久】jījiǔ 动 积累了很长时间：~成习 | 顽疾~难治。

【缉获】jīhuò 动 拿获；查获：~犯罪嫌疑人 | ~走私货物。

【激荡】jīdàng 动 ❶因受冲击而动荡：海水~ | 感情~。❷冲击使动荡：~人心。

【激动】jīdòng ❶形 （感情）因受刺激而冲动：情绪~。❷动 使感情冲动：~人心。

【激发】jīfā 动 ❶刺激使奋发：~群众的积极性。❷使分子、原子等由能量较低的状态变为能量较高的状态。

【激活】jīhuó 动 ❶刺激机体内某种物质，使其活跃地发挥作用：某些植物成分能~人体细胞免疫反应。❷泛指刺激某事物，使活跃起来：~高科技产业。

【激怒】jīnù 动 刺激使发怒：他这一说更把赵大叔~了。

【汲取】jíqǔ 动 吸取：~经验｜~营养。

【集成】jíchéng 动 同类著作汇集在一起（多用于书名）：《丛书~》｜《中国古典戏曲论著~》。

【集中】jízhōng ❶动 把分散的人、事物、力量等聚集起来；把意见、经验等归纳起来：~兵力｜~资金｜把大家的建议~起来。❷形 专注；不分散：精神很~。

【嫉恨】jíhèn 动 因忌妒而愤恨；憎恨。

【记得】jì·de 动 想得起来；没有忘掉：他说的话我还~｜这件事不~是在哪一年了。

【记取】jìqǔ 动 记住（教训、嘱咐等）。

【忌恨】jìhèn 动 因忌妒而怨恨：~他人。

【加固】jiāgù 动 使建筑物等坚固：~堤坝｜~楼房。

【加紧】jiājǐn 动 加快速度或加大强度：~生产｜~训练｜~田间管理工作。

【加剧】jiājù 动 加深严重程度：病势~｜矛盾~。

【加快】jiākuài 动 ❶使变得更快：~建设进度｜他~了步子，走到队伍的前面。

【加强】jiāqiáng 动 使更坚强或更有效：~团结｜~领导｜~爱国主义教育。

【加热】jiā//rè 动 使物体的温度增高。

【加入】jiārù 动 ❶加上；掺进去：~食糖少许。❷参加进去：~工会｜~足球队。

【加上】jiāshàng 连 承接上句，有进一步的意思，下文多表示结果：他不太用功，~基础也差，成绩老是上不去。

【加深】jiāshēn 动 加大深度；变得更深：~了解｜矛盾~。

【加重】jiāzhòng 动 增加重量或程度：~负担｜~语气｜责任~了｜他的病一天天~了。

【架空】jiàkōng 动 ❶房屋、器物下面用柱子等撑住而离开地面：竹楼是~的，离地约有两米多高。❷比喻没有基础：没有相应的措施，计划就会成为~的东西。❸比喻表面推崇，暗中排挤，使失去实权。

【歼灭】jiānmiè 动 消灭（敌人）：集中优势兵力，各个~敌人。

【检获】jiǎnhuò 动 通过检查而获得（赃物、违禁品等）：~一批赌具。

【减低】jiǎndī 动 降低：~物价｜~速度。

【减缓】jiǎnhuǎn 动 （程度）减轻；（速度）变慢：老年人新陈代谢~。

【减慢】jiǎnmàn 动 （速度）变慢：由于原材料供应不上，建筑工程的进度~了。

【减轻】jiǎnqīng 动 减少重量或程度：~负担｜病势~。

【减弱】jiǎnruò 动 ❶（气势、力量等）变弱：风势~｜兴趣~｜凝聚力~了。❷使变弱：暴雨~了大火的威势。

【减少】jiǎnshǎo 动 减去一部分：~人员｜~麻烦｜工作中的缺点~了。

【剪除】jiǎnchú 动 铲除；消灭：~奸宄。

【剪灭】jiǎnmiè 动 剪除；消灭：~群雄。

【见得】jiàndé 动 看出来；能确定（只用于否定式或疑问式）：怎么~他来不了？

【键入】jiànrù 动 按动计算机、手机等键盘上的键输入（文字等）：~网址。

【降低】jiàngdī 动 下降；使下降：温度~了｜~物价｜~要求。

【降临】jiànglín 动 来到；来临：夜色~｜大驾~｜灾难~。

【交还】jiāohuán 动 归还；退还：文件阅后请及时~。

【矫正】jiǎozhèng 动 改正；纠正：~发音｜~错误｜~偏差。

【搅动】jiǎo//dòng 动 ❷搅扰；搅乱：嘈杂的声音~得人心神不宁。

【搅浑】jiǎo//hún 动 搅动使浑浊：把水~（比喻故意制造混乱）。

【搅乱】jiǎoluàn 动 搅扰使混乱；扰乱：~人心｜~会场。

【剿除】jiǎochú 动 剿灭。

【剿灭】jiǎomiè 动 用武力消灭：~土匪。

【缴获】jiǎohuò 动 从战败的敌人或罪犯等那里取得（武器、凶器等）：~敌军大炮三门。

【叫停】jiàotíng 动 ❶某些球类比赛中教练员、裁判员、运动员等要求暂停。❷有关部门或人员命令停止某种活动或行为：对乱收费现象坚决~。

【叫响】jiào//xiǎng 动 指获得好的声誉并受到广泛的欢迎：这种产品已经在市场上~了｜他是在群众中叫得响的好干部。

【校正】jiàozhèng 动 校对订正：~错字｜重新~炮位。

【校准】jiào//zhǔn 动 校对机器、仪器等使准确。

【教正】jiàozhèng〈书〉动 指教改正（把自己的作品送给人看时用的客套话）：送上拙著一册，敬希~。

【接合】jiēhé 动 连接使合在一起：段落之间~得十分巧妙。

【接获】jiēhuò 动 接到；获得：~订单｜~投诉。

【接近】jiējìn 动 靠近；相距不远：~群众｜时间已~半夜｜这项技术已~世界先进水平｜大家的意见已经很~，没有多大分歧了。

【揭穿】jiēchuān 动 揭露；揭破：~阴谋｜~谎言｜假面具被~了。

【揭发】jiēfā 动 揭露（坏人坏事）：~罪行｜检举~。

【揭露】jiēlù 动 使隐蔽的事物显露：~矛盾｜~问题的本质｜阴谋被~出来。

【揭破】jiēpò 动 使掩盖着的真相显露出来：~诡计。

【揭晓】jiēxiǎo 动 公布（事情的结果）：录取名单还没有~｜乒乓球赛的结果已经~。

【节余】jiéyú ❶动 因节约而剩下：每月能~三五百元。❷名 指节余的钱或东西：把全部~捐给了灾区。

【截断】jié//duàn 动❶切断：高温的火焰能~钢板。❷打断；拦住：电话铃声~了他的话。

【截获】jiéhuò 动中途夺取到或捉到：一辆走私车被海关~。

【截取】jiéqǔ 动从中取（一段或一部分）：~文章开头的几句。

【截至】jiézhì 动截止到（某个时候）：报名日期~本月底。

【解除】jiěchú 动去掉；消除：~警报｜~顾虑｜~武装｜~职务。

【解散】jiěsàn 动❶集合的人分散开：队伍~后，大家都在操场上休息喝水。❷取消（团体或集会）。

【解脱】jiětuō 动❷摆脱：诸事纷扰，使他难以~。❸开脱：为人~罪责。

【介入】jièrù 动插进其中进行干预：不~他们两人之间的争端。

【戒除】jièchú 动改掉（不良嗜好）：~烟酒。

【戒断】jièduàn 动戒除使断绝：~毒瘾｜~烟瘾。

【进来】jìn//·lái 动从外面到里面来：你~，咱们俩好好ㄦ谈谈心｜门开着，谁都进得来；门一关，谁也进不来。

【进去】jìn//·qù 动从外面到里面去：你~看看，我在门口等着你｜我有票，进得去；他没票，进不去。

【浸没】jìnmò 动❶淹没；漫过去。❷沉浸：人们正~在快乐之中。

【浸透】jìntòu 动❶泡在液体里以致湿透：他穿的一双布鞋被雨水~了。❷液体渗透：汗水~了衬衫。❸比喻饱含（某种思想感情等）：这些诗篇~着诗人眷念祖国的深情。

【禁绝】jìnjué 动彻底禁止：~卖淫嫖娼｜~吸食毒品。

【禁止】jìnzhǐ 动不许可：厂房重地，~吸烟｜~车辆通行。

【经过】jīngguò ❶动通过（处所、时间、动作等）：从北京坐火车到广州要~武汉｜屋子~打扫，干净多了｜这件事情是~领导上缜密考虑过的。❷名过程；经历②：厂长向来宾报告建厂~｜说说你探险的~。

【经久】jīngjiǔ ❶ 动 经过很长的时间：掌声~不息。❷ 形 经过较长时间不变：~耐用。

【惊动】jīngdòng 动 ❶ 举动影响旁人，使吃惊或受侵扰：娘睡了，别~她。❷ 客套话，表示打扰、麻烦了他人：不好意思，为这点儿小事~了您。

【惊悸】jīngjì 动 因惊慌而心跳得厉害。

【惊觉】jīngjué 动 ❶ 惊醒①：从梦中~｜被雷声~。

【惊厥】jīngjué 动 ❶ 因害怕而晕过去。❷ 医学上指四肢和面部肌肉阵发性抽搐，眼球上翻，神志不清的症状，多见于婴儿或幼儿。

【惊醒】jīngxǐng 动 ❶ 受惊动而醒来：突然从梦中~◇在大家的批评帮助下，他才~过来。❷ 使惊醒：别~了孩子。

【惊醒】jīng·xing 形 睡眠时容易醒来：他睡觉很~，有点儿响动都知道。

【纠正】jiūzhèng 动 改正（缺点、错误）：~姿势｜~偏差｜不良倾向已得到~。

【究竟】jiūjìng ❶ 名 结果；原委：大家都向知道个~。❷ 副 用在问句里，表示追究：~是怎么回事？｜你~答应不答应？❸ 副 毕竟；到底：她~是经验丰富，说的话很有道理。

【聚合】jùhé 动 ❶ 聚集到一起。❷ 指单体合成为分子量较大的化合物。生成的高分子化合物叫聚合物。

【聚齐】jù//qí 动 （在约定地点）集合：参观的人八时在展览馆门口~。

【蠲除】juānchú〈书〉动 免除：~旧例。

【卷曲】juǎnqū ❶ 形 弯曲：~的头发。❷ 动 使弯曲：把头发~起来。

【决定】juédìng ❶ 动 对如何行动做出主张：领导上~派他去学习｜这件事情究竟应该怎么办，最好是由大家来~。❷ 名 决定的事项：请组长们回去传达这项~。❸ 动 某事物成为另一事物的先决条件；起主导作用：~性｜存在~意识｜这件事~了他未来的生活道路。

【觉得】jué·de 动 ❶ 产生某种感觉：游兴很浓，一点儿也不~疲倦。❷ 认为（语气较不肯定）：我~应该先跟他商量一下。

【崛起】juéqǐ〈书〉动❶（山峰等）突起：平地上~一座青翠的山峰。❷兴起：民族~｜经济~｜太平军~于广西桂平金田村。

【攫取】juéqǔ 动掠夺。

【开除】kāichú 动机关、团体、学校等将成员除名，使退出集体，是纪律处分的最高等级：~党籍｜~两名学生｜他被~公职了。

【开赴】kāifù 动（队伍）开到（某处）去：~工地｜~前线。

【开通】kāitōng 动❶使原来闭塞的（如思想、风气等）不闭塞：~风气｜~民智。❷交通、通信等线路开始使用：国内卫星通信网昨天~｜这条公路已经竣工并~使用。

【开通】kāi·tong ❶形（思想）不守旧；不拘谨固执：思想~｜老人经常参加社区活动，脑筋更~了。❷动使开通：让他多到外面去看看，~~他的思想。

【开脱】kāituō 动推卸或解除（罪名或对过失的责任）：~罪责｜不要为他~。

【勘正】kānzhèng 动校正（文字）。

【看扁】kànbiǎn 动小看；低估：别让人把咱们~了。

【看穿】kàn//chuān 动看透：~了对方的心思。

【看淡】kàndàn 动❶（行情、价格等）将要出现不好的势头：行情~｜销路~。❷认为（行情、价格等）将要出现不好的势头：商界普遍~钟表市场。

【看好】kànhǎo 动❶（事物）将要出现好的势头：旅游市场的前景~｜经济前途~。❷认为（人或事物）将要出现好的势头：这场比赛，人们~八一队。

【看见】kàn//jiàn 动看到：看得见｜看不见｜从来没~过这样的怪事。

【看紧】kànjǐn 动（行情、形势等）趋于紧张：成品油供应持续~｜风声~。

【看开】kàn//kāi 动 不把不如意的事情放在心上：看得开 | 看不开 | 对这件事，你要~些，不要过分生气。

【看来】kànlái 动 根据经验或已知情况做出大概的推断：老师这么晚还没到，~是发生什么事了。

【看破】kàn//pò 动 看透：~红尘。

【看齐】kànqí 动 ❶整队时，以指定人为标准排齐站在一条线上。❷拿某人或某种人作为学习的榜样：向先进工作者~。

【看轻】kànqīng 动 轻视：不要~环保工作。

【看上】kàn//shàng 动 看中：看不上 | 看得上 | 她~了这件上衣。

【看死】kànsǐ 动 指把人或事看得一成不变：要看到他的进步，别把人家~了。

【看透】kàn//tòu 动 ❶透彻地了解（对手的计策、用意等）：这一着棋我看不透。❷透彻地认识（人或事物的负面特性）：~了世道人情 | 这个人我~了，没什么真才实学。

【看中】kàn//zhòng 动 经过观察，感觉合意：看得中 | 看不中 | 你~哪个就买哪个。

【看重】kànzhòng 动 很看得起；看得很重要：~知识 | 我最~的是他的人品。

【考取】kǎo//qǔ 动 报考并被录取：他~了师范大学。

【靠近】kàojìn 动 ❶彼此间的距离近：他家~运河 | ~沙发的墙角里有一个茶几。❷向一定目标运动，使彼此间的距离缩小：船慢慢地~码头了。

【靠准】kào//zhǔn （~儿）〈方〉形 可靠：这个消息不~ | 他很~，有要紧的事可以交给他办。

【克服】kèfú 动 ❶战胜或消除（缺点、错误、坏现象、不利条件等）：~急躁情绪 | ~不良习气 | ~困难。❷〈口〉克制；忍受（困难）：这儿的生活条件不太好，请诸位~一下。

【克复】kèfù 动 经过战斗而夺回（被敌人占领的地方）：~失地。

【扣除】kòuchú 动 从总额中减去：~损耗 | ~伙食费还有节余。

【夸大】kuādà 动 把事情说得超过了实际的程度：~缺点 | ~成绩。

【匡复】kuāngfù〈书〉动 挽救国家，使转危为安：~社稷。

【匡正】kuāngzhèng 动 纠正；改正：~时弊。

【框定】kuàngdìng 动 限定（在一定的范围内）：公安人员经过反复排查，~了作案人的范围。

【亏得】kuī·de 动 ❶多亏：~厂里帮助我，才渡过了难关。❷反说，表示讥讽：这么长时间才还给我，~你还记得。

【窥见】kuījiàn 动 看出来或觉察到：从这首诗里可以~作者的广阔胸怀。

【匮竭】kuìjié〈书〉动 贫乏，以至于枯竭：精力~ | 被困山谷，粮食~。

【溃散】kuìsàn 动 （军队）被打垮而逃散。

【溃逃】kuìtáo 动 （军队）被打垮而逃跑：闻风~。

【溃退】kuìtuì 动 （军队）被打垮而后退：敌军狼狈~。

【扩大】kuòdà 动 使（范围、规模等）比原来大：~生产 | ~战果 | ~眼界 | ~影响 | ~耕地面积。

【扩散】kuòsàn 动 扩大分散出去：~影响 | 毒素已~到全身。

【廓清】kuòqīng 动 澄清；肃清：~天下 | ~邪说 | ~障碍。

【拉倒】lādǎo〈口〉动 算了；作罢：你不去就~。

【拉动】lādòng 动 采取措施使提高、增长或发展：~内需 | ~产值 | ~文化市场。

【拉黑】lā//hēi 动 ❶把手机等通信工具或微信、QQ 等通信软件中的联系人列入黑名单加以屏蔽：她被好友~，还浑然不觉。❷指列入黑名单加以惩治：违规网站被监管部门~。

【拉平】lā//píng 动 使有高有低的变成相等的：甲队反攻频频得手，双方比分逐渐~。

【来得】[1]lái·de〈口〉动 胜任：粗细活儿她都~ | 他说话有点儿口吃，笔底

下倒~。

【来得】²lái·de〈口〉 动 （相比之下）显得：海水比淡水重，因此压力也~大 | 下棋太沉闷，还是打球~痛快。

【来临】 láilín 动 来到；到来：暴风雨即将~ | 每当春天~，这里就成了花的世界。

【揽总】 lǎnzǒng （~儿） 动 全面掌握（工作）；总揽。

【捞取】 lāoqǔ 动 ❶从水里取东西：塘里的鱼可以随时~。❷用不正当的手段取得：~暴利。

【捞着】 lāo//zháo 动 得到机会（做某事）：那天的联欢会，我没~参加。

【劳累】 láolèi ❶ 形 由于过度的劳动而感到疲乏：工作~。❷ 动 敬辞，指让人受累（用于请人帮忙做事）：这件事还得~你去一趟。

【劳损】 láosǔn 动 因疲劳过度而损伤：腰肌~ | 脏腑~。

【乐得】 lèdé 动 某种情况或安排恰合自己心意，因而顺其自然：主席让他等一会儿再发言，他也~先听听别人的意见 | 他们都出去旅游了，我一个人在家也~清静。

【累及】 lěijí 动 连累到：~无辜 | ~亲友。

【冷凝】 lěngníng 动 气体或液体遇冷而凝结，如水蒸气遇冷变成水，水遇冷变成冰。

【冷却】 lěngquè 动 物体的温度降低；使物体的温度降低：自然~ | ~剂。

【厘定】 lídìng〈书〉 动 整理规定：重新~规章制度。

【厘清】 líqīng 动 梳理清楚：~二者关系。

【厘正】 lízhèng〈书〉 动 订正：~遗文。

【离开】 lí//kāi 动 跟人、物或地方分开：离得开 | 离不开 | 鱼~了水就不能活 | 他已经~北京了。

【离散】 lísàn 动 ❶分散不能团聚（多指亲属）：家人~。❷分散，不连续：~信号。

【离索】lísuǒ〈书〉 动 因分居而孤独；离散：~之感。

【历尽】lìjìn 动 多次经历或遭受：~沧桑｜~磨难｜~千辛万苦。

【历久】lìjiǔ 动 经过很长的时间：~不衰。

【立定】lìdìng 动 ❶军事或体操口令，命令正在行进的队伍（也可以是一个人）停下并立正。❷站稳：~脚跟。❸牢固地确定：~主意｜~志向。

【立正】lìzhèng 动 军事或体操口令，命令队伍（也可以是一个人）按动作要求在原地站好。

【连贯】（联贯）liánguàn 动 连接贯通：长江大桥把南北交通~起来了｜上下句意思要~。

【连合】liánhé 动 使相连而合为一体。

【连累】lián·lei 动 因事牵连别人，使别人也受到损害：一家失火，~了邻居｜一人做事一人当，决不~大家。

【联合】liánhé ❶动 联系使不分散；结合：全世界无产者，~起来！❷形 属性词。结合在一起的；共同：~收割机｜~声明｜~招生。❸动 两块以上的骨头长在一起或固定在一起，叫作联合，如耻骨联合、下颌骨联合等。

【撩动】liáodòng 动 拨动；拂动：~心弦｜微风~着垂柳的枝条。

【了当】liǎodàng ❶形 爽快：他说话脆快~。❷形 停当；完备：安排~｜收拾~。❸动 处理；了结（多见于早期白话）：自能~得来｜费了许多手脚，才得~。

【了得】liǎo·dé 形 ❶用在惊讶、反诘或责备等语气的句子末尾，表示情况严重，没法儿收拾：听说他经常旷课，这还~！｜你这么小就不学好，怎么~？❷不平常；很突出（多见于早期白话）：这个人武艺十分~。

【了却】liǎoquè 动 了结：~一桩心事。

【料定】liàodìng 动 预料并断定：我~他会来的。

【料及】liàojí〈书〉 动 料想到：中途大雨，原未~。

【猎取】lièqǔ 动❶通过打猎取得：原始社会的人用粗糙的石器~野兽。❷夺取（名利）：~功名｜~高额利润。

【临到】líndào ❶动（事情）落到（身上）：这事~他的头上，他也没办法。❷介接近到（某件事情）：~开会，我才准备好。

【临近】línjìn 动（时间、地区）靠近；接近：春节~了｜他住在~太湖的一所疗养院里。

【聆取】língqǔ〈书〉动听取：~各方意见。

【领取】lǐngqǔ 动取（多指经过一定手续）：~工资｜~护照。

【流露】liúlù 动（意思、感情）不自觉地表现出来：~出真情｜他的每一首诗，字里行间都~出对祖国的热爱。

【流落】liúluò 动❶穷困潦倒，漂泊外地：~街头｜~他乡｜~江湖。❷（物品）流转散失：两件宫中珍品~到了民间。

【流散】liúsàn 动流转散失；流落分散：有的文物~国外｜当年~在外的灾民陆续返回了家乡。

【流失】liúshī 动❶指自然界的矿石、土壤自己散失或被水、风力带走，也指河水等白白地流掉：水土~｜建造水库蓄积汛期的河水，以免~。❷泛指有用的东西流散失去：肥效~｜抢救~的文物。❸比喻人员离开本地或本单位：人才~。

【拢共】lǒnggòng 副一共；总共：镇上~不过三百户人家。

【拢总】lǒngzǒng 副一共；总共：站上职工~五十个人。

【镂空】lòukōng 动在物体上雕刻出穿透物体的花纹或文字：~的象牙球。

【漏失】lòushī 动❶漏出而失掉：水分~。❷疏漏；失误：这一工作不能有半点儿~。

【虏获】lǔhuò 动俘虏敌人，缴获武器。

【录取】lùqǔ 动❶选定（考试合格的人）：择优~｜~新生三百名。❷〈方〉记录：~口供。

【录入】lùrù 动 把文字等输入到计算机里：~员｜平均每分钟~一百个汉字。

【乱离】luànlí 动 因遭战乱而流离失所。

【掠取】lüèqǔ 动 夺取；抢夺：~财物｜~资源。

【论及】lùnjí 动 谈起；议论到：文中也~其他有关问题。

【落成】luòchéng 动 （建筑物）完工：~典礼｜大桥已经~，日内即可正式通车。

【落单】luòdān 动 （人或动物）与群体失去联系而落得孤单一个。

【落得】luò·de 动 得到（某种境遇或结果）：倒行逆施，~身败名裂的可耻下场｜退休以后，~清闲自在。

【落空】luò//kōng 动 没有达到目的或目标；没有着落：希望~了｜两头落了空。

【落实】luòshí ❶动 落到实处，指计划、政策、措施等具体明确，能够实现：生产计划要订得~。❷动 使落到实处：~政策｜要~计划，~措施，并层层~责任。❸〈方〉形 （心情）安稳；踏实：事情没结果，心里总是不~。

【埋没】máimò ❶动 掩埋；埋起来：耕地被流沙~。❷使显不出来；使不发挥作用：~人才。

【买断】mǎiduàn 动 买下交易对象的全部占有权，卖主跟该对象有关的经济关系终止：~经营权。

【买通】mǎitōng 动 用金钱等收买人以便达到自己的目的。

【霉变】méibiàn 动 （物品）由于发霉而变质：~食品。

【弥合】míhé 动 使愈合：~伤口◇~感情上的裂痕。

【迷乱】míluàn ❶形 迷惑错乱：神志~。❷动 使迷惑错乱：用财色~人心。

【迷失】míshī 动 弄不清（方向）；走错（道路）：~方向。

【迷误】míwù ❶动 使分辨不清而搞错：被邪说~｜~后学。

【弭除】mǐchú〈书〉动消除：~成见。

【弭平】mǐpíng〈书〉动平定：~叛乱。

【觅取】mìqǔ 动寻求取得：到深山老林~珍贵药材。

【免除】miǎnchú 动免去；除掉：兴修水利，~水旱灾害。

【免得】miǎn·de 连以免：多问几句，~走错路丨我再说明一下，~引起误会丨经常来个电话，~老人牵挂。

【娩出】miǎnchū 动胎儿、胎盘和胎膜等从母体内产出来。

【瞄准】miáo//zhǔn（~儿）动❶射击时为使子弹、炮弹打中一定目标，调整枪口、炮口的方位和高低：~靶子丨把枪口~侵略者。❷泛指对准：这个工厂~市场的需求，生产出多种规格的产品。

【灭绝】mièjué 动❶完全灭亡：濒临~。❷完全丧失：~人性。

【命中】mìngzhòng 动射中；打中（目标）：~目标丨~率。

【磨耗】móhào 动磨损。

【磨合】móhé 动❶新组装的机器，通过一定时期的使用，把摩擦面上的加工痕迹磨光而变得更加密合。也叫走合。❷比喻在彼此合作的过程中逐渐相互适应、协调：新组建的国家队还需要~。

【磨灭】mómiè 动（痕迹、印象、功绩、事实、道理等）经过相当时期逐渐消失：不可~的功绩丨年深月久，碑文已经~。

【磨蚀】móshí 动❶流水、波浪、冰川、风等所携带的沙石等磨损地表，也指这些被携带的沙石之间相互摩擦而破坏。❷使逐渐消失：岁月流逝~了他年轻时的锐气。

【磨损】mósǔn 动机件或其他物体由于摩擦和使用而造成损耗。

【牟取】móuqǔ 动谋取（名利）：~暴利。

【谋取】móuqǔ 动设法取得：~利益。

【拿获】náhuò 动捉住（犯罪的人）：将犯罪嫌疑人~归案。

【纳入】nàrù 动放进；归入（多用于抽象事物）：~正轨丨~计划。

【耐久】nàijiǔ 形 能够经久：坚固~。

【拟定】nǐdìng 动 ❶起草制定：~远景规划。❷揣测断定。

【念及】niànjí 动 考虑到（多用于情感方面）：~多年的交情，就原谅了他。

【捏合】niēhé 动 ❶使合在一起。❷凭空虚造；捏造（多见于早期白话）。

【啮合】nièhé 动 上下牙齿咬紧；像上下牙齿那样咬紧：两个齿轮~得很严密。

【凝固】nínggù 动 ❶由液体变成固体：蛋白质遇热会~。❷固定不变；停滞：思想~｜~的目光。

【凝合】nínghé 动 凝结，聚合。

【凝缩】níngsuō 动 凝聚，紧缩：丰富的人生经验~成宝贵的智慧。

【凝滞】níngzhì 动 ❶停止流动；不灵活：两颗~的眼珠出神地望着窗外。❷〈书〉凝聚。

【扭结】niǔjié 动 ❶纠缠；缠绕在一起：在织布以前要将棉纱弄湿，才不会~｜几件事~在一起，一时想不出解决的办法。❷互相揪住：两人~着厮打开了。

【扭曲】niǔqū 动 ❶扭转变形：地震发生后，房屋倒塌，铁轨~。❷歪曲（事实、形象等）：被~的历史恢复了本来面目。

【虐杀】nüèshā 动 虐待而致死。

【耦合】ǒuhé 动 物理学上指两个或两个以上的体系或两种运动形式间通过相互作用而彼此影响以至联合起来的现象。如放大器级与级之间信号的逐级放大量通过阻容耦合或变压器耦合；两个线圈之间的互感是通过磁场的耦合。

【爬升】páshēng 动 ❶（飞机、火箭等）向高处飞行。❷比喻逐步提高：家电销售额逐月~。

【排除】páichú 动 除掉；消除：~积水｜~险情｜~万难，奋勇直前。

【攀高】pāngāo 动 ❶攀升：入夏以来，空调销量不断~。

【攀升】pānshēng 动 （数量等）向上升：市场行情一路~｜成交额逐年~。

【盘活】pánhuó 动 采取措施，使资产、资金等恢复运作，产生效益：~资金｜~了两家工厂。

【判定】pàndìng 动 分辨断定：~去向｜从一句话很难~他的看法。

【判明】pànmíng 动 分辨清楚；弄清楚：~是非｜~真相。

【抛光】pāoguāng 动 对工件等表面加工，使高度光洁。通常用附有磨料的布、皮革等制的抛光轮来进行，还有液体抛光、电解抛光和化学抛光等。

【抛荒】pāo//huāng 动 ❶土地不继续耕种，任它荒芜。❷（学业、业务）荒废。

【抛却】pāoquè 动 抛掉；抛弃：~不切实际的幻想。

【刨除】páochú 动 从原有的事物中除去；减去。

【跑偏】pǎo//piān 动 ❶（车辆）行驶中不正常地向左或向右偏移：汽车~。❷泛指说话、做事等偏离一定的规范或要求：行为~｜讨论的话题~。

【配平】pèipíng 动 通过计算，给化学方程式的两边各项各自配上不同的系数，使反应前后各种原子的个数分别相等。

【膨大】péngdà 动 体积增大。

【碰见】pèng//jiàn 动 事先没有约定而见到：昨天我在街上~他了。

【碰巧】pèngqiǎo 副 凑巧；恰巧：我正想找你，~你来了。

【披露】pīlù 动 ❶发表；公布：全文~｜~会谈内容。❷表露：~心迹｜~真情。

【偏离】piānlí 动 指因出现偏差而离开确定的轨道、方向等：炮弹~了射击目标｜飞机~了航线。

【偏向】piānxiàng ❷动 偏于赞成（某一方面）：今年春游我~于去香山。❸动 （对某一方）无原则地支持或袒护。

【偏重】piānzhòng 动 着重一方面：学习只~记忆而忽略理解是不行的。

【骗取】piànqǔ 动 用欺骗的手段取得：~钱财 | ~爱情 | ~上级的信任。

【剽取】piāoqǔ 动 剽窃。

【飘散】piāosàn 动 （烟雾、气体等）飘扬散开；飞散：炊烟随着晚风袅袅~ | 微风里~着一股清香。

【飘逝】piāoshì 动 ❶飘动流散：白云~。❷消逝：岁月~。

【漂白】piǎobái 动 ❶使本色或带颜色的纤维、织品等变成白色，通常使用过氧化氢、次氯酸钠、漂白粉和二氧化硫等。❷比喻通过某些手段，把非法所得变成合法所得：这个贪官把大量赃款~后存往国外。

【撇开】piē//·kāi 动 放在一边；丢开不管：撇得开 | 撇不开 | 先~次要问题不谈，只谈主要的两点。

【瞥见】piējiàn 动 一眼看见：在街上，无意间~了多年不见的老朋友。

【拼合】pīnhé 动 合在一起；组合：把七巧板重新~起来。

【平复】píngfù 动 ❶恢复平静：风浪渐渐~ | 等他情绪~后再说。❷（疾病或创伤）痊愈复原：病体日渐~。

【评定】píngdìng 动 经过评判或审核来决定：~职称 | 考试成绩已经~完毕。

【迫近】pòjìn 动 逼近：~年关 | ~胜利。

【迫临】pòlín 动 逼近：~考期。

【破除】pòchú 动 除去（原来被人尊重或信仰的事物）：~情面 | ~迷信。

【破获】pòhuò 动 ❶破案并捕获犯罪嫌疑人。❷识破并获得秘密：~敌方密码。

【破碎】pòsuì 动 ❶破成碎块：这纸年代太久，一翻就~了◇山河~。❷使破成碎块：这台破碎机每小时可以~多少吨矿石？

【扑空】pū//kōng 动 ❶扑上去没有扑到。❷没有在目的地找到要找的对象：我到他家里去找他，扑了个空。

【扑灭】pū//miè 动❶扑打消灭：~蚊蝇。❷扑打使熄灭：~大火。

【企及】qǐjí 动盼望达到；希望赶上：难以~。

【启发】qǐfā 动阐明事例，引起对方联想而有所领悟：~性报告 | ~群众的积极性。

【起获】qǐhuò 动从窝藏的地方搜查出（赃物、违禁品等）：~一批黄色书刊。

【起开】qǐ·kai〈方〉动走开；让开：请你~点儿，让我过去。

【起来】qǐ//·lái 动❶由躺、卧而坐，由坐、跪而站：你~，让老太太坐下。❷指起床：刚~就忙着下地干活儿。❸泛指兴起、奋起、升起、立起等：群众~了 | 情绪~了 | 飞机~了 | 大楼~了。

【牵动】qiāndòng 动❶因一部分的变动而使其他部分跟着变动：~全局。❷触动：一谈到上海，就~了他的乡思。

【牵累】qiānlěi 动❶因牵制而使受累：家务~。❷因牵连而使受累；连累：~无辜。

【牵制】qiānzhì 动拖住使不能自由活动（多用于军事）：我军用两个团的兵力~了敌人的右翼。

【潜入】qiánrù 动❶钻进（水中）：~海底。❷偷偷地进入：~国境。

【抢断】qiǎngduàn 动（足球、篮球等比赛中）拦截对方并把球抢过来：甲队~十分积极，占据了主动。

【抢通】qiǎngtōng 动抢修复通（交通、通信线路等）。

【敲定】qiāodìng 动确定下来；决定：方案有待最后~ | 这事还得他当场~。

【瞧见】qiáo//jiàn〈口〉动看见：瞧得见 | 瞧不见 | 他~光荣榜上有自己的名字。

【切除】qiēchú 动用外科手术把身体上发生病变的部分切掉：~肿瘤 | 他最近做了一次外科~手术。

【切入】qiērù 动（从某个地方）深入进去：~点 | 写到这里，文章已~正题。

【切近】qièjìn 动❶贴近；靠近：远大的事业要从~处做起。❷（情况）相近；接近：这样注解比较~原作之意。

【切中】qièzhòng 动（言论或办法）正好击中（某种弊病）：~要害 | ~时弊。

【窃取】qièqǔ 动偷窃，多用于比喻：~职位 | ~胜利果实。

【侵入】qīnrù 动❶用武力强行进入（境内）：~边境。❷（有害的或外来的事物）进入（内部）：防止病菌~体内 | 由于冷空气~，气温急剧下降。

【侵蚀】qīnshí 动❶逐渐侵害使变坏：病菌~人体。❷暗中一点儿一点儿地侵占（财物）：~公款。

【擒获】qínhuò 动捉住；抓获：~歹徒。

【倾向】qīngxiàng 动❶偏于赞成（对立的事物中的一方）：两种意见我比较~于前一种。❷名发展的方向；趋势：纠正不良~。

【清除】qīngchú 动扫除净尽；全部去掉：~积雪 | ~积弊 | ~内奸。

【清讫】qīngqì 动收付了结（多指款项）。

【驱除】qūchú 动赶走；除掉：~蚊蝇 | ~邪恶 | ~不良情绪。

【驱动】qūdòng 动❶施加外力，使动起来：这个泵可以用压缩空气来~。❷驱使；推动：不法商贩受利益~，制造仿名牌的假货。

【驱散】qūsàn 动❶赶走，使散开：~围观的人 | 大风~了乌云。❷消除；排除：习习的晚风~了一天的闷热。

【祛除】qūchú 动除去（疾病、疑惧、邪祟等）：~风寒 | ~紧张心理。

【趋向】qūxiàng ❶动朝着某个方向发展：病情~好转 | 这个工厂由小到大，由简陋~完善。❷名趋势：农业发展的总~。

【取得】qǔdé 动得到：~联系 | ~经验。

【圈定】quāndìng 动用画圈的方式确定（人选、范围等）。

【蜷缩】quánsuō 动蜷曲而收缩：小虫子~成一个小球儿。

【燃放】ránfàng 动点着爆竹等使爆发：~鞭炮｜~烟火。

【攘除】rǎngchú〈书〉动排除：~奸邪。

【扰动】rǎodòng 动❶动荡；骚动：明朝末年，农民纷纷起义，~及于全国。❷干扰；搅动：地面温度升高，~气流迅速增强。

【扰乱】rǎoluàn 动搅扰；使混乱或不安：~治安｜~思路｜~睡眠。

【认得】rèn·de 动认识①：我不~这种花｜我~这位先生。

【认定】rèndìng 动❶确定地认为：我们~只有科学发展才能持续发展。❷明确承认；确定：审核~技术合同｜犯罪事实清楚，证据确定、充分，足以~。

【溶胀】róngzhàng 动高分子化合物吸收液体而体积膨大，如明胶在水中、橡胶在苯中都会发生溶胀。

【熔合】rónghé 动两种或两种以上固态金属熔化后合为一体。

【融合】rónghé 动几种不同的事物合成一体：文化~｜~各家之长。也作融和。

【融会】rónghuì 动融合：~贯通｜把人物形象的温柔和刚毅很好地~在一起。

【融通】róngtōng 动❶使（资金）流通：~资金。❷融会贯通：~古今。❸使融洽；相互沟通：~感情。

【糅合】róuhé 动掺和；混合：这座建筑把传统与现代~为一体。

【濡湿】rúshī 动沾湿；变潮湿。

【润滑】rùnhuá ❷动加油脂等以减少物体之间的摩擦，使物体便于运动。

【散落】sànluò 动❸因分散而失落或流落；失散：史书~｜一家骨肉不知~何方。

【散失】sànshī 动❶分散遗失：那部书稿在战乱中~了。❷（水分等）消散失去：水果、蔬菜贮藏在地窖里，水分不容易~。

【散佚】 sànyì 动 （文稿、书籍等）散失：战乱岁月，所藏书籍~不少。

【扫除】 sǎochú 动 ❶清除肮脏的东西：大~｜室内室外要天天~。❷除去有碍前进的事物：~障碍｜~文盲。

【扫平】 sǎopíng 动 扫荡平定：~匪患。

【瑟缩】 sèsuō 动 身体因寒冷、受惊等而蜷缩、抖动。

【芟除】 shānchú 动 ❶除去（草）：~杂草。❷删除：文辞烦冗，~未尽。

【删除】 shānchú 动 删去：~多余的文字。

【伤残】 shāngcán 动 ❶受伤致残：~儿童｜你为保卫国家财产而~，是人民的功臣。❷破损：这块皮子有了~，只可以做低档鞋料。

【商定】 shāngdìng 动 商量决定：这事如何处理还没有最后~。

【上紧】 shàngjǐn 〈方〉 副 赶快；加紧：麦子都熟了，得~割啦！

【上来】 shànglái ❶ 动 开始；起头：一~就很卖力气｜~先少说话。❷〈书〉 名 方位词。上面；以上（用于总括前面的叙述）：~所言，尚祈先生三思。

【上来】 shàng//·lái 动 由低处到高处来：他在楼下看书，半天没~。

【上去】 shàng//·qù 动 由低处到高处去：蹭着梯子~。

【烧毁】 shāohuǐ 动 焚烧毁灭；烧坏。

【舍得】 shě·de 动 愿意割舍；不吝惜：你~把这本书送给他吗？｜他学起技术来，真~下功夫。

【涉及】 shèjí 动 牵涉到；关联到：案子~好几个人｜这个问题~面很广。

【摄取】 shèqǔ 动 ❶吸收（营养等）：~食物｜~氧气。❷拍摄（照片或影视镜头）：~几个镜头。

【慑服】 shèfú 动 ❶因恐惧而顺从。❷使恐惧而屈服。

【申明】 shēnmíng 动 郑重说明：~理由。

【审定】 shěndìng 动 审查决定：~计划。

【审结】shěnjié 动 审理结束，做出判决：这一刑事案件已经~。

【渗入】shènrù 动 ❶液体慢慢地渗到里面去：融化了的雪水~大地。❷比喻某种势力无孔不入地钻进来（多含贬义）。

【渗透】shèntòu 动 ❶两种气体或两种可以互相混合的液体，彼此通过多孔性的薄膜而混合。❷液体从物体的细小空隙中透过：雨水~了泥土。❸比喻一种事物或势力逐渐进入到其他方面（多用于抽象事物）：经济~｜在每一项建设工程上都~着设计人员和工人的心血。

【生成】shēngchéng 动 ❶（自然现象）形成；经过化学反应而形成；产生：台风的~必须具有一定的环境｜锌加硫酸~硫酸锌和氢气。❷生就：他~一张巧嘴。

【声明】shēngmíng ❶动公开表示态度或说明真相：郑重~。❷名声明的文告：发表联合~。

【省得】shěng·de 连 常用在后一分句的开头，表示不使发生某种（不好的）情况；免得：穿厚一点儿，~着凉｜你就住在这儿，~天天来回跑｜快告诉我吧，~我着急。

【省却】shěngquè 动 ❶节省：这样做，可以~不少时间。❷去掉；免除：~烦恼。

【胜出】shèngchū 动 （在比赛或竞争中）胜过对手：在大选中~｜甲队在比赛中以 3∶1 ~。

【失掉】shīdiào 动 ❶原有的不再具有；没有了：~联络｜~作用。❷没有取得或没有把握住：~机会。

【失去】shīqù 动 失掉：~知觉｜~效力。

【失却】shīquè〈书〉动 失掉：~记忆｜~活力。

【施与】shīyǔ 动 以财物周济人；给予（恩惠）：性豪爽而乐~｜不愿接受~。

【识破】shí//pò 动 看穿（别人的内心秘密或阴谋诡计）：~机关｜~阴谋。

【拾取】shíqǔ 动 拾[1]①：在海滩上~贝壳。

【使得】[1] shǐ·de 动 ❶可以使用：这支笔~使不得？❷能行；可以：这个主意倒~｜你不去如何~？

【使得】[2] shǐ·de 动 （意图、计划、事物）引起一定的结果：科学种田~粮食产量有了大幅度提高｜这个想法~他忘记了一切困难。

【收服】（收伏）shōufú 动 制服对方使顺从自己。

【收复】shōufù 动 夺回（失去的领土、阵地）：~失地。

【收回】shōu//huí 动 ❶把发出去或借出去的东西、借出去或用出去的钱取回来：~贷款｜~成本｜借出的书，应该~了。❷撤销；取消（意见、命令等）：~原议｜~成命。

【收获】shōuhuò ❶动 取得成熟的农作物：春天播种，秋天~。❷名 取得的成熟的农作物，比喻心得、战果等：畅谈学习~。

【收集】shōují 动 使聚集在一起：~资料｜~废品。

【收拢】shōulǒng 动 ❶把散开的聚集起来；合拢：~队伍。

【收讫】shōuqì 动 收清（收讫这两个字常刻成戳子，加盖在发票或其他单据上。）

【收清】shōuqīng 动 全部如数收到（多指款项）。

【收取】shōuqǔ 动 收下（交来或取来的款项）：~手续费。

【收入】shōurù ❶动 收进来：每天~的现金都存入银行。❷名 收进来的钱：财政~｜个人的~有所增加。

【收缩】shōusuō 动 ❶（物体）由大变小或由长变短：铁受了热就会膨胀，遇到冷就会~。❷使数量由多变少；使事物由分散到集中：~开支｜~兵力。

【授予】shòuyǔ 动 给予（勋章、奖状、学位、荣誉等）。也作授与。

【疏解】shūjiě 动 ❶疏通使缓解：调集车辆，增大运输能力，~客流。

【疏浚】shūjùn 动 清除淤塞或挖深河槽使水流通畅：~航道，以利交通。

【疏散】shūsàn ❷动 把密集的人或东西散开；分散：~人口。

【疏松】shūsōng ❷动 使松散：~土壤。

【疏通】shūtōng 动 ❶疏浚：~田间排水沟。❷沟通双方的意思，调解双方的争执：这件事还得你从中~~。

【输出】shūchū 动 ❶从内部送到外部：血液从心脏~，经血管分布到全身组织。❷商品或资本从某一国销售或投放到国外：~成套设备。❸科学技术上指能量、信号等从某种机构或装置发出：计算机~信息。

【输入】shūrù 动 ❶从外部送到内部：病人手术后需要~新鲜血液。❷商品或资本从国外销售或投放到某国：~电信器材。❸科学技术上指发出的能量、信号等进入某种机构或装置：~密码。

【刷新】shuāxīn 动 刷洗使焕然一新，比喻突破旧的而创出新的（纪录、内容等）：在这次运动会上她~了一万米的世界纪录。

【说穿】shuōchuān 动 用话揭露；说破（真相）：他的心事被老伴儿~了。

【说服】shuō//fú 动 用理由充分的话使对方心服：~力｜只是这么几句话，~不了人。

【说合】shuō·he 动 ❶从中介绍，促成别人的事；把两方面说到一块儿：~人｜~亲事。❷商议；商量：他们正~着集资办厂的事。❸说和。

【说和】shuō·he 动 调解双方的争执；劝说使和解：你去给他们~~。

【说开】shuōkāi 动 ❶说明白；解释明白：你索性把事情的原委跟他~了，免得他猜疑。❷（某一词语）普遍流行起来：这个词儿已经~了，大家也都这么用了。

【说明】shuōmíng ❶动 解释明白：~原因｜~问题。❷名 解释意义的话：图片下边附有~。❸动 证明：事实充分~这种做法是正确的。

【说破】shuōpò 动 把隐秘的意思或事情说出来：这是变戏法儿，一~就没意思了。

【撕毁】sīhuǐ 动 ❶撕破毁掉：~画稿。❷单方面背弃共同商定的协议、条约等：~合同｜~协定。

【耸动】sǒngdòng 动 ❷造成某种局面，使人震动：～视听。

【送达】sòngdá 动 ❶送交；送到：务必三日内～。❷司法机关依照法定程序将诉讼文件送交当事人：传票已经～。

【搜获】sōuhuò 动搜查得到；查获：～一批走私物品。

【搜集】sōují 动到处寻找（事物）并聚集在一起：～意见｜～革命文物。

【肃清】sùqīng 动彻底清除（坏人、坏事、坏思想）：～盗匪｜～流毒。

【算得】suàn//dé 动被认为是；算作：他俩真～一对好夫妻。

【缩短】suōduǎn 动使原有长度、距离、时间变短：～战线｜～期限。

【缩合】suōhé 动两个或两个以上的有机化合物分子相互作用，形成新的更复杂的物质，同时析出水、醇、卤化氢、氢等小分子。如两个分子的乙醇析出一个分子的水而缩合成乙醚。

【缩微】suōwēi 动利用照相技术等把文字、图像缩成很小的复制品：～技术◇～景观。

【缩小】suōxiǎo 动使由大变小；减少：～范围｜～收入差距。

【索取】suǒqǔ 动向人要（钱或东西）：～报酬｜报名资料可免费～。

【锁定】suǒdìng 动 ❶使固定不动：～电视频道｜按动照相机的快门，将这个美好的瞬间～。❷最终确定：终场前甲队前锋又攻进一球，把比分～在 2 比 0 上｜根据目击者提供的情况，警方很快将凶犯的身份～。❸紧紧跟定：这种电子侦测系统能同时搜索并～数百个目标。

【踏空】tàkōng 动指投资者在证券市场行情上涨之前未能及时买入证券，导致资金闲置，无法获利：炒股人既怕～又怕套牢。

【抬高】tái//gāo 动往上抬；使提高：～物价｜～身份。

【抬升】táishēng 动 ❶抬高；上升：将左臂向上～｜商品房价格逐步～。❷（地形、气流等）升高：青藏高原在持续～｜气流受山脉阻拦被迫～。

【摊薄】tānbáo 动 ❶证券市场指由于增发新股等使得分摊到每一股的利润相应减少。❷泛指事物的数量、程度等由于其他因素影响而减少或减弱：~成本｜~风险。

【谈及】 tánjí 动 谈论到；说到：~此事，他显得特别兴奋。

【逃奔】 táobèn 动 逃走（到别的地方）：~他乡。

【逃脱】 táotuō 动 ❶逃离（险地）；逃跑：从虎口中~出来｜刚抓住的逃犯又~了。❷摆脱：~罪责。

【讨还】 tǎohuán 动 要回（欠下的钱、东西等）：~欠款｜~血债。

【讨平】 tǎopíng 动 讨伐平定（叛乱）：~叛匪。

【套红】 tào//hóng 动 用套印的方法把书、报的某一部分印成红颜色，使醒目：~标题｜报头~。

【套牢】 tàoláo 动 指投资者买入股票等证券后，因价格下跌而无法卖出。

【套取】 tàoqǔ 动 用不正当的手段取得：~资金｜账号密码被人~了。

【腾贵】 téngguì 动 （物价）飞涨：百物~。

【誊清】 téngqīng 动 誊写清楚：稿子~后再交出版社。

【剔除】 tīchú 动 把不合适的去掉：~糟粕。

【提纯】 tíchún 动 除去某种物质所含的杂质，使变得纯净：~金属｜~酒精。

【提高】 tí//gāo 动 使位置、程度、水平、数量、质量等方面比原来高：~水位｜~警惕｜~技术｜~工作效率。

【提及】 tíjí 动 提到；谈起：~那段往事，不由得感慨万千。

【提起】 tíqǐ 动 ❶谈到；说起：~此人，没有一个不知道的。❷振作起：~精神。❸提出：~诉讼。

【提取】 tíqǔ 动 ❶从负责保管的机构或一定数量的财物中取出（存放的或应得的财物）：~存款｜到车站去~行李｜从技术交易净收入中~百分之十五的费用。❷提炼而取得；经分辨而取得：从油页岩中~石油｜刑警在现场~到犯罪嫌疑人的指纹。

【提升】tíshēng 动❶提高（职位、等级等）：由副厂长~为厂长。❷用卷扬机等向高处运送（矿物、材料等）：~设备。

【提醒】tí//xǐng（~儿）动从旁指点，促使注意：我要是忘了，请你~我｜到时候请你提个醒儿。

【提早】tízǎo 动提前：~出发｜~准备。

【调和】tiáohé ❶形配合得适当：色彩~｜雨水~。❷动掺和并搅拌：把几种中药~均匀。❸动排解纠纷，使双方重归于好：从中~。❹动妥协、让步（多用于否定式）：不可~的矛盾。

【调适】tiáoshì 动调整使适应：~家庭成员关系｜学会自我心理~。

【调停】tiáo·tíng 动❶调解：居中~。❷照料；安排（多见于早期白话）。

【调谐】tiáoxié ❷动调节可变电容器或线圈等，使接收电路的频率与外加信号的频率相同，达到谐振。

【调匀】tiáoyún ❶动调和使均匀：把颜料~。

【挑动】tiǎodòng 动❶引起；惹起（纠纷、某种心理等）：~是非｜~好奇心。❷挑拨煽动：~战争。

【挑明】tiǎomíng 动说透；揭穿：这事反正她迟早要知道，现在索性~算了。

【挑战】tiǎo//zhàn ❶动故意激怒敌人，使敌人出来打仗。❷动鼓动对方跟自己竞赛：班组之间互相~应战。❸动激励自己主动跟困难等做斗争：~自我｜~奥运会纪录。❹名指需要应付、处理的局面或难题：信息化时代，~和机遇并存。

【跳高】tiàogāo（~儿）动田径运动项目之一，有急行跳高、立定跳高两种。通常指急行跳高，运动员按照规则经过助跑后跳过横杆。

【跳远】tiàoyuǎn（~儿）动田径运动项目之一，有急行跳远、立定跳远两种。通常指急行跳远，运动员按照规则经过助跑后向前跃进沙坑内。

【贴近】tiējìn ❶动紧紧地挨近；接近：~生活｜老头儿把嘴~他耳边，低低地说了几句。❷形亲近：找~的人说说心里话。

【听见】tīng//jiàn 动听到：听得见｜听不见｜~打雷的声音。

【听取】tīngqǔ 动听（意见、反映、汇报等）：虚心~群众意见｜大会~了委员们的工作报告。

【停当】tíng·dang 形齐备；妥当：一切准备~。

【停妥】tíngtuǒ 形停当妥帖：收拾~｜商议~｜准备~。

【通彻】tōngchè 动通晓；贯通。

【通过】tōngguò ❶（-//-）动从一端或一侧到另一端或另一侧；穿过：电流~导线｜队伍~了沙漠｜路太窄，汽车不能~。❷（-//-）动议案等经过法定人数的同意而成立：~决议｜该提案以四分之三的多数票获得~。❸动征求有关的人或组织的同意或核准：~组织｜~领导｜这问题要~群众，才能做出决定。❹介以人或事物为媒介或手段而达到某种目的：~老艺人收集民间故事｜~座谈会征询意见。

【统共】tǒnggòng 副一共：我们小组~才七个人。

【统合】tǒnghé 动统一；综合：~开发旅游资源。

【投奔】tóubèn 动前去依靠（别人）：~亲戚。

【投入】tóurù ❶动进入某种阶段或状态：~生产｜~新生活｜新机场已经正式~使用。❷形形容做事情聚精会神，全力以赴：她演戏很~。❸动指投放资金：少~，多产出。❹名投放的资金：教育~逐年增加｜这是一笔不小的~。

【投向】tóuxiàng ❶动朝着；向某方面投奔或投入：目光~远方｜~光明｜资金~教育事业。

【透过】tòuguò ❶动穿过：阳光~玻璃照进屋里。❷〈方〉介通过：~朋友介绍到这里工作。

【凸起】tūqǐ ❶动鼓出来：喉结~｜墙面~不少鼓包儿。❷名高出周围的或鼓出来的部分：攀岩时，要抓住岩壁上的~往上爬。

【突出】[1]tūchū 动 冲出：~重围。

【突出】[2]tūchū ❶动 鼓出来：悬崖~｜~的颧骨。❷形 超过一般地显露出来：成绩~。❸动 使超过一般：~重点｜~个人。

【突破】tūpò 动 ❶集中兵力向一点进攻或反攻，打开缺口：~封锁｜~防线｜~敌人阵地。❷打破（困难、限制等）：~难关｜~定额｜对这个问题的研究又有新的~。

【突起】tūqǐ ❷动 高耸：峰峦~。❸名 生物体上长的像瘤子的东西。简称突。

【吐露】tǔlù 动 说出（实情或真心话）：~真情｜她的心里话不轻易向人~。

【推迟】tuīchí 动 把预定时间向后改动：~婚期｜开会日期~一天。

【推出】tuīchū 动 使产生；使出现：~新品牌｜歌坛~好几位新人。

【推倒】tuī//dǎo 动 ❶向前用力使立着的倒下来：~土墙｜他被~在地。❷推翻②：~前人的成说｜这个结论看来是推不倒的。

【推定】tuīdìng 动 经推测而断定：一时还难以~他变卦的原因。

【推动】tuī//dòng 动 使事物前进；使工作展开：总结经验，~工作。

【推断】tuīduàn 动 推测断定：正确地分析事物的历史和现状，才有可能~它的发展变化。

【推翻】tuī//fān 动 ❶用武力打垮旧的政权，使局面彻底改变：~反动统治。❷根本否定已有的说法、计划、决定等：~原有结论｜~强加给他的诬蔑不实之词。

【推广】tuīguǎng 动 扩大事物使用的范围或起作用的范围：~普通话｜~先进经验。

【推及】tuījí 动 推广到；类推到：~各处｜~其余。

【推见】tuījiàn 动 推想出：从这些生活琐事上，可以~其为人。

【推进】tuījìn 动 ❶（战线或作战的军队等）向前进：主力正向前沿阵

地~。❷推动工作，使前进：把学科的研究~到一个新阶段。

【推却】tuīquè 动 拒绝；推辞：再三~。

【推升】tuīshēng 动 推动使升高：原材料涨价~了工业品的成本。

【推脱】tuītuō 动 推卸：~责任。

【推重】tuīzhòng 动 重视某人的思想、才能、行为、著作、发明等，给以很高的评价：非常~他的为人。

【退出】tuìchū 动 离开会场或其他场所，不再参加；脱离团体或组织：~会场｜~战斗｜~组织。

【退还】tuìhuán 动 交还（已经收下来或买下来的东西）：原物~｜~给本人。

【退回】tuìhuí 动 ❶退还：信件无法投递，~原处｜把这篇稿子~给作者。❷返回原来的地方：道路不通，只得~。

【退却】tuìquè 动 ❶军队在作战中向后撤退：全线~。❷畏难后退；畏缩：遇到挫折也不~。

【吞没】tūnmò 动 ❶把公共的或代管的财物据为己有：~巨款。❷淹没：大水~了村子◇夜色~了整个村庄｜远山被浓雾~。

【托付】tuōfù 动 委托别人照料或办理：把孩子~给老师｜~朋友处理这件事。

【拖累】tuōlěi 动 牵累；使受牵累：受孩子~｜不能因为我而~亲友。

【拓宽】tuòkuān 动 开拓使宽广：~路面｜~视野｜~思路。

【完成】wán//chéng 动 按照预期的目的结束；做成：~任务｜~作业｜计划完得成。

【玩儿完】wánrwán〈口〉动 垮台；失败；死亡（含诙谐意）。

【挽回】wǎnhuí 动 ❶扭转已成的不利局面：~面子｜~影响｜~败局。❷收回：~利权｜~经济损失。

【忘掉】wàng//diào 动 忘记。

【忘却】wàngquè 动 忘记：这些沉痛的教训，使人无法~。

【望断】wàngduàn〈书〉动 向远处望直到望不见了：~天涯路。

【危及】wēijí 动 有害于；威胁到：~生命｜~国家安全。

【围困】wéikùn 动 团团围住，使处于困境：千方百计抢救被洪水~的群众。

【萎缩】wěisuō 动 ❶干枯；（身体、器官等）功能减退并缩小：花叶~｜肢体~｜子宫~。❷（经济）衰退。

【畏避】wèibì 动 因畏惧而躲避：~风险。

【畏缩】wèisuō 动 害怕而不敢向前：~不前｜在困难面前毫不~。

【吸附】xīfù 动 固体或液体把气体或溶质吸过来，使附着在自己表面上，如活性炭吸附毒气和液体中的杂质。

【吸取】xīqǔ 动 吸收获取：~养料｜~经验教训。

【析出】xīchū 动 ❶分析出来。❷固体从液体或气体中分离出来：~晶体。

【习得】xídé 动 通过学习获得：语言~。

【袭取】[1]xíqǔ 动 出其不意地夺取（多用于武装冲突）：~敌人的营地。

【洗白】xǐbái 动 ❶漂白②：贪官利用地下钱庄，将赃款~。❷比喻通过某些手段消除污点使显得清白：此人劣迹斑斑，怎么可能~！

【下来】xià//·lái 动 ❶由高处到低处来：他从山坡上~了◇昨天省里~两位干部。❷指谷物、水果、蔬菜等成熟或收获：再有半个月桃就~了。❸用在时间词语后，表示一段时间终结：几年~，兄弟俩创下百万资产。

【下去】xià//·qù 动 由高处到低处去：从斜井~一百米，就到工作面◇领导干部每月要~几天。

【掀起】xiānqǐ 动 ❶揭起：~被子。❷往上涌起；翻腾：大海~了波涛。❸使大规模地兴起：~植树造林的新高潮。

【嫌弃】xiánqì 动 厌恶而不愿接近。

【显得】xiǎn·de 动 表现出（某种情形）：节日的天安门~更加壮丽。

【限定】xiàndìng 动 在数量、范围等方面加以规定：~报名时间｜讨论的范围不~。

【陷入】xiànrù 动 ❶落在（不利的境地）：~重围｜~停顿状态。❷深深地进入（某种境界或思想活动中）：~沉思。

【相中】xiāng//zhòng 动 看中：相得中｜相不中｜对象是他自己~的。

【降伏】xiáng//fú 动 制伏；使屈服、驯服：没有使过牲口的人，连个毛驴也~不了。

【降服】xiángfú 动 投降屈服：缴械~。

【降顺】xiángshùn 动 归降顺从。

【想见】xiǎngjiàn 动 由推想而知道：从这件小事上也可以~他的为人。

【想开】xiǎng//kāi 动 不把不如意的事放在心上：想不开｜想得开｜遇事要~些。

【想来】xiǎnglái 动 表示只是根据推测，不敢完全肯定：从这里修涵洞~是可行的。

【消除】xiāochú 动 使不存在；除去（不利的事物）：~隐患｜~隔阂｜~战争威胁。

【销毁】xiāohuǐ 动 烧掉；毁掉：~假货｜~武器｜~文件｜~证据。

【晓得】xiǎo·de 动 知道。

【协定】xiédìng ❶名 协商后订立的共同遵守的条款：停战~｜贸易~。❷动 经过协商决定：双方~共同出资办厂。

【胁从】xiécóng 动 被胁迫而随别人做坏事：~分子。

【泄露】xièlòu 动 不应该让人知道的事情让人知道了：~机密｜~风声｜~内幕。也作泄漏。

【谢却】xièquè 动 谢绝：婉言~。

【信任】xìnrèn 动 相信而敢于托付：她工作一向认真负责，大家都~她。

【兴起】xīngqǐ 动❶开始出现并兴盛起来：各地~绿化热潮。❷〈书〉因感动而奋起：闻风~。

【修复】xiūfù 动修理使恢复完整：~河堤｜~铁路◇~两国关系。

【修明】xiūmíng〈书〉形指政治清明。

【修整】xiūzhěng 动修理使完整或整齐：~农具｜~篱笆。

【修正】xiūzhèng 动修改使正确：~错误｜经过核对材料，~了一些数字。

【锈蚀】xiùshí 动（金属）因生锈而腐蚀：铁环~了｜古钟上文字清晰，没有~。

【宣明】xuānmíng 动明白宣布；公开表明：~观点。

【选定】xuǎndìng 动挑选确定：~参赛队员。

【选取】xuǎnqǔ 动挑选采用：~一条近路｜经过认真考虑，他~了在职学习的方式。

【削除】xuēchú〈书〉动❶撤消；革除：~污吏。❷删掉：~讹误。

【削平】xuēpíng〈书〉动消灭；平定：~叛乱。

【削弱】xuēruò 动❶（力量、势力）变弱：几名主力队员离队后，球队实力有所~。❷使变弱：~敌人的力量。

【驯服】xùnfú ❶形顺从：这只小狗很~。❷动使顺从：这匹野马终于被他~了。

【压倒】yā//dǎo 动力量胜过或重要性超过：以~多数的选票当选｜生产安全~一切。

【压低】yā//dī 动使降低：~售价｜他怕别人听见，便~声音说话。

【压服】（压伏）yā//fú 动用强力制伏；迫使服从：~众人｜要说服，不要~。

【压缩】yāsuō 动❶加上压力，使体积缩小：~空气｜~饼干。❷减少（人员、经费、篇幅等）：~编制｜~开支。

【延长】yáncháng 动向长的方面发展：~生命｜路线~一百公里｜会议~

了三天。

【延迟】yánchí 动 推迟：会议~三天召开。

【延误】yánwù 动 迟延耽误：~时日。

【言中】yánzhòng 动 情况或结果与先前的预言相符：不幸~｜比赛结果果然被他们~。

【言重】yánzhòng 动 话说得过重。

【演出】yǎnchū 动 把戏剧、音乐、舞蹈、曲艺、杂技等演给观众欣赏。

【验证】yànzhèng 动 通过实验使得到证实；检验证实：~数据。

【养活】yǎng·huo 动 ❶〈口〉供给生活资料或生活费用：他还要~老母亲。❷〈口〉饲养（动物）：农场今年~了上千头猪，上万只鸡。❸〈方〉生育。

【摇动】yáodòng 动 ❶（-//-）摇东西使它动：摇得动｜摇不动｜用力~木桩。❷摇摆：柳枝在水面上~。❸动摇：人心~｜信念从未~。

【咬定】yǎodìng 动 说了就不改口，指话说得十分肯定：一口~。

【咬合】yǎohé 动 彼此接触的物体，表面凸凹交错，相互卡住：齿轮~紧密。

【贻误】yíwù 动 错误遗留下去，使受到坏的影响；耽误：~后学｜~战机｜~农时。

【疑忌】yíjì 动 因怀疑而生猜忌：遭人~。

【疑虑】yílǜ ❶动 因怀疑而顾虑：~重重｜~不安。

【倚重】yǐzhòng 动 依靠，器重：~贤才。

【弋获】yìhuò〈书〉动 ❶射中（飞禽）。❷捕获（逃犯、盗匪）。

【议定】yìdìng 动 商议决定：~书｜当面~价款。

【悒取】yìqǔ〈书〉动 舀。

【引动】yǐndòng 动 引起；触动（多指心情）：一席话~我思乡的情怀。

【引发】yǐnfā 动引起；触发：天象观测~大家对天文学的浓厚兴趣。

【引进】yǐnjìn 动❶从外地或外国引入（人员、资金、技术、设备等）：~良种｜~人才｜~外资。❷引荐。

【引起】yǐnqǐ 动一种事情、现象、活动使另一种事情、现象、活动出现：他的反常举动~了大家的注意。

【隐没】yǐnmò 动隐蔽；渐渐看不见：远去的航船~在雨雾里。

【荫凉】yìnliáng 形因太阳晒不着而凉爽：这屋子~得很。

【迎合】yínghé 动有意使自己的言语或举动适合别人的心意：~上司｜~观众。

【赢得】yíngdé 动博得；取得：~时间｜~信任与支持｜精彩的表演~全场喝彩。

【由得】yóu·de 动能依从；能由……做主：辛辛苦苦种出来的粮食，~你这么糟蹋吗！

【诱发】yòufā 动❶诱导启发：~人的联想。❷导致发生（多指疾病）：吃了不清洁的食物会~肠炎。

【诱致】yòuzhì 动导致；招致（不好的结果）。

【余下】yúxià 动剩下：一共一千元，用去六百元，还~四百元。

【瘐死】yǔsǐ 动古代指犯人在监狱中因饥寒而死。后来也泛指在监狱中病死。

【遇合】yùhé 动❶〈书〉相遇而彼此投合。❷遇见；碰到。

【遇见】yù//jiàn 动碰到：半路上~了老王。

【愈合】yùhé 动（伤口）长好：等伤口~了才能出院。

【圆成】yuánchéng 动成全：~好事。

【约定】yuēdìng 动经过商量而确定：大家~明天在公园会面。

【越过】yuè//guò 动经过中间的界限、障碍物等由一边到另一边：~高山｜~一片草地。

【陨灭】yǔnmiè 动❶（物体）从高空掉下而毁灭。❷丧命。也作殒灭。

【赞成】zànchéng 动❷〈书〉帮助使完成：~其行。

【凿空】záokōng（旧读 zuòkōng）〈书〉动穿凿：~之论。

【造成】zàochéng 动引起；形成（多指不好的结果）：地震~严重损失｜乱收费~的影响很坏。

【造就】zàojiù ❶动培养使有成就：~人才。❷名造诣；成就（多指青年人的）：在技术上很有~。

【躁动】zàodòng 动❶因急躁而活动：一听这话，心中顿时~起来，坐立不安。❷不停地跳动：胎儿~。

【增大】zēngdà 动使由小变大；加大：涨幅~｜~扶贫力度。

【增多】zēngduō 动数量比原来增加：轻工业产品日益~。

【增高】zēnggāo 动❶增加高度：身量~｜水位~。❷提高：~地温。

【增强】zēngqiáng 动增进；加强：~体质｜~信心｜实力大大~。

【赠予】zèngyǔ 动赠送；送给。也作赠与。

【榨取】zhàqǔ 动❶压榨而取得：~汁液。❷比喻残酷剥削或搜刮：~民财。

【摘除】zhāichú 动摘去；除去（机体的某些部分）：白内障~｜长了虫的果子应该尽早~。

【沾染】zhānrǎn 动❶因接触而被不好的东西附着上：创口~了细菌。❷因接触而受到不良的影响：不要~坏习气。

【斩获】zhǎnhuò 动原指战争中斩首与俘获，现泛指收获（多用于体育竞赛中获得奖牌、进球得分等方面）：下半场比赛，双方俱无~。

【展出】zhǎnchū 动展览出来给人观看：他的美术作品即将~。

【展缓】zhǎnhuǎn 动推迟（日期）；放宽（限期）：行期一再~｜限期不得~。

【展开】zhǎn//kāi 动❶张开；铺开：~画卷。❷大规模地进行：~竞赛丨~辩论。

【展宽】zhǎnkuān 动扩展加宽（道路、河床等）：~马路。

【战败】zhànbài 动❶打败仗；在战争中失败：~国丨铁扇公主~了。❷战胜（敌人）；打败（敌人）：孙行者~了铁扇公主丨孙行者把铁扇公主~了。

【战胜】zhànshèng 动在战争或比赛中取得胜利：~顽敌丨甲队~乙队。◇~困难。

【站住】zhàn//zhù 动❶（人马车辆等）停止行动：听到有人喊他，他连忙~了。❷站稳（多就能不能而言，下同）：他病刚好，腿很软，站不住。❸在某个地方待下去。❹（理由等）成立：这个论点实在站不住。❺〈方〉（颜色、油漆等）附着而不掉：墙面太光，抹的灰站不住。

【张大】zhāngdà〈书〉动扩大；夸大：~其事丨~其词。

【招致】zhāozhì 动❶招收；搜罗（人才）。❷引起（后果）：~意外的损失。

【找平】zhǎo//píng 动（瓦工砌墙、木工刨木料等）使高低凹凸的表面变平：右手边ㄦ还差两层砖，先~了再一起往上砌。

【找齐】zhǎo//qí 动❶使高低、长短相差不多：篱笆编成了，顶上还要~。❷补足：今ㄦ先给你一部分，差多少明ㄦ~。

【照临】zhàolín 动（日、月、星的光）照射到：曙光~大地。

【照明】zhàomíng 动用灯光照亮室内、场地等：~灯丨~设备丨舞台~。

【遮阴】zhēyīn 动遮蔽阳光，使荫凉：院子里有几棵~的树。

【折合】zhéhé 动❶在实物和实物间、货币和货币间、实物和货币间按照比价计算：把实物~成现钱。❷同一实物换用另一种单位来计算：水泥每包五十公斤，~市斤，刚好一百斤。

【折回】zhéhuí 动返回。

【折实】zhéshí 动❶打了折扣，合成实在数目。❷把金额折合成某种实物价格计算。

【折中】（折衷）zhézhōng：动 对几种不同的意见进行调和：~方案丨~的办法。

【侦获】zhēnhuò 动 侦查破获；侦破。

【侦结】zhēnjié 动 侦查终结：这一特大经济案件经检察院~后向法院提起公诉。

【侦破】zhēnpò 动 侦查并破获：~案件。

【诊断】zhěnduàn 动 在给病人做检查之后判定病人的病症及其发展情况：~书。

【振兴】zhènxīng 动 大力发展，使兴盛起来：~工业丨~中华。

【震动】zhèndòng 动 ❶颤动；使颤动：火车~了一下，开走了丨春雷~着山谷。❷（重大的事情、消息等）使人心不平静：~全国。

【震惊】zhènjīng ❶形 大吃一惊：大为~丨感到十分~。❷动 使大吃一惊：~世界。

【震慑】zhènshè 动 震动使害怕：~敌人。

【征服】zhēngfú 动 ❶用武力使（别的国家、民族）屈服◇~洪水。❷（意志、感染力等）使人信服或折服：艺术家的精彩表演~了观众。

【蒸发】zhēngfā 动 ❶液体表面缓慢地转化成气体。❷比喻没有任何征兆地突然消失：中介公司一夜间卷款~丨此次股市大跌后流通市值~近500亿丨人间~（比喻人或事物突然消失，不知去向）。

【整合】zhěnghé 动 通过整顿、协调重新组合：~人力资源丨该校通过~课程，收到了很好的教学效果。

【证明】zhèngmíng ❶动 用可靠的材料来表明或断定人或事物的真实性：~人丨~书丨~信丨事实~这个判断是正确的。❷名 证明书或证明信：开个~。

【证实】zhèngshí 动 证明其确实：通过实践而发现真理，又通过实践而~真理。

【支出】zhīchū ❶动 付出去；支付。❷名 支付的款项：尽量控制非生产性的～。

【支绌】zhīchù 动（款项）不够支配：经费～。

【支取】zhīqǔ 动领取（款项）：～工资 | ～存款。

【值得】zhí//·dé 动❶价钱相当；合算：这东西买得～ | 东西好，价钱又便宜，～买。❷指这样去做有好的结果；有价值，有意义：不～ | 值不得 | ～研究 | ～推广。

【植入】zhírù 动像植树那样把一物安放到另一物中；插入：～假牙◇不宜在电视剧中随意～商业广告。

【指定】zhǐdìng ❶动确定（做某件事的人、时间、地点等）：～他做大会发言人 | 各组分头出发，到～的地点集合。❷〈方〉副肯定，没有疑问：他～不来了 | 没错，这事～是他干的。

【指明】zhǐmíng 动明确指出：～方向。

【指向】zhǐxiàng ❶动向某个方向指：时针～八点◇十年规划～未来。

【指正】zhǐzhèng 动❶指出错误，使之改正。❷客套话，用于请人批评自己的作品或意见：有不对的地方请大家～。

【制定】zhìdìng 动定出（法律、规程、政策等）：～宪法 | ～学会章程。

【制伏】zhì//fú 动用强力压制使屈服或驯服：警察将歹徒～在地。

【制服】[1] zhì//fú 动用强力压制使驯服：这匹烈马很难～ | 我就不信制不服他。

【制衡】zhìhéng 动相互制约，使保持平衡：权力～。

【制止】zhìzhǐ 动强迫使停止；不允许继续（行动）：～侵略 | 我做了一个手势，～他再说下去。

【治服】zhì//fú 动治理使驯服：～洪水。

【掷还】zhìhuán〈书〉动请人把原物归还自己（多用作套语）：前请审阅之件，请早日～为荷。

【滞缓】zhìhuǎn ❶形进展停滞，增长缓慢：工作进度～ | 销售～。❷动延缓：～癌细胞的增长 | 资金不足，～了经济发展。

【注定】zhùdìng 动 （某种客观规律或所谓命运）预先决定：命中~｜~灭亡。

【注重】zhùzhòng 动 重视：~调查研究。

【蛀蚀】zhùshí 动 由于虫咬而受损伤：这座房屋的大部分梁柱已被白蚁~◇~灵魂。

【铸就】zhùjiù 动 铸造成，多用于比喻：勤奋~成功｜~了辉煌的业绩。

【抓获】zhuāhuò 动 逮住；捕获：凶手已被~。

【抓紧】zhuā//jǐn 动 紧紧地把握住，不放松：~时间｜~学习｜生产一定要~。

【转动】zhuàndòng 动 ❶物体以一点为中心或以一直线为轴做圆周运动：水流可以使磨~。❷使转动：~舵轮。

【撞见】zhuàngjiàn 动 碰见。

【着重】zhuózhòng 动 把重点放在某方面；强调：~说明｜~指出｜工作的~点｜中学教育应该~于学生能力的培养。

【擢升】zhuóshēng〈书〉 动 提升。

【综合】zōnghé 动 ❶把分析过的对象或现象的各个部分、各属性联合成一个统一的整体（跟"分析"相对）。❷不同种类、不同性质的事物组合在一起：~治理｜~平衡（各方面之间的平衡）｜~大学｜戏剧是一种~艺术，它包括文学、美术、音乐、建筑等各种艺术的成分。

【走低】zǒudī 动 （价格等）往下降：物价持续~｜欧元汇率一度~。

【走高】zǒugāo 动 （价格等）往上升：消费需求增加，拉动物价~。

【走合】zǒuhé 动 磨（mó）合①。

【走红】zǒu//hóng 动 ❶遇到好运气：这几年他正~，步步高升。也说走红运。②指吃得开；受欢迎：数字产品已经~。

【走偏】zǒupiān 动 偏离原来的方向或正常轨道：运转平稳，不会~◇孩子没有了父母的约束，容易~。

【走俏】zǒuqiào 形 （商品）销路好：近年金首饰~。

【走强】zǒuqiáng 动 ❶（价格等）趋于上升：大盘指数~。❷趋于旺盛：技术人才的需求量~。

【走热】zǒurè 动 逐渐受人欢迎和关注；趋于流行、热销等：旅游市场进一步~。

【走软】zǒuruǎn 动 走弱。

【走弱】zǒuruò 动 ❶（价格等）趋于下降：车市开始~。❷趋于低迷：销售势头~。

【走失】zǒushī 动 ❶（人或家畜）出去后迷了路，回不到原地，因而不知下落：孩子在庙会上~了｜前天他家~了一只羊。❷改变或失去（原样）：译文~原意。

【阻绝】zǔjué 动 受阻碍不能通过；阻隔：交通~｜音信~。

【阻止】zǔzhǐ 动 使不能前进；使停止行动：别~他，让他去吧。

【阻滞】zǔzhì 动 ❶有阻碍而不能顺利通过：交通~｜电话线路发生~。❷阻止；使阻滞：电车被~在马路上｜~敌人的援军。

【组成】zǔchéng 动（部分、个体）组合成为（整体）。

【组合】zǔhé ❶动 组织成为整体：这本集子是由诗、散文和短篇小说三部分~而成的。❷名 组织起来的整体：劳动~（工会的旧称）｜词组是词的~。

【作成】zuòchéng 动 成全：~他俩的亲事。

【坐大】zuòdà 动 逐渐发展壮大（含贬义）：警惕黑势力~。

【坐实】zuòshí 动 落实；证实：用确凿的证据~了他的罪名。

附录二
补语性成分的语义指向分类

1. 指受型（395个）

拔高、摆平、扳倒、扳平、扮靓、保全、逼平、贬低、变乱、辨明、辩明、标定、标明、表明、摒绝、驳倒、驳回、补足、查明、查实、拆穿、拆零、拆散、拆散、产出、阐明、唱衰、扯平、撤回、澄清、冲淡、冲决、冲破、充满、除去、触动、触发、触怒、戳穿、促成、促进、摧残、撮合、挫败、挫伤、挫损、挫折、打败、打倒、打动、打垮、打破、打通、打响、带动、带累、耽误、荡平、导发、道破、澄清、点爆、点穿、点明、点破、点燃、玷污、奠定、调动、调集、跌破、订正、冻结、读破、杜绝、断定、断绝、发出、发动、发明、发起、发散、翻新、放大、放飞、放宽、放散、放松、分明、分清、分散、缝合、扶正、付出、改进、改良、改善、改正、感动、感化、搞定、搞活、告知、割断、割裂、革新、隔断、隔断、隔绝、更定、更新、更正、攻破、攻陷、巩固、构成、鼓动、鼓惑、固定、顾全、规正、撼动、夯实、耗竭、合成、核定、核实、轰动、划清、唤起、唤醒、恢复、击败、击毙、击溃、击落、击破、激荡、激动、激发、激活、激怒、加固、加剧、加快、加强、加热、加深、加重、减低、减缓、减慢、减轻、减弱、减少、键入、降低、矫正、搅动、搅浑、搅乱、叫停、校正、校准、教正、揭穿、揭发、揭露、揭破、节余、截断、截至、解散、戒断、浸透、禁绝、禁止、惊动、惊醒、惊醒、纠正、卷曲、决定、开通、开通、勘正、看扁、看穿、看淡、看好、看破、看轻、看重、克服、克复、夸大、匡复、匡正、框定、扩大、廓清、拉倒、拉动、拉黑、拉平、厘定、厘清、厘正、连累、撩动、料定、流露、录入、落实、买断、娩出、敉平、灭绝、拟定、捏合、扭曲、盘活、判定、判明、抛光、抛荒、披露、偏重、漂白、评定、启发、牵动、牵累、抢断、抢通、敲定、驱动、驱散、圈定、扰动、扰乱、认定、濡湿、润滑、扫平、商定、申明、审定、生成、声明、失去、识破、收服、收复、收回、收集、收清、收入、疏浚、疏散、疏松、疏通、输出、输入、刷新、说穿、说服、说合、说明、说破、耸动、搜集、肃清、缩短、缩微、缩小、锁定、抬高、抬升、摊薄、讨平、套红、誊清、提纯、提高、提起、提升、提醒、提早、调和、调适、调停、调谐、调匀、挑动、挑明、投入、突破、吐露、推迟、推出、推倒、推定、推动、推翻、推进、推升、推重、拖累、拓宽、完成、挽回、望断、吸附、析出、洗白、掀起、限定、降伏、降服、降顺、协定、胁从、泄露、修复、修明、修整、修正、宣明、选定、削平、削弱、驯服、压倒、压低、压服、压缩、延长、延迟、延误、演出、养活、摇动、咬定、议定、引动、引发、引进、引起、诱发、圆成、约定、赞成、造成、造就、增大、增多、增高、增强、展出、展缓、展宽、张大、照明、遮阴、振兴、震动、震惊、震慑、征服、证明、证实、支出、植入、指定、指明、指正、制定、制伏、制服、制止、治服、注定、注重、铸就、转动、着重、擢升、阻绝、阻止、阻滞、组成、作成、坐大、坐实

2. 指施型（338个）

拔除、拔取、摆脱、败露、败退、败亡、败走、奔赴、遍及、飚高、飚红、摈除、屏除、病故、病逝、病退、病休、摒除、捕获、步入、采取、查获、察觉、拆除、拆毁、铲除、抄获、超出、撤除、抽取、出来、出去、触杀、赐予、蹿红、摧毁、荡除、导致、捣毁、到来、涤除、诋毁、夺取、扼杀、发还、飞红、飞散、废除、焚毁、奋起、付与、附着、赋予、干裂、赶赴、感奋、感念、感伤、感应、割除、革除、梗死、攻克、攻取、故去、归来、过来、过去、过去、过硬、化除、化合、换取、回来、回去、毁灭、会合、会齐、混合、混乱、获取、获致、击毁、缉获、汲取、嫉恨、记取、忌恨、歼灭、检获、剪除、剪灭、降临、交还、剿除、剿灭、缴获、叫响、接合、接获、截获、截取、解除、解脱、介入、戒除、进来、进去、浸没、惊悸、惊觉、惊厥、聚合、聚齐、蠲除、崛起、攫取、开除、开赴、开脱、看中、考取、扣除、匮竭、溃散、溃逃、溃退、扩散、来临、捞取、劳累、劳损、离散、离索、连贯、连合、联合、猎取、聆取、领取、流落、流散、流失、漏失、虏获、录取、掠

取、落成、落单、落空、埋没、霉变、弥合、迷乱、迷失、迷误、弭除、觅取、免除、命中、磨耗、磨合、磨灭、磨蚀、磨损、牟取、谋取、拿获、啮合、凝固、凝合、凝缩、凝滞、虐杀、耦合、爬升、排除、攀高、攀升、刨除、膨大、偏离、偏向、骗取、剽取、飘散、飘逝、拼合、平复、迫临、破除、破获、破碎、扑灭、起获、起来、牵制、潜入、切除、切入、切中、窃取、侵入、侵蚀、擒获、倾向、清除、驱除、祛除、趋向、蜷缩、燃放、攘除、溶胀、熔合、融合、融会、融通、糅合、散落、散失、散佚、扫除、瑟缩、芟除、删除、伤残、上来、上来、上去、烧毁、摄取、慑服、审结、渗入、胜出、施与、拾取、收获、收拢、收取、收缩、授予、疏解、撕毁、搜获、缩合、索取、逃奔、逃脱、套取、腾贵、剔除、提取、听取、投奔、投向、凸起、突出¹、突出²、突起、推断、推脱、退出、退还、吞没、托付、玩ﾚ完、围困、萎缩、畏避、畏缩、吸取、袭取¹、嫌弃、下来、下去、陷入、相中、消除、销毁、信任、兴起、锈蚀、选取、削除、言中、验证、咬合、贻误、疑忌、疑虑、倚重、弋获、挹取、隐没、诱致、瘐死、遇合、愈合、陨灭、躁动、赠予、榨取、摘除、沾染、斩获、战胜、招致、照临、折合、侦获、侦结、侦破、折回、诊断、争取、蒸发、整合、支绌、支取、指向、掷还、滞缓、蛀蚀、抓获、综合、走低、走高、走合、走红、走俏、走强、走热、走软、走弱、走失、组合

3. 指动型（140个）

把牢、把稳、比及、博得、参透、参详、操切、敞开、超过、撑死、吃透、吃准、齿及、瞅见、除开、除却、触及、凑巧、错过、错开、达到、打开、打住、得到、等到、抵死、定准、丢掉、懂得、分开、付讫、赶紧、赶快、赶忙、赶巧、赶上、感到、干掉、顾及、关紧、关切、贯彻、滚开¹、惠及、获得、记得、加紧、加上、见得、经过、究竟、觉得、看见、看紧、看开、看来、看上、看死、看透、靠准、亏得、窥见、来得¹、来得²、捞着、乐得、累及、冷却、离开、历尽、立定、立正、了当、了得、了却、料及、临到、论及、落得、免得、瞄准、念及、抛却、碰见、碰巧、撇开、瞥见、企及、起开、瞧见、清讫、取得、认得、上紧、舍得、涉及、渗透、省得、省却、失掉、失却、使得¹、使得²、收讫、说

开、算得、谈及、套牢、提及、听见、停当、停妥、通彻、通过、透过、推及、推见、推却、退却、忘掉、忘却、危及、习得、显得、想见、想开、想来、晓得、谢却、言重、赢得、由得、余下、遇见、越过、展开、站住、值得、抓紧、撞见

4. 指他型（70个）

挨近、蹦高、逼和、逼近、变异、掺杂、持久、串通、凑近、导向、捣乱、抵消、服满、附近、革出、隔离、勾结、勾连、勾通、贯通、归齐、归总、汇总、混同、积久、集成、集中、架空、接近、揭晓、经久、看齐、靠近、揽总、冷凝、历久、临近、拢共、拢总、镂空、乱离、买通、纳入、耐久、扭结、跑偏、配平、迫近、扑空、切近、说和、送达、踏空、讨还、挑战、跳高、跳远、贴近、统共、统合、推广、荫凉、迎合、凿空、找平、找齐、折实、折中、制衡、走偏

5. 施受双指型（5个）

插入、放还、加入、退回、战败

附录三
补语性成分的语义分类

1. 结果义（729 个）

挨近、拔除、拔高、拔取、摆平、摆脱、败露、败退、败亡、败走、扳倒、扳平、扮靓、保全、奔赴、蹦高、逼和、逼近、逼平、比及、贬低、变乱、变异、遍及、辨明、辩明、标定、标明、飙高、飙红、表明、摈除、屏除、病故、病逝、病退、病休、摒除、摒绝、驳倒、补足、捕获、采取、查获、查明、查实、察觉、拆除、拆穿、拆毁、拆零、拆散、拆散、掺杂、铲除、阐明、唱衰、抄获、扯平、撤除、澄清、齿及、冲淡、冲决、冲破、充满、抽取、触动、触发、触及、触怒、触杀、串通、戳穿、赐予、凑近、促成、促进、蹿红、摧残、摧毁、撮合、挫败、挫伤、挫损、挫折、打败、打倒、打动、打垮、打破、打通、打响、带动、带累、耽误、荡除、荡平、导发、导致、捣毁、捣乱、道破、澄清、涤除、诋毁、抵消、点爆、点穿、点明、点破、点燃、玷污、奠定、调动、调集、跌破、订正、冻结、读破、杜绝、断定、断绝、夺取、扼杀、发动、发明、发散、翻新、放大、放飞、放宽、放散、放松、飞红、飞散、废除、分明、分清、分散、焚毁、缝合、扶正、付与、附近、附着、赋予、改进、改良、改善、改正、干裂、赶赴、感动、感奋、感化、感念、感伤、感应、搞定、搞活、告知、割除、割断、割裂、革除、革新、隔断、隔断、隔绝、隔离、更定、更新、更正、梗死、攻克、攻破、攻取、攻陷、巩固、勾结、勾连、勾通、构成、鼓动、鼓惑、固定、顾及、顾全、贯通、规正、撼动、夯实、耗竭、合成、核定、核实、轰动、化除、化合、划清、换取、唤醒、恢复、毁灭、汇总、会合、会齐、惠及、混合、混乱、混同、获取、获致、击败、击毙、击毁、击溃、击落、击破、缉获、激荡、激动、激发、激活、激怒、汲取、集成、集中、嫉恨、记取、忌恨、加固、加剧、加快、加强、加热、加深、加重、架空、歼灭、检获、减低、减缓、减慢、减轻、减弱、减少、剪除、剪灭、降低、降临、矫正、搅动、搅浑、搅乱、剿除、剿灭、缴获、叫停、校正、校准、教正、接合、接获、接近、揭穿、揭发、揭露、揭破、揭晓、节余、截断、截获、截取、截至、解除、解散、解脱、戒除、戒断、浸没、浸透、禁绝、禁止、惊动、惊悸、惊觉、惊厥、惊醒、惊醒、纠正、聚合、聚齐、蠲除、卷曲、决定、攫取、开除、开赴、开通、开通、开脱、勘正、看扁、看穿、看淡、看好、看破、看齐、看轻、看中、看重、考取、靠近、克服、克复、扣除、夸大、匡复、匡正、框定、匮竭、溃散、溃逃、溃退、扩大、扩散、廓清、拉倒、拉动、拉黑、拉平、来临、捞取、劳累、劳损、累及、冷凝、厘定、厘清、厘正、离散、离索、立定、立正、连贯、连合、连累、联合、撩动、料定、料及、猎取、临近、聆取、领取、流露、流落、流散、流失、镂空、漏失、虏获、录取、乱离、掠取、论及、落成、落单、落空、落实、埋没、买断、买通、霉变、弥合、迷乱、迷失、迷误、弭除、敉平、觅取、免除、灭绝、命中、磨耗、磨合、磨灭、磨蚀、磨损、牟取、谋取、拿获、拟定、念及、捏合、啮合、凝固、凝合、凝缩、凝滞、扭结、扭曲、虐杀、耦合、爬升、攀高、攀升、排除、盘活、判定、判明、抛光、抛荒、刨除、跑偏、配平、膨大、披露、偏离、偏重、骗取、剽取、飘散、飘逝、漂白、拼合、平复、评定、迫近、迫临、破除、破获、破碎、扑空、扑灭、企及、启发、起获、牵动、牵累、牵制、抢断、抢通、敲定、切除、切近、切中、窃取、侵蚀、擒获、清除、驱除、驱动、驱散、祛除、圈定、蜷缩、燃放、攘除、扰动、扰乱、认定、溶胀、熔合、融合、融会、融通、糅合、濡湿、润滑、散落、散失、散佚、扫除、扫平、瑟缩、芟除、删除、伤残、商定、烧毁、涉及、摄取、慑服、申明、审定、审结、生成、声明、施与、识破、拾取、收服、收复、收获、收集、收拢、收清、收取、收缩、授予、疏解、疏浚、疏散、疏松、疏通、刷新、说穿、说服、说合、说和、说明、说破、撕毁、耸动、送达、搜获、搜集、肃清、缩短、缩合、缩微、缩小、索取、锁定、踏空、抬高、抬升、摊薄、谈及、逃奔、逃脱、讨平、套红、套取、腾贵、誊清、剔除、提纯、提高、提及、提取、提升、提醒、提早、调和、调适、调停、调谐、调匀、挑动、挑明、挑战、跳高、跳远、贴近、听取、投奔、突破、吐露、推迟、推倒、推定、推动、推断、推翻、推广、推及、推进、推升、推脱、推重、吞没、托付、拖累、拓宽、完成、玩_儿完、望断、危及、围困、萎缩、畏避、畏缩、吸附、吸取、洗白、袭取[1]、嫌弃、限定、相中、降伏、降服、降顺、消除、销毁、协定、胁从、泄露、信任、修复、修明、修整、修正、锈蚀、宣明、选定、选取、削除、削平、削弱、驯服、压倒、压低、压服、压缩、延长、延迟、延误、言中、验证、养活、摇动、咬定、咬合、贻误、疑忌、疑虑、倚重、弋获、议定、挹取、引动、引发、隐没、荫凉、迎合、诱发、诱致、瘐死、遇合、愈合、圆成、约定、陨灭、赞成、凿空、造成、造就、躁动、增大、增多、增高、增强、赠予、榨取、摘除、沾染、斩获、展缓、展宽、战败、战胜、张大、招致、找平、找齐、照临、照明、遮阴、折合、折实、折中、侦获、侦结、侦破、诊断、振兴、震动、震惊、震慑、争取、征服、蒸发、整合、证明、证实、支绌、支取、指定、指明、指正、制定、制伏、制服[1]、制衡、制止、治服、滞缓、注定、注重、蛀蚀、铸就、抓获、转动、着重、擢升、综合、走低、走高、走合、走红、走偏、走俏、走强、走热、走软、走弱、走失、阻绝、阻止、阻滞、组成、组合、作成、坐大、坐实

2. 趋向义（87个）

驳回、步入、插入、产出、超出、撤回、出来、出去、除去、导向、到来、发出、发还、发起、放还、奋起、付出、赶上、革出、故去、归来、过来、过去、过去、唤起、回来、回去、加入、加上、键入、交还、介入、进来、进去、崛起、看来、看上、录入、娩出、纳入、偏向、起来、潜入、切入、侵入、倾向、趋向、上来、上来、上去、渗入、胜出、失去、收回、收入、输出、输入、讨还、提起、投入、投向、凸起、突出[1]、突出[2]、突起、推出、退出、退还、退回、挽回、析出、下来、下去、掀起、陷入、想来、兴起、演出、引进、引起、余下、展出、折回、支出、植入、指向、掷还

3. 虚化义（78个）

博得、敞开、超过、瞅见、除开、除却、错过、错开、达到、打开、打住、得到、等到、丢掉、懂得、分开、感到、干掉、滚开[1]、获得、记

得、见得、经过、觉得、看见、看开、亏得、窥见、来得[1]、来得[2]、捞着、乐得、冷却、离开、了得、了却、临到、落得、免得、抛却、碰见、撇开、瞥见、起开、瞧见、取得、认得、舍得、省得、省却、失掉、失却、使得[1]、使得[2]、说开、算得、听见、通过、透过、推见、推却、退却、忘掉、忘却、习得、显得、想见、想开、晓得、谢却、赢得、由得、遇见、越过、展开、站住、值得、撞见

4. 评述义（54个）

把牢、把稳、参透、参详、操切、撑死、吃透、吃准、持久、凑巧、抵死、定准、服满、付讫、赶紧、赶快、赶忙、赶巧、关紧、关切、贯彻、归齐、归总、过硬、积久、加紧、叫响、经久、究竟、看紧、看死、看透、靠准、揽总、历尽、历久、了当、拢共、拢总、瞄准、耐久、碰巧、清讫、上紧、渗透、收讫、套牢、停当、停妥、通彻、统共、统合、言重、抓紧

附录四
《汉语水平词汇与汉字等级大纲》
中的动补式复合词

1. 甲级词（27个）

变成、出来、出去、得到、感到、过来、过去、回来、回去、进来、进去、觉得、决定、看见、离开、起来、取得、上来、上去、说明、提高、听见、完成、下来、下去、演出、遇到

2. 乙级词（56个）

表明、超过、充满、促进、达到、懂得、发出、发明、放大、改进、改善、改正、赶紧、赶快、构成、获得、集中、记得、减轻、减少、降低、接到、接近、进入、禁止、纠正、看来、扩大、联合、碰见、启发、确定、认得、失去、收入、提前、统一、投入、突出、推动、推广、显得、晓得、延长、引起、遇见、赞成、遭到、展出、展开、战胜、证明、值得、指出、制定、抓紧

3. 丙级词（59个）

持久、摧毁、达成、打败、打破、带动、导致、等到、奠定、调动、废除、分明、改良、赶忙、赶上、勾结、鼓动、合成、混乱、加紧、加入、揭露、开动、靠近、冷却、免得、侵入、清除、舍得、省得、失掉、使得、收集、收缩、说服、搜集、缩短、缩小、提醒、突破、推迟、推翻、推进、消除、协定、修正、学会、压缩、养成、引进、增强、折合、征服、证实、制止、转入、着重、阻止、组成

4. 丁级词（91个）

逼近、贬低、查获、阐明、敞开、超出、澄清、冲破、凑巧、摧残、捣乱、到来、点燃、冻结、断定、断绝、夺得、发起、返回、分清、付出、搞活、隔绝、隔离、更新、更正、毁灭、激发、加剧、加热、加深、

加重、揭发、揭示、解除、解散、考取、扩散、列入、临近、免除、拟定、凝固、排除、判定、偏向、评定、破除、破获、扑灭、求得、趋向、扰乱、认定、扫除、烧毁、涉及、审定、收复、收回、授予、输出、输入、肃清、提取、提升、提早、退出、拖延、忘却、陷入、销毁、兴起、修复、选定、削弱、养活、引入、赢得、照明、诊断、震惊、振兴、支出、指定、指明、制服、注重、转向、走向、组合

附录五
《高等学校外国留学生汉语教学大纲》
中的动补式复合词

1. 初等阶段（72个）

出来、出去、得到、附近、过来、过去、回来、回去、集合、进来、进去、经过、决定、觉得、看见、离开、起来、上来、上去、提高、听见、通过、完成、下来、下去、遇到、变成、采取、超过、充满、达到、懂得、度过、发明、改善、改正、赶紧、赶快、感到、感动、规定、过去、恢复、获得、激动、集中、记得、减少、降低、接到、接近、进入、禁止、纠正、看来、扩大、碰见、签定、取得、认得、收获、收入、说明、显得、延长、演出、赞成、展出、证明、值得、指出、抓紧

2. 中等阶段（96个）

摆脱、查获、拆除、阐明、超出、持久、冲破、抽空、辞退、促进、挫折、达成、打败、带动、耽误、导致、等到、点燃、奠定、调动、夺得、夺取、发出、放松、废除、分开、分明、改进、赶忙、赶上、革新、更新、巩固、鼓动、固定、贯彻、混乱、加紧、加强、加入、减轻、揭露、揭晓、解除、开除、看中、靠近、落成、落实、免得、启发、侵入、倾向、清除、商定、涉及、申明、省得、失去、使得、收集、缩短、缩小、提醒、投入、突出、突破、推迟、推动、推翻、吸取、显得、想来、消除、协定、信任、兴起、压缩、引进、赢得、遭到、造成、增强、展开、战胜、折合、争取、征服、证实、支出、制定、制止、注重、着重、走俏、阻止

3. 高等阶段（103个）

逼近、贬低、标明、查明、搀杂、敞开、触动、凑巧、摧残、捣乱、到来、抵消、杜绝、断定、断绝、发起、放宽、分清、付出、赋予、感

化、搞活、隔绝、隔离、更正、关切、换取、毁灭、获取、激发、减低、降临、矫正、揭发、解除、解散、解脱、介入、卷入、崛起、考取、扩散、来临、临近、流露、流失、录取、埋没、弥合、迷失、免除、谋取、拟定、凝固、扭曲、排除、披露、偏向、偏重、评定、破除、破获、破碎、牵制、窃取、侵蚀、求得、趋向、扰乱、认定、扫除、审定、渗透、收回、授予、输出、输入、肃清、提升、提早、挑战、跳高、听取、退出、退还、忘却、陷入、削弱、泄露、选定、选取、验证、养活、引入、越过、造就、折衷、振兴、震惊、指定、走红、走俏、组合

附录六
《新汉语水平考试大纲》
中的动补式复合词

1. 一级（1个）

看见

2. 二级（1个）

觉得

3. 三级（10个）

过去、还（给）、记得、经过、决定、离开、提高、完成、遇到、长（大）

4. 四级（28个）

超过、打扰、感动、规定、过去、获得、激动、集合、减少、降低、禁止、扩大、起来、收入、受到、说明、提醒、通过、推迟、演出、养成、引起、增加、增长、整齐、证明、值得、组成

5. 五级（49个）

表明、采取、充满、促进、达到、耽误、导致、度过、发明、放松、改进、改善、改正、赶紧、赶快、沟通、构成、固定、恢复、集中、接近、看来、克服、联合、录取、碰见、启发、确定、删除、收获、输入、说服、缩短、缩小、挑战、突出、推广、显得、延长、赞成、造成、展开、召开、诊断、争取、制定、抓紧、组合、阻止

6. 六级（99个）

摆脱、败坏、贬低、查获、偿还、敞开、澄清、持久、凑合、摧残、挫折、达成、导向、捣乱、奠定、调动、冻结、杜绝、断定、断绝、发动、放大、废除、分明、分散、附近、赋予、改良、隔离、更新、更正、攻克、巩固、勾结、鼓动、贯彻、合成、轰动、毁灭、混合、混乱、激

发、加剧、降临、接连、揭发、揭露、截至、解除、解散、惊动、纠正、开除、枯竭、扩散、冷却、流露、落实、迷惑、迷失、免得、磨合、拟定、凝固、排除、清除、倾向、扰乱、认定、涉及、摄取、声明、收缩、授予、调和、突破、推翻、拖延、挽回、掀起、陷入、消除、销毁、谢绝、泄露、修复、削弱、压缩、振兴、震惊、蒸发、征服、证实、支出、指定、制服、制止、注重、着重

附录七
《汉语国际教育用分级词汇表》
中的动补式复合词

1. 一级（115个）

变成、变为、表明、播出、超过、称为、充满、出来、出去、传来、达到、打开、打破、带动、得出、得到、等到、懂得、发出、发动、发明、放下、放在、分开、改进、赶到、赶紧、赶快、感到、搞好、关上、规定、过来、过去、回到、回来、回去、集中、记得、记住、加快、加强、加入、加上、见到、见过、建成、交给、接到、接近、解开、进来、进去、进入、决定、觉得、看到、看见、看来、克服、来到、离开、联合、留下、碰到、碰见、起来、取得、上来、上去、声明、失去、收到、收入、受到、输入、睡着、说明、送到、送给、提出、提到、提高、跳高、跳远、听到、听见、通过、突出、推动、推广、推进、推开、退出、完成、下来、下去、显得、想到、想起、演出、造成、展开、长大、找到、值得、指出、制定、抓住、走过、走进、走开、组成、坐下、做到

2. 二级（139个）

摆脱、布满、查出、拆除、超出、抽出、穿上、传出、促进、错过、达成、打败、打动、打断、当成、当作、到来、点燃、调动、度过、夺取、发起、返回、放大、放到、放松、分成、分散、分为、付出、改善、改正、赶忙、赶上、革新、隔开、更新、巩固、沟通、固定、合成、混合、混乱、获得、获取、集合、减轻、减少、降低、截至、解除、纠正、开通、看成、看出、看好、看做、靠近、扩大、拉开、列入、列为、领取、录取、路过、梦见、免得、拿出、拿到、拿走、排除、派出、启动、起到、去掉、认出、认得、认定、扔掉、融合、融入、舍得、涉及、升高、生成、剩下、使得、视为、收回、收获、收集、收取、输出、摔倒、

说服、缩短、缩小、提起、提升、提醒、听取、停下、投入、突破、推迟、推出、望见、显出、陷入、消除、晓得、修复、延长、养成、引进、引起、迎来、赢得、用来、遇到、遇见、约定、遭到、增大、增多、增进、增强、战胜、站住、找出、诊断、征服、证实、支出、注重、抓紧、转动、阻止、作出

3. 三级（157个）

奔赴、逼近、比起、变异、拨通、驳回、步入、查明、察觉、敞开、澄清、除去、触动、穿过、辞去、凑巧、促成、摧毁、打倒、打通、耽误、倒下、奠定、定为、定做、丢掉、杜绝、渡过、断定、对准、放过、废除、分明、俘获、赋予、改良、改为、赶赴、赶往、隔离、跟上、勾结、关掉、贯彻、贯穿、贯通、归来、核实、轰动、烘干、换成、换取、换上、唤起、毁灭、激发、激活、激起、加紧、加剧、加深、加重、歼灭、减弱、接通、揭发、揭露、揭晓、解脱、介入、惊醒、卷入、崛起、开除、开动、看中、看重、扣除、夸大、扩散、拉动、懒得、料到、临近、流露、流入、流失、落下、迈进、迷失、磨合、磨损、纳入、拟定、凝固、扭曲、抛开、碰巧、碰上、披露、评定、切断、清除、驱动、扰乱、扫除、删除、胜出、授予、疏散、疏通、刷新、索取、锁定、踏上、谈到、谈起、提早、挑起、贴近、透过、推断、推翻、退回、拖累、挽回、危及、吸取、掀起、限定、销毁、协定、泄露、兴起、修正、削弱、延误、养活、引入、迎合、遇上、越过、晕倒、造就、展出、照明、折合、振兴、震动、整合、指向、制服、制止、注定、注入、着重、走进

4. 三级附录（24个）

摆平、裁定、抵消、缝合、鼓动、汇合、矫正、了却、瞄准、灭绝、判定、破除、切除、窃取、去除、审定、剔除、投奔、退却、托付、拓宽、压倒、涌入、愈合

附录八
《发展汉语·综合》中的动补式复合词

1. 初级综合（30个）

出去、打开、附近、过去、加上、决定、觉得、看见、离开、听见、通过、遇到；变成、赶紧、感到、感动、激动、记得、进入、离开、取得、说服、提出、提前、信任、醒来、选中、学好、遇到、赞成

2. 中级综合（46个）

按动、摆脱、表明、拨通、超过、错过、达到、度过、废除、改善、固定、集中、经过、录取、伸进、剩下、收入、输入、说明、提到、完成、显得、引起、遇见、征服、证明、指出、摆脱、挫折、耽误、导致、发出、赶忙、固定、夸大、舍得、失去、收集、授予、说服、缩短、推迟、信任、战胜、震动、制止

3. 高级综合（44个）

触动、凑巧、断定、获取、激发、加剧、降临、解脱、凝固、嵌入、扰乱、闪开、挽回、愈合、震惊、挣脱、逼近、表明、掺杂、触动、促成、玷污、冻结、发起、分明、勾结、激怒、减缓、浸透、攫取、临近、侵蚀、认定、融合、融会、涉及、授予、挑战、托付、选定、削弱、招致、振兴、注重

附录九
《汉语教程》中的动补式复合词

1. 第一册（5个）

觉得；出来、感到、回来、提高

2. 第二册（31个）

出来、出去、打开、过来、过去、过去、合上、进去、经过、看见、上来、上去、收集、听见、延长；放大、赶快、感动、回去、进去、纠正、决定、离开、起来、下来、演出、引起、遇到、造成、争取、值得

3. 第三册（49个）

充满、得到、发动、付出、激动、免得、取得、失去、收获、收入、提高、显得、赞成、增强、展出；表明、达到、耽误、点燃、发明、改进、赶紧、感伤、固定、规定、获得、集中、记得、加快、进入、究竟、开通、录取、路过、破碎、使得、说服、缩短、提起、提醒、突出、突破、推迟、修正、延误、增进、站定、证明、值得

参考文献

北京师范学院中文系汉语教研组，1959，《五四以来汉语书面语言的变迁和发展》，商务印书馆。

曹广顺，1995，《近代汉语助词》，语文出版社。

曾立英，2010，《汉语作为第二语言的词汇教学》，中央民族大学出版社。

常纯民，1987，《现代汉语双补语研究》，《齐齐哈尔师范学院学报》（哲学社会科学版）第 4 期。

常纯民、那娜，2002，《汉语运用中"宾、补争动"的矛盾及其消除》，《齐齐哈尔大学学报》（哲学社会科学版）第 1 期。

陈昌来，2002，《二十世纪的汉语语法学》，书海出版社。

陈梅双、肖贤彬，2010，《汉语动补结构起源于"连动说"商兑》《南开语言学刊》第 1 期。

陈平，1987，《描写与解释：论西方现代语言学研究的目的与方法》，《外语教学与研究》第 1 期。

陈平，1994，《试论汉语中三种句子成分与语义成分的配位原则》，《中国语文》第 3 期。

陈萍，2008，《试论句群语境中"连动复合词"与"动补复合词"的纠结与区别》，《肇庆学院学报》第 1 期。

陈雪萍，2012，《现代汉语连动型兼语型复合词研究》，硕士学位论文，西北师范大学。

陈永莉，2008a，《动词与状语、补语语序的历时演变及其动因》，《长沙大学学报》第 3 期。

陈永莉，2008b，《汉语句子语序的结果成分居后原则》，《周口师范学院学报》第 4 期。

成镇权、梁锦祥，2008，《汉语动补复合词致使性特征的语法属性》，《华南师范大学学报》（社会科学版）第 6 期。

成镇权，2011，《汉语动补复合词的句法-语义错位》，《韶关学院学报》第 3 期。

程工、杨大然，2016，《现代汉语动结式复合词的语序及相关问题》，《中国语文》第 5 期。

程湘清，1982，《先秦汉语研究》，山东教育出版社。

程湘清，2008，《汉语史专书复音词研究》（增订本），商务印书馆。

储泽祥、智红霞，2012，《动词双音化及其造成的语法后果——以"战胜"的词汇化过程为例》，《汉语学习》第 2 期。

崔辰而，2010，《现代汉语动结式的致使义研究》，硕士学位论文，复旦大学。

崔复爱，1957，《现代汉语构词法例解》，山东人民出版社。

戴浩一，1988，《时间顺序和汉语的语序》，《国外语言学》第 1 期。

戴耀晶，1997，《现代汉语时体系统研究》，浙江教育出版社。

戴昭铭，1988，《现代汉语合成词的内部结构与外部功能的关系》，《语文研究》第 4 期。

邓守信，1991，《汉语使成式的语义》，廖秋忠译，《国外语言学》第 3 期。

董为光，2009，《汉语复合词结构分析若干问题》，《语言研究》第 3 期。

董秀芳，1998，《述补带宾句式中的韵律制约》，《语言研究》第 1 期。

董秀芳，2002a，《词汇化：汉语双音词的衍生和发展》，四川民族出版社。

董秀芳，2002b，《主谓式复合词成词的条件限制》，《西南民族学院学报》（人文社会科学版）第 12 期。

董秀芳，2007a，《从词汇化的角度看粘合式动补结构的性质》，《语言科学》第 1 期。

董秀芳，2007b，《动词直接作定语功能的历时考察》，《燕赵学术》秋之卷。

董秀芳，2009，《汉语的句法演变与词汇化》，《中国语文》第 5 期。

董秀芳，2011，《词汇化：汉语双音词的衍生和发展》（修订本），商务印书馆。

董秀芳，2016，《汉语的词库与词法》（第二版），北京大学出版社。

杜纯梓，2003，《对动补结构产生于六朝说之献疑》，《语文研究》第4期。

段业辉、刘树晟，2012，《现代汉语构式语法研究》，世界图书出版公司。

范晓，1981，《怎样区别现代汉语的词同短语》，《东岳论丛》第4期。

范晓、杜高印、陈光磊，1987，《汉语动词概述》，上海教育出版社。

范晓，1991，《动词的"价"分类》，中国语文杂志社编《语法研究和探索》（五），语文出版社。

范晓，2001，《关于汉语的语序问题》（一），《汉语学习》第5期。

方绪军，2008，《对外汉语词汇教与学》，北京师范大学出版社。

费春元，1992，《说"着"》，《语文研究》第2期。

冯丽萍，2003，《中级汉语水平留学生的词汇结构意识与阅读能力的培养》，《世界汉语教学》第2期。

冯胜利，2000，《汉语韵律句法学》，上海教育出版社。

冯胜利，2002，《韵律构词与韵律句法之间的交互作用》，《中国语文》第6期。

冯胜利，2009，《汉语的韵律、词法与句法》（修订版），北京大学出版社。

符淮青，1993，《汉语词汇学史》，安徽教育出版社。

符淮青，1996，《词义的分析和描写》，语文出版社。

符淮青，2004，《构词法研究的一些问题》，载符淮青著《词典学词汇学语义学文集》，商务印书馆。

傅力，1984，《某些动补格句式"后重前轻"的限制》，《中国语文通讯》第1期。

高燕，2008，《对外汉语词汇教学》，华东师范大学出版社。

高增霞，2006，《现代汉语连动式的语法化视角》，中国档案出版社。

龚千炎，1984，《动结式复合动词及其构成的动词谓语句式》，《安徽师大学报》（人文社会科学版）第3期。

顾阳，1996，《生成语法及词库中动词的一些特性》，《国外语言学》第 3 期。

顾阳、沈阳，2001，《汉语合成复合词的构造过程》，《中国语文》第 2 期。

郭锐，1995，《述结式的配价结构和成分的整合》，载沈阳、郑定欧主编《现代汉语配价语法研究》，北京大学出版社。

郭锐，2007，《现代汉语词类研究》，商务印书馆。

国家对外汉语教学领导小组办公室编，2002，《高等学校外国留学生汉语教学大纲》（长期进修），北京语言大学出版社。

国家汉办孔子学院总部编，2009，《新汉语水平考试大纲》，商务印书馆。

国家汉语水平考试委员会办公室考试中心编，2001，《汉语水平词汇与汉字等级大纲》，经济科学出版社。

何乐士，1984，《从〈左传〉和〈史记〉的比较看〈史记〉的动补式》，《东岳论丛》第 4 期。

何元建、王玲玲，2005，《汉语真假复合词》，《语言教学与研究》第 5 期。

何忠东，2004《〈元刊杂剧三十种〉的述补结构》，硕士学位论文，华中科技大学。

贺阳、崔艳蕾，2012，《汉语复合词结构与句法结构的异同及其根源》，《语文研究》第 1 期。

洪波、关键，2007，《非自主动词与否定副词的搭配律》，马庆株主编《汉语动词和动词性结构·二编》，北京大学出版社。

洪笃仁，1957，《词是什么》，新知识出版社。

胡敕瑞，2005，《动结式的早期形式及其判定标准》，《中国语文》第 3 期。

胡华，2002，《词的标准与中补型词语界限》，《新余高专学报》第 3 期。

胡明扬、谢自立、梁式中等，1982，《词典学概论》，中国人民大学出版社。

胡晓慧，2008，《20 世纪 90 年代以来汉语语法化研究述评》，《西南交通大学学报》（社会科学版）第 3 期。

胡裕树，1981，《现代汉语》（修订本），上海教育出版社。

胡裕树、范晓，1995，《动词研究》，河南大学出版社。

黄伯荣、廖序东，1979，《现代汉语》试用本，甘肃人民出版社。

黄伯荣、廖序东，2011，《现代汉语》（增订 5 版），高等教育出版社。

黄增寿，2002，《〈三国志〉的动补结构》，硕士学位论文，安徽师范大学。

蒋绍愚，1994，《近代汉语研究概况》，北京大学出版社。

蒋绍愚，2000，《汉语动结式产生的时代》，载蒋绍愚《汉语词汇语法史论文集》，商务印书馆。

金奉民，1991，《助词"着"的基本语法意义》，《汉语学习》第 4 期。

雷冬平、胡丽珍，2016，《汉语词汇化和语法化的多维探析》，学林出版社。

雷雨，2012，《"V+A"动补式二字组合的语义理解与生成》，硕士学位论文，上海师范大学。

黎锦熙，1922，《复音词类构成表并说明书》，《国语月刊》（汉字改革号）第 8 期。

黎锦熙，1959，《汉语构词法和词表研究》（上），《北京师范大学学报》第 5 期。

黎良军，1995，《汉语词汇语义学论稿》，广西师范大学出版社。

李广玉，2013，《句法象似性理论与对外汉语教学》，《现代语文》第 10 期。

李行健主编，2004，《现代汉语规范词典》，外语教学与研究出版社、语文出版社。

李晋霞，2008，《现代汉语动词直接做定语研究》，商务印书馆。

李丽云，2010，《现代汉语动补式复合词的结构与功能研究》，博士学位论文，河北师范大学。

李临定，1984，《究竟哪个"补"哪个——"动补格"关系再议》，《汉语学习》第 2 期。

李临定，1985，《动词的静态功能和动态功能》，《汉语学习》第 1 期。

李临定，1990，《现代汉语动词》，中国社会科学出版社。

李讷、石毓智，1999，《汉语动补结构的发展与句法结构的嬗变》，载黄正德主编《中国语言学论丛》（第2辑），北京语言文化大学出版社。

李先银、吕艳辉、魏耕耘，2015，《词汇教学方法与技巧》，北京语言大学出版社。

李亚非，2000，《核心移位的本质及其条件——兼论句法和词法的交界面》，《当代语言学》第1期。

李亚非，2004，《补充式复合动词论》，载黄正德主编《中国语言学论丛》（第3辑），北京语言文化大学出版社。

梁银峰，2005，《论汉语动补复合词的词汇化过程》，《语言研究集刊》第2辑，上海辞书出版社。

梁银峰，2006，《汉语动补结构的产生与演变》，学林出版社。

梁银峰，2007，《汉语趋向动词的语法化》，学林出版社。

林燕、徐兴胜，2007，《汉语动结式复合词的派生问题》，《重庆工商大学学报》（社会科学版）第3期。

林燕，2009，《动结式复合词的核心问题》，《河北北方学院学报》第1期。

刘彩华，2013，《英语国家留学生的动补式离合词教学研究》，硕士学位论文，内蒙古师范大学。

刘承慧，1999，《试论使成式的来源及其成因》，载袁行霈主编《国学研究》（第6卷），北京大学出版社。

刘丹青，1994，《"唯补词"初探》，《汉语学习》第3期。

刘东升、潘志刚，2008，《论"附近"的词汇化》，《汉语学报》第2期。

刘公望，1988，《现代汉语的时体助词"的"》，《汉语学习》第4期。

刘红妮，2010，《词汇化与语法化》，《当代语言学》第1期。

刘宁生，1985，《论"着"及其相关的两个动态范畴》，《语言研究》第2期。

刘瑞明，2006，《也说复合词的深层结构和表层结构及其理据性》，《陇东学院学报》（社会科学版）第4期。

刘叔新，2005，《汉语描写词汇学》（重排本），商务印书馆。

刘叔新，2006，《复合词结构的词汇属性——兼论语法学、词汇学同构词法的关系》，载刘叔新著《词汇研究》，外语教学与研究出版社。

刘祥友，2012，《对外汉语偏误分析》，世界图书出版广东有限公司。

刘珣，2009，《对外汉语教育学引论》（重印本），北京语言大学出版社。

刘正光，2006，《语言非范畴化——语言范畴化理论的重要组成部分》，上海外语教育出版社。

刘正光，2013，《构式语法研究》（重印本），上海外语教育出版社。

刘子瑜，2008，《〈朱子语类〉述补结构研究》，商务印书馆。

刘座箐，2013，《国际汉语教师词汇教学手册》，高等教育出版社。

鲁川、缑瑞隆、刘钦荣，2000，《交易类四价动词及汉语谓词配价的分类系统》，《汉语学习》第6期。

鲁健骥，1987，《外国人学习汉语的词语偏误分析》，《语言教学与研究》第4期。

陆稼祥、许金明、张先亮，1981，《汉语词类划分标准试探》，《浙江师范学院学报》（社会科学版）第2期。

陆俭明，1997，《关于语义指向分析》，载黄正德主编《中国语言学论丛》（第1辑），北京语言文化大学出版社。

陆俭明，2005，《现代汉语语法研究教程》（第3版），北京大学出版社。

陆志韦，1956，《构词学的对象和手续》，《中国语文》第12期。

陆志韦，1957/1964，《汉语的构词法》（修订本），中国社会科学出版社。

逯艳若，2003，《汉语动补复合词研究》，硕士学位论文，中国人民解放军外国语学院。

吕叔湘，1979，《汉语语法分析问题》，商务印书馆。

吕叔湘，1942/1982，《中国文法要略》（重印本），商务印书馆。

吕叔湘，1986，《汉语句法的灵活性》，《中国语文》第1期。

吕叔湘主编，1980/2003，《现代汉语八百词》（增订本），商务印书馆。

吕叔湘、朱德熙，1952，《语法修辞讲话》，中国青年出版社。

马建忠，1898/1983，《马氏文通》（新1版），商务印书馆。

马庆株，2005，《含程度补语的述补结构》，载马庆株主编《汉语动词和动词性结构》（一编），北京大学出版社。

马婷，2008，《汉语动补复合词的句法研究》，硕士学位论文，天津师范大学。

马希文，1987，《与动结式动词有关的某些句式》，《中国语文》第6期。

马真、陆俭明，1997a，《形容词作结果补语情况考察》（一），《汉语学习》第1期。

马真、陆俭明，1997b，《形容词作结果补语情况考察》（二），《汉语学习》第4期。

马真、陆俭明，1997c，《形容词作结果补语情况考察》（三），《汉语学习》第6期。

梅祖麟，1991，《从汉代的"动、杀"、"动、死"来看动补结构的发展——兼论中古时期起词的施受关系的中立化》，载北京大学中文系《语言学论丛》编委会《语言学论丛》（第16辑），商务印书馆。

孟琮、郑怀德、孟庆海、蔡文兰，2003，《汉语动词用法词典》（修订版），商务印书馆。

缪锦安，1990，《汉语的语义结构和补语形式》，上海外语教育出版社。

潘允中，1980，《汉语动补结构的发展》，《中国语文》第1期。

裴蓓、孙鹏飞，2008，《"V开"结构中"开"的语法化探索》，《石河子大学学报》（哲学社会科学版）第3期。

彭国珍，2011，《结果补语小句理论与现代汉语动结式相关问题研究》，浙江大学出版社。

彭湃、彭爽，2004，《与"V得起"和"V不起"相关的问题》，《海南大学学报》（人文社会科学版）第1期。

朴元基，2007，《〈水浒传〉"V得C"实现式述补结构的特点》，《语言研究集刊》第4辑。

朴元基，2007，《〈水浒传〉述补结构研究》，博士学位论文，复旦大学。

乔姆斯基（Noam Chomsky），1972/1980，《深层结构、表层结构和语义解释》，载外国语言学编辑部《语言学译丛》（第 2 辑），中国社会科学出版社。

饶勤，1993，《从句法结构看复合词中的一种新的构词方式——连动式构词》，《汉语学习》第 6 期。

任学良，1981，《汉语造词法》，中国社会科学出版社。

任鹰，2001，《主宾可换位动结式述语结构分析》，《中国语文》第 4 期。

荣继华等编著，2011，《发展汉语》（第二版），北京语言大学出版社。

商务印书馆辞书研究中心编，2008，《应用汉语词典》，商务印书馆。

商务印书馆辞书研究中心修订，2001，《新华词典》（2001 年修订版），商务印书馆。

邵敬敏，1996，《"语义价"、"句法向"及其相互关系》，《汉语学习》第 4 期。

沈家煊，1993，《句法的象似性问题》，《外语教学与研究》第 1 期。

沈家煊，1994，《"语法化"研究综观》，《外语教学与研究》第 4 期。

沈家煊，1999，《不对称和标记论》，江西教育出版社。

沈家煊，2000，《句式和配价》，《中国语文》第 4 期。

沈家煊，2006，《认知与汉语语法研究》，商务印书馆。

施春宏，2004，《动结式的论元结构和配位方式》，《语言文字应用》第 2 期。

施春宏，2005，《动结式论元结构的整合过程及相关问题》，《世界汉语教学》第 1 期。

施春宏，2006，《动结式的配价层级及其歧价现象》，《语言教学与研究》第 4 期。

施春宏，2008，《汉语动结式的句法语义研究》，北京语言大学出版社。

施春宏，2013，《再论动结式的配价层级及其歧价现象》，《语言教学与研究》第 5 期。

施春宏，2015，《动结式在相关句式群中不对称分布的多重界面互动机制》，《世界汉语教学》第 1 期。

施春宏，2017a，《语言学描写和解释的内涵、原则与路径》，《语言研究集刊》第 2 期。

施春宏，2017b，《汉语词法和句法的结构异同及相关词法化、词汇化问题》，《世界汉语教学》第 2 期。

石慧敏，2011，《汉语动结式的整合与历时演变》，复旦大学出版社。

石锓，1995，《近代汉语中几个特殊的时体助词》，《丝路学刊》第 3 期。

石彦霞，2004，《支配式动词研究》，硕士学位论文，黑龙江大学。

石毓智，1992，《论现代汉语的"体"范畴》，《中国社会科学》第 6 期。

石毓智，2003，《现代汉语语法系统的建立——动补结构的产生及其影响》，北京语言大学出版社。

石毓智，2004，《论汉语的构词法与句法之关系》，《汉语学报》第 1 期。

石毓智，2006，《语法化的动因与机制》，北京大学出版社。

宋绍年，1994，《汉语结果补语式的起源再探讨》，《古汉语研究》第 2 期。

宋文辉，2004，《再论现代汉语动结式的句法核心》，《现代外语》第 2 期。

宋文辉，2006，《关于宾语必须前置的动结式》，《汉语学报》第 4 期。

宋文辉，2007，《现代汉语动结式的认知研究》，北京大学出版社。

宋文辉，2015，《和确定黏合式述补结构语法地位相关的几个形态学问题》，《语文研究》第 4 期。

宋亚云，2016，《高诱〈淮南子注〉中的动结式研究》，《广西师范学院学报》（哲学社会科学版）第 4 期。

苏宝荣，2000，《词义研究与辞书释义》，商务印书馆。

苏宝荣，2008，《语义分析与语法分析结合 理性思维与具象思维兼容——关于汉语复合词结构认知与研究的思考》，《语文研究》第 1 期。

苏宝荣，2011，《词的结构、功能与语文辞书释义》，上海辞书出版社。

苏宝荣，2016，《汉语复合词结构的隐含性、多元性及其认知原则》，《学术研究》第 1 期。

苏周媛，2012《〈大宋宣和遗事〉述补结构研究》，硕士学位论文，扬州大学。

孙常叙，1956，《汉语词汇》，吉林人民出版社。

孙剑，2008，《汉语可能补语词汇化现象考察》，硕士学位论文，北京语言大学。

太田辰夫，1958/1987，《中国语历史文法》（蒋绍愚、徐昌华译），北京大学出版社。

太田辰夫，1958/2003，《中国语历史文法》（修订译本），北京大学出版社。

泰尼埃尔（Tesnière），1959/1988，《结构句法基础》，载胡明扬主编《西方语言学名著选读》，中国人民大学出版社。

汤廷池，1991，《汉语语法的"并入现象"》，《清华学报》（台湾）第 21 卷。

唐健雄，2007，《现代汉语》，河北人民出版社。

万艺玲，2010，《汉语词汇教学》，北京语言大学出版社。

汪维辉，2007，《〈齐民要术〉词汇语法研究》，上海教育出版社。

王贵英，2006，《现代汉语连动型、兼语型复合词研究》，硕士学位论文，华中科技大学。

王红旗，1995，《动结式述补结构配价研究》，载沈阳、郑定欧主编《现代汉语配价语法研究》，北京大学出版社。

王力，1944/1954，《中国语法理论》（新版），商务印书馆。

王力，1958/1980，《汉语史稿》（新 1 版），中华书局。

王宁，2004，《汉语词汇语义学的重建与完善》，《宁夏大学学报》（人文社会科学版）第 4 期。

王宁，2008a，《汉语双音合成词结构的非句法特征》，《江苏大学学报》（社会科学版）第 1 期。

王宁，2008b，《当代理论训诂学与汉语双音合成词构词研究》，载沈阳、冯胜利主编《当代语言学理论和汉语研究》，商务印书馆。

王勤、武占坤，1959，《现代汉语词汇》，湖南人民出版社。

王沙沙，2015，《现代汉语动补式的认知研究》，硕士学位论文，中国海洋大学。

王希杰，2002，《复合词的深层结构和表层结构及其理据性》，《扬州大学学报》第 3 期。

王晓庆，2014，《论现代汉语中的"词"及动结式复合词》，《现代语文》第 9 期。

王寅，2007，《认知语言学》，上海外语教育出版社。

王中祥、杨成虎，2016，《复合动词的象似性及其语义、句法蕴含》，《语言与翻译》第 3 期。

魏培泉，2000，《说中古汉语的使成结构》，"中央研究院"历史语言研究所出版品编辑委员会《中央研究院历史语言研究所集刊》（第七十一本），"中央研究院"历史语言研究所。

翁义明、王金平，2015，《现代汉语动补结构的糅合构式分析》，《沈阳农业大学学报》（社会科学版）第 5 期。

吴福祥，1999，《试论现代汉语动补结构的来源》，载江蓝生、侯精一主编《汉语现状与历史的研究：首届汉语语言学国际研讨会文集》，中国社会科学出版社。

吴福祥，2000，《〈朱子语类辑略〉中带"得"的组合式述补结构》，载浙江大学汉语史研究中心《中古近代汉语研究》（第 1 辑），上海教育出版社。

吴福祥，2002，《汉语能性述补结构"V 得/不 C"的语法化》，《中国语文》第 1 期。

吴福祥，2004，《敦煌变文 12 种语法研究》，河南大学出版社。

吴为善，2016，《构式语法与汉语构式》，学林出版社。

吴为章，1993，《动词的"向"札记》，《中国语文》第 1~6 期。

吴为章，1996，《汉语动词配价研究述评》，《三明高等专科学校学报》第 2 期。

伍依兰，2015，《汉语本体研究与对外汉语教学》，世界图书出版公司。

武占坤、王勤，1983，《现代汉语词汇概要》，内蒙古人民出版社。

肖奚强、颜明、乔俊、周文华等，2015，《外国留学生汉语偏误案例分析》，世界图书出版公司。

肖贤彬，2008，《上古汉语动补结构判别标准的讨论》，《浙江大学学报》第 5 期。

谢翠凤，2008，《现代汉语补语"掉"研究》，硕士学位论文，上海师范大学。

邢福义，1986，《现代汉语》，高等教育出版社。

邢红兵，2003，《留学生偏误合成词的统计分析》，《世界汉语教学》第 4 期。

邢红兵，2016，《汉语作为第二语言的词汇习得研究》，北京大学出版社。

熊仲儒、刘丽萍，2005，《汉语动结式的核心》，《暨南大学华文学院学报》第 4 期。

徐丹，2001，《从动补结构的形成看语义对句法结构的影响——兼谈汉语动词语义及功能的分化》，《语文研究》第 2 期。

徐晓羽，2004，《留学生复合词认知中的语素意识》，北京语言大学硕士学位论文。

许菊，2007，《汉语动结合成词的论元结构》，《江西农业大学学报》第 2 期。

许敏，2003，《"汉语水平词汇等级大纲"双音节结构中语素组合方式、构词能力统计研究》，北京语言大学硕士学位论文。

许评，2001，《〈西游记〉中的动补结构研究——从〈西游记〉与〈儒林外史〉的比较看〈西游记〉中的动补结构若干特点》，硕士学位论文，西北师范大学。

许艳华，2014，《复合词结构类型对词义猜测的影响》，《语言教学与研究》第 4 期。

薛红，1985，《后项虚化的动补格》，《汉语学习》第 4 期。

薛玲玲，2004，《VR 复合词中 R 的语义指向性》，《长沙铁道学院学报》第 2 期。

颜红菊，2008，《现代汉语复合词语义结构研究》，湖南教育出版社。

杨伯峻、何乐士，1992，《古汉语语法及其发展》，语文出版社。

杨寄洲编著，2016，《汉语教程》（第 3 版），北京语言大学出版社。

杨建国，1959，《补语式发展试探》，载中国语文杂志社《语法论集（第 3 集）》，商务印书馆。

杨丽姣、刘亚丽、肖航，2009，《汉语动词的时间特征对其进行体的约束和影响》，《红河学院学报》第1期。

杨荣祥，2005，《语义特征分析在语法史研究中的作用——"V$_1$+V$_2$+O"向"V+C+O"演变再探讨》，《北京大学学报》第3期。

杨锡彭，2002，《论复合词结构的语法属性》，《南京大学学报》（哲学·人文科学·社会科学）第1期。

杨锡彭，2003，《汉语语素论》，南京大学出版社。

杨锡彭，2007，《汉语外来词研究》，上海人民出版社。

叶蜚声、徐通锵，1994/2010，《语言学纲要》（修订版），北京大学出版社。

余健萍，1957，《使成式的起源和发展》，载中国语文杂志社《语法论集》（第2集），中华书局。

袁毓林，1998，《汉语动词的配价研究》，江西教育出版社。

袁毓林，1999，《定语顺序的认知解释及其理论蕴涵》，《中国社会科学》第2期。

袁毓林，2000，《述结式的结构和意义的不平衡性》，《现代中国语研究》第1期。

袁毓林，2001，《述结式配价的控制——还原分析》，《中国语文》第5期。

岳守雯，2004，《兼语式复合词研究》，硕士学位论文，山东师范大学。

张斌，2002，《新编现代汉语》，复旦大学出版社。

张博，2018，《提高汉语第二语言词汇教学效率的两个前提》，《世界汉语教学》第2期。

张登岐，1992，《合成动词的结构及其功能》，《上海师范大学学报》第3期。

张登岐，1997，《汉语合成动词的结构特点》，《中国语文》第5期。

张国宪，1994，《有关汉语配价的几个理论问题》，《汉语学习》第4期。

张国宪，2006，《现代汉语形容词功能与认知研究》，商务印书馆。

张国宪，2016，《现代汉语动词的认知与研究》，学林出版社。

张菁，2006，《关于"VA"型动补关系复合词的两点认识》，《现代企业教育》第 8 期。

张世禄，1939/1984，《因文法问题谈到文言白话的分界》，载张世禄著《张世禄语言学论文集》，学林出版社。

张寿康、林杏光主编，2002，《现代汉语实词搭配词典》，商务印书馆。

张寿康，1981，《构词法和构形法》，湖北人民出版社。

赵金铭，2016，《汉语动结式二字词组及其教学处理》，《世界汉语教学》第 2 期。

赵艳芳，2007，《认知语言学概论》（重印本），上海外语教育出版社。

赵元任，1979，《汉语口语语法》，商务印书馆。

赵元任，1980，《中国话的文法》，丁邦新译，中文大学出版社。

赵长才，2000，《汉语述补结构的历时研究》，中国社会科学院。

志村良治，1984/1995，《中国中世语法史研究》，江蓝生、白维国译，中华书局。

中国社会科学院语言研究所词典编辑室编，2002，《现代汉语词典（汉英双语）》（增补本），外语教学与研究出版社。

中国社会科学院语言研究所词典编辑室编，2016，《现代汉语词典》（第 7 版），商务印书馆。

国家汉办、教育部社科司、《汉语国际教育用音节汉字词汇等级划分》课题组，2010，《汉语国际教育用音节汉字词汇等级划分》，北京语言大学出版社。

钟书能、黄瑞芳，2016，《汉语动补结构类型学的认知研究》，《外国语》第 3 期。

周迟明，1957/1958，《汉语的使动性复式动词》，文史哲杂志编辑委员会《汉语论丛》（第 4 辑），中华书局。

周国光，1994，《汉语配价语法论略》，《南京师范大学学报》（社会科学版）第 4 期。

周国光，1995，《确定配价的原则与方法》，载沈阳、郑定欧《现代汉语配价语法研究》，北京大学出版社。

周国光、张国宪，1994，《汉语的配价语法理论研究》，《语文建设》

第 9 期。

周荐，2004，《汉语词汇结构论》，上海辞书出版社。

周荐，2008，《20 世纪中国词汇学》，中国人民大学出版社。

周荐、杨世铁，2006，《汉语词汇研究百年史》，外语教学与研究出版社。

周小兵，2009，《对外汉语教学入门》（第二版），中山大学出版社。

周晓宇，2013，《动补式复合词的对外汉语教学研究》，硕士学位论文，渤海大学。

周祖谟，1955/1959，《汉语词汇讲话》，人民教育出版社。

朱聪，2015，《〈型世言〉述补结构研究》，硕士学位论文，浙江财经大学。

朱德熙，1978，《"的"字结构和判断句》，《中国语文》第 1-2 期。

朱德熙，2003，《现代汉语语法研究》（重印本），商务印书馆。

朱德熙，1982/2005，《语法讲义》（重印本），商务印书馆。

朱红、梁英，2014，《基于对外汉语教学的汉语动补式合成词分析》，《安徽农业大学学报》（社会科学版）第 4 期。

朱玲，2013，《〈琵琶记〉述补结构研究》，硕士学位论文，兰州大学。

朱明来，2006，《宋人话本动补结构研究》，博士学位论文，山东大学。

朱彦，2004，《汉语复合词语义构词法研究》，北京大学出版社。

朱彦，2005，《复合词语义的曲折性及其与短语的划分》，《世界汉语教学》第 1 期。

竺家宁，1999，《汉语词汇学》，（台湾）五南图书出版有限公司。

祝敏彻，1963，《使成式的起源和发展》，《兰州大学学报》（人文科学版）第 2 期。

祝敏彻，2003，《再谈使成式（动结式）的产生时代》，《古汉语研究》第 2 期。

Adele E. Goldberg. 1995/2007，《构式 论元结构的构式语法研究》，吴海波译，北京大学出版社。

A. Martinet. 1955. *Economie des changements phonétiques*，Berne.

Alice C. Harris & Lyle Campbell. 1995. *Historical syntax in cross-linguistic* perspective, Cambridge University Press.

Bernard Comrie. 1981/1989,《语言共性与语言类型》,沈家煊译,华夏出版社。

C. J. Fillmore. 1968/2005,《"格"辨》,胡明扬译,商务印书馆。

Givón, T., 1971. *Historical Syntax and Synchronic Morphology*: *An Archaeologist's Field Trip*, Chicago Linguistic Society.

Langacker. 1977. *Syntactic Reanalysis In Mechanisms of Syntactic Change*, University of Texas Press.

Li, Charles N. & Sandra A. Thompson. 1981. *Mandarin Chinese*: *A Functional Reference Grammar*, University of California Press.

Paul J. Hopper & Elizabeth Closs Traugott. 1993/2001. *Grammaticalization*, 外语教学与研究出版社。

Taylor. 1989/2001. *Linguistic Categorization*: *Prototypes in Linguistic Theory*, 外语教学与研究出版社。

Yafei Li, 1990, "On V－V Compounds in Chinese," *Natural Language and Linguistic Theory*, Issue 2.

后　记

时光匆匆，转瞬即逝。从 2008 年博士学位论文开题，到今天书稿完成、付梓在即，十二年的时间就这样在不经意间流过。回首过去的十二年，有欢笑也有泪水，有坚强也有脆弱，有收获也有失落，有奋进也有彷徨。经历了太多的起落、波折，能够走到今天，我由衷地感到庆幸，庆幸那些爱我的人一直支持和鼓励我走过这段最痛苦最煎熬的岁月；同时我也衷心地感谢，感谢师友亲朋给予我学术和人生的指导与教诲。

本书是在我的博士学位论文《现代汉语动补式复合词的结构与功能研究》基础上扩充修订而成的。由衷感谢我的导师苏宝荣先生。从 1999 年攻读硕士学位算起，我跟随先生学习至今已经有二十多年了。先生对学生的指导注重身教言传，他不仅自己在学术研究中坚持现代理论与汉语事实的有机结合，融会前贤与时人的研究成果，提出自己新的学术见解；而且时时告诫学生要求真务实，引导学生创新思维，鼓励学生大胆探索。从论文选题、撰写到书稿扩充、改定的整个过程，无不倾注了先生的精力和心血。每当我有疑虑和困惑时，先生的意见和建议总是能够切中肯綮，使人豁然开朗。书稿能够最终完成，与先生的谆谆教诲、殷切关怀和悉心指导是分不开的。每念及此，学生都为先生无私的付出而感动。

还要感谢河北师范大学文学院语言教研室的诸位老师。郑振峰老师、马恒君老师、吴继章老师、唐健雄老师、武建宇老师、宋文辉老师和桑宇红老师对论文开题报告和课题申请书提出了很多中肯的意见，促使我对研究进行了重新审视与思考，让我少走了许多弯路。王浩和李小平，是我工作中的同事、读博时的同学，与她们在学术上的讨论争辩使我获益良多，她们所给予我的帮助与慰藉也每每让我感动。王华、李智、李冬鸽、尹凯、孙顺等老师在我准备提交结项书稿期间，主动承担教研室的多项工作任务，为我能够顺利完成书稿提供了时间保障，在此深表谢意。

感谢谭冬梅和赵志强，他们曾经是我最要好的同事，也是最了解和理解我的朋友。在论文写作进入瓶颈的时候，是他们的支持和鼓励帮助我重拾信心、走出困境，让我切实感受到友情的温暖与力量。感谢武艳茹和林瑀欢，我可爱的学生、妹妹，她们的陪伴不但缓解了我的工作和学习压力，书稿中的一些相关资料也是她们帮我整理的。

本书得到了国家社科基金项目（12CYY056）的资助，阶段性成果先后在《河北师范大学学报》《燕赵学术》《河北经贸大学学报》等学术刊物发表。在此，要向那些给予我无私帮助的评审老师和编辑老师们真诚地道一声"谢谢"！

我所就职的河北师范大学文学院是我学习工作多年的地方，也是见证我成长的温暖的家。在这里，我不仅实现了从学生到老师角色的转换，而且完成了学业、获得了事业。书稿的出版得到了胡景敏院长、曾智安院长、武建宇院长和袁世旭副院长的大力支持，李智老师为书稿的顺利出版统筹联络，颇费心力，在此真诚致谢。

最后还要特别感谢我的家人。他们一直是我最坚实的后盾，没有他们的支持和关爱，我无论如何是走不到今天的。

本书由社会科学文献出版社李建廷老师担任责任编辑，张金木老师担任文稿编辑。从最初与出版社取得联络，到书稿的具体出版流程，均由李建廷老师一手负责，李老师的严谨、专业和鼎力相助，我将铭记在心。张金木老师提出的审稿意见，切中肯綮，我已尽力遵照老师的意见进行了改订，但有些问题限于学力和时间，只能留待他日弥补缺憾了。

囿于本人的学识和能力，书中的稚嫩、粗陋在所难免，但它毕竟是属于我自己的东西。谨以此书献给所有爱我和帮助过我的人以及我刚满 18 个月的宝宝。

李丽云　谨记

2020 年 12 月于石家庄

图书在版编目（CIP）数据

现代汉语动补式复合词研究 / 李丽云著. -- 北京 ：
社会科学文献出版社，2022.4
　ISBN 978-7-5201-9725-0

　Ⅰ.①现… 　Ⅱ.①李… 　Ⅲ.①现代汉语-动补-复合
词-研究 　Ⅳ.①H146.1

　　中国版本图书馆 CIP 数据核字（2022）第 019915 号

现代汉语动补式复合词研究

著　　者 / 李丽云

出 版 人 / 王利民
责任编辑 / 李建廷
责任印制 / 王京美

出　　版 / 社会科学文献出版社
　　　　　　地址：北京市北三环中路甲 29 号院华龙大厦　邮编：100029
　　　　　　网址：www.ssap.com.cn
发　　行 / 社会科学文献出版社（010）59367028
印　　装 / 三河市尚艺印装有限公司

规　　格 / 开 本：787mm×1092mm　1/16
　　　　　　印 张：24.25　字 数：398 千字
版　　次 / 2022 年 4 月第 1 版　2022 年 4 月第 1 次印刷
书　　号 / ISBN 978-7-5201-9725-0
定　　价 / 138.00 元

读者服务电话：4008918866